高等职业教育"十二五"规划教材

Gonglu Jishu Zhuangkuang Jiance yu Pingjia Jishu

公路技术状况检测与评价技术

潘　威　主　编
李旭丹　邵景干　副主编
夏连学　主　审

人民交通出版社

内 容 提 要

本书为高等职业教育"十二五"规划教材。其主要内容包括:施工期质量检测(检测数据处理、质量检测),运营期技术评价(路桥损坏识别、案例项目导入、公路技术状况检测、公路技术状况评价、路面管理系统及应用、桥梁管理系统及应用、公路预防性养护技术概述)。

本书可作为交通土建专业及相关专业教材使用,也可作为交通行业培训教材。

*本书配有教学课件,读者可于人民交通出版社网站下载。

图书在版编目(CIP)数据

公路技术状况检测与评价技术 / 潘威主编. —北京:人民交通出版社,2014.6

高等职业教育"十二五"规划教材

ISBN 978-7-114-11350-5

Ⅰ.①公… Ⅱ.①潘… Ⅲ.①道路工程-检测-高等职业教育-教材 ②道路工程-技术评估-高等职业教育-教材 Ⅳ.①U41

中国版本图书馆 CIP 数据核字(2014)第 070663 号

高等职业教育"十二五"规划教材

书　　名: 公路技术状况检测与评价技术
著 作 者: 潘　威
责任编辑: 袁　方
出版发行: 人民交通出版社
地　　址: (100011)北京市朝阳区安定门外外馆斜街3号
网　　址: http://www.ccpress.com.cn
销售电话: (010)59757973
总 经 销: 人民交通出版社发行部
经　　销: 各地新华书店
印　　刷: 北京市密东印刷有限公司
开　　本: 787×1092　1/16
印　　张: 16
字　　数: 397千
版　　次: 2014年6月　第1版
印　　次: 2016年1月　第2次印刷
书　　号: ISBN 978-7-114-11350-5
定　　价: 48.00元

前言

Qianyan

交通运输类高职院校“道路桥梁工程技术专业”和“公路养护施工技术专业”的学生应当具备运营期公路技术状况评定的知识和技能。《公路技术状况评定标准》(JTG H20—2007)的颁布实施为加强公路养护管理工作,科学评定公路技术状况和服务水平,促进公路技术状况检测和评定工作的科学化、规范化和制度化,提供了科学的依据。公路技术状况评定是对公路客观现状的全面考核,而路面状况的优劣对评价公路技术等级又起着决定性作用。按照“专业设置与产业需求、课程内容与职业标准、教学过程与生产过程”三对接的要求,我们组织专业教师编写了本书。

本书编写人员结合读者的意见,经过充分讨论,并征求兄弟院校专业教师的意见,对第一版教材进行了修订,将本教材分为上、下两篇:上篇是施工期质量检测,下篇是运营期技术评价。

全书由河南交通职业技术学院夏连学教授担任主审,河南交通职业技术学院潘威老师担任主编,河南交通职业技术学院李旭丹、邵景干担任副主编。参加本教材编写的人员有:邵景干老师编写第1篇项目1和项目2中工作任务1~3;潘威老师编写第1篇项目2中工作任务4、5,第2篇项目3中工作任务5,项目4中工作任务1~4、6,附录B和项目7;李旭丹老师编写第1篇项目2中工作任务6、7,第2篇项目1和项目3中工作任务2;河南交通职业技术学院朱铁增老师编写第1篇项目2中工作任务8,第2篇项目6;河南交通职业技术学院张丽娟老师编写第2篇项目2中案例1,项目3中工作任务4和项目5;河南交通职业技术学院吴晶老师编写第2篇项目2中案例2,项目3中工作任务1、3、6、7,项目4中工作任务5和附录A。

本书在编写过程中,参考并引用了书后参考文献中作者的部分成果,在此谨向有关单位和作者表示衷心的感谢。由于编者水平有限,书中有不当乃至错误之处,恳请使用本书的师生和专业技术人员批评指正,以便进一步修改和完善。

编　者

2015年6月

目录

Mulu

第1篇　施工期质量检测

第2篇　运营期技术评价

第1篇　施工期质量检测

项目1　检测数据处理

工作任务　检测数据处理

1　数字的修约规则

1.1　有效数字

在试验检测工作中，由于试验检测结果总会有误差，因此表示试验检测结果的位数不宜太多，也不宜太少，太多容易使人误认为试验检测精度很高，太少则会损失精度。

试验检测过程中，由于受到一系列不可控制和不可避免的主观和客观因素的影响，所获得的试验检测值必定含有误差，即获得的试验检测值仅仅是近似值。另一方面，在数据处理过程中引入的诸如“π、$2^{1/2}$”等一些常量，在大多数情况下，是以无穷小数形式表示，这就需要确定一项原则，即将测得的或计算的数截取到所需的位数。认为在一个数值中小数点后面的位数愈多，这个数值就愈准确；或者在计算中，保留的位数愈多，这个数值就愈准确的想法都是错误的。第一种想法的错误在于没有弄清楚小数点的位置不是决定准确与否的标准，而仅与所用计量单位的大小有关，如长度为21.3mm与0.0213m，其准确程度完全相同。第二种想法的错误在于不了解所有测量，由于仪器和人们的感官只能做到一定的准确程度，这个准确程度一方面决定于所用仪器刻度的精细程度，另一方面也与所用方法有关，因此在计算结果中，无论取多少位数都不可能把准确程度增加到超过测量误差所允许的范围；反之，表示一个数值时，如果书写的位数过少，即数值所取的有效位数少于实际所能达到的精度，不能把已经达到的精度表示出来，也是错误的。

例如，不考虑测量误差，单从有效数字来考虑，在数学上23与23.00两个数是相等的。而作为表示测量结果的数值，两者相差是很悬殊的。用23表示的测量结果，其误差可能为±0.5；而23.00表示的测量结果，其误差可能是±0.005。再如，1和0.1在数值上相差10倍，单从数值上看两数是不等的，而作为测量结果可能因所用单位不同，所表示的测量结果和所达到的精度是相同的。

因此，在对测量数据的处理中，掌握有效数字的有关知识是十分重要的。有效数字的概念可表述为：由数字组成的一个数，除最末一位数字是不确切值或可疑值外，其他数字皆为可靠值或确切值，则组成该数的所有数字包括末位数字称为有效数字，除有效数字外其余数字为多余数字。

对于“0”这个数字，它在数中的位置不同，可能是有效数字，也可能是多余数字。

整数前面的“0”无意义，是多余数字。对纯小数，在小数点后，数字前的“0”只起定位、决定数量级的作用（相当于所取的测量单位不同），所以，也是多余数字。

处于数中间位置的“0”是有效数字。

处于数后面位置的“0”是否算有效数字可分为以下三种情况：

（1）数后面的“0”，若把多余数字的“0”用10的乘幂来表示，使其与有效数字分开，这样在10的乘幂前面所有数字包括“0”皆为有效数字；

（2）作为测量结果并注明误差值的数值，其表示的数值等于或大于误差值的所有数字，包括“0”皆为有效数字；

（3）上面两种情况外的数后面的“0”则很难判断是有效数字还是多余数字，因此，应避免采用这种不确切的表示方法。

一个数，有效数字占有的位数，即有效数字的个数，为该数的有效位数。

为弄清有效数字的概念，举例如下：

00713、0.0715、7.03、7.03×10^2四个数的有效位数均为3，有效数字都是3个。

再如，测量某一试件面积，得其有效面积$A=0.0501502\text{m}^2$，测量的极限误差为0.000005m^2，则测量结果应当表示为$A=(0.050150\pm0.000005)\text{m}^2$。误差的有效数字为1位，即5；而有效面积的有效数字应为5个，即50150；因2小于误差的数量级，故为多余数字。

若给出的数值为71300，则为不确切的表示方法。它可能是713×10^2，也可能是7.130×10^4，也可能是7.1300×10^4。即有效数字可能是3个、4个或5个。若无其他说明，则很难判定其有效数字究竟是几个。

在测量或计量中应取多少位有效数字，可根据下述准则判定：

（1）对不需要标明误差的数据，其有效位数应取到最末一位数字为可疑数字（也称不确切或参考数字）；

（2）对需要标明误差的数据，其有效位数应取到与误差同一数量级。

1.2 数字修约规则

1.2.1 修约间隔

修约间隔是指确定修约保留位数的一种方式。修约间隔的数值一经确定，修约值即应为该数值的整数倍。

例如指定修约间隔为0.1，修约值即应在0.1的整数倍中选取，相当于将数值修约到一位小数。又如指定修约间隔为100，修约值即应在100的整数倍中选取，相当于将数值修约到“百”数位。

0.5单位修约（半个单位修约）是指修约间隔为指定数位的0.5单位，即修约到指定数位的0.5单位。

0.2单位修约是指修约间隔为指定数位的0.2单位，即修约到指定数位的0.2单位。

最基本的修约间隔是10^n（n为整数），它等同于确定修约到某数位。

1.2.2 数值修约进舍规则

（1）拟舍弃数字的最左一位数字小于5时，则舍去，即保留的各位数字不变。

（2）拟舍弃数字的最左一位数字大于或等于5，而且后面的数字并非全部为0时，则进1，即保留的末位数字加1。

（3）拟舍弃数字的最左一位数字为5，而后面无数字或全部为0时，若所保留的末位数字为奇数（1、3、5、7、9）则进1，为偶数（2、4、6、8、0）则舍弃。

(4)负数修约时，先将它的绝对值按上述三条规定进行修约，然后在修约值前面加上负号。

(5)0.5单位修约时，将拟修约数值乘以2，按指定数位依进舍规则修约，所得数值再除以2。

(6)0.2单位修约时，将拟修约数值乘以5，按指定数位依进舍规则修约，所得数值再除以5。

上述数值修约规则（有时称之为“奇升偶舍法”）与常用的“四舍五入”的方法区别在于：用“四舍五入”法对数值进行修约，从很多修约后的数值中得到的均值偏大；而用上述的修约规则，进舍的状况具有平衡性，进舍误差也具有平衡性，若干数值经过这种修约后，修约值之和变大的可能性与变小的可能性是一样的。

1.2.3 数值修约注意事项

实行数值修约，应在明确修约间隔、确定修约位数后一次完成，而不应连续修约，否则会导致不正确的结果。然而，实际工作中常有这种情况，有的部门先将原始数据按修约要求多一位至几位报出，尔后另一个部门按此报出值再按规定位数修约和判定，这样就有连续修约的错误。

(1)拟修约数字应在确定修约后一次修约获得结果，而不得多次按进舍规则连续修约。

(2)在具体实施中，有时测量与计算部门先将获得数值按指定的修约数位多一位或几位报出，尔后由其他部门判定。为避免产生连续修约的错误，应按下列步骤进行：

①报出数值最右的非0数字为5时，应在数值后面加“+”号或“-”号或不加符号，以分别表明已进行过舍、进或未舍未进。

②如果判定报出值需要进行修约，当拟舍弃数字的最左一位数字为5而后面无数字或全部为0时，数值后面有“+”号者进1，数值后面有“-”号者舍去，其他仍按进舍规则进行。

1.3 计算法则

(1)加减运算

加减运算应以各数中有效数字末位数的数位最高者为准（小数即以小数部分位数最少者为准），其余数均比该数向右多保留一位有效数字。

(2)乘除运算

乘除运算应以各数中有效数字位数最少者为准，其余数均多取一位有效数字，所得积或商也多取一位有效数字。

(3)平方或开方运算

平方或开方运算的结果可比原数多保留一位有效数字。

(4)对数运算

对数运算所取对数位数应与真数有效数字位数相等。

(5)查角度的三角函数

查角度的三角函数所用函数值的位数通常随角度误差的减小而增多，一般三角函数表选择见表1-1-1。

一般三角函数表选择 表1-1-1

角度误差	表的位数	角度误差	表的位数
10″	5	0.1″	7
1″	6	0.01″	8

在所有计算式中，常数π、e的数值以及因子等的有效数字位数，可认为无限制，需要几位就取几位。表示精度时，一般取一位有效数字，最多取两位有效数字。

2 数据的统计特征与分布

2.1 总体与样本

在工程质量检验中,对无限总体中的个体,逐一考察其某个质量特性显然是不可能的;对有限总体,若所含个体数量虽不大,但考察方法往往是破坏性的,同样不能采用全数考察。所以,通过抽取总体中的一小部分个体加以检测,以了解和分析总体质量状况,这是工程质量检验的主要方法。因此,除特殊项目外,大多采用抽样检验,这就涉及总体与样本的概念。

总体又称母体,是统计分析中所要研究对象的全体;而组成总体的每个单元称为个体。例如,在沥青混合料拌和工地上需要确定某公司运来的一批沥青质量是否合格,则这批沥青就是总体。

总体分为有限总体和无限总体,如果是一批产品,由于其数量有限,所以称其为有限总体;如果是一道工序,由于工序总在源源不断地生产产品,有时是一个连续的整体,所以这样的总体称为无限总体。

从总体中抽取一部分个体就是样本(又称子样)。例如,从每一桶沥青中取两个试样,一批沥青有 100 桶,抽查了 200 个试样做试验,则这 200 个试样就是样本。而组成样本的每一个个体,即为样品。例如,上述 200 个试样中的某一个,就是该样本中的一个样品。

样本容量是样本中所含样品的数量,通常用 n 来表示。上例中样本容量 $n=200$。样本容量的大小直接关系到判断结果的可靠性。一般来说,样本容量愈大,可靠性愈好,但检测所耗费的工作量亦愈大,成本也就愈高。样本容量与总体中所含个体的数量相等时,是一种极限情况,因此,全数检验是抽样检验的极限。

2.2 数据的统计特征量

用来表示统计数据分布及其某些特性的特征量分为两类:一类表示数据的集中位置,例如算术平均值、中位数等;一类表示数据的离散程度,主要有极差、标准离差、变异系数等。

2.2.1 算术平均值

算术平均值是表示一组数据集中位置最有用的统计特征量,经常用样本的算术平均值来代表总体的平均水平。总体的算术平均值用 μ 表示,样本的算术平均值则用 $\bar{x}$ 表示。如果 n 个样本数据为 x_1、x_2、…、x_n,那么,计算样本的算术平均值,即:

$$\bar{x}=\frac{1}{n}(x_1+x_2+\cdots+x_n)=\frac{1}{n}\sum_{i=1}^{n}x_i \tag{1-1-1}$$

2.2.2 中位数

在一组数据 x_1、x_2、…、x_n 中,按其大小次序排序,以排在正中间的一个数表示总体的平均水平,称之为中位数,或称中值,用 $\tilde{x}$ 表示。n 为奇数时,正中间的数只有一个;n 为偶数时,正中间的数有两个,则取这两个数的平均值作为中位数,即

$$\tilde{x}=x_{\frac{n+1}{2}} \quad (n\text{ 为奇数})$$

$$\tilde{x}=\frac{1}{2}\left(x_{\frac{n}{2}}+x_{\frac{n}{2}+1}\right) \quad (n\text{ 为偶数}) \tag{1-1-2}$$

2.2.3 极差

在一组数据中最大值与最小值之差,称为极差,记作 R:

$$R=x_{\max}-x_{\min} \tag{1-1-3}$$

极差没有充分利用数据的信息，但计算十分简单，仅适用于样本容量较小（$n<10$）的情况。

2.2.4　标准偏差

标准偏差有时也称标准离差、标准差或称均方差，它是衡量样本数据波动性（离散程度）的指标。在质量检验中，总体的标准偏差 σ 一般不易求得。样本的标准偏差 S 按下式计算：

$$S=\sqrt{\frac{(x_1-\bar{x})^2+(x_2-\bar{x})^2+\cdots+(x_n-\bar{x})^2}{n-1}}=\sqrt{\frac{\sum_{i=1}^{n}(x_i-\bar{x})^2}{n-1}} \tag{1-1-4}$$

2.2.5　变异系数

标准偏差是反映样本数据的绝对波动状况，当测量较大的量值时，绝对误差一般较大；而测量较小的量值时，绝对误差一般较小，因此，用相对波动的大小，即变异系数更能反映样本数据的波动性。

变异系数用 C_V 表示，是标准偏差 S 与算术平均值 $\bar{x}$ 的比值，即：

$$C_V=\frac{S}{\bar{x}}\times 100 \tag{1-1-5}$$

2.3　直方图

直方图即质量分布图，是把收集到的工序质量数据，用相等的组距进行分组，按要求进行频数（每组中出现数据的个数）统计；再在直角坐标系中以组界为顺序、组距为宽度在横坐标上描点，以各组的频数为高度在纵坐标上描点；然后画成长方形（柱状）连接图。

2.4　正态分布

正态分布是应用最多、最广泛的一种概率分布曲线，而且是其他概率分布的基础。正态分布曲线如图 1-1-1 所示。

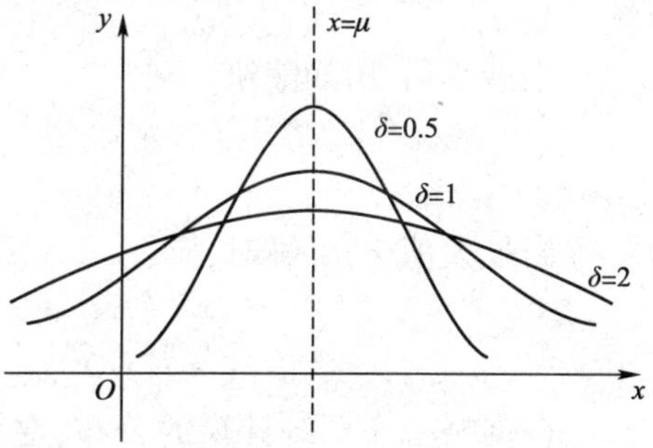

图 1-1-1　正态分布曲线

正态分布具有以下特点：

（1）正态分布曲线对称于 $x=\mu$，即以平均值为中心；

（2）当 $x=\mu$ 时，曲线处于最高点，当 x 向左右偏离时，曲线逐渐降低，整个曲线呈中间高、两边低的形状；

（3）曲线与横坐标轴所围成的面积等于 1。

3　可疑数据的取舍方法

在一组条件完全相同的重复试验中，个别的测量值可能会出现异常。如测量值过大或过小，这些过大或过小的测量数据是不正常的，或称为可疑的。对于这些可疑数据应该用数理统计的方法判别其真伪，并决定取舍。常用的方法有拉依达法、肖维纳特（Chavenet）法、格拉布斯（Grubbs）法等。

3.1　拉依达法

当试验次数较多时，可简单地用 3 倍标准偏差 3S 作为确定可疑数据取舍的标准。当某一测量数据 x_i 与其测量结果的算术平均值 $\bar{x}$ 之差大于 3 倍标准偏差时，用公式表示为：

$$|x_i-\bar{x}|>3S \tag{1-1-6}$$

则该测量数据应舍弃。

这是美国混凝土标准中所采用的方法，由于该方法是以 3 倍标准偏差作为判别标准，所以亦称3倍标准偏差法，简称3S法。

取$3S$的理由是：根据随机变量的正态分布规律，在多次试验中，测量值落在$\bar{x}-3S$与$\bar{x}+3S$之间的概率为99.73%，出现在此范围之外的概率仅为0.27%，也就是在近400次试验中才能遇到一次，这种事件为小概率事件，出现的可能性很小，几乎是不可能。因而在试验中一旦出现，就认为该测量数据是不可靠的，应将其舍弃。

另外，当测量值与平均值之差大于2倍标准偏差（即$|x_i-\bar{x}|>2S$）时，则该测量值应保留，但需存疑。如发现生产（施工）、试验过程中有可疑的变异时，该测量值则应予舍弃。

拉依达法简单方便，不需查表，但要求较宽，当试验检测次数较多或要求不高时可以应用；当试验检测次数较少（如$n<10$）时，在一组测量值中即使混有异常值，也无法舍弃。

3.2　肖维纳特法

进行n次试验，其测量值服从正态分布，以概率$1/(2n)$设定一判别范围$(-K_nS,K_nS)$，当偏差（测量值x_i与其算术平均值$\bar{x}$之差）超出该范围时，就意味着该测量值x_i是可疑的，应予舍弃。

肖维纳特法可疑数据舍弃的标准为：

$$\frac{|x_i-\bar{x}|}{S}\geq K_n \tag{1-1-7}$$

3.3　格拉布斯法

格拉布斯法假定测量结果服从正态分布，根据顺序统计量来确定可疑数据的取舍。进行n次重复试验，试验结果为x_1、x_2、…、x_i、…、x_n，而且x_i服从正态分布。为了检验（$i=1$、2、…、n）中是否有可疑值，可按其值由小到大的顺序重新排列，根据顺序统计原则，给出标准化顺序统计量g：

当最小值$x_{(1)}$可疑时，则：

$$g_1=\frac{\bar{x}-x_1}{S}$$

当最大值x_n可疑时，则：

$$g_n=\frac{x_n-\bar{x}}{S}$$

根据格拉布斯统计量的分布，在指定的显著性水平β（一般$\beta=0.05$）下，求得判别可疑值的临界值$g_0(\beta,n)$，格拉布斯法的判别标准为：

$$g\geq g_0(\beta,n) \tag{1-1-8}$$

利用格拉布斯法每次只能舍弃一个可疑值，若有两个以上的可疑数据，应该一个数据一个数据地舍弃。舍弃第一个数据后，试验次数由n变为$n-1$，以此为基础再判别第二个可疑数据。

4　数据的表达方法

通过试验检测获得一系列数据，如何对这些数据进行深入的分析，以便得到各参数之间的关系，甚至用数学解析的方法，导出各参数之间的函数关系，这是数据处理的任务之一。

测量数据的表达方法通常有表格法、图示法和经验公式法三种。

4.1　表格法

用表格来表示函数的方法，在自然科学和工程技术上用得特别多。在科学试验中一系列测量数据都是首先列成表格，然后再进行其他的处理。表格法简单方便，但要进行深入的分析，表格就不能胜任了。首先，尽管测量次数相当多，但它不能给出所有的函数关系；其次，从表格中不易看出自变量变化时函数的变化规律，而只能大致估计出函数是递增的、递减的或是周期性变化的等。列成表格是为了表示出测量结果，或是为了以后的计算方便，同时也是图示法和经验公式法的基础。

表格有两种：一种是试验检测数据记录表；另一种是试验检测结果表。

试验检测数据记录表是该项试验检测的原始记录表，它包括的内容有：试验检测目的、内容摘要、试验日期、环境条件、检测仪器设备、原始数据、测量数据、结果分析以及参加人员和负责人等。

试验检测结果表只反映试验检测结果的最后结论，一般只有几个变量之间的对应关系。试验检测结果表应力求简明扼要，能说明问题。

4.2 图示法

在自然科学和工程技术中用图形来表示测量数据是最普遍的一种方法。图示法的最大优点是一目了然，即从图形中可非常直观地看出函数的变化规律，如递增性或递减性，最大值或最小值，是否具有周期性变化规律等。但是，从图形上只能得到函数变化关系而不能进行数学分析。

图示法的基本要点如下：

(1)在直角坐标系中绘制测量数据的图形时，应以横坐标为自变量、纵坐标为对应的函数量。

(2)坐标纸的大小与分度的选择应与测量数据的精度相适应。分度过粗时，影响原始数据的有效数字，绘图精度将低于试验中参数测量的精度；分度过细时会高于原始数据的精度。

坐标分度值不一定自零起，可用低于试验数据的某一数值作起点和高于试验数据的某一数值作终点，曲线以基本占满全幅坐标纸为宜。

(3)坐标轴应注明分度值的有效数字和名称、单位，必要时还应标明试验条件。坐标的文字书写方向应与该坐标轴平行，在同一图上表示不同数据时应该用不同的符号加以区别。

(4)曲线平滑方法。测量数据往往是分散的，如果用短线连接各点得到的就不是光滑的曲线，而是折线。由于每一个测点总存在误差，按带有误差的各数据所描的点不一定是真实值的正确位置。根据足够多的测量数据，完全有可能作出一条光滑曲线，决定曲线的走向应考虑曲线应尽可能通过或接近所有的点，但曲线不必强求通过所有的点，尤其是两端的点；当不可能时，则应移动曲线尺，顾及所绘制的曲线与实测值之间的误差的平方和最小，此时曲线两边的点数接近于相等。

4.3 经验公式法

测量数据不仅可用图形表示出函数之间的关系，而且可用与图形对应的一个公式来表示所有的测量数据，当然这个公式不可能完全准确地表达全部数据。因此，常把与曲线对应的公式称为经验公式，在回归分析中则称之为回归方程。

把全部测量数据用一个公式代替，不仅有紧凑、扼要的优点，而且可以对公式进行必要的数学运算，以研究各自变量与函数之间的关系。

根据一系列测量数据，如何建立公式，建立什么形式的公式，这是首先需要解决的问题。

所建立的公式能正确表达测量数据的函数关系，往往不是一件容易的事情，在很大程度上取决于试验人员的经验和判断能力，而且建立公式的过程比较烦琐，有时还要多次反复才能得到与测量数据更接近的公式。

建立公式的步骤大致可归纳如下：

（1）描绘曲线。以自变量为横坐标、函数量为纵坐标，将测量数据描绘在坐标纸上，并把数据点描绘成测量曲线（详见图示法）。

（2）对所描绘的曲线进行分析，确定公式的基本形式。

如果数据点描绘的基本上是直线，则可用一元线性回归方法确定直线方程。

如果数据点描绘的是曲线，则要根据曲线的特点判断曲线属于何种类型。判断时可参考现成的数学曲线形状加以选择，对选择的曲线则按一元非线性回归方法处理。如果测量曲线很难判断属何种类型，则可按多项式回归处理。

（3）曲线化直。如果测量数据描绘的曲线被确定为某种类型的曲线，则可先将该曲线方程变换为直线方程，然后按一元线性回归方法处理。

（4）确定公式中的常量。代表测量数据的直线方程或经曲线化直后的直线方程表达式为 $y = a + bx$，可根据一系列测量数据确定方程中的常量 a 和 b，其方法一般有图解法、端值法、平均法和最小二乘法等。

（5）检验所确定公式的准确性，即用测量数据中自变量值代入公式计算出函数值，看它与实际测量值是否一致；如果差别很大，说明所确定的公式基本形式可能有错误，则应建立另外形式的公式。

4.4 一元线性回归分析

若两个变量 x 和 y 之间存在一定的关系，并通过试验获得 x 和 y 的一系列数据，用数学处理的方法得出这两个变量之间的关系式，这就是回归分析，也就是工程上所说的拟合问题，所得关系式称为经验公式，或称回归方程、拟合方程。

如果两变量 x 和 y 之间的关系是线性关系，就称为一元线性回归或称直线拟合。如果两变量之间的关系是非线性关系，则称为一元非线性回归或称曲线拟合。前面已经介绍，对于非线性问题，可以通过坐标变换转化为线性回归问题进行处理。

5 抽样检验基础

检验是指通过测量、试验等质量检测方法，将工程产品与其质量要求相比较并做出质量评判的过程。工程质量检验是工程质量控制的一个重要环节，是保证工程质量的必要手段。

检验可分为全数检验和抽样检验两大类。全数检验是对一批产品中的每一个产品进行检验，从而判断该批产品质量状况；抽样检验是从一批产品中抽出少量的单个产品进行检验，从而推断该批产品质量状况。全数检验较抽样检验可靠性好，但检验工作量非常大，往往难以实现；抽样检验方法以数理统计学为理论依据，具有很强的科学性和经济性，在许多情况下，只能采用抽样检验方法。公路工程不同于一般产品、它是一个连续的整体，且采用的质量检测手段又多属于破坏性的。所以，就公路工程质量检验而言，不可能采用全数检验，而只能采用抽样检验。即从待检工程中抽取样本，根据样本的质量检查结果，推断整个待检工程的质量状况（见图 1-1-2）。

质量检验的目的在于准确判断工程质量状况，以促进工程质量的提高。抽样检测与下面 3 个因素密切相关：

(1)质量检测手段的可靠性；

(2)抽样检验方法的科学性；

(3)抽样检验方案的科学性。

在质量检验过程中，必须全面考虑上述3个因素，以提高质量检验的可靠性。

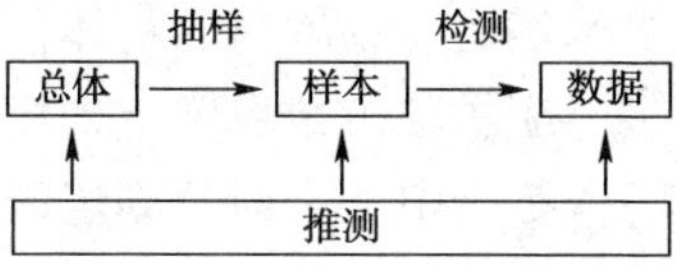

图1-1-2　总体与样本的关系

5.1　抽样检验的类型

抽样是从总体中抽取样本的过程，并通过样本了解总体。总的来说，抽样检验分为非随机抽样与随机抽样两大类。

5.1.1　非随机抽样

进行人为的有意识的挑选取样即为非随机抽样。非随机抽样中，人的主观因素占主导作用，由此所得到的质量数据，往往会对总体作出错误的判断。因此，采用非随机抽样方法所得的检验结论，其可信度较低。

5.1.2　随机抽样

随机抽样排除了人的主观因素，使待检总体中的每一个产品具有同等被抽取到的机会。只有随机抽取的样本才能客观地反映总体的质量状况。这类方法所得到的数据代表性强，质量检验的可靠性得到了基本保证。因此，随机抽样是以数理统计的原理，根据样本取得的质量数据来推测、判断总体的一种科学抽样检验方法，因而被广泛使用。

5.2　随机抽样的方法

5.2.1　单纯随机抽样

在总体中，直接抽取样本的方法即为单纯随机抽样。这是一种完全随机化的抽样方法。要实现单纯随机抽样，应对总体中各个体进行编码。随机抽样并不意味着随机地、任意地取样，而是应采取一定的方式获取随机数，以确保抽样的随机性而随机数可以利用随机数表获得，也可以利用掷骰子和抽签的方法获得。

5.2.2　系统抽样

有系统地将总体分成若干部分，然后从每一个部分抽取一个或若干个个体，组成样本。这一方法称之为系统抽样。在工程质量控制中，系统抽样的实现主要有以下3种方式。

(1)将比较大的工程分为若干部分，再根据样本容量的大小，在每部分按比例进行单纯随机抽样，将各部分抽取的样品组合成一个样本。

(2)间隔定时法，即每隔一定的时间，从工作面抽取一个或若干个样品。该方法适合于工序质量控制。

(3)间隔定量法，即每隔一定数量的产品，抽取一个或若干个样品。该方法主要适合于工序质量控制。

5.2.3　分层抽样

一项工程或工序往往是由若干不同的班组施工的。分层抽样法就是根据此类情况，将工程或工序分为若干层。如：同一个班组施工的工程或工序作为一层，若某项工程或工序是由3个不同的班组施工的，则可分为3层，然后按一定比例确定每层应抽取样品数，对每层则按单纯随机抽样法抽取样品。分层时，应尽量使层内均匀，而层间不均匀。分层抽样法便于了解每层的质量状况，分析每层产生质量问题的原因。

5.3　路基路面现场随机取样方法

为了公正、合理地反映工程质量状况，取样的位置不应带有任何倾向性，应该根据随机数表来确定现场取样的具体位置，详见《公路路基路面现场测试规程》(JTG E60—2008)。

应用随机数表确定现场取样位置时，应事先准备好编号从 1 ~ 28 共 28 块硬纸片，并将其装入布袋中。下面分测定区间或测定断面和测点位置两种情况加以讨论。

5.3.1　测定区间或断面确定方法

(1)路段确定，根据路基路面施工或验收、质量评定方法等有关规范决定需检测的路段。它可以是一个作业段、一天完成的路段或路线全程，在路基路面工程检查验收时，通常以 1km 为一个检测路段，此时，检测路段的确定也应按本方法的步骤进行。

(2)将确定的测试路段划分为一定长度的区间或按桩号间距(一般为 20m)划分若干个断面，并按 1、2、…、T 进行编号，其中 T 为总的区间数或断面数。

(3)从布袋中随机摸出一块硬纸片，硬纸片上的号数即为随机数表中的栏号，从 1 ~ 28 栏中选出该栏号的一栏。

(4)按照测定区间数、断面数的频度要求(总的取样数为 n，当 $n>30$ 时应分次进行)，依次找出与 A 列中 01、02、…、n 对应的 B 列中的值，共 n 对对应的 A、B 值。

(5)将 n 个 B 值与总的区间数或断面数 T 相乘，四舍五入成整数，即得到 n 个断面的编号。

5.3.2　测点位置确定方法

(1)从布袋中任意取出一块硬纸片，纸片上的号数即为随机数表中的栏号。从 1 ~ 28 栏中选出该栏号的一栏。

(2)按照测点数的频度要求(总的取样数为 n)依次找出栏号的取样位置数，每个栏号均有 A、B、C 三列。根据检验数量 n(当 $n>30$ 时应分次进行)，在所选定栏号的 A 列找出等于所需取样位置数的全部数，如 01、02、…、n。

(3)确定取样位置的纵向距离，找出与 A 列中相对应的 B 列中的数值，以此数乘以检测区间的总长度，并加上该段的起点桩号，即可得出取样位置距该段起点的距离或桩号。

(4)确定取样位置的横向距离，找出与 A 列中相对应的 C 列中的数值，以此数乘以路基路面的宽度，再减去宽度的一半，即得出取样位置离路中心线的距离。如差值是正值(+)，表示在中心线的右侧；如差值是负值(-)，表示在中心线的左侧。

5.4　抽样检验的评定方法

抽样检验的目的，就是根据样本取得的质量数据来推测样本所属的一批产品或工序的质量状况，并判断该批产品或该工序是否合格。

根据《公路工程质量检验评定标准》(JTG F80/1—2012)，公路工程质量评定采用合格率与评分的方法，也就是根据检测值是否符合质量标准进行评定，按合格率计分。

对于路基路面压实度、弯沉值，路面结构层厚度，半刚性基层材料强度，水泥混凝土抗折强度等检验项目，应采用数理统计的方法进行评定计分。具体的评定方法，请参阅《公路工程质量检验评定标准》(JTG F80/1—2012)。

6　误差的基本概念

由于人们认识能力的局限，科学技术水平的限制，以及测量数值不能以有限位数表示(如圆周率 π)等原因，在对某一对象进行试验或测量时，所测得的数值与其真实值不会完全相等，这种差异即称为误差。但是随着科学技术的发展，人们认识水平的提高，实践经验的增加，测量的误差数值可以被控制到很小的范围，或者说测量值可更接近于其真实值。

6.1 真值

真值即真实值，是指在一定条件下，被测量客观存在的实际值。真值通常是个未知量，一般所说的真值是指理论真值、规定真值和相对真值。

理论真值：也称绝对真值，如平面三角形三内角之和恒为180°。

规定真值：即国际上公认的某些基准量值，如1982年国际计量局召开的米定义咨询委员会提出新的米定义为“米等于光在真空中1/299792458秒时间间隔内所经路径的长度”。这个米基准就当作计量长度的规定真值。规定真值也称约定真值。

相对真值：计量器具按精度不同分为若干等级，上一等级的指示值即为下一等级的真值，此真值称为相对真值。例如，在力值的传递标准中，用二等标准测力计校准三等标准测力计，此时二等标准测力计的指示值即为三等标准测力计的相对真值。

6.2 误差

根据误差表示方法的不同，分为绝对误差和相对误差。

6.2.1 绝对误差

绝对误差是指实测值与被测之量的真值之差。但是，大多数情况下，真值是无法得知的，因而绝对误差也无法得到。一般只能应用一种更精密的量具或仪器进行测量，所得数值称为实际值，它更接近真值，并用它代替真值计算误差。

绝对误差具有以下一些性质：

(1)它是有单位的，与测量时采用的单位相同；

(2)它能表示测量的数值是偏大还是偏小以及偏离程度；

(3)它不能确切地表示测量所达到的精确程度。

6.2.2 相对误差

相对误差是指绝对误差与被测真值(或实际值)的比值，即：相对误差不仅表示测量的绝对误差，而且能反映出测量时所达到的精度。相对误差具有以下一些性质：

(1)它是无单位的，通常以百分数表示，而且与测量所采用的单位无关，而绝对误差则不然，测量单位改变，其值亦变。

(2)能表示误差的大小和方向，因为相对误差大时绝对误差亦大。

(3)能表示测量的精确程度。当测量所得绝对误差相同时，则测量的量大者精度就高。因此，通常都用相对误差来表示测量误差。

6.3 误差的来源

在任何测量过程中，无论采用多么完善的测量仪器和测量方法，也无论在测量过程中怎样细心和注意，都不可避免地存在误差。产生误差的原因是多方面的，可以归纳如下。

(1)装置误差

装置误差，即主要由设备装置的设计制造、安装、调整与运用引起的误差。如试验机示值误差，仪器安装不垂直、偏心等。

(2)环境误差

环境误差，即由于各种环境因素达不到要求的标准状态所引起的误差。如混凝土养护条件达不到标准的温度、湿度要求等。

(3)人员误差

人员误差,即测试者生理上的最小分辨力和固有习惯引起的误差。如对准示值读数时,始终偏左或偏右,偏上或偏下,偏高或偏低。

(4)方法误差

方法误差,即测试者未按规定的操作方法进行试验所引起的误差。如强度试验时试块放置偏心,加荷速度过快或过慢等。

需要指出,以上几种误差来源,有时是联合作用的;在进行误差分析时,可作为一个独立的误差因素来考虑。

6.4 误差的分类

误差就其性质而言,可分为系统误差、随机误差(或称偶然误差)和过失误差(或称粗差)。

6.4.1 系统误差

在同一条件下,多次重复测试同一量时,误差的数值和正负号有较明显的规律。系统误差通常在测试之前就已经存在,而且在试验过程中,始终偏离一个方向,在同一试验中其大小和符号相同。例如,试验机示值的偏差等。系统误差容易识别,并可通过试验或用分析方法掌握其变化规律,在测量结果中加以修正。

6.4.2 随机误差

在相同条件下,多次重复测试同一量时,出现误差的数值和正负号没有明显的规律,它是由许多难以控制的微小因素造成的。例如,原材料特性的正常波动,试验条件的微小变化等。由于每个因素出现与否,以及这些因素所造成的误差大小、方向事先无法知道,有时大、有时小,有时正、有时负,其发生完全出于偶然,因而很难在测试过程中加以消除。但是,完全可以掌握这种误差的统计规律,用概率论与数理统计方法对数据进行分析和处理,以获得可靠的测量结果。

6.4.3 过失误差

过失误差明显地歪曲试验结果,如测错、读错、记错或计算错误等。含有过失误差的测量数据是不能采用的,必须利用一定的准则从测得的数据中剔除。因此,在进行误差分析时,只考虑系统误差与随机误差。

6.5 精密度、准确度和精确度

精密度与准确度两者并不相同。精密度系用同一测量方法自某一总体反复抽样时,样本平均值($\bar{x}$)离开总体平均值(μ)的程度。系统误差越大即二者的偏差越大,则精密度越低。通常将系统误差的大小作为反映精密度高低的定量指标。准确度系用同一方法自某一总体反复抽样时,或自同一(或均匀)样本用同一方法反复测量时,各观测值(x_i)离开观测平均值($\bar{x}'$)的程度。数据越分散,准确度越差。引起数据分散的随机误差作为反映准确度的定量指标。

在此可见,精密度与准确度分别是对两类不同性质的系统误差和随机误差的描述。只有当系统误差和随机误差都很小时才能说精确度高。精确度是对系统误差和随机误差的综合描述。

对于上述概念,目前国内外尚不完全统一,有的把准确度称为正确度,而把精确度称为准确度;有的把精密度简称为精度,而有的则把精确度简称为精度。尽管在名词的称谓上有所差异,但其所包含的内容(即系统误差与随机误差对测量结果影响的程度)是完全一致的。

项目2 质量检测

工作任务1 路基路面几何尺寸检测

1 路基路面取样方法

公路路基路面施工完成后，为检测其是否达到质量要求，需要对其相关指标进行现场测试，测试时的取样方法也决定了其工程质量是否能达到规定标准。

从路面上钻孔取样是近年来广泛采用的标准试验方法，对水泥混凝土面层、沥青混合料面层或水泥、石灰、粉煤灰等无机结合料稳定基层取样，以测定其厚度、密度、材料级配或其他物理力学性质，通常用路面取芯钻机或路面切割机在现场钻取或切割路面的代表性试样。钻孔采取芯样的直径不宜小于最大集料粒径的3倍。

1.1 仪具与材料

(1)路面取芯钻机：牵引式(可用手推)或车载式，钻机由发动机或电力驱动，钻头直径根据需要确定，选用ϕ100mm或ϕ150mm的钻头，均有淋水冷却装置(对水泥混凝土面层及沥青混合料常采用ϕ100mm，对水泥、石灰等无机结合料稳定基层，细粒土可使用ϕ100mm，粗粒土可使用ϕ150mm)。

(2)路面切割机：牵引式或手推式，由发动机或电力驱动，也可利用汽车动力由液压泵驱动，附金刚石锯片，有淋水冷却装置。

(3)台秤、盛样器或铁盘等。

(4)干冰。

(5)试样标签。

(6)其他：镐、铁锹、量尺(绳)、毛刷、硬纸、棉纱等。

1.2 方法与步骤

1.2.1 准备工作

(1)测试路段的选定：可以是一个作业段、一天完成的路段，或按相关规范的规定选取一定长度的检测路段。

(2)按路基路面现场测试随机选点的方法确定取样位置。

(3)将取样位置清扫干净。

1.2.2 取样步骤

(1)在选取取样地点的路面上，先用粉笔对钻孔位置作出标记或画出切割路面的大致面积。切割路面的面积根据目的和需要确定。

(2)用钻机在取样地点垂直对准路面放下钻头，牢固安放钻机，使其在运转过程中不得移动。

(3)开放冷却水,启动电动机,徐徐压下钻杆,钻取芯样,但不得使劲压下钻头。待钻透整个结构层后,上抬钻杆,拔出钻头,停止转动,不得使芯样损坏,取出芯样。沥青混合料或水泥混凝土芯样可用清水漂洗干净备用。

注:在试验不能用冷水冷却时,应采用干钻孔。此时,为保护钻头,可先用干冰约3kg放在取样位置上,冷却路面约1h,钻孔时通常以低温CO_2等冷却气体代替冷却水。

(4)用切割机切割时,将锯片对准切割位置,开放冷却水,启动电动机,徐徐压下锯片达到要求深度(厚度),仔细向前推进,到需要一定长度后抬起锯片,四面全部锯完后,用镐或铁锹仔细取出芯样,取得的路面试块应保持边角完整,颗粒不得散失。

(5)采取的路面混合料试样应整层取样,试样不得破碎。

(6)将钻取的芯样或切割的试块妥善放置在盛样器中,必要时用塑料袋封装。

(7)填写试样标签,一式两份,一份贴在试样上,一份作为记录备查,试样标签如图1-2-1所示。

试样编号:______________________________
路线或工程名称:__________________________
材料品种:______________________________
施工日期:______________________________
取样日期:______________________________
取样位置:桩号:__________中心线左______m右______m
取样人:______________________________
试样保管人:____________________________
备注:______________________________
(注明试样用途或试验结果等)

图1-2-1 试样标签图例

(8)对钻孔或切割的路面坑洞,应采用同类型材料填补压实。取样时留下的水分应用干净的棉纱等吸走,待干燥后再填补。

2 路基路面实测项目与要求

依据规范规定,路基路面在施工过程中、交工验收期间及旧路调查中,都需要检测路基路面各部分的几何尺寸,保证其符合规范及其规定要求。路基路面常见几何尺寸实测项目及要求见表1-2-1。其他路基路面几何尺寸实测项目的要求见《公路工程质量检验评定标准》(JTG F80/1—2012)。

路基路面几何尺寸实测项目 表1-2-1

结构名称	检查项目	规定值或容许偏差		检查方法和频率	权值
		高速、一级公路	其他公路		
土方路基	纵断高程(mm)	+10,-15	+10,-20	水准仪:每200m测4个断面	2
	中线偏位(mm)	50	100	经纬仪:每200m测4个点,弯道加HY、YH两点	
	宽度(mm)	符合设计要求		米尺:每200m测4处	
	横坡(%)	±0.3	±0.5	水准仪:每200m测4个断面	1
	边坡	符合设计要求		尺量:每200m测4处	

续上表

结构名称	检查项目		规定值或容许偏差：高速、一级公路	规定值或容许偏差：其他公路	检查方法和频率	权值
石方路基	纵断高程(mm)		+10，-20	+10，-30	水准仪：每200m测4个断面	2
	中线偏位(mm)		50	100	经纬仪：每200m测4个点，弯道加HY、YH两点	
	宽度(mm)		符合设计要求		米尺：每200m测4处	
	横坡(%)		±0.3	±0.5	水准仪：每200m测4个断面	1
	边坡	坡度 平顺度	符合设计要求		每200m抽查4处	
石灰土基层	纵断高程(mm)	基层	—	+5，-15	水准仪：每200m测4个断面	1
		底基层	+5，-15	+5，-20		
	宽度(mm)		符合设计要求		尺量：每200m测4处	
	横坡(%)	基层	—	±0.5	水准仪：每200m测4个断面	
		底基层	±0.3	±0.5		
沥青混凝土面层	纵断高程(mm)		±15	±20	水准仪：每200m测4个断面	1
	中线平面偏位(mm)		20	30	经纬仪：每200m测4个点	
	横坡(%)		±0.3	±0.5	水准仪：每200m测4个断面	
	宽度(mm)	有侧石	±20	±30	尺量：每200m测4处	
		无侧石	不小于设计值			
水泥混凝土面层	中线平面偏位(mm)		20		经纬仪：每200m测4个点	1
	路面宽度(mm)		±20		米尺抽量：每200m测4处	
	纵断高程(mm)		±10	±15	水准仪：每200m测4个断面	
	横坡(%)		±0.15	±0.25	水准仪：每200m测4个断面	

2.1 仪具与材料

(1)钢尺。

(2)经纬仪、精密水准仪、全站仪、塔尺。

(3)其他：粉笔等。

2.2 方法与步骤

准备工作如下：

(1)在路基或路面上准确恢复桩号。

(2)根据有关施工规范或工程质量检验评定标准的要求，按随机取样的方法，在一个检测路段内选取测定的断面位置及里程桩号，在测定断面作上标记。通常将路面宽度、横坡、高程及中线偏位选取在同一断面位置，且宜在整数桩号上测定。

(3)根据道路设计的要求，确定路基路面各部分的设计宽度的边界位置，在测定位置上用粉笔作上记号。

(4)根据道路设计的要求，确定设计高程的纵断面位置，在测定位置上用粉笔作上记号。

(5)根据道路设计的要求，在与中线垂直的横断面上确定成型后路面的实际中心线位置。

(6)根据道路设计的路拱形状,确定曲线与直线部分的交界位置及路面与路肩(或硬路肩)的交界处,作为横坡检验的基准;当有路缘石或中央分隔带时,以两侧路缘石边缘为横坡测定的基准点,用粉笔作上记号。

检测项目1　路基路面纵断面高程的测试

纵断面高程检验的关键在于测定纵断高程的位置是否准确,我们按照道路设计标准决定测定纵断面位置。

纵断面高程测定应按下列步骤执行:

(1)将水平仪架设在路面平顺处调平,将塔尺竖立在中线的测定位置上,以路线附近的水准点高程作为基准,测记测定点的高程读数,以m表示,准确至0.001m。

(2)连续测定全部测点,并于水准点闭合。

按式(1-2-1)计算各个断面的实测高程 h_{1i} 与设计高程 h_{0i} 之差。

$$\Delta h = h_{1i} - h_{0i} \tag{1-2-1}$$

式中:h_{1i}——各断面的纵断面实测高程(m);

h_{0i}——各断面的纵断面设计高程(m);

Δh——各断面的路面高程和设计高程的差值(m)。

检测项目2　路基路面横坡测试

路基路面在中心线处建有路拱时,横坡的测定变得很困难,因为路拱是一个曲线,设计横坡则是指直线部分的横坡。测量时路基横坡是指路顶面的横坡,路面横坡是路面中心线与路面边缘高程之差对距离的比值。

对于无中央分隔带的公路路面横坡是指路拱两侧直线部分的坡度;对于有中央分隔带的公路路面横坡是指路面与中央分隔带交界处及路面边缘与路肩交界处两点的高程差与水平距离的比值,以%表示。其测定方法如下:

(1)对设有中央分隔带的路面:将水准仪架设在路面平顺处调平,将塔尺分别竖立在路面与中央分隔带分界的路缘带边缘 d_1 及路面与路肩交界处(或外侧路缘石边缘)的标记 d_2 处,d_1 与 d_2 两测点必须在同一横断面上,测量 d_1 和 d_2 处的高程,记录高程读数,以m表示,准确至0.001m。

(2)对无中央分带的路面:将水平仪架设在路面平顺处调平,将塔尺分别竖立在路拱曲线与直线部分的交界位置 d_1,路面与路肩(或硬路肩)的交界位置 d_2 处,d_1 与 d_2 两侧点必须在同一横断面上,测量 d_1 与 d_2 处的高程,记录高程读数,以m表示,准确至0.001m。

(3)用钢尺测量两侧点的水平距离,以m表示,对高速公路及一级公路,准确至0.005m;对其他等级公路,准确至0.01m。

各测定断面的路面横坡 i_i 按式(1-2-2)计算,准确至一位小数。按式(1-2-3)计算实测横坡 i_{1i} 与设计横坡 i_{0i} 之差 Δi_i。

$$i_i = \frac{h_{d1} - h_{d2}}{B_i} \qquad (1\text{-}2\text{-}2)$$

$$\Delta i_i = i_{1i} - i_{0i} \qquad (1\text{-}2\text{-}3)$$

式中：h_{d1}、h_{d2}——各断面测点 d_1 与 d_2 处的高程读数(m)；

i_{1i}——各测定断面的横坡(%)；

B_i——各断面测点 d_1 与 d_2 之间的水平距离(m)；

i_{0i}——各断面的设计横坡(%)；

Δi_i——各断面的横坡和设计横坡的差值(%)。

检测项目3　路基路面宽度测试

路基宽度是指行车道与路肩宽度之和，以 m 计；路面宽度包括行车道、路缘带、变速车道、爬坡车道、硬路肩和紧急停车带的宽度，以 m 计。其测定方法如下：

用钢尺沿中心垂直方向上水平量取路基路面各部分的宽度，以 m 表示，对高速公路及一级公路，准确至 0.005m；对其他等级公路，准确至 0.01m。测量时量尺应保持水平，不得将尺紧贴路面量取，也不得使用皮尺。

按式(1-2-4)计算各个断面的实测宽度 B_{1i} 与设计宽度 B_{0i} 之差，总宽度为路基路面各部分宽度之和：

$$\Delta B = B_{1i} - B_{0i} \qquad (1\text{-}2\text{-}4)$$

式中：B_{1i}——各断面的实测宽度(m)；

B_{0i}——各断面的设计宽度(m)；

ΔB——各断面的宽度和设计宽度的差值(m)。

检测项目4　路基路面中线偏位测试

路基路面中线偏位是指路面实际中心线偏离设计中心线的距离，以 mm 计。中线偏位的测试方法如下：

(1)对于有中线坐标的道路：首先从设计资料中查出待测点 P 的设计坐标，用经纬仪对该设计坐标进行放样，并对放样点 P' 做好标记，量取 PP' 的长度，即为中线平面偏位 Δ_{CL}，以 mm 表示。对高速公路及一级公路，准确至 5mm；对其他等级公路，准确至 10mm。

(2)对于无中线坐标的低等级道路：应首先恢复交点或转点，实测偏角和距离，然后采用链距法、切线支距法或偏角法等传统方法敷设道路中线的设计位置，量取设计位置与施工位置之间的距离，即为中线平面偏位 Δ_{CL}，以 mm 表示，准确至 10mm。

2.3 检测路段数据整理

依据实测记录，将路基路面几何尺寸检测结果汇总，计算一个评定路段内各测定断面的宽度、高程、横坡以及中线偏位的平均值、标准差、变异系数，但加宽及超高部分的测定值不参加计算。

2.4 检测报告

(1)以评定路段为单位列出桩号及宽度、高程、横坡以及中线偏位测定的记录，记录平均值、标准差、变异系数，注明不符合规范及设计要求的断面。

(2)纵断面高程测试报告中应报告实测高程与设计高程的差值，低于设计高程为负，高于设计高程为正。

(3)路面横坡测试报告中应报告实测横坡与设计横坡的差值，小于设计横坡为负值，大于设计横坡为正值。

检测项目5 路面厚度检测

在路面工程中，各个层次的厚度是和道路整体强度密切相关的。在路面设计中，不管是刚性路面，还是柔性路面，其最终要决定的，都是各个层次的厚度，只在保证厚度的情况下，路面的各个层次及整体的强度才能得到保证。除了能保证强度外，应严格控制各结构层的厚度，还能对路面的高程起到一定的控制作用，是一个非常重要的指标。

路面各结构层厚度的检测一般与压实度同时进行，当用灌砂法进行压实度检查时，可量取挖坑灌砂深度即为结构层厚度；当用钻芯取样法检查压实度时，可以直接量取的芯样高度即为结构层厚度；结构层厚度也可以采用水准仪量测法求得，即在同一测点量出结构层底面及顶面的高程，然后求其差值，这种方法无须破坏路面，测试精度高。目前，国内外还用短脉冲雷达、超声波等方法检测路面结构层厚度。

对于基层或砂石路面的厚度可用挖坑法测定，沥青面层与水泥混凝土路面板的厚度应用钻孔法测定。

(1)抽检频率

水泥混凝土面层，每200m每车道检查2处；沥青混凝土、沥青碎石及沥青贯入式面层，每200m每车道检查1处；水泥稳定粒料基层及石灰稳定土底基层，每200m每车道检查1处。

(2)仪具与材料

①挖坑用镐、铲、凿子、锤子、毛刷。

②取样用路面芯样钻机及钻头，冷却水，钻头直径50mm、100mm或150mm。

③量尺：钢卷尺、钢板尺、卡尺。

④补坑材料：与检查层位的材料相同。

⑤补坑用具：夯、热夯、水等。

⑥其他：搪瓷盘、棉纱等。

(3)测试方法

方案1：挖坑法测定路面厚度。

①根据现行规范的要求，随机取样决定挖坑检查的位置。如为旧路，该点有坑洞等显

著缺陷或接缝时,可在其旁边检测。

②选一块约 40cm×40cm 的平坦表面作为试验地点,用毛刷将其清扫干净。

③根据材料坚硬程度,选择镐、铲、凿子等适当的工具,开挖这一层材料,直至层位底面。在便于开挖的前提下,开挖面积应尽量缩小,坑洞大体呈圆形,边开挖边将材料铲出,置于搪瓷盘中。

④用毛刷将坑底清扫,确认为坑底面下一层的顶面。

⑤将钢板尺平放横跨于坑的两边,用另一把钢尺或卡尺等量具在坑的中部位置垂直伸至坑底,测量坑底至钢板尺的距离,即为检查层的厚度,以 mm 计,精确至 1mm。

方案 2:钻孔取芯样法测定路面厚度。

①根据现行规范的要求,随机取样决定挖坑检查的位置。如为旧路,该点有坑洞等显著缺陷或接缝时,可在其旁边检测。

②用路面取芯钻孔机钻孔,芯样的直径应为 100mm。如芯样仅供测量厚度,不用作其他试验,对沥青面层与水泥混凝土板也可用直径 50mm 的钻头,对基层材料有可能损坏试件时,也可用直径 150mm 的钻头,但钻孔深度必须达到层厚。

③仔细取出芯样,清除底面灰尘,找出与下层的分界面。

④用钢板尺或卡尺沿圆周对称的十字方向四处量取表面至上、下层界面的高度,取其平均值,即为该层的厚度,精确至 1mm。

方案 3:短脉冲雷达测定路面厚度。

目前,我国公路路面厚度测试常采用钻孔取芯样厚度的方法,对路面面层有一定的破坏作用,给路面造成损坏或留下后患。随着科学技术的发展,西方发达国家自 20 世纪 80 年代开始研究用短脉冲雷达检测路面面层厚度技术,并取得了成功。

短脉冲雷达测试系统能在高速公路时速下,实时收集公路的雷达信息,然后将信息输入电脑程序内,在很短的时间里,电脑程序便会自动分析公路或桥面内各层厚度、含水率、空隙位置、破损位置及程度。短脉冲雷达测试系统是一种非接触、非破损的路面厚度测试技术,检测速度高,精度也较高,检测费用低廉。因此,它不仅适用于沥青路面或水泥混凝土路面各层厚度及总厚度测试、路面下空洞探测、路面下相对高含水率区域检测、路面下的破损状况检测,还可以用于检测桥面混凝土剥落状况,检测桥内混凝土与钢筋脱离状况,测试桥面沥青覆盖层的厚度。

短脉冲雷达测试系统适用于新建、改建路基路面工程质量验收和旧路加铺路面设计的厚度及各结构层布置情况调查。雷达发射的电磁波在路基路面层传播过程中会逐渐削弱、消散、层面反射。雷达最大探测深度是由雷达系统的参数以及路面材料的电磁属性决定的。对于材料过度潮湿或饱和以及有高含铁矿渣集料的路面不适合用短脉冲雷达测试。

①设备主要组成。雷达测试系统由雷达主机、雷达天线、距离测量轮、笔记本电脑等组成。

②测试系统技术要求和参数。

a. 距离标定误差:≤0.1%。

b. 设备工作温度:0~40℃。

c. 最小分辨层厚：≤40mm。

d. 系统测量精度要求：见表 1-2-2。

系统测量精度技术要求 表 1-2-2

测量深度(cm)	测量误差(mm)	测量深度(cm)	测量误差(mm)
<10	±3	>25	±10
10~25	±5		

e. 天线：带宽能适应所选择的发射脉冲频率。通常，在检测路面厚度时宜选择使用 2.0GHz 的天线，在检测路基各结构层情况时宜选择使用 900MHz 的天线。

f. 收发器：脉冲宽度≤1.0ns，时间信号处理能力可以适应所需的测试深度。

③雷达检测厚度的基本原理。

雷达检测公路路面面层厚度属于反射探测法。其基本原理是：不同的介质具有不同的介电常数，雷达向地下发射一定强度的高频电磁脉冲波，电磁波在地下传播的过程中遇到不同介电常数的界面时，一部分能量产生反射波，一部分能量继续向地下传播，如图 1-2-2 所示，雷达接收并记录这些反射信息。

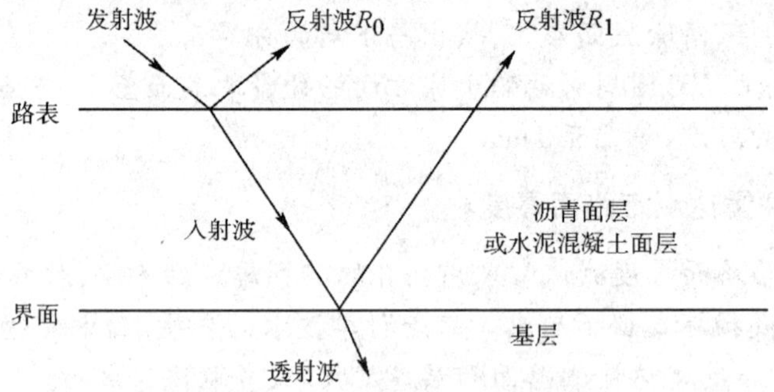

图 1-2-2 电磁波在路面面层中的反射

④计算原理。

由于地下材料介质具有不同的介电常数，造成各种材料介质具有不同的电导性，电导性的差异影响了电磁波的传播速度。一般用式(1-2-5)计算电磁波在材料介质中的传播速度：

$$v = \frac{c}{\sqrt{\varepsilon_r}} \tag{1-2-5}$$

式中：v——电磁波在材料介质中的传播速度；

c——电磁波在空气中的传播速度(即约等于光速，取 300mm/ns)；

ε_r——材料介质的介电常数。

根据电磁波在材料介质中的双程走时以及材料介质的相对介电常数，用式(1-2-6)确定面层厚度 T。

$$T = \frac{\Delta t \times c}{2\sqrt{\varepsilon_r}} \tag{1-2-6}$$

式中：T——面层厚度(mm)；

Δt——雷达所发射的电磁波在材料介质中的双程走时(ns)。

为了准确反算出路面厚度，必须知道路面材料的介电常数，通常采用在路面上钻芯取样的方法以获取路面材料的介电常数。其方法是首先令雷达天线在需要标定芯样点的上方采样，然后钻芯，最后将芯样的真实厚度数据输入到计算机程序中，反算出路面材料的介电常数或者雷达波在材料中的传播速度；路面材料的介电常数会随集料类型、沥青产地、密度、湿度等而不同。测试过程中应根据实际情况增加芯样数量，以保证测试厚度的准确性。

(4)路面结构层厚度评定

路面结构层厚度是关系公路工程质量和造价的重要指标，既不能给承包商提供偷工减料的机会，又要考虑正常施工条件下的厚度偏差情况，以确保公路工程质量合格和工程造价的合理。因此常采用平均值的置信下限作为否决指标，单点极值作为扣分指标。几种常用的路面结构层厚度的代表值与极值的允许偏差见表 1-2-3 所示。

几种常用的路面结构层厚度的代表值与极值的允许偏差 表 1-2-3

类型与层次		厚度(mm)				检查频率	权值
		代表值		合格值			
		高速、一级公路	其他公路	高速、一级公路	其他公路		
石灰土	基层	—	−10	—	−25	每 200m 车道测 1 处	3
	底基层	−10	−12	−25	−30		
水泥稳定粒料	基层	−8	−10	−15	−20		
	底基层	−10	−12	−25	−30		
水泥混凝土面层		−5	−5	−10	−10	每 200m 车道测 2 处	
沥青混凝土面层		总厚度：−5% *H* 上面层：−10% *H*	−8% *H*	总厚度：−10% *H* 上面层：−20% *H*	−15% *H*	双车道每 200m 车道测 1 处	

计算一个评定路段检测厚度的平均值、标准差、变异系数，并计算代表厚度。

厚度代表值为厚度的算术平均值的下置信界限值，即：

$$h_L = \bar{h} - S \cdot \frac{t_\alpha}{\sqrt{n}} \tag{1-2-7}$$

式中：h_L——厚度代表值；

$\bar{h}$——厚度平均值；

S——标准差；

n——检查数量；

t_α——t 分布中随测点数和保证率(置信度 α)而变的系数。采用的保证率：高速、一级公路基层、底基层为 99%，面层为 95%；其他公路基层、底基层为 95%，面层为 90%。

当厚度代表值大于或等于设计厚度减代表值允许偏差时，则按单个检查值的偏差是否超过极值来评定合格率和计算应得分数；当厚度代表值小于设计厚度减去代表值允许偏差时，则厚度指标评为零分。

沥青面层一般按沥青铺筑层总厚度进行评定，但高速公路和一级公路多分 2 ~ 3 层铺筑,还应进行上面层厚度检查和评定。

例:某高速公路二灰稳定砂砾基层设计厚度为18cm,代表值允许偏差为 -8mm,极值允许偏差为 -15mm。评定路段厚度检测结果(12 个测点)分别为17.5cm、17.7cm、18.2cm、18.6cm、18.1cm、18.8cm、17.6cm、17.8cm、19.1cm、19.3cm、17.4cm、17.9cm,试按保证率99%评定该路段的厚度是否合格?并计算实际得分(注:规定分为100分)。

解:厚度平均值:

$$\bar{h}=(17.5+17.7+18.2+18.6+18.1+18.8+17.6+17.8+19.1+19.3+17.4+17.9)/12$$
$$=18.17\text{cm}$$

标准偏差:

$$S=0.64\text{cm}$$

查表得:$t_\alpha/\sqrt{n}=0.785$

厚度代表值 h_L:

$$h_L=\bar{h}-S\cdot t_\alpha/\sqrt{n}=18.17-0.64\times0.785=17.67\text{cm}$$

$\because h_L=17.67\text{cm}>18-0.8=17.2\text{cm}$

所以,该路段厚度代表值符合要求。

由于各检测值 $h_i>18-1.5=16.5\text{cm}$

故合格率为100%,实际得分为100分。

检测项目6　路面错台测试

路面错台是路面常见的损坏形式,也是产生跳车的主要原因。路面错台的测试方法适用于测定路面、人工构造物端部接头、水泥混凝土路面或桥梁的伸缩缝,以及沥青混凝土路面的裂缝两侧由于沉降所造成的错台(台阶)高度,以评价路面行车的舒适性能,并作为计算维修工作量的依据。

(1)仪具与材料。

①皮尺。

②精密水准仪。

③3m 直尺。

④其他:钢板尺或钢卷尺、粉笔等。

(2)方法与步骤。

在检测之前,应选择需要测定的部位断面,记录检测位置及桩号,并详细描述发生错台的原因。非经注明,错台的测定位置以行车道错台最大处纵断面为准,根据需要也可以其他代表性纵断面为测定位置。

情境1:构造物端部接头处的错台。

①将精密水准仪架在距构造物端部不远的路面平顺处调平。

②从构造物端部无沉降或鼓包的断面位置起，沿路线纵向用皮尺量取一定距离作为测点，在该处立起塔尺，测量高程；再向前量取一定距离作为测点，测量高程。如此反复，直至无明显沉降的断面为止，无特殊需要时，从构造物端部起的2m内，应每隔0.2m量测1次，2~5m宜每隔0.5m量测1次，5m以上可每隔1m量测1次，由此得出沉降纵断面及最大沉降值，即最大错台高度(D_m)，准确至1mm。

情境2：水泥混凝土路面接缝、桥梁伸缩缝及沥青路面裂缝处的错台。

对于水泥混凝土路面接缝、桥梁伸缩缝及沥青路面横向开裂造成的接缝错台、裂缝错台时，可按上述方法用水准仪测定接缝或裂缝两侧一定范围内的道路纵断面，确定最大错台位置及高度D_m，准确至1mm。

当发生错台变形的范围不足3m时，可在错台最大位置沿路线纵向用3m直尺架在路面上，其一端位于错台高出的一侧，另一端位于无明显沉降变形处，作为基准线。用钢板尺或钢卷尺每隔0.2m量取路面与基准线之间高度D，同时测记最大错台高度D_m，准确至1mm。

(3)数据处理与结果分析。

以测定的错台读数D与各测点的距离成纵断面图作为测定结果，图中应标明相应断面的设计纵断面高程，最大错台的位置与高度D_m，准确至1mm。

对于新建水泥混凝土路面错台的测定：按每条胀缝2点，每200m抽纵、横接缝各2条，每条2点进行。允许偏差：高速公路、一级公路为2mm，其他等级公路为3mm。

(4)报告。

测试报告应记录如下事项：

①路线名、测定日期、天气情况。

②测定地点、桩号路面及构造物概况。

③道路交通情况及造成错台的原因初步分析。

④最大错台高度D_m及错台纵断面图。

工作任务2　路基路面压实度检测

1　概述

1.1　压实度检测的目的意义

压实度是路基路面施工质量检测的关键指标之一，表征现场压实后的密实状况，压实度越高，密实度越大，材料整体性能越好。因此，路基路面施工中，碾压工艺成为施工质量控制的关键工序。

对于路基土、路面半刚性基层及粒料类柔性基层而言，压实度是指工地实际达到的干密度与室内标准击实试验所得的最大干密度的比值；对沥青面层、沥青稳定基层而言，压实度是指现场实际达到的密度与室内标准密度的比值。因此，压实度的测定主要包括室内标准密度(最大干密度)确定和现场密度试验。

1.2　路基土最大干密度和最佳含水率的确定

由于筑路材料结构层次等因素的不同，确定室内标准密度的方法也多样化，有些方法须在实践中进一步完善。以干密度为纵坐标,以含水率为横坐标,在普通直角坐标纸上绘制干密度与含水率的关系曲线,驼峰形曲线顶点的纵、横坐标分别为路基土的最大干密度和最佳含水率,即最大干密度是指在标准击实曲线(驼峰曲线)上最大的干密度值,该值对应的含水率即为最佳含水率。

根据路基土类别与性质的不同,路基土最大密度试验方法主要有击实法、振动台法和表面振动压实仪法,适用范围见表1-2-4。

路基土最大干密度确定方法比较 表1-2-4

试验方法	适用范围	土的粒组
轻型、重型击实法	①小试筒适用于粒径不大于25mm的土 ②大试筒适用于粒径不大于38mm的土	细粒土 粗粒土
振动台法	①本试验规定采用振动台法测定无黏性自由排水粗粒土和巨粒土(包括堆石料)的最大干密度; ②本试验方法适用于通过0.074mm标准筛的土颗粒质量百分数不大于15%的无黏性自由排水粗粒土和巨粒土; ③对于最大颗粒大于60mm的巨粒土,因受试筒允许最大粒径的限制,宜按相似级配法的规定处理	粗粒土 巨粒土
表面振动压实仪法	同上	粗粒土 巨粒土

击实试验是我国路基土最大干密度确定的主要方法,通过试验得出的击实曲线,确定最大干密度和最佳含水率。由于击实功的不同,可分为重型和轻型击实,两个试验的原理和基本规律相似,但重型击实试验的击实功提高了4.5倍。击实试验中按采集土样的含水率,分湿土法和干土法;按土能否重复使用,也分为两种,即土能重复使用和不能重复使用。选择时应根据下列原则进行:根据工程的具体要求,按击实试验方法种类中规定选择轻型或重型试验方法;根据土的性质选用干土法或湿土法,对于高含水率土宜选用湿土法,对于非高含水率土则选用干土法;除易击碎的试样外,试样可以重复使用。

振动台法与表面振动压实仪法均是采用振动方法测定土的最大干密度。前者是整个土样同时受到垂直方向的振动作用,而后者是振动作用自上体表面垂直向下传递的。研究结果表明,对于无黏聚性自由排水土这两种方法最大干密度试验的测定结果基本一致,但前者试验设备及操作较复杂,后者相对容易,且更接近于现场振动碾压的实际状况。因此,使用时可根据试验设备拥有情况择其一即可,但推荐优先采用表面振动压实仪法。已有的国内外研究结果表明,对于砂、卵、漂石及堆石料等无黏聚性自由排水上而言,一致公认采用振动方法而不是普通击实法。因此,建议采用振动方法测定无黏聚性自由排水土的最大干密度。

已有的国内外研究结果表明,对于砂、卵、漂石及堆石料等无黏聚性自由排水上而言,一致公认采用振动方法而不是普通击实法。因此,建议采用振动方法测定无黏聚性自由排水土的最大干密度。

1.3 路面基层混合料最大干密度和最佳含水率的确定

路面基层主要包括柔性基层和半刚性基层两类。柔性基层最大干密度的确定可参照粗粒土和巨粒土的振动法。半刚性基层材料按照《公路工程无机结合料稳定材料试验规程》(JTG E51—2009)执行,用标准击实仪法求得,但当粒料含量高时(50%以上),由于击实筒空间的限制,现行方法就不能得出真正的最大干密度,若以此为准,按施工规范要求的压实度成型,所测得的强度和有关参数大小,据此进行设计,势必造成浪费。同样,如以此为准进行施工质量控制,必然要求太低,不能保证施工质量,因此,需要寻求更科学的方法,下面介绍一种确定最大干密度和最佳含水率的方法，即理论计算法。

1.3.1 石灰土、二灰稳定粒料

根据室内试验测得结合料的最大干密度 ρ_1 和集料的相对密度 γ，把已确定的结合料与集料的质量比换算为体积比 $V_1:V_2$，则可计算混合料的最大干密度 ρ_0 为：

$$\rho_0 = V_1 \cdot \rho_1 + V_2 \cdot \rho_2 \tag{1-2-8}$$

石灰土、二灰稳定粒料的最佳含水率 w_0 是结合料的最佳含水率 w_1 和集料饱水裹覆含水率 w_2 的加权值，可按下式计算：

$$w_0 = w_1 A + w_2 B \tag{1-2-9}$$

式中：A、B——分别为结合料和集料的质量百分比，以小数计。

饱水裹覆含水率是指把集料浸水饱和后取出，不擦去表面裹覆水时的含水率。除吸水率特大的集料外，此值对于砾石可以取3%，碎石可取4%。

1.3.2 水泥稳定粒料

此类材料的最大干密度 ρ_0 与集料的最大干密度 ρ_G 和水泥硬化后的水泥质量有关，即：

$$\rho_0 = \frac{\rho_G}{1 - \frac{(1+K)\alpha}{100}} \tag{1-2-10}$$

式中：ρ_0——集料在振动台上加载振动而得到的最大干密度（g/cm^3）；

α——水泥含量（%）；

K——水泥水化时水的增量，视水泥品种不同而异，一般为水泥质量的10%～25%，以小数计。

水泥加水拌匀后，在105℃烘箱中烘干，称量试验前水泥质量和烘干后硬化的水泥质量，即可求得水泥水化的水增量。

因水泥中含有水化水，故用烘箱法不能正确测出水泥稳定粒料的最佳含水率。根据对比试验，水泥稳定粒料的最佳含水率 w_0 由水泥的水化水、集料的饱水裹覆含水率和拌和水泥所需要的水（水灰比为0.5）三者组成，即：

$$w_0 = (0.5 + K)\alpha + w_2\left(\frac{\alpha}{100}\right) \tag{1-2-11}$$

式中：α——水泥含量（%）；

w_2——集料饱水裹覆含水率（%），同式（1-2-9）中规定；

K——水泥水化时水的增量，以小数计，同式（1-2-10）中规定。

1.4 沥青混合料标准密度的确定

对于沥青混合料标准密度试验方法，我国仍以马歇尔击实法为主，有3个标准密度可供选择。

具体密度的测定，根据混合料本身的特点，可采用下列方法之一：

（1）水中重法：本法仅适用于密实的Ⅰ型沥青混凝土试件，不适用于采用了吸水性大的集料的沥青混合料试件。

（2）表干法：本法适用于测定吸水率不大于2%的各种沥青混合料试件。

（3）蜡封法：本法适用于吸水率大于2%的沥青混合土试件以及沥青碎石混合料试件。

（4）体积法：本法适用于空隙率较大的沥青碎石混合料及大空隙透水性开级配沥青混合料试件。

具体的试验方法参见《公路工程沥青及沥青混合料试验规程》（JTG E20—2011）。

2 试验方法与步骤

2.1 灌砂法测定压实度

灌砂法适用于在现场测定基层(或底基层)、砂石路面及路基土的各种材料压实层的密度和压实度。但不适用于填石路堤等有大孔洞或大孔隙材料的压实度检测。

灌砂法是利用均匀颗粒的砂去置换试洞的体积,它是当前最通用的方法,很多工程都把灌砂法列为现场测定密度的主要方法。该方法可用于测试各种土或路面材料的密度。它的缺点是:需要携带较多的量砂,而且称量次数较多,因此它的测试速度较慢。

用挖坑灌砂法测定密度和压实度时,应符合下列规定:

(1)当集料的最大粒径小于 13.2mm、测定层的厚度不超过 150mm 时,宜采用 ϕ100mm 的小型灌砂筒测试。

(2)当集料的最大粒径大于或等于 13.2mm ,但不大于 31.5mm ,测定层的厚度不超过 200mm 时,应用 ϕ150mm 的大型灌砂筒测试。

2.1.1 仪具与材料

本方法需要下列仪具与材料:

(1)灌砂筒:有大小两种,可根据需要采用,形式和主要尺寸见图 1-2-3、图 1-2-4 及表 1-2-5。当尺寸与表中不一致,但不影响使用时,亦可使用。上部为储砂筒,储砂筒筒底中心有一圆孔,下部装一倒置的圆锥形漏斗,漏斗上端开口,直径与储砂筒的圆孔相同,漏斗焊接在一块铁板上,铁板中心有一圆孔与漏斗上开口相接。在储砂筒筒底与漏斗顶端铁板之间设有开关。开关为一薄铁板,一端与筒底及漏斗铁板铰接在一起,另一端伸出筒身外。开关铁板上也有一个相同直径的圆孔。

图 1-2-3 灌砂筒和标定罐和基板实物图

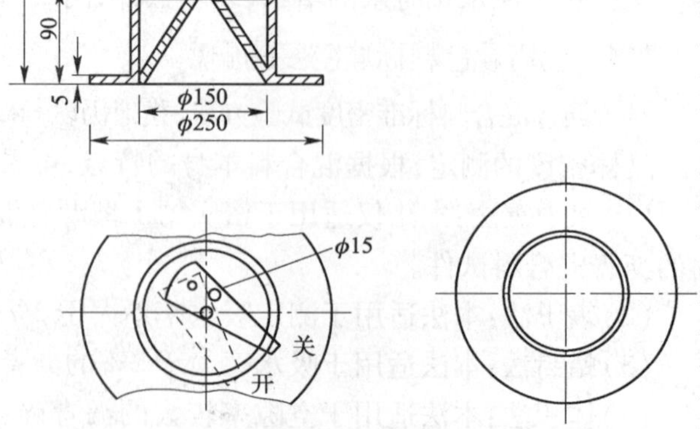

图 1-2-4 灌砂筒和标定罐(尺寸单位:mm)

(2)金属标定罐:用薄铁板制作的金属罐,上端周围有一罐缘。

(3)基板:用薄铁板制作的金属方盘,盘的中心有一圆孔。

(4)玻璃板:边长为 500 ~600mm 的方形板。

灌砂筒的主要尺寸要求 表 1-2-5

结构		小型灌砂筒	大型灌砂筒
储砂筒	直径(mm)	100	150
	容积(cm^3)	2120	4600
流砂孔	直径(mm)	10	15
金属标定罐	内径(mm)	100	150
	外径(mm)	150	200
金属方盘基板	边长(mm)	350	400
	深(mm)	40	50
	中孔直径(mm)	100	150

注:如集料的最大粒径超过 31.5mm,则应相应地增大灌砂筒和标定罐的尺寸;如集料的最大粒径超过 53mm,灌砂筒和现场试洞的直径应为 200mm。

(5) 试样盘:小筒挖出的试样可用饭盒存放,大筒挖出的试样可用 300mm × 500mm × 40mm 的搪瓷盘存放。

(6)天平或台秤:称量 10 ~15kg,感量不大于 1g,用于含水率测定的天平精度,对细粒土、中粒土、粗粒土宜分别为 0.01g、0.1g、1.0g。

(7)含水率测定器具:如铝盒、烘箱等。

(8)量砂:粒径 0.30 ~0.60mm 清洁干燥的均匀砂,约 20 ~40kg,使用前须洗净、烘干,并放置足够长的时间,使其与空气的湿度达到平衡。

(9)盛砂的容器:塑料桶等。

(10)其他:凿子、螺丝刀、铁锤、长把勺、长把小簸箕、毛刷等。

2.1.2 方法与步骤

(1)按现行试验方法对检测对象试样用同种材料进行击实试验,得到最大干密度 ρ_c 及最佳含水率。

(2)按规定选用适宜的灌砂筒。

(3)按下列步骤标定灌砂筒下部圆锥体内砂的质量:

①在灌砂筒筒口高度上,向灌砂筒内装砂至筒顶的距离 15mm 左右为止。称取筒内砂的质量 m_1,准确至 1g,以后每次标定及试验都应该维持装砂高度与质量不变。

②将开关打开,使灌砂筒筒底的流砂孔、圆锥形漏斗上端开口圆孔及开关铁板中心的圆孔上下对准重叠在一起,让砂自由流出,并使流出砂的体积与工地所挖试坑内的体积相当(或等于标定罐的容积),然后关上开关。

③不晃动灌砂筒的砂,轻轻地将灌砂筒移至玻璃板上,将开关打开,让砂流出,直到筒内砂不再下流时,将开关关上,并细心地取走灌砂筒。

④收集并称量留在玻璃板上的砂或称量筒内的砂,准确至 1g。玻璃板上的砂就是填满筒下圆锥体的砂(m_2)。

⑤重复上述测量三次，取其平均值。

(4)按下列步骤标定量砂的松方密度 ρ_s (g/cm^3)：

①用水确定标定罐的容积 V，准确至1mL。

②在储砂筒中装入质量为 m_1 的砂，并将灌砂筒放在标定罐上，将开关打开，让砂流出。在整个流砂过程中，不要碰动灌砂筒，直到灌砂筒内的砂不再下流时，将开关关闭。取下灌砂筒，称取筒内剩余砂的质量(m_3)，准确至1g。

③按式(1-2-12)计算填满标定罐所需砂的质量 m_a(g)：

$$m_a = m_1 - m_2 - m_3 \tag{1-2-12}$$

式中：m_a——标定罐中砂的质量(g)；

m_1——装入灌砂筒内的砂的总质量(g)；

m_2——灌砂筒下部圆锥体内砂的质量(g)；

m_3——灌砂入标定罐后，筒内剩余砂的质量(g)。

④重复上述测量三次，取其平均值。

⑤按式(1-2-13)计算量砂的松方密度 ρ_s：

$$\rho_s = \frac{m_a}{V} \tag{1-2-13}$$

式中：ρ_s——量砂的松方密度(g/cm^3)；

V——标定罐的体积(cm^3)。

(5)试验步骤

①在试验地点，选一块平坦表面，并将其清扫干净，其面积不小于基板面积。

②将基板放在平坦表面上。当表面粗糙度较大，则将盛有量砂(m_5)的灌砂筒放在基板中间圆孔上。将罐砂筒的开关打开，让砂流入基板的中孔内，直到储砂筒内的砂不再下流时关闭开关。取下灌砂筒，并称量筒内砂的质量(m_6)，准确至1g。

③取走基板，并将留在试验地点的量砂收回，重新将表面清扫干净。

④将基板放回清扫干净的表面上(尽量放在原处)，沿基板中孔凿洞(洞的直径与灌砂筒一致)。在凿洞的过程中，应注意不使凿出的材料丢失，并随时将凿松的材料取出装入塑料袋中，不要使水分蒸发。也可放在大试样盆内。等于测定层厚度，但不得有下层材料混入，最后将洞内的试调深度全部凿松材料取出，对土基或基层，为防止试样盘内材料的水分蒸发，可分几次称取材料的质量，全部取出材料的总质量为 m_w，准确至1g。

注：当需要检测厚度时，应先测量厚度后再进行这一步骤。

⑤从挖出的全部材料中取有代表性的样品，放在铝盒或洁净的搪瓷盘中，测定其含水率(w，以%计)。样品的数量如下：用小灌砂筒测定时，对于细粒土，不少于100g；对于各种中粒土，不少于500g。用大灌砂筒测定时，对于细粒土，不少于200g；对于各种中粒土，不少于1000g；对于粗粒土或水泥、石灰、粉煤灰等无机结合料稳定材料，宜将取出的全部材料烘干，且不少于2000g，称其质量(m_d)，准确至1g。

⑥将基板安放在试坑上，将灌砂筒安放在基板中间(储砂筒内放满砂到要求质量 m_1)，使灌砂筒的下口对准基板的中孔及试洞，打开灌砂筒的开关，让砂流入试坑内，在此

期间，应注意勿碰动灌砂筒。直到储砂筒内的砂不再下流时，关闭开关，仔细取走灌砂筒，并称量筒内剩余砂的质量（m_4），准确至1g 。

⑦如清扫干净的平坦表面的粗糙度不大，也可省去②和③的操作。在试洞挖好后，将灌砂筒直接对准放在试坑上，中间不需要放基板，打开筒开关，让砂流入试坑内，在此期间，应注意勿碰动灌砂筒。直到储砂筒内的砂不再下流时，关闭开关。仔细取走灌砂筒，并称量筒内剩余砂的质量（m'_4），准确至1g 。

⑧仔细取出试筒内的量砂，以备下次试验时再用。若量砂的湿度已发生变化或量砂中混有杂质，则应该重新烘干、过筛，并放置一段时间，使其与空气的湿度达到平衡后再用。

2.1.3　计算

（1）按式（1-2-14）或式（1-2-15）计算填满试坑所用的砂的质量 m_b（g）：

灌砂时，试坑上放有基板时：

$$m_b = m_1 - m_4 - (m_5 - m_6) \tag{1-2-14}$$

灌砂时，试坑上不放基板时：

$$m_b = m_1 - m_4' - m_2 \tag{1-2-15}$$

式中：m_b——填满试坑的砂的质量（g）；

m_1——灌砂前灌砂筒内砂的质量（g）；

m_2——灌砂筒下部圆锥体内砂的质量（g）；

m_4、m'_4——灌砂后，灌砂筒内剩余砂的质量（g）；

$m_5 - m_6$——灌砂筒下部圆锥体内及基板和粗糙表面间砂的合计质量（g）。

（2）按式（1-2-16）计算试坑材料的湿密度 ρ_w：

$$\rho_w = \frac{m_w}{m_b} \times \rho_s \tag{1-2-16}$$

式中：m_w——试坑中取出的全部材料的质量（g）；

ρ_s——量砂的松方密度（g/cm^3）。

（3）按式（1-2-17）计算试坑材料的干密度 ρ_d（g/cm^3）：

$$\rho_d = \frac{\rho_w}{1 + 0.01w} \tag{1-2-17}$$

式中：w——试坑材料的含水率（%）。

（4）当为水泥、石灰、粉煤灰等无机结合料稳定土的场合，可按式（1-2-18）计算干密度 ρ_d（g/cm^3）：

$$\rho_d = \frac{m_d}{m_b} \times \gamma_s \tag{1-2-18}$$

式中：m_d——试坑中取出的稳定土的烘干质量（g）。

（5）按式（1-2-19）计算施工压实度：

$$K = \frac{\rho_d}{\rho_c} \times 100 \tag{1-2-19}$$

式中:K——测试地点的施工压实度(%)。

ρ_d——试样的干密度(g/cm^3);

ρ_c——由击实试验得到的试样的最大干密度(g/cm^3)。

注:当试坑材料组成与击实试验的材料有较大差异时,可以试坑材料作标准击实,求取实际的最大干密度。

2.1.4　注意事项

灌砂法是施工过程中最常用的试验方法之一,为使试验做得准确,应注意以下几个环节:

(1)量砂要规则。量砂如果重复使用,一定要注意晾干,处理一致,否则影响量砂的松方密度。每换一次量砂,必须重测其松方密度。

(2)地表面处理要平整。只要表面凸出一点,就会使表面高出一个薄层,其体积就算到试坑中去。

(3)在挖坑时试坑周壁应竖直,避免出现上大下小或上小下大的情形,这样就会使检测密度偏大或偏小。

(4)灌砂时检测厚度应为整个碾压层厚,不能只取上部或者取到下一个碾压层中。

2.2　环刀法测定压实度

环刀法是测量现场密度的传统方法,适用与测定细粒土及无机结合料稳定细粒土的密度。但对无机结合料稳定细粒土,其龄期不宜超过2d,且宜用于施工过程中的压实度检验。用环刀法测得的密度是环刀内土样所在深度范围内的平均密度,它不能代表整个碾压层的平均密度。因此,在用环刀法测定土的密度时,应使所得密度能代表整个碾压层的平均密度。

2.2.1　仪具与材料

(1)人工取土器:见图1-2-5,包括环刀、环盖、定向筒和击实锤系统(导杆、落锤、手柄)。环刀内径6~8cm,高2~3cm,壁厚1.5~2mm。

(2)电动取土器:见图1-2-6所示。由底座、行走轮、立柱、齿轮箱、升降机构、取芯头等组成。

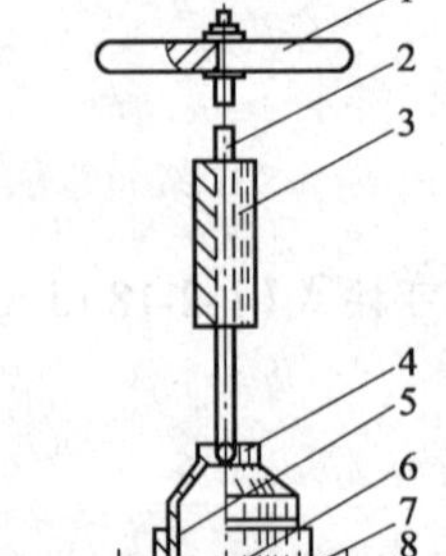

图1-2-5　人工取土器

1-手柄;2-导杆;3-落锤;4-环盖;5-环刀;6-定向筒;7-定向筒齿钉;8-试验地面

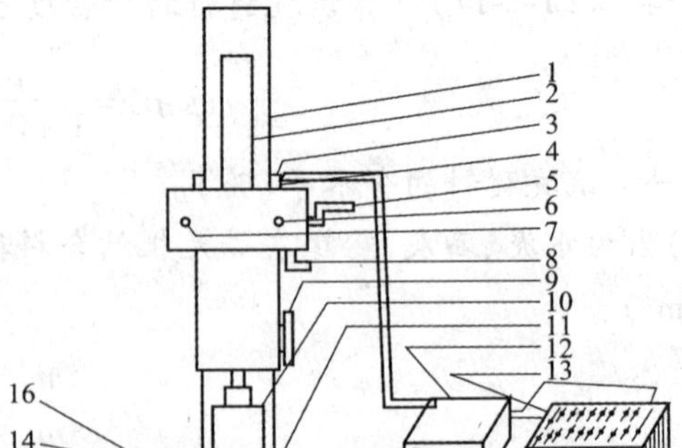

图1-2-6　电动取土器

1-立柱;2-升降轴;3-电源输入;4-直流电动机;5-升降手柄;6、7-电源指示;8-锁紧手柄;9-升降手轮;10-取芯头;11-立柱套;12-调速器;13-电瓶;14-行走轮;15-定位销;16-底座平台

①底座：由底座平台(16)、定位销(15)、行走轮(14)组成。平台是整个仪器的支撑基础；定位销供操作时仪器定位用；行走轮供换点取芯时仪器近距离移动用，当定位时四只轮子可扳起离开地表。

②立柱：由立柱(1)与立柱套(11)组成，装在底座平台上，作为升降机构、取芯机构、动力和传动机构的支架。

③升降机构：由升降手轮(9)、锁紧手柄(8)组成，供调整取芯机构高低用。松开锁紧手柄，转动升降手轮，取芯机构即可升降，到所需位置时拧紧手柄定位。

④取芯机构：由取芯头(10)、升降轴(2)组成。取芯头为金属圆筒，下口对称焊接两个合金钢切削刀头，上端面焊有平盖，其上焊螺母，靠螺旋接于升降轴上。取芯头有三种规格，即50mm×50mm、70mm×70mm、100mm×100mm，取芯头为可换式。另配有相应的取芯套筒、扳手、铝盒等。

⑤动力和传动机构：主要由直流电动机(4)、调速器(12)、齿轮箱组成，另配蓄电池(13)和充电器。当电动机工作时，通过齿轮箱的齿轮将动力传给取芯机构，升降轴旋转，取芯头进入旋切工作状态。

⑥电动取土器主要技术参数为：

工作电压DC24V(36A·h)；

转速50～70r/min，无级调速；

整机质量约35kg。

(3)天平：感量0.1g(用于取芯头内径小于70mm样品的称量)，或1.0g(用于取芯头内径100mm样品的称量)。

(4)其他：镐、小铁锹、修土刀、毛刷、直尺、钢丝锯、凡士林、木板及测定含水率设备等。

2.2.2　方法与步骤

(1)按有关试验方法对检测对象试样用同种材料进行击实试验，得到最大干密度及最佳含水率。

(2)用人工取土器测定黏性土及无机结合料稳定细粒土密度的步骤：

①擦净环刀，称取环刀质量m_2，准确至0.1g。

②在试验地点，将面积约30cm×30cm的地面清扫干净。并将压实层铲去表面浮动及不平整的部分，达到一定深度，使环刀打下后，能达到要求的取土深度，但不得扰动下层。

③将定向筒齿钉固定于铲平的地面上，顺次将环刀、环盖放入定向筒内与地面垂直。

④将导杆保持垂直状态，用取土器落锤将环刀打入压实层中，至环盖顶面与定向筒上口齐平为止。

⑤去掉击实锤和定向筒，用镐将环刀及试样挖出。

⑥轻轻取下环盖，用修土刀自边至中削去环刀两端余土，用直尺检测直至修平为止。

⑦擦净环刀外壁，用天平称取环刀及试样合计质量m_1，准确0.1g。

⑧自环刀中取出试样，取具有代表性的试样，测定其含水率。

(3)用人工取土器测定砂性土或砂层密度的步骤：

①如为湿润的砂土，试验时不需要使用击实锤和定向筒。在铲平的地面上，细心挖出一个直径较环刀外径略大的砂土柱，将环刀刃口向下，平置于砂土柱上，用两手平稳地将环刀垂直压下，直到砂土柱突出环刀上端约 2cm 时为止。

②削掉环刀口上的多余砂土，并用直尺刮平。

③在环刀上口盖一块平滑的木板，一手按住木板，另一只手用小铁锹将试样从环刀底部切断，然后将装满试样的环刀转过来，削去环刀刃口上部的多余砂土，并用直尺刮平。

④擦净环刀外壁，称环刀与试样合计质量 m_1，精确至 0.1g。

⑤自环刀中取具有代表性的试样测定其含水率 w。

⑥干燥的砂土不能挖成砂土柱时，可直接将环刀压人或打入土中。

(4)用电动取土器测定无机结合料细粒土和硬塑土密度的步骤：

①装上所需规格的取芯头。在施工现场取芯前，选择一块平整的路段，将四只行走轮打起，四根定位销钉采用人工加压的方法，压入路基土层中。松开锁紧手柄，旋动升降手轮，使取芯头刚好与土层接触，锁紧手柄。

②将电瓶与调速器接通，调整器的输出端接入取芯机电源插口。指示灯亮，显示电路已通；启动开关，电动机工作，带动取芯机构转动。根据土层含水率调节转速，操作升降手柄，上提取芯机构，停机，移开机器。由于取芯头圆筒外表有几条螺旋状突起，切下的土屑排在筒外顺螺纹上旋抛出地表，因此，将取芯套筒套在切削好的土芯立柱上，摇动即可取出样品。

③取出样品，立即按取芯套筒长度用修土刀或钢丝锯修平两端，制成所需规格土芯，如拟进行其他试验项目，装入铝盒，送试验室备用。

④用天平称量土芯带套筒质量 m_1，从土芯中心部分取试样测定含水率 w。

2.2.3 计算

(1)按式(1-2-20)、式(1-2-21)分别计算试样的湿密度 ρ 及干密度 ρ_d：

$$\rho=\frac{4\times(m_1-m_2)}{\pi d^2 h} \tag{1-2-20}$$

$$\rho_d=\frac{\rho_w}{1+0.01w} \tag{1-2-21}$$

式中：ρ——试样的湿密度(g/cm^3)；

ρ_d——试样的干密度(g/cm^3)；

m_1——环刀或取芯套筒与试样的合计质量(g)；

m_2——环刀或取芯套筒质量(g)；

d——环刀或取芯套筒直径(cm)；

h——环刀或取芯套筒高度(cm)；

w——试样的含水率(%)。

(2)按式(1-2-22)计算施工压实度：

$$K=\frac{\rho_d}{\rho_c}\times 100 \tag{1-2-22}$$

式中：K——测试地点的施工压实度(%)；

ρ_d——试样的干密度（g/cm^3）；

ρ_c——由击实试验得到的试样的最大干密度（g/cm^3）。

2.2.4 报告

试验报告应报告土的鉴别分类、含水率、湿密度、干密度、最大干密度、压实度等。

2.3 核子密湿度仪测定压实度

核子密湿度仪法是利用放射性元素(通常是γ射线和中子射线)以散射法或直接透射法测定路基或路面材料的密度和含水率,并计算施工压实度,是现场检测压实度较常用的一种方法,仪器按规定方法标定后,其检测结果可作为工程质量评定与验收的依据。该方法可检测土壤、碎石、土石混合物、沥青混合料和非硬化水泥混凝土等材料。

核子密湿度仪法属非破坏性检测,测量速度快,允许对同一测试位置进行重复测试,并监测密度和压实度的变化,以确定合适的碾压方法,达到所要求的压实度。

在进行现场压实度检测时,干扰核子密湿度仪的因素有:

(1)核子密湿度仪对靠近表层材料的密度最敏感,当测试材料的表面与仪器底部之间存在空隙时,测试结果可能存在表面偏差(仅对散射法)。如果采用直接透射法测试,表面偏差不明显。

(2)材料的粒度、级配、均匀度以及组成成分等因素对密度的测试结果影响较小。但是对一些含有结晶水或有机物的材料,如高岭土、云母、石膏、石灰等可能会对水分的测试有明显的影响,检测时需要与其他可靠的方法进行对比,对测试结果进行调整。

(3)对刚铺筑完的热沥青混合料路面标测时,仪器不能长时间放置在路面上,测试完成后仪器应该从路面上移走冷却,避免影响测试结果。

(4)测量进行时,在周围10m之内不能存在其他核子仪和任何其他放射源。

核子密湿度仪应按照下列要求进行标定:

(1)每12个月以内要对核子密湿度仪进行一次标定。标定可以由仪器生产厂家或独立的有资质的服务机构进行。

(2)对新出厂的仪器事先已经标定过的,可以不标定。对现在仪器如果经过维修后可能影响仪器的结构,必须进行新的标定后才能使用。现在仪器如果在标定核实过程中被发现不能满足规定的限值,也必须重新标定。

(3)标定后的仪器密度(或含水率)值应达到要求,所有标定块上的每一测试深度上的标定响应应该在±16kg/m^3。

2.3.1 仪具与材料

(1)核子密湿度仪:符合国家规定的关于健康保护和安全使用标准,密度的测定范围为1.12~2.73g/cm^3,测定误差不大于±0.03g/cm^3,含水率测量范围为0~0.64g/cm^3,测定误差不大于±0.015g/cm^3,它主要包括下列部件:

①γ射线源:双层密封的同位素放射源,如铯—137、钴—60或镭—226等;

②中子源:如镅(241)—铍等;

③探测器:γ 射线探测器,如 G－M 计数管;热中子探测器,如氦—3 管;

④读数显示设备:如液晶显示器、脉冲计数器、数率表或直接计数表;

⑤标准计数块:密度和含氢量都均匀不变的材料块,用于标验仪器运行状况和提供检验计数的参考标准;

⑥钻杆:用于打测试孔以便插入探测杆

⑦安全防护设备:符合国家规定要求的设备;

⑧刮平板、钻杆、接线等。

(2)细砂:0.15～0.3mm;

(3)天平或台秤;

(4)其他:毛刷等。

2.3.2　方法与步骤

(1)核子密湿度仪法用于测定沥青混合料面层的压实密度或硬化水泥混凝土等,难以打孔材料的密度时宜使用散射法;用于测定土基、基层材料或非硬化水泥混凝土等可以打孔材料的密度及含水率时,应使用直接透射法。

(2)在表面用散射法测定时,所测定沥青面层的层厚应根据仪器性能决定的最大厚度。用于测定土基或基层材料的压实密度及含水率时,打洞后用直接透射法所测定的层厚度不宜大于30cm。

(3)准备工作:

①每天使用前或者对测试结果有怀疑的时候,按下列步骤用标准计数块测定仪器的标准值:

a.进行标准值测定时的地点至少离开其他放射源 10m 的距离,地面必须经压实而且平整。

b.接通电源,按照仪器使用说明书建议的预热时间,预热测定仪。

c.在测定前,应检查仪器性能是否正常。将仪器在标准计数块上放置平稳,按照仪器使用说明的要求进行标准化计数并判定仪器标准化计数值必须符合要求。如标准读数超过仪器使用说明书规定的限界时,应重复此项标准的测量,若第二次标准计数仍超出规定的限界时,需视作故障并进行仪器检查。

②在进行沥青混合料压实层密度测定前,应用核子仪对钻孔取样的试件进行标定;测定其他材料密度时,宜与挖坑灌砂法的结果进行标定。标定的步骤如下:

a.选择压实的路表面,与试验段测定时的条件一致,对纹理较大的路面必须用细砂填平,然后将仪器放置在测点上转动几下,或者在测试点上用刮平板平刮几下,以达到测试条件。按要求的测定步骤用核子仪测定密度,读数;

b.在测定的同一位置用钻机钻孔法或挖坑灌砂法取样,量测厚度,按相关规定的标准方法测定材料的密度;

c.对同一种路面厚度及材料类型,在使用前至少测定 15 处,求取两种不同方法测定的密度的相关关系,其相关系数 R 应不小于 0.95。

③测试位置的选择:

a. 按照随机取样的方法确定测试位置，但距路面边缘或其他物体的最小距离不得小于30cm。核子密温度仪距其他射线源不得少于10m。

b. 当用散射法测定时，应按图1-2-7的方法用细砂填平测试位置路表结构凹凸不平的空隙，使路表面平整，能与仪器紧密接触。

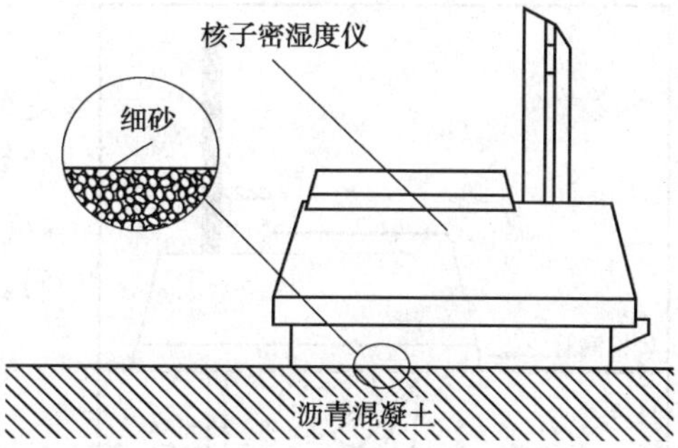

图1-2-7　用细砂填平测试位置的方法

c. 当使用直接透射法测定时，应按图1-2-8的方法在表面上用钻杆打孔。在拟测试材料的表面打一个垂直的测试孔，测试孔要以插进探测杆后仪器在测点表面上不倾斜为准。孔深必须大于探测杆达到的测试深度，再按图1-2-8的方法将探测杆放下插入已打好的测试孔内，前后或左右移动仪器，使之安放稳固。

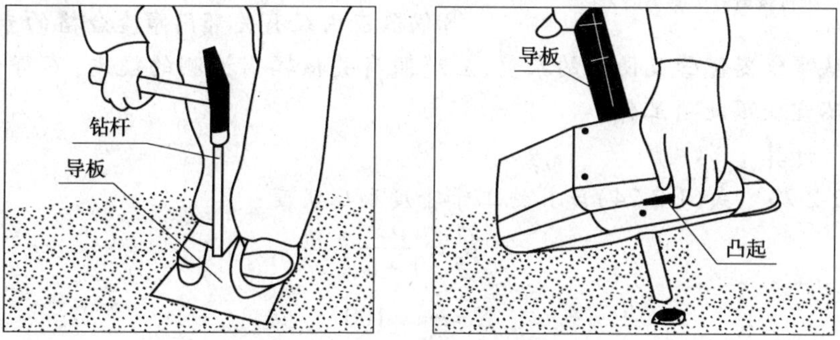

图1-2-8　在路表面上打孔的方法

④按照规定的时间，预热仪器。

(4)测定步骤。

①如用散射法测定时，应按图1-2-9的方法将核子密湿度仪平稳地置于测试位置上。测点应随机选择，测定温度应与试验段测定时一致，一组不少于13点，取平均值，检测精度通过试验路段与钻孔试件比较评定。

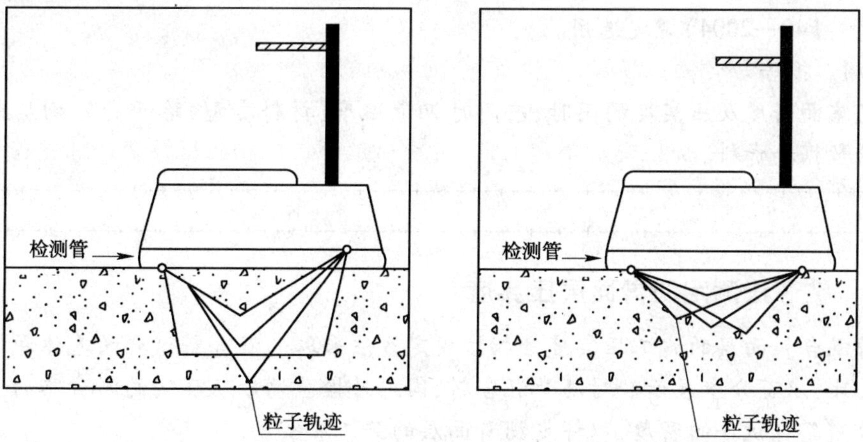

图1-2-9　用散射法测定的方法

②如用直接透射法测定时，应按图1-2-10的方法将放射源棒放下插入已预先打好的孔内。

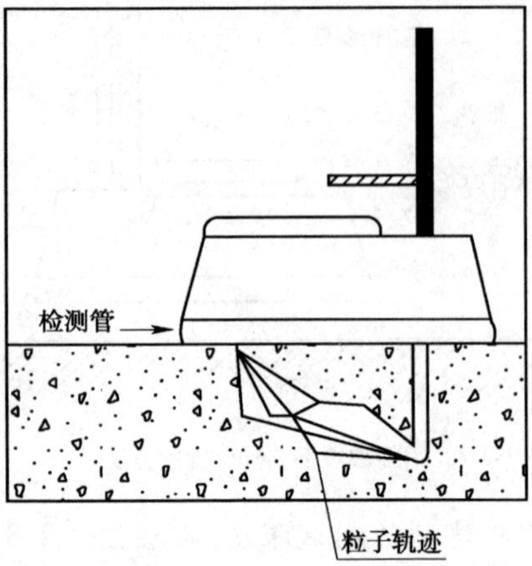

图 1-2-10　用直接透射法测定的方法

③打开仪器，测试员退出仪器 2m 以外，按照选定的测定时间进行测量，到达测定时间后，读取显示的各项数值，并迅速关机。

注：有关各种型号的仪器具体操作步骤略有不同，可按照仪器使用说明书进行。

(5)使用安全注意事项。

①仪器工作时，所有人员均应退到距仪器 2m 以外的地方；

②仪器不使用时，应将手柄置于安全位置，仪器应装入专用的仪器箱内，放置在符合核辐射安全规定的地方；

③仪器应由经有关部门审查合格的专人保管，专用使用，对从事仪器保管及使用的人员，应遵照有关核辐射检测的规定，不符合核防护规定的人员，不宜从事此项工作。

2.3.3　计算

按式(1-2-23)、式(1-2-24)计算施工干密度和压实度：

$$\rho_d = \frac{\rho_w}{1+w} \tag{1-2-23}$$

$$K = \frac{\rho_d}{\rho_0} \times 100 \tag{1-2-24}$$

式中：K——测试地点的施工压实度(%)；

w——试材的含水率(%)；

ρ_w——试样的湿密度(g/cm^3)；

ρ_d——由核子密湿度仪测定的压实沥青混合料的实际密度(g/cm^3)，一组不少于 13 个点，取平均值；

ρ_0——沥青混合料的标准密度(g/cm^3)，按照《公路沥青路面施工技术规范》(JTG F40—2004)规定选用。

2.3.4　报告

测定路面密度及压实度的同时，应同时记录温度、材料类型、路面的结构层厚度及测试深度等数据和资料。

2.4　钻芯法测定沥青面层压实度

沥青混合料面层的施工压实度是指按规定方法采取的混合料试样的毛体积密度与标准密度之比，以百分率表示。对沥青混合料，国内外检验均以从压实的沥青路面上钻取的沥青混合料芯样试件的密度，以评定沥青面层的施工压实度。

2.4.1　仪具与材料

(1)路面取芯钻机。

(2)天平:感量不大于0.1g。

(3)水槽。

(4)吊篮。

(5)石蜡。

(6)其他:卡尺、毛刷、小勺、取样袋(容器)、电风扇。

2.4.2 方法与步骤

(1)钻取芯样

按“路面钻孔及切割取样方法”钻取路面芯样,芯样直径不宜小于ϕ100mm。当一次钻孔取得的芯样包含有不同层位的沥青混合料时,应根据结构组合情况用切割机将芯样沿各层结合面锯开分层进行测定。

钻孔取样应在路面完全冷却后进行,对普通沥青路面通常在第二天取样,对改性沥青及SMA路面宜在第三天以后取样。

(2)测定试件密度

①将钻取的试件在水中用毛刷轻轻刷净黏附的粉尘。如试件边角有松散颗粒,应仔细清除。

②将试件晾干或用电风扇吹干不少于24h,直到恒重。

③按现行《公路工程沥青及沥青混合料试验规程》(JTG E20—2011)的沥青混合料试件密度试验方法测定试件密度ρ_s。通常情况下采用表干法测定试件的毛体积相对密度;当试件的吸水率小于0.5%特别致密的沥青混合料,在施工质量检验时,允许采用水中重法测定表观相对密度;当试件的吸水率大于2%时,宜采用蜡封法测定试件的毛体积相对密度。

2.4.3 计算

(1)当计算压实度的标准密度采用每天试验室实测的马歇尔击实试件成型密度或试验路段钻孔取样密度时,沥青面层的压实度按式(1-2-25)计算:

$$K=\frac{\rho_s}{\rho_0}\times 100 \tag{1-2-25}$$

式中:K——沥青面层某一测定部位的压实度(%);

ρ_s——沥青混合料芯样试件的实际密度(g/cm^3);

ρ_0——沥青混合料的标准密度(g/cm^3)。

(2)当计算压实度的标准密度采用最大理论密度时,沥青面层的压实度应按式(1-2-26)计算:

$$K=\frac{\rho_s}{\rho_t}\times 100 \tag{1-2-26}$$

式中:ρ_s——沥青混合料芯样试件的实际密度(g/cm^3);

ρ_t——沥青混合料的最大理论密度(g/cm^3)。

2.4.4 试验检测中应注意的问题

压实度的大小取决于实测的压实密度,同样也与标准密度的大小有关。但原来对标准密度的规定并不统一,有些工程在压实度达不到要求时便重新进行马歇尔试验,调整标准密度,只要把标准密度做小一些,压实度马上就高了,使压实度达到要求。如果再把不合格的数据随意舍弃,那么钻孔试件的压实度数据将失去价值。这样实际上是弄虚作假。为防止这种情况,在进行检测时,应结合工程实际情况,采用相应的标准密度。

3 路基路面压实度评定

压实度检测结果评定路基、路面压实度以1~3km长的路段为检验评定单元,按要求的检测频率及方法进行现场压实度抽样检查,求算每一测点的压实度K_i。

3.1 压实度评定要点

(1)控制平均压实度的置信下限,以保证总体水平。

(2)规定单点极值不得超出规定值,防止局部隐患。

(3)规定扣分界限以区分质量优劣。

检验评定路段的压实度代表值K(算术平均值的下置信界限)为:

$$K = \overline{K} - S \cdot \frac{t_{\alpha}}{\sqrt{n}} \geqslant K_0 \tag{1-2-27}$$

式中:$\overline{K}$——检验评定路段内各测点压实度的平均值;

t_{α}——t分布表中随测点数和保证率(或置信度α)而变的系数;高速、一级公路:基层、底基层为99%,路基、路面面层为95%;其他公路:基层、底基层为95%,路基、路面面层为90%;

S——检测值的均方差;

n——检测点数;

K_0——压实度标准值。

3.2 压实度评分方法

(1)路基、基层和底基层:$K \geqslant K_0$且单点压实度全部大于或等于规定值减2%时,评定路段的压实度可得规定满分;当$K \geqslant K_0$且单点压实度全部大于或等于规定极值时,对于测定值低于规定值减2%的测点,按其占总检查点数的百分率计算扣分值。

$K < K_0$或某一单点压实度K_i小于规定极值时,该评定路段压实度为不合格,评分为零。

路堤施工段落短时,分层压实度要每点都符合要求,且实际样本数不小于6个。

(2)沥青面层:当$K \geqslant K_0$且全部测点大于或等于规定值减1%时,评定路段的压实度可得规定的满分;当$K \geqslant K_0$时,对于测点值低于规定值减1%的测点,按其占总检查点数的百分率计算扣分值。

$K < K_0$时,该评定路段压实度为不合格,评分为零。

例:某二级公路土方路基工程进行交工验收,现测得某段的压实度值为:94.0%;97.2%;93.3%;97.1%;96.3%;90.4%;98.6%;97.8%;96.2%;95.5%;95.9%;96.8%,请你对检测结果进行评定,并计算其得分值。已知$K_0 = 93\%$,规定极值为88%,规定分为30分,保证率为90%。

解:(1)计算平均值$\overline{K}$、标准偏差S为:

$$\overline{K} = 95.76\%, S = 2.25$$

(2)计算路段压实度代表值：

$$K_L=\overline{K}-t_{\alpha}/\sqrt{n}\cdot S=95.76-0.393\times 2.25=94.88\%$$

(3)判断压实质量：

$\because K_L>K_0$

$\therefore$ 该段压实质量是合格的。

且各个单点压实度 K_i > 规定极值(88%)。

(4)计算合格率：

大于93% -2% =91%的点共11个点，故

$$合格率=\frac{11}{12}=91.7\%$$

(5)计算得分值：

得分值 =30×91.7% =27.5 分

工作任务3 路基路面承载能力和强度检测

1 概述

国内外普遍采用回弹弯沉值来表示路基路面的承载能力，回弹弯沉值越大，承载能力越小，反之则越大。回弹弯沉值在我国已广泛使用且有很多试验和研究成果，它不仅用于路面结构的设计中(设计回弹弯沉)，用于施工控制及施工验收中(竣工验收弯沉值)，同时还用在旧路补强设计中。它是公路工程的一个基本参数。

1.1 弯沉值的几个概念

1.1.1 弯沉值

弯沉值是指在规定的标准轴载作用下，路基或路面表面轮隙中心处产生的总垂直变形(总弯沉)，或垂直回弹变形值(回弹弯沉)，以0.01mm为单位。通常所说的回弹弯沉值是指标准后轴载双轮组轮隙中心处的最大回弹弯沉值，在路表测试的回弹弯沉值可以反映路基、路面的综合承载能力。

1.1.2 设计弯沉值

设计弯沉值是指根据设计年限内一个车道上预测通过的累计当量轴次、公路等级、面层和基层类型而确定的路面弯沉设计值。

1.1.3 竣工验收弯沉值

当路面厚度计算以设计弯沉值为控制指标时，则验收弯沉值小于或等于设计弯沉值；当厚度计算以层底拉应力为控制指标时，应根据拉应力计算所得的结构厚度，重新计算路面弯沉值，该弯沉值即为竣工验收弯沉值。

2 弯沉值测试方法

弯沉值的测试方法较多，目前用得最多的是贝克曼梁法，在我国已有成熟的经验，但由于受测试速度等因素的限制，各国都对快速连续或动态测定进行了研究。现在采用比较普遍的有法国洛克鲁瓦式自动弯沉仪，丹麦等国家发明并几经改进形成的落锤式弯沉仪(FWD)，美国的振动弯沉仪等。现将常用的几种方法各自的特点作简单的比较，见表1-2-6。

常用几种弯沉测试方法比较 表 1-2-6

方法	特点
贝克曼梁法	速度慢,静态测试,技术成熟,目前属于标准方法
自动弯沉仪法	利用贝克曼梁原理快速连续,属于静态测试范畴,但测定的是总弯沉,因此使用时应用贝克曼梁进行标定换算
落锤式弯沉仪法	利用重锤自由落下的瞬间产生的冲击荷载测定弯沉,属于动态弯沉,并能反算路面的回弹模量,快速连续,使用时应用贝克曼梁法进行标定换算

2.1 贝克曼梁测定路基路面回弹弯沉

贝克曼梁法利用杠杆原理制成杠杆式弯沉仪测定轮隙弯沉。适用于测定各类路基、路面的回弹弯沉,用以评定其整体承载能力,供路面结构设计使用;测定的路基、柔性路面的回弹弯沉值可供交工和竣工验收使用;测定的路面回弹弯沉可为公路养护管理部门制订养路修路计划提供依据;沥青路面的弯沉以标准温度20℃时为准,在其他温度(超过20±2℃范围)测试时,对厚度大于5cm的沥青路面,弯沉值应予温度修正。

2.1.1 仪具与材料

(1)标准车

双轴、后轴双侧4轮的载货汽车,其标准轴荷载、轮胎尺寸、轮胎间隙及轮胎气压等主要参数应符合表1-2-7的要求。测试车采用后轴10t的BZZ-100的汽车。

测定弯沉用的标准车参数 表 1-2-7

标准轴重等级	BZZ－100
后轴标准轴载 P(kN)	100±1
一侧双轮荷载(kN)	50±0.5
轮胎充气压力(MPa)	0.70±0.05
单轮传压面当量圆直径(cm)	21.30±0.5
轮隙宽度	应能满足自由插入弯沉仪测头的测试要求

(2)路面弯沉仪

路面弯沉仪由贝克曼梁、百分表及表架组成。贝克曼梁由合金铝制成,上有水准气泡,其前臂(接触路面)与后臂(装百分表)长度比2∶1。弯沉仪长度有两种:一种长3.6m,前后臂分别为2.4m和1.2m;另一种加长的弯沉仪长5.4m,前后臂分别为3.6m和1.8m。其构造如图1-2-11所示。当在半刚性基层沥青路面或水泥混凝土路面上测定时,宜采用长度为5.4m的贝克曼梁弯沉仪,并采用BZZ-100标准车。弯沉采用百分表量得,也可用自动记录装置进行测量。

(3)接触式路表温度计

端部为平头,分度不大于1℃。

(4)其他

皮尺、口哨、白油漆或粉笔、指挥旗等。

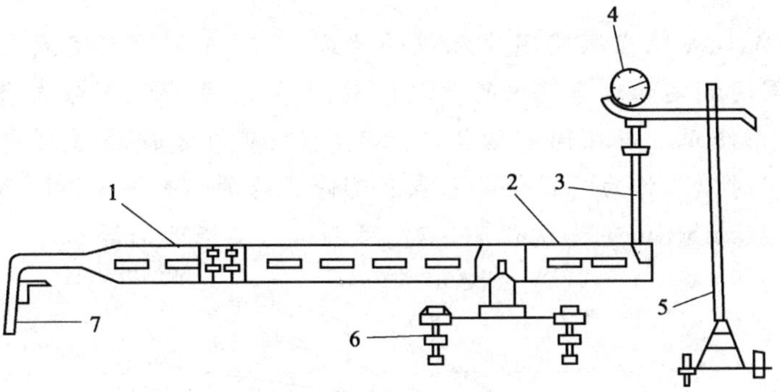

图 1-2-11　路面弯沉仪的构造

1、2-前后杠杆;3-立杆;4-百分表;5-表架;6-支座;7-测头

2.1.2　方法与步骤

(1)准备工作

①检查并保持测定用标准车的车况及制动性能良好、轮胎符合规定充气压力。

②向汽车车槽中装载铁块等集料,并在地磅上称量后轴质量,符合要求的轴重规定。汽车行驶及测定过程中,轴重不得变化。

③测定轮胎接地面积:在平整光滑的硬质路面上用千斤顶将汽车后轴顶起,在轮胎下方铺一张新的复写纸,轻轻落下千斤顶,即在方格纸印上轮胎印痕,用求积仪或数方格的方法测算轮胎接地面积,准确至 $0.1cm^2$。

④检查弯沉仪百分表测量灵敏情况。

⑤当在沥青路面上测定时,用路表温度计测定试验时气温及路表温度(一天中气温不断变化,应随时测定),并通过气象台了解:前 5d 的平均气温(日最高气温与最低气温的平均值)。

⑥记录沥青路面修建或改建时材料、结构、厚度、施工及养护等情况。

(2)测试步骤

①在测试路段布置测点,其距离随测试需要而定。测点应在路面行车车道的轮迹带上,并用白漆或粉笔画上标记。

②将试验车后轮轮隙对准测点后约 3 ~5cm 的位置上。

③将弯沉仪插入汽车后轮之间的缝隙处,与汽车方向一致,梁臂不得碰到轮胎,弯沉仪测头置于测点上(轮隙中心前方 3 ~5cm 处),并安装百分表于弯沉仪的测定杆上。百分表调零,用手指轻轻叩打弯沉仪,检查百分表是否稳定回零。告知沉仪可以是单侧测定,也可以是双侧同时测定。

④测定者吹哨发令指挥汽车缓缓前进,百分表随路面变形的增加而持续向前转动。当表针转动到最大值时,迅速读取初读数 L_1。汽车仍在继续前进,表针反向回转,待汽车驶出弯沉影响半径(约 3m 以上)后,吹口哨或挥动指挥旗告知汽车停止。待表针回转稳定后,再次读取终读数 L_2。汽车前进的速度宜为 5km/h 左右。

(3)弯沉仪的支点变形修正

①当采用长度为 3.6m 的弯沉仪对半刚性基层沥青路面、水泥混凝土路面等进行弯沉测定时,有可能引起弯沉仪支座处变形,因此测定时应检验支点有无变形。此时应用另

一台检验用的弯沉仪安装在测定用弯沉仪的后方，其测点架于测定用弯沉仪的支点旁。当汽车开出时，同时测定两台弯沉仪的弯沉读数，如检验用弯沉百分表有读数，即应该记录并进行支点变形修正。当在同一结构层上测定时，可在不同位置测定5次，求取平均值，以后每次测定时以此作为修正值。支点变形修正的原理如图1-2-12所示。

②当采用长度为5.4m的弯沉仪测定时，可不进行支点变形修正。

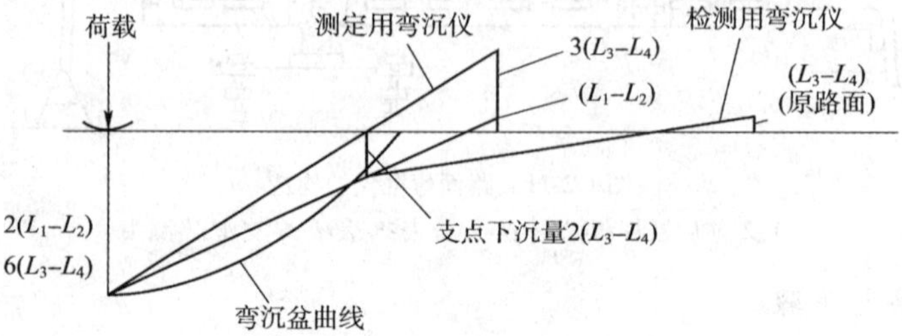

图1-2-12　弯沉仪支点变形修正原理

2.1.3　结果计算及温度修正

(1)路面测点的回弹弯沉值按下式计算：

$$L_T = (L_1 - L_2) \times 2 \tag{1-2-28}$$

式中：L_T——在路面温度 T 时的回弹弯沉值，0.01mm；

L_1——车轮胎中心临近弯沉仪测头时百分表的最大读数，0.01mm；

L_2——汽车驶出弯沉影响半径后百分表的终读数，0.01mm。

(2)当需要进行弯沉仪支点变形修正时，路面测点的回弹弯沉值按式(1-2-29)计算(适用于测定弯沉仪支座处有变形，但百分表架处路面已无变形的情况)：

$$L_T = (L_1 - L_2) \times 2 + (L_3 - L_4) \times 6 \tag{1-2-29}$$

式中：L_1——车轮胎中心临近弯沉仪测头时百分表的最大读数，0.01mm；

L_2——汽车驶出弯沉影响半径后百分表的终读数，0.01mm；

L_3——车轮中心临近弯沉仪测头时检测用弯沉仪的最大读数，0.01mm；

L_4——汽车驶出弯沉影响半径后检验用弯沉仪的最终读数，0.01mm。

(3)沥青面层厚度大于5cm的沥青路面，回弹弯沉值应进行温度修正，当沥青层厚度小于或等于50mm或路表温度在(20±2℃)范围内，可不进行温度修正。温度修正及回弹弯沉的计算宜按下列步骤进行。

①测定时的沥青层平均温度按式(1-2-30)计算：

$$T = \frac{T_{25} + T_m + T_e}{3} \tag{1-2-30}$$

式中：T——测定时沥青层平均温度(℃)；

T_{25}——根据 T_0 由图1-2-13决定的路表下25mm处的温度(℃)；

T_m——根据 T_0 由图1-2-13决定的沥青中间深度的温度(℃)；

T_e——根据 T_0 由图1-2-13决定的沥青层底面处的温度(℃)。

图1-2-13中 T_0 为测定时路表温度与测定前5d日平均气温的平均值之和(℃)，日平均气温为日最高气温与最低气温的平均值。

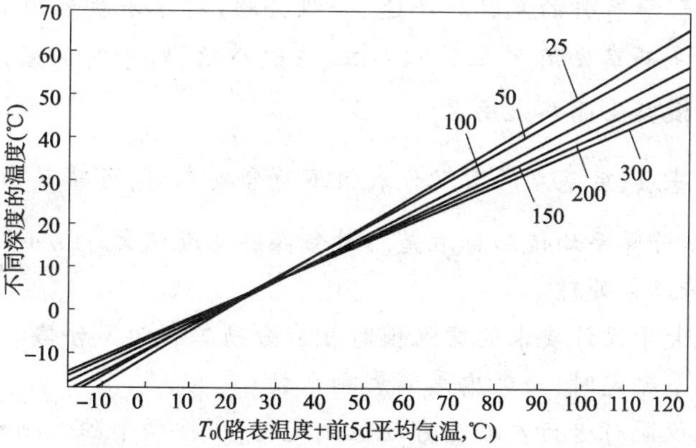

注：线上的数字为从路表下的不同深度(mm)

图 1-2-13　沥青层平均温度的决定

②采用不同基层的沥青路面弯沉值的温度修正系数 K,根据沥青层平均温度 T 及沥青层厚度。分别由图 1-2-14 及图 1-2-15 求取。

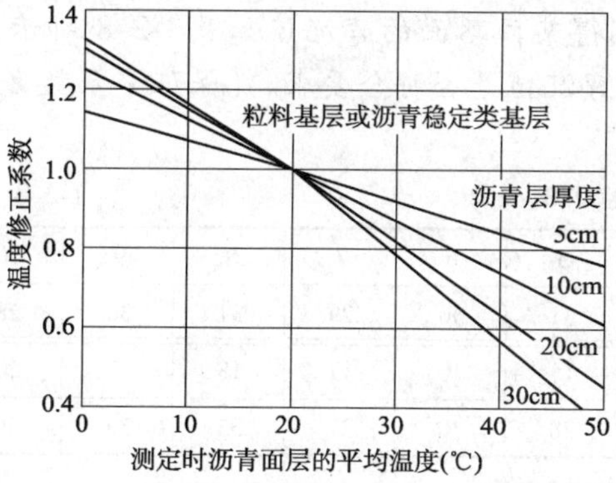

图 1-2-14　路面弯沉温度修正系数曲线(适用于粒料基层及沥青用于无机结合料稳定基层)

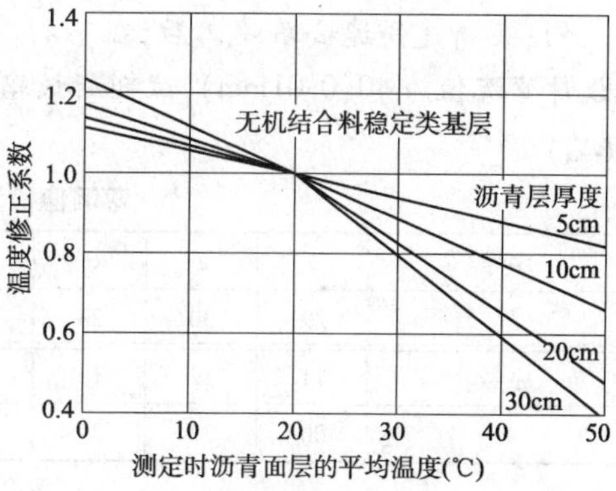

图 1-2-15　路面弯沉温度修正系数曲线(适用于稳定的半刚性基层)

③沥青路面回弹弯沉按式(1-2-31)计算:

$$L_{20} = L_{\mathrm{T}} \times K \tag{1-2-31}$$

式中:K——温度修正系数;

L_{20}——换算为20℃的沥青路面回弹弯沉值,0.01mm;

L_{T}——测定时沥青面层内平均温度为 T 时的回弹弯沉值,0.01mm。

(4)结果评定。

①按式(1-2-32)计算每一个评定路段的代表弯沉:

$$L_{\mathrm{r}} = \bar{L} + Z_{\alpha} \cdot S \tag{1-2-32}$$

式中:L_{r}——一个评定路段的代表弯沉,0.01mm;

$\bar{L}$——一个评定路段内经各项修正后的各测点弯沉的平均值,0.01mm;

S——一个评定路段内经各项修正后全部测点弯沉的标准差,0.01mm;

Z_α——与保证率有关的系数。高速、一级公路,对于基层采用 $Z_\alpha=2.0$,对于沥青混凝土面层采用 $Z_\alpha=1.645$;二、三级公路,对于路基采用 $Z_\alpha=1.645$,对于沥青混凝土面层采用 $Z_\alpha=1.5$。

当路基和柔性基层、底基层的弯沉代表值不符合要求时,可将超出 $\bar{L}\pm(2\sim3)S$ 的弯沉特异值舍弃,重新计算平均值和标准差。对舍弃的弯沉值大于 $\bar{L}+(2\sim3)S$ 的点,应找出其周围界限,进行局部处理。

②弯沉代表值大于设计要求的弯沉值时相应分项工程为不合格。

若在非不利季节测定时,应考虑季节影响系数。

若用两台弯沉仪同时进行左右轮弯沉值测定时,应按两个独立测点计,不能采用左右两点平均值。

2.1.4 检测报告

报告应包括下列内容:

(1)弯沉测定表、支点变形修正值、测试时的路面温度及温度修正值。

(2)每一个评定路段的各测点弯沉的平均值、标准差及代表弯沉。

例:某新建高速公路竣工后,在不利季节测得某段路面的弯沉值如表1-2-8所示,路面设计弯沉值为40(0.01mm),试判断该路段的弯沉值是否符合要求。(保证率系数 $Z_\alpha=1.645$)

弯沉值检测结果(0.01mm)　　表1-2-8

序号	1	2	3	4	5	6	7	8	9	10
L_i	29	30	28	32	31	30	29	31	30	28
序号	11	12	13	14	15	16	17	18	19	20
L_i	30	32	31	30	28	30	27	33	32	29

解:经计算:$\bar{L}=30.0(0.01\text{mm})$,$S=1.59(0.01\text{mm})$

代表弯沉值弯沉检测值的上波动界限,即:

$$L_r=\bar{L}+Z_\alpha\cdot S=30+1.645\times1.59=32.6<L_d=40\ (0.01\text{mm})$$

所以该路段的弯沉值是满足要求的。

2.2 自动弯沉仪测定路面弯沉

用自动弯沉仪在标准条件下每隔一定距离连续测试路面的总弯沉,并计算总弯沉值的平均值。以此作为尚无坑洞等严重破坏的道路验收检查及旧路面强度的评价指标,可为路面养护管理系统提供数据,经过与贝克曼梁测定值进行换算后,也可以进行路面结构设计。

2.2.1 仪具与材料

自动弯沉仪测定车由承载车、测量机架及控制系统、位移、温度和距离传感器、数据采集和处理系统等基本部分组成,如图1-2-16所示。

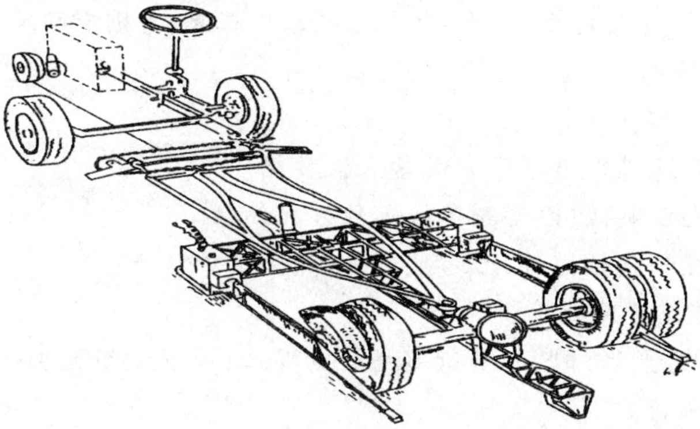

图1-2-16　自动弯沉仪的测量机构

自动弯沉仪的承载车辆应为单后轴、单侧双轮组的载货汽车,其标准条件参考贝克曼梁测定路基路面回弹弯沉试验方法中BZZ－100车型的标准参数。

自动弯沉仪测试系统基本技术要求和参数如下:

(1)位移传感器分辨率:0.01mm。

(2)位移传感器有效量程:≥3mm。

(3)设备工作环境温度:0～60℃。

(4)距离标定误差:≤1%。

2.2.2　方法与步骤

(1)准备工作

①位移传感器标定。每次测试之前必须按照设备使用手册规定的方法进行位移传感器的标定,记录标定数据并存档。

②检查承载车轮胎气压。每次测试之前都必须检查后轴轮胎气压,应满足0.70MPa±0.5MPa的要求。

③检测承载车轮载。一般每年检查一次,如果承载车因改装等原因改变了后轴载,也必须进行此项工作,后轴载满足100kN±1kN的要求。

④检查测量架的易损部件情况,及时更换损坏部件。

⑤打开设备电源进行检查,控制面板功能键、指示灯、显示器等应正常。

⑥开动承载车试测2～3个步距,观察测试机构,测试机构应正常,否则需要调整。

(2)测试步骤

①测试系统在开始测试前需要通电预热,时间不少于设备操作手册要求,并开启工程警灯和导向标等警告标志。

②在测试路段前20m处将测量架放落在路面上,并检查各机构的部件情况。

③操作人员按照设备使用手册的规定和测试路段的现场技术要求设置完毕所需的测试状态。

④驾驶员缓慢加速承载车到正常测试速度,沿正常行车轨迹驶入测试路段。

⑤测试人员将测试路段起终点、桥涵等特殊位置的桩号输入记录数据中。

⑥当测试车辆驶出测试路段后,操作人员停止数据采集和记录,并恢复仪器各部分至

初始状态，驾驶员缓慢停止承载车，提起测量架。

⑦操作人员检查数据文件，文件应完整，内容应正常，否则需要重新测试。

⑧关闭测试系统电源，结束测试。

2.2.3　计算

(1)采用自动弯沉仪采集路面弯沉盆峰值数据。

(2)数据组中左臂测值、右臂测值按单独弯沉处理。

(3)对原始弯沉测试数据进行温度、坡度、相关性等修正。

2.2.4　弯沉值横坡修正

当路面横坡不超过4%时，不进行超高影响修正；当横坡超过4%时，超高影响的修正按照表1-2-9规定进行。

弯沉值横坡修正　　表1-2-9

横坡范围	高位修正系数	低位修正系数
>4%	$\frac{1}{1-i}$	$\frac{1}{1+i}$

注：i是路面横坡(%)。

2.2.5　自动弯沉仪与贝克曼梁弯沉测值对比试验步骤

(1)试验条件

①按弯沉值不同水平范围选择不少于4段路面结构相似的路段。路段长度可为300～500m，标记好起终点位置。

②对比试验路段的路面应清洁干燥，温度应在10～35℃范围内，并且选择温度变化不大的时间，宜选择晴天无风的天气条件，试验路段附近没有重型交通和震动。

(2)试验步骤

①自动弯沉仪按照正常测试车速测试选定路段，工作人员应仔细用油漆每隔三个测试步距或约20m标记测点位置。

②自动弯沉仪测试完毕后，等待30min；然后，在每一个标记位置用贝克曼梁按照贝克曼梁测定路基路面回弹弯沉试验方法测定各点回弹弯沉值。

③从自动弯沉仪的记录数据中按照路面标记点的相应桩号提出各试验点测值，并与贝克曼梁测值一一对应，用数理统计的回归分析方法得到贝克曼梁测值和自动弯沉仪测值之间的相关关系方程，相关系数R不得小于0.95。

2.2.6　检测报告

测试报告中应该包括以下内容：

(1)弯沉的平均值、标准差、代表值、测试时的路面温度及温度修正值。

(2)自动弯沉仪测值与贝克曼梁测值的相关关系式及相关系数。

2.3　落锤式弯沉仪测定路基路面弯沉

用落锤式弯沉仪(FWD)在标准质量的重锤落下一定高度发生的冲击荷载的作用下，测定路基或路面表面所产生的瞬时变形，即测定在动态荷载作用下产生的动态弯沉及弯沉盆,并可由此反算路基路面各层材料的动态弹性模量,作为设计参数使用。所测结果也可用于评定道路承载能力、调查水泥混凝土路面接缝的传力效果和探查路面板下的空洞等。

2.3.1 仪具与材料

落锤式弯沉仪,简称 FWD,由荷载发生装置、弯沉检测装置、运算控制系统与车辆牵引系统等组成。其结构示意如图 1-2-17 所示。

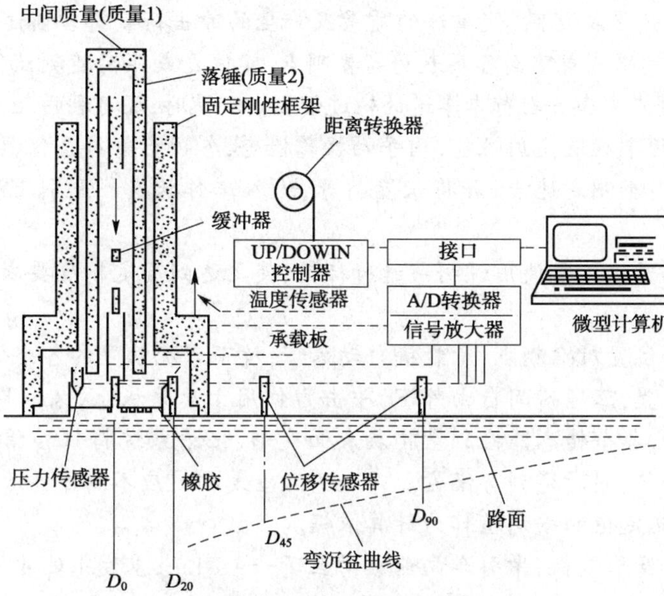

图 1-2-17 落锤式弯沉仪测量系统示意图

(1)荷载发生装置:重锤的质量及落高应根据使用目的与道路等级选择,荷载由传感器测定,如无特殊需要,重锤的质量为(200 ±10)kg,可采用产生(50 ±2.5)kN 的冲击荷载。承载板宜为十字对称分开成4 部分且底部固定有橡胶片的承载板。承载板的直径为300mm。

(2)弯沉检测装置:由一组高精度位移传感器组成,如图 1-2-18 所示,传感器可为差动变压器式位移计(LVDT)。自中心开始,承载板沿道路纵向设置,隔开一定距离布设一组传感器,传感器总数不少于 7 个,建议布置在 0 ~250cm 范围内,必须包括 0cm、30cm、60cm、90cm 四点,其他根据需要及设备性能决定。

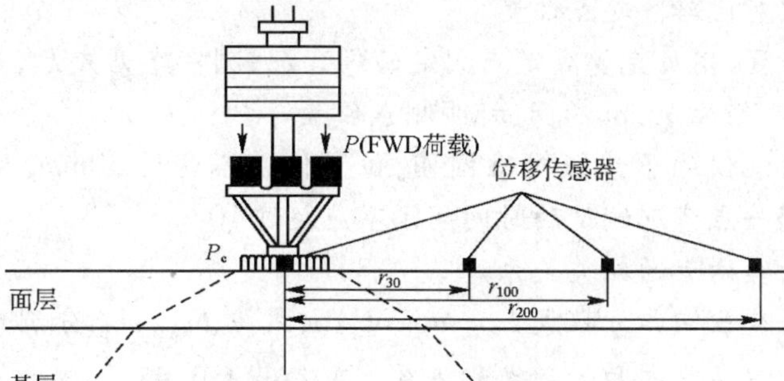

图 1-2-18 落锤式弯沉仪传感器布置及应力作用范围实例

(3)运算及控制装置:能在冲击荷载作用的瞬间内,记录冲击荷载及各个传感器所在位置测点的动态变形。

(4)牵引装置:牵引 FWD 并安装有运算及控制装置的车辆。

2.3.2　方法与步骤

(1)准备工作

①调整重锤的质量及落高,使重锤的质量及产生的冲击荷载符合前述仪器的要求。

②在测试路段的路基或路面各层表面布置测点,其位置或距离随测试需要而定。当在路面表面测定时,测点宜布置在行车车道的轮迹带上。测试时,还可利用距离传感器定位。

③检查 FWD 的车况及使用性能,用手动操作检查,各项标准符合仪器规定要求。

④将 FWD 牵引至测定地点,并将仪器打开,进入工作状态。牵引 FWD 行驶的速度不宜超过 50km/h。

⑤对位移传感器按仪器使用说明书进行标定,使之达到规定精度要求。

(2)测定方法

①承载板中心位置对准测点,承载板自动落下,放下弯沉装置的各个传感器。

②启动落锤装置,落锤瞬间自由落下,冲击力作用于承载板上,又立即自动提升至原来位置固定。同时,各个传感器检测结构层表面变形,记录系统将位移信号输入计算机,并得到路面弯沉峰值,同时得到弯沉盆。每一测点重复测定应不少于 3 次,除去第一个测定值,取以后几次测定值的平均值作为计算依据。

③提起传感器及承载板,牵引车向前移动至下一个测点,重复上述步骤进行测定。

2.3.3　落锤式弯沉仪与贝克曼梁弯沉仪对比试验步骤

(1)路段选择

选择结构类型完全相同的路段,针对不同地区选择某种路面结构的代表性路段,进行两种测定方法的对比试验,以便将落锤式弯沉仪测定的动弯沉换算成贝克曼梁测定的回弹弯沉值。选择的对比路段长度 300～500m,弯沉值应有一定的变化幅度。

(2)对比试验步骤

①采用与实际使用相同且符合要求的落锤式弯沉仪及贝克曼梁弯沉仪测定车。落锤式弯沉仪的冲击荷载应与贝克曼梁弯沉仪器测定车的后轴双轮荷载相同。

②用油漆标记对比路段起点位置。

③布置测点位置,用贝克曼梁定点测定回弹弯沉,测定车开走后,用粉笔以测点为圆心,在周围画一个半径为 15cm 的圆,标明测点位置。

④将落锤式弯沉仪的承载板对准圆圈,位置偏差不超过 30mm,按前述方法进行测定。两种仪器对同一点弯沉测试的时间间隔不应超过 10min。

⑤逐点对应计算两者的相关关系。

通过对比试验得出回归方程式 $L_B = a + bL_{FWD}$,式中 L_{FWD}、L_B 分别为落锤式弯沉仪及贝克曼梁测定的弯沉值。回归方程式相关系数应不小于 0.95。

由于不同路面结构的材料、路基状况、温度、水文条件、路面使用状况不同,对比关系也有所不同,为了提高数据的准确性,应分别情况做此项对比试验。

2.3.4　水泥混凝土路面板的调查方法与步骤

(1)在测试路段的水泥混凝土路面板表面布置测点，当为调查水泥混凝土路面接缝的传力效果时，测点布置在接缝的一侧，位移传感器分开在接缝两边布置。当为探查路面板下的空洞时，测点布置位置随测试需要而定，应在不同位置测定。

(2)按前述方法进行测定。

2.3.5 数据处理

(1)按桩号记录各测点的弯沉及弯沉盆数据，计算一个评定路段平均值、标准差、变异系数。

(2)当为调查水泥混凝土路面接缝的传力效果时，利用分开在接缝两边布置的位移传感器测定值的差异及弯沉盆的形状进行判断。

(3)当为探查路面板下的空洞时，利用在不同位置测定的测值差异及弯沉盆的形状进行判断。

2.3.6 检测报告

(1)各测点的最大弯沉值及弯沉盆测定数据。

(2)每一个评定路段全部测点弯沉的平均值、标准差、变异系数及代表弯沉。

(3)如与贝克曼梁弯沉仪进行了对比试验，尚应列出相关关系式、相关系数和换算的回弹弯沉。

3 承载比(CBR)试验

3.1 概述

承载比(CBR)试验又称加州承载比(California Bearing Ration，简称 CBR)。由美国加利福尼亚州公路局首先提出来的，是评定土基及路面基层材料强度的一种方法。由于该法简便，试验数据稳定，因而被许多国家采用。

所谓 CBR 值，是指试料贯入量达 2.5mm 时，单位压力对标准碎石压入相同贯入量时标准荷载强度的比值。标准荷载强度是用高质量碎石材料由试验求得。CBR 是表征路基土、粒料、稳定土强度的一种指标，采用标准碎石的承载能力为标准，以相对值的百分数表示 CBR 值。

为了合理选择路基填料，确保路基的强度和稳定性，《公路路基设计规范》(JTG D30—2004)和《公路沥青路面设计规范》(JTG D50—2006)中规定了路基填料的最小强度(即 CBR 值)要求，详见表 1-2-10 所示。特别强调的是在路基施工之前，必须对所填调料进行 CBR 试验。

路基填料最小强度(CBR)值和最大粒径要求 表 1-2-10

填料应用部位(路床顶面以下深度)(m)		填料最小强度(CBR)(%)			填料最大粒径(mm)
		高速公路、一级公路	二级公路	三级公路	
路堤	上路床(0~0.30)	8	6	5	100
	下路床(0.30~0.80)	5	4	3	100
	上路堤(0.80~1.50)	4	3	3	150
	下路堤(>1.50)	3	2	2	150

续上表

填料应用部位（路床顶面以下深度）(m)		填料最小强度(CBR)(%)			填料最大粒径(mm)
		高速公路、一级公路	二级公路	三级公路	
零填及挖方路基	0~0.30	8	6	5	100
	0.30~0.80	5	4	3	100

注:1. 表中强度是按《公路土工试验规程》(JTG E40—2007)规定的浸水96h的CBR试验方法测定。

2. 三、四级公路铺筑沥青混凝土和水泥混凝土路面时,应采用二级公路的规定。

3. 表中上、下路堤填料最大粒径150mm的规定,不适用于填石路堤和土石路堤。

3.2 室内CBR试验

3.2.1 仪具与材料

(1)圆孔筛:孔径38mm、25mm、20mm及5mm筛各1个。

(2)重型标准击实仪器设备:试筒、夯锤等。

(3)贯入杆:端面直径50mm、长100mm的金属柱。

(4)路面材料强度或其他载荷装置:能量不小于50kN。

(5)百分表、测力环、荷载板等。

3.2.2 试验原理

试验时,按路基施工时的最佳含水率及压实度要求在试筒内制备试件;为了模拟材料在使用过程中的最不利状态,加载前饱水4昼夜;在浸水过程中及贯入试验时,在试件顶面施加荷载板以模拟路面结构对土基的附加应力;贯入试验中,材料的承载能力越高,对其压入一定贯入深度所需施加的荷载越大。所谓CBR值,就是试料贯入量达到2.5mm或5mm时的单位压力与标准碎石压入相同贯入量时标准荷载强度(7MPa或10.5MPa)的比值,用百分数表示。

3.2.3 试验步骤

(1)试验采用风干试料,按四分法备料。

(2)击实试验,求试料的最大干密度和最佳含水率。

(3)按最佳含水率制备试件。

(4)试件泡水4昼夜。

(5)贯入试验:加荷使贯入杆以1-1.25mm/min的速度压入试件,记录不同贯入量及相应荷载。总贯入量应超过7mm。

(6)绘制单位压力P与贯入量L关系曲线,必要时进行原点修正。

(7)从$P-L$关系曲线上读取贯入量分别为2.5mm和5.0mm所对应的单位压力P2.5(MPa)和P5(MPa)。

3.2.4 成果处理

一般采用CBR2.5,如CBR5 > CBR2.5,则试验要重做。如果结果仍然如此,则采用CBR5。

3.3 土基现场CBR值测试

所用试样的最大集料粒径小于19.0mm,最大不得超过31.5mm。适用于在公路现场测定各种土基材料的现场CBR值,同时也适合于基层、底基层砂类土、天然砂砾、级配碎石等材料CBR值的测定。

3.3.1 仪具与材料

(1)荷重装置:装载有铁块或集料等重物的载货汽车,后轴重不小于60kN,在汽车大梁的后轴之后设有一加劲横梁作反力架用。

(2)现场测试装置:如图1-2-19所示,由千斤顶(机械或液压)、测力计(测力环或压力表)及球座组成。千斤顶可使贯入杆的贯入速度调节为1mm/min。测力计的容量不小于土基强度,测定精度不小于测力计量程的1/100。

(3)贯入杆:直径ϕ50mm,长约200mm的金属圆柱体。

(4)承载板:每块1.25kg,直径ϕ150mm,中心孔眼直径ϕ52mm,不小于4块,并沿直径分为两个半圆块,如图1-2-20所示。

(5)贯入量测定装置:由图1-2-19中所示的平台及百分表组成,百分表量程20mm,精度0.01mm,数量2个,对称固定于贯入杆上,端部与平台接触,平台跨度不小于50cm。此设备也可用两台贝克曼梁弯沉仪代替。

(6)细砂:洁净干燥的细干砂,粒径为0.3~0.6mm。

(7)其他:铁铲、盘、直尺、毛刷、天平等。

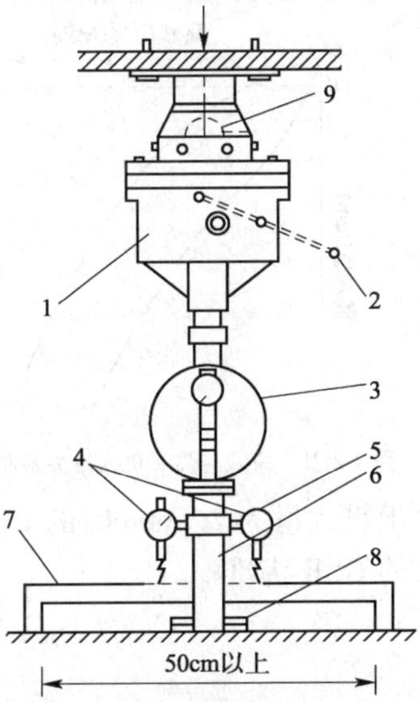

图1-2-19 CBR现场测试装置
1-加载千斤顶;2-手柄;3-测力计;4-贯入量测定装置(百分表);5-百分表夹持具;6-贯入杆;7-平台;8-承载板;9-球座

3.3.2 方法与步骤

(1)准备工作

①将试验地点直径约30cm范围的表面找平,用毛刷刷净浮土。如表面为粗粒土时,应撒布少许洁净的干砂填平,但不能覆盖全部土基,避免形成一层。

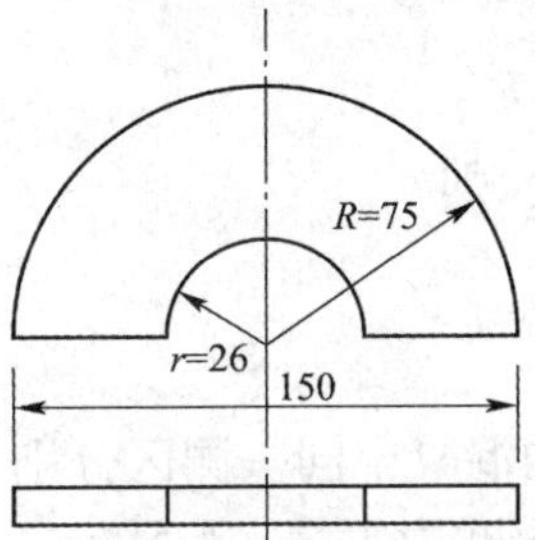

图1-2-20 荷载板(尺寸单位:mm)

②装置测试设备,按图1-2-19设置贯入杆及千斤顶,千斤顶顶在汽车后轴上且调节至高度适中,贯入杆应与土基表面紧密接触。

③安装贯入量测定装置,将支架平台、百分表(或两台贝克曼梁弯沉仪)按图1-2-19安装好。

(2)测试步骤

①在贯入杆位置安放4块1.25kg的分开成半圆的承载板(共5kg)。

②试验贯入前,先在贯入杆上施加45N荷载后,将测力计及贯入量百分表调零,记录初始读数。

③启动千斤顶,使贯入杆以1mm/min的速度压入土基,当相应贯入量为0.5mm、1.0mm、1.5mm、2.0mm、2.5mm、3.0mm、4.0mm、5.0mm、6.5mm、10.0mm及11.5mm时,分别读取测力计读数。根据情况,也可在贯入量达6.5mm时结束试验。

用千斤顶连续加载,两个贯入量百分表及测力计均应在同一时刻读数。当两个百分表读数差值不超过平均值的30%时,以其平均值作为贯入量;当两个百分表读数差值超过平均值的30%时,应停止试验。

④卸除荷载,移去测定装置。

⑤在试验点下取样,测定材料含水率。取样数量如下:

最大粒径不大于4.75mm,试样数量约120g;

最大粒径不大于19.0mm,试样数量约250g;

最大粒径不大于31.5mm,试样数量约500g。

⑥在紧靠试验点旁边的适当位置,用灌砂法或环刀法等测定土基的密度。

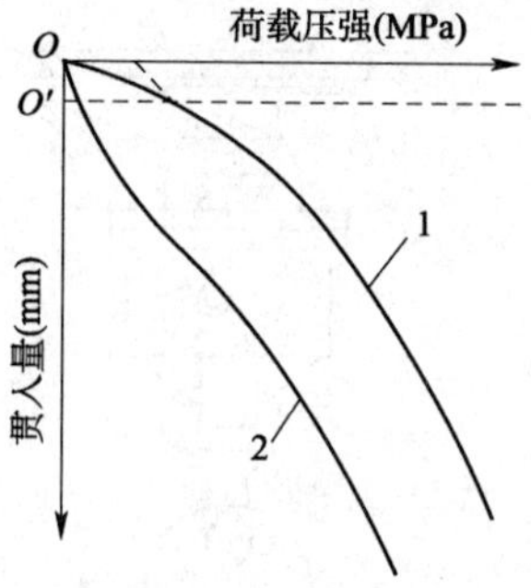

图1-2-21 荷载压强—贯入量关系曲线

3.3.3 计算

(1)将贯入试验得到的各等级荷载数除以贯入断面积($19.625cm^2$),得各级压强(MPa),绘制荷载压强—贯入量曲线,如图1-2-21所示。当图中曲线如2所示有明显下凹的情况时,应在曲线的拐弯处作切线延长作贯入量修正,以与坐标轴相交的点O′作原点,得到修正后的压强—贯入量曲线。

(2)从压强—贯入量曲线上读取贯入量为2.5mm及5.0mm时的荷载压强 P_1,按公式计算现场CBR值。CBR一般以贯入量2.5mm时的测定值为准,当贯入量为5.0mm时的CBR值大于贯入量为2.5mm时的CBR时,应重新试验。如重新试验仍然如此时,则以贯入量5.0mm的CBR为准。

$$\mathrm{CBR}(\%)=\frac{P_1}{P_0}\times 100 \tag{1-2-33}$$

式中:P_1——荷载压强(MPa);

P_0——标准压强,当贯入量为2.5mm时,为7MPa;当贯入量为5.0mm时,为10.5MPa。

3.3.4 报告

试验报告应包括的内容有:

(1)土基含水率(%);

(2)测点的干密度(g/cm^3);

(3)现场CBR值及相应的贯入量。

工作任务4 水泥混凝土路面强度检测

情境1 超声回弹法测定路面水泥混凝土抗弯强度

超声回弹法也称超声回弹综合法,是指采用超声仪和回弹仪,在结构混凝土同一测区分别测量声时值及回弹值,推算该测区混凝土强度的一种方法。适用于视密度为1.9~2.5t/m^3,板厚大于100mm,龄期大于14d,强度已达到设计抗压强度80%以上的水泥混凝土。当水泥混凝土出现以下情况之一则不适合采用该方法:

(1)隐蔽或外漏局部缺陷区;

(2)裂缝或微裂区(包括路面伸缩缝和工作缝);

(3)路面角隅钢筋和边缘钢筋处,特别是超声波与钢筋方向相同时;

(4)距路面边缘小于10cm的部位。

水泥混凝土路面的混凝土抗弯强度是标准条件下的梁式试件龄期28d时的抗弯强度,适用于采用回弹仪、低频超声仪在现场对水泥混凝土路面按综合法进行快速检测,并利用测强曲线方程推算的混凝土强度。

注意:现场用超声回弹法测定不能代替实验室标准条件下的抗弯强度测定,该试验不适于作为仲裁试验或工程验收的最终依据。

1.1 仪具与材料

(1)超声波检测仪:应满足以下要求:

①具有示波屏显示和手动游标测读功能的显示稳定的示波装置，声时可测量范围应为0.5～9999μs，测试精度为0.1μs。

②数字显示稳定，声时显示调节在20～30μs范围内时，2h内声时显示漂移不得大于±0.2μs。

③超声波在空气中传播的计算声速与实测声速值相比，误差不大于±0.5%。

(2)换能器：为厚度震动形式压电材料，频率在50～100kHZ范围内，实测频率与标称频率相差不大于±10%。

(3)耦合剂：采用易于变形，有较大的声阻，有较好黏性且不流淌的材料，通常采用黄蜡油，也可使用凡士林、蜡泥型料等。

(4)回弹仪：指针直读式的混凝土回弹仪，构造和主要零件见图1-2-22，也可采用数字显示仪或自动记录式的回弹仪。

(5)手持砂轮。

(6)其他：油污清洗剂、毛刷、抹布等。

1.2 方法与步骤

1.2.1 回弹仪率定试验

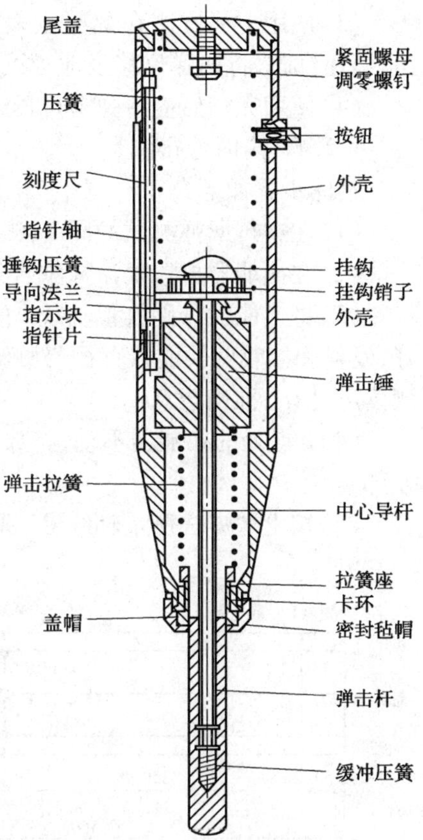

图1-2-22 回弹仪结构图

在每次测定前，均应在钢砧上进行率定。率定时，钢砧应稳固地平放在刚度大的混凝土地坪上。回弹仪向下弹击时，弹击杆分4次旋转，每次旋转约90°，弹击3～5次，取其中最后连续3次且读数稳定的回弹值进行平均作为率定值。如率定结果小在规定的80±2范围内，应对回弹仪有关零件用清洗剂清洗保养后再进行标定；如仍不合格，则应送检定单位检验后使用。

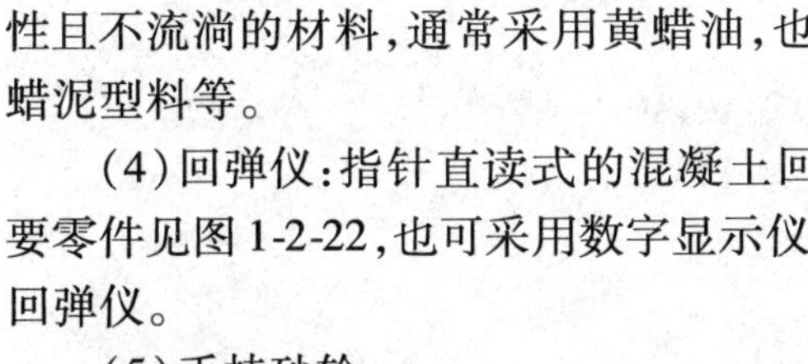

图1-2-23 回弹值测点布置图(尺寸单位：mm)

1.2.2 测区和测点布置

(1)按规定随机选择的水泥混凝土板，将每一块水泥混凝土路面板作为一个试样，均匀布置10个测区，每个测区不宜小于150mm×550mm(如图1-2-23所示)，测试面应清洁、干净、平整，不得有蜂窝、麻面，对浮浆和油垢以及粗糙处应清洗或用砂轮片磨平，并擦净残留粉尘。

(2)每个测区的测点宜在测区范围内均匀分布，但不得布置在气孔或外露石子上，相邻两测点的距离不宜小于30mm。

1.2.3 回弹值的测定

在测试过程中，回弹仪的轴线应始终垂直于混凝土表面，具体操作如下：

(1)将回弹仪的弹击杆顶住混凝土表面，轻压仪器，使按钮松开，弹击杆徐徐伸出，并使挂钩挂上弹击锤。

(2)手持回弹仪对混凝土表面缓慢均匀施压，待弹击锤脱钩，冲击弹击杆后，弹击锤即带动指针向后移动到达一定位置，指针刻度线在刻度尺上的示值即为该点的回弹值。

(3)使用上述方法在混凝土表面依次读数并记录回弹值，如条件不利于读数，可按下按钮，锁住机芯，将回弹仪移至他处读数，准确至1个单位。

(4)使用完毕后应将弹击杆压入仪器内，经弹击后按下按钮锁锁住机芯，待下一次使用。

1.2.4 声时值得测量

具体步骤如下：

(1)在进行回弹测试的同一测区内布置三条轴线如图1-2-24所示，作为换能器布置区。

(2)在换能器放置处涂抹耦合剂。

(3)将换能器分别放置轴线Ⅰ的1点及2点处，换能器与路面混凝土应充分接触，耦合良好，发射和接收两换能器直径与测轴线重合，边缘与测距相切。超声波振幅应调到规定振幅。测读声时 t_{11}，准确至0.1μs。

(4)1点处的换能器不动，将放置在2点处的换能器移至3点处，再测读声时为 t_{12}，准确至0.1μs。

(5)按上述方法测量轴线Ⅱ、Ⅲ，分别得声时为 t_{21}、t_{22}、t_{31}、t_{32}。

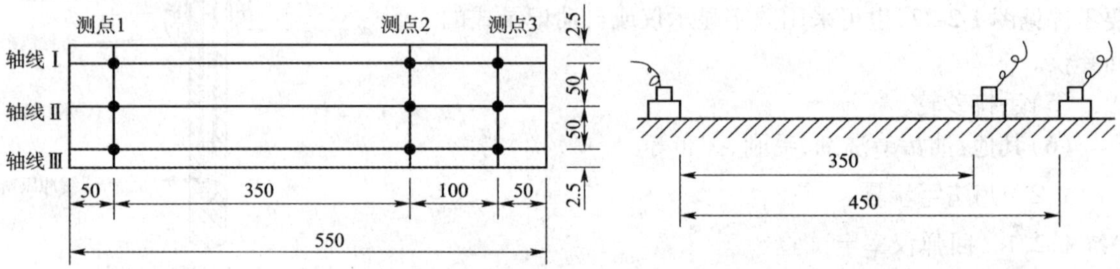

图1-2-24 换能器布置图(尺寸单位:cm)

1.2.5 碳化深度测定

对龄期超过3个月的混凝土，回弹值测量完毕后，可在每个测区上选择一处测量混凝土的碳化深度值。当相邻测区的混凝土生产工艺条件相同，龄期基本相同时，则该测区测得的碳化深度值也可代表相邻测区的碳化深度值。

测量碳化深度值时，可用合适的工具在测区表面形成直径约为15mm的孔洞(其深度略大于混凝土的碳化深度)，然后用吸耳球吹去孔洞中的粉末和碎屑(不得用液体冲洗)，并立即用浓度为1%酚酞酒精溶液洒在孔洞内壁的边缘处，当已碳化与未碳化界限清楚时(未碳化部分变成紫红色)，用游标卡尺测量已碳化与未碳化交界面至混凝土表面的垂直距离1~2次，该距离即为混凝土的碳化深度值，每次测读精确至0.5mm。

一个测区选择1~3处测量混凝土的碳化深度值。当相邻测区的混凝土质量或回弹值与它基本相同时，也可以代表相邻测区的碳化深度值。

1.3 计算

1.3.1 超声波声速值计算：准确至0.01km/s

$$v_{i1}=\frac{350}{t_{i1}} \tag{1-2-34}$$

$$v_{i2}=\frac{450}{t_{i2}} \tag{1-2-35}$$

$$v_i = \frac{v_{i1} + v_{i2}}{2} \tag{1-2-36}$$

$$v = \frac{v_1 + v_2 + v_3}{3} \tag{1-2-37}$$

式中：v_{i1}——第 i 条轴线 1 点与 2 点 350mm 测距声速(km/s)，$i = 1,2,3$；

v_{i2}——第 i 条轴线 1 点与 3 点 450mm 测距声速(km/s)，$i = 1,2,3$；

v_i——第 i 条轴线平均声速(km/s)，$i = 1,2,3$；

v——测区平均声速(km/s)，精确至 0.01；

t_{i1}——第 i 条轴线 350mm 测距声时(μs)；

t_{i2}——第 i 条轴线 450mm 测距声时，(μs)。

当三条测轴线平均声速中有两条测轴线平均声速与测区的平均声速之差都超过测区平均声速的 15% 时，该测区检测结果无效。

1.3.2　碳化深度计算

每一测区的平均碳化深度值，按下式计算：

$$\overline{L} = \frac{\sum_{i=1}^{n} L_i}{n} \tag{1-2-38}$$

式中：$\overline{L}$——测区的平均碳化深度值，计算至 0.5mm；

L_i——第 i 次测量的碳化深度值(mm)；

n——测区的碳化深度值测点数。

如平均碳化深度值小于或等于 0.4mm 时，按无碳化深度处理(即平均碳化深度为 0)；如大于或等于 6mm 时，取 6mm；对于新浇混凝土龄期不超过 3 个月者，可视为无碳化。

1.3.3　回弹值计算

(1)测区回弹值的计算

当回弹仪水平方向测试混凝土浇筑侧面时，应从每一测区的 16 个回弹值中剔除其中 3 个最大值和 3 个最小值，取余下的 10 个回弹值的平均值作为该测区的平均回弹值，取一位小数。

计算公式为：

$$\overline{N}_S = \frac{\sum N_i}{10} \tag{1-2-39}$$

式中：$\overline{N}_S$——测区平均回弹值，计算至 0.1；

N_i——第 i 个测点的回弹值。

(2)测试角度修正

当回弹仪非水平方向测试混凝土浇筑侧面时，应将测得的数据按式(1-48)进行修正，计算非水平方向测定的修正回弹值，如表 1-2-11 所示

$$\overline{N} = \overline{N}_S + \Delta N \tag{1-2-40}$$

式中：$\overline{N}$——经非水平测定修正的测区平均回弹值；

$\overline{N}_S$——回弹仪实测的测区平均回弹值；

ΔN——由表 1-2-11 查出的不同测试角度的回弹值修正值，准确至 0.1。

非水平测定的修正回弹值 表 1-2-11

ΔN \ 与水平方向所成的角度 \ $\overline{N}_a$	+90°	+60°	+45°	+30°	-30°	-45°	-60°	-90°
20	-6.0	-5.0	-4.0	-3.0	+2.5	+3.0	+3.5	+4.0
30	-5.0	-4.0	-3.5	-2.5	+2.0	+2.5	+3.0	+3.5
40	-4.0	-3.5	-3.0	-2.0	+1.5	+2.0	+2.5	3.0
50	-3.5	-3.0	-2.5	-1.5	+1.0	+1.5	+2.0	+2.5

注:表中未列入的 $\overline{N}_a$,可用内插法求得。

(3)碳化深度修正

回弹值按照式(1-2-39)、式(1-2-40)计算 $\overline{N}$ 后,还需根据式(1-2-41)对实测回弹值进行碳化深度修正计算:

$$N' = 0.8795\overline{N} - 1.4443\overline{L} + 4.48 \tag{1-2-41}$$

式中:N'——修正后的测区回弹值,当 $\overline{L}=0$ 时,$N'=\overline{N}$;

$\overline{N}$——实测的测区平均回弹值;

$\overline{L}$——碳化深度平均值(mm)。

1.3.4 混凝土抗弯强度推算

(1)测强曲线方程的确定

建立专用测强曲线方程。取用与路面混凝土相同的原材料,设计几种不同水灰比的混凝土配合比(一般设计 4 种配合比,其中包括路面施工时的配合比),对每种配合比成型 150mm × 150mm ×550mm 的梁式试件(不少于 6 个),在标准条件下养护 28d 后,按上述方法进行超声及回弹检测,并按水泥混凝土试验规程进行抗弯强度试验,再用二元非线性方程按式(1-2-42)回归,确定回归系数,得出测强曲线方程,相对标准误差 e_r 应不大于 12%。

$$R_f = av^b e_r^c N \tag{1-2-42}$$

式中:R_f——混凝土抗弯强度(MPa);

v——超声声速(km/s);

N——修正后的回弹值;

a、b、c——回归系数;

e_r——相对标准误差(%),按式(1-2-43)计算:

$$e_r = \sqrt{\frac{\sum (R'_{fi}/R_{fi} - 1)^2}{n-1}} \tag{1-2-43}$$

式中:R'_{fi}——第 i 块试件实测抗弯强度(MPa);

R_{fi}——第 i 块试件由超声、回弹推算的抗弯强度(MPa);

n——试件数(按单块计)。

(2)混凝土路面抗弯强度推定

每一段中每一幅为一个单位作为抗弯强度评定对象。

评定抗弯强度第一条件和第二条件值按式(1-2-44)、式(1-2-45)计算。

$$R_{n1} = 1.18(\overline{R}_n - K \cdot S_n) \tag{1-2-44}$$

$$R_{n2} = 1.18\,(R_{fi})_{min} \tag{1-2-45}$$

以第一条件值及第二条件值中的小者作为混凝土抗弯强度评定值 R_n。

$$R_n = \min\{R_{n1}, R_{n2}\} \tag{1-2-46}$$

式中:R_{n1}——抗弯强度第一条件值(MPa),准确至 0.1MPa;

R_{n2}——抗弯强度第二条件值(MPa),准确至 0.1MPa;

S_n——抗弯强度标准差(MPa),按式(1-2-47)计算,准确至 0.1MPa;

$$S_n = \sqrt{\frac{\sum(R_{fi})^2 - n(\overline{R}_n)^2}{n-1}} \tag{1-2-47}$$

$\overline{R}_n$——抗弯强度平均值(MPa),按式(1-2-48)计算,准确至 0.1MPa;

$$\overline{R}_n = \frac{1}{2}\sum R_{fi} \tag{1-2-48}$$

R_{fi}——第 i 测区推算的抗弯强度(MPa);

$(R_{fi})_{min}$——所有推算的抗弯强度中的最小值(MPa);

n——测区数;

K——合格判定系数值,当 $n=10\sim14$ 时,$K=1.70$;$n=15\sim24$ 时,$K=1.65$;$n\geqslant25$ 时,$K\approx1.60$。

1.4 报告

(1)水泥混凝土路面抗弯强度检测结果。

(2)水泥混凝土路面抗弯强度评定结果。

情境2 钻芯法测定水泥混凝土路面劈裂抗拉强度

钻孔取芯法是利用钻机从结构混凝土中钻取芯样,以检测混凝土强度或观察混凝土内部质量的方法。由于它对结构混凝土造成局部损伤,因此是一个半破损的现场检测手段。

用钻芯法检测混凝土的强度、裂缝、接缝、分层、孔洞或离析等缺陷,具有直观、精度高等特点,但也有一定的局限性:

(1)钻芯时结构造成局部损伤,因而对钻芯位置的选择及钻芯数量等均受到一定限制,而且它所代表的区域也是有限的。

(2)钻芯机及芯样加工配套机具与非破损测试仪器相比,比较笨重,移动不方便,测试成本较高。

(3)钻芯后的孔洞要修补,尤其当钻断钢筋时,更增加了修补工作的难度。

水泥混凝土路面的强度控制指标主要是弯拉强度和劈裂强度,由于弯拉强度试验方法比较复杂,不适宜推广,现多用劈裂强度试验来代替。

2.1 仪具与材料

2.1.1 钻芯机

常见的钻芯机(如图 1-2-25 所示)有:轻便型取芯机(钻芯直径 $\phi12\sim\phi75$mm)、轻型钻机(钻芯直径 $\phi12\sim\phi200$mm)、重型钻机(钻芯直径 $\phi200\sim\phi450$mm)和超重型钻机(钻芯直径 $\phi330\sim\phi700$mm)。为了满足钻孔和取芯工作的需要,不论哪种钻芯机都应具备以下 5 个基本功能:

(1)向钻芯头传递压力,推动钻头前进或后退;

(2)驱动钻头旋转,并应具有一定范围的转速,以便保证所需要的线速度;

(3)为了冷却钻头及冲洗钻孔过程中产生的磨削碎屑,应不断供给冷却水;

(4)钻机应具有足够的刚性和稳定性;

(5)钻机移动、安装和拆卸方便。

为了满足上述5个条件，钻芯机一般应包括以下几个部分（钻芯机结构见图1-2-26所示）：

图1-2-25　钻芯机

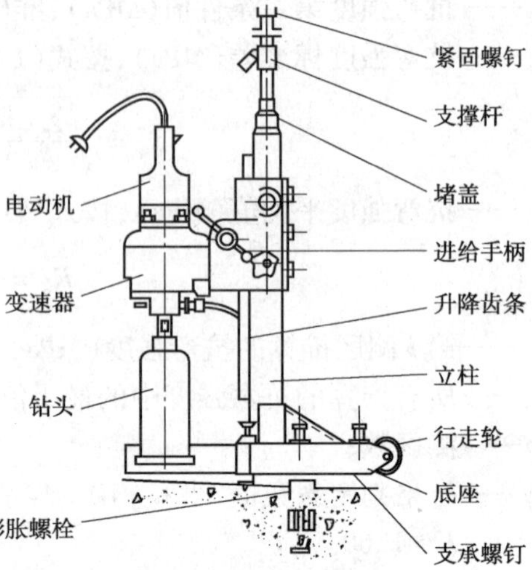

图1-2-26　钻芯机构造示意图

(1)机架部分主要由底座、立柱所组成，底座上一般均安装四个调整水平用的螺钉和两个行走轮。

(2)进给部分由滑块导轨、升降座、齿条、齿轮、进给柄等组成。当把升降座上的锁紧螺钉松开后，利用进给手柄可使升降座安全匀速的上下移动，以保证钻头在允许行程内的前进后退。

(3)变速器由壳体、变速齿轮、变速手柄和旋转水封等组成。

(4)给水部分在钻芯过程中，必须供应一定流量的冷却水，水经过水嘴后流入水套内，在经过水套进入主轴中心孔，然后经过连接头最后由钻头端部排出。

(5)动力部分主要由电动机、起动机和开关等组成。

2.1.2　芯样切割机

当检测混凝土强度时，应将芯样用切割机加工成具有一定尺寸的抗压试件。切割方式可分为两种类型：一种是圆锯片不移动；但工作台可以移动；另一种是锯片平行移动，工作台不动。

2.1.3　人造金刚石空心薄壁钻头

空心薄壁钻头主要由钢体和胎环部分织成。钢体一般由无缝钢管车制而成。钻头的胎环是由钢系、青铜系、钨系等冶金粉末和适量的人造金刚石浇铸成型。在胎环上加工若干排水槽(一般称水口)，钻头的构造如图1-2-27所示。钻头与钻孔机的连接方式主要由钻头的直径和钻机的构造决定。一般可分为柄式、螺纹连接式和卡连接式三种。

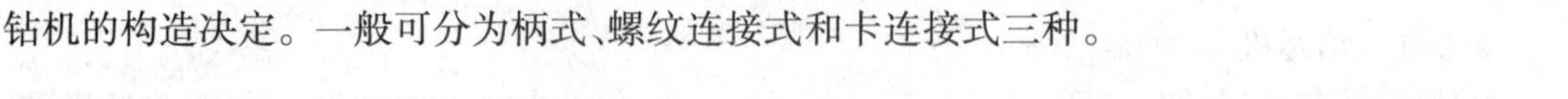

a)　b)　c)

图1-2-27　空心薄壁钻头构造示意图

2.1.4　压力试验机

压力试验机能够满足试件破坏吨位要求。

2.1.5　磨平机

2.1.6　劈裂夹具、木质三台板垫层

芯样劈裂抗拉试验装置示意见图 1-2-28 所示。

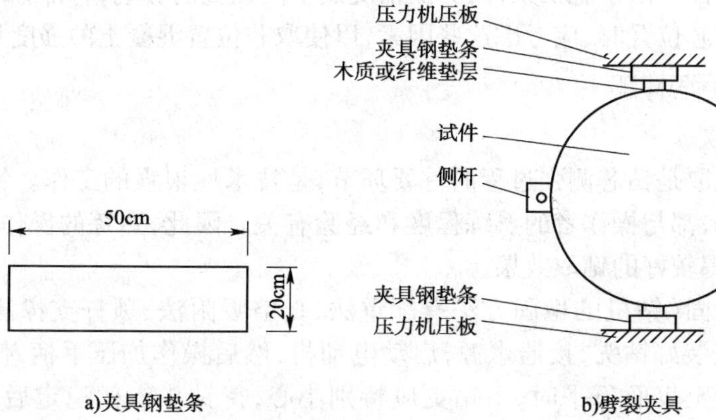

图 1-2-28　芯样劈裂抗拉试验装置示意图

2.2　方法与步骤

2.2.1　调查了解工程质量情况

(1)工程名称或代号,以及设计、施工、建设单位名称;

(2)结构或构件种类、外形尺寸及数量;

(3)混凝土强度等级、混凝土的成型日期、所用的水泥品种、粗集料粒径、砂石产地及配合比等;

(4)混凝土试块的抗压强度;

(5)结构或构件的现场质量状况以及施工或使用中存在的质量问题;

(6)有关的结构设计图和施工图。

2.2.2　钻芯机具准备及钻头直径的选择

一般根据被测构件的体积及钻取部位确定钻芯的深度,据此选择合适的钻机及钻头。

应根据检测的目的选择适宜尺寸的钻头。当钻取的芯样是为了进行抗压强度试验时,则芯样的直径与混凝土粗集料粒径之间应保持一定的比例关系。在一般情况下,芯样直径为粗集料的 3 倍。在钢筋过密或因取芯位置不允许钻取较大芯样的特殊情况下,钻芯直径可为粗集料的 2 倍。在工程中的梁、柱、板、基础等现浇混凝土结构中,一般使用粗集料的最大粒径为 32mm 或 40mm,这样采用内径为 100mm 或 150mm 的钻头可满足要求。

2.2.3　芯样数量的确定

取芯的数量应视检测的要求而定。进行强度检测时,一般可分为以下两种情况:

(1)单个构件进行强度检测时,在构件上的取芯个数一般不少于 3 个;当构件的体积或截面积较小时,取芯过多会影响结构承载能力,这时可取 2 个。

(2)对构件某一指定局部区域的质量进行检测时,取芯数量应由这一区域的大小而定,如某一区域遭受冻害、火灾、化学腐蚀或质量可疑等情况时,检测结果仅代表取芯位置的质量,而不能据此对整个构件或结构物强度作出整体评价。至于检查内部缺陷的取芯试验更应视具体情况而定。

2.2.4　取芯位置的选择

取芯时会对结构混凝土造成局部损伤，因此在选择芯样位置时要特别慎重。其原则是：应尽量选择在结构受力较小的部位。对于一些重要构件或者一些构件的重要区域，尽量不在这些部位取芯，以免对结构安全造成不利影响。

在一个混凝土构件中由于施工条件、养护情况及不同位置的影响，各部分的强度并不是均匀一致的。在选择钻芯位置时，应考虑这些因素，以使取芯位置混凝土的强度具有代表性。

2.3 芯样钻取与芯样加工

2.3.1 芯样钻取

混凝土芯样的钻取是钻芯测强过程的首要环节，是技术性很强的工作。钻头和钻机的使用寿命以及工作效率，都与操作者的熟练程度和经验有关。因此，熟练的操作技术，合理调节各部位装置，将会获得较好的钻取效果。

先将钻机安放稳固（钻机的稳固方法有配重法、真空吸附法、顶杆支撑法和膨胀螺栓法等）并调至水平后，安装好钻头，接通水源，启动电动机，然后操作加压手柄，使钻头慢慢接触混凝土表面。当混凝土表面不平时，下钻更应特别小心，待钻头入槽稳定后，方可适当加压进钻。

在进钻过程中应保持冷却水的畅通，水流量宜为3～5L/min，出口水温不宜过高。冷却水的作用：一是防止金刚石温度升高烧毁钻头，二是及时排除钻孔中产生的大量混凝土碎屑，以利钻头不断切削新的工作面和减少钻头的磨损。水流量的大小与进钻速度和直径成正比，以达到料屑能快速排出，又不致四处飞溅为宜。当钻头钻至芯样要求长度后，退钻至离混凝土表面20～30mm时停电停水，然后将钻头全部退出混凝土表面。如停电停水过早，则容易发生卡钻现象，尤其在深孔作业时更应特别注意。

移开钻机后，用带弧度的钢钎插入圆形槽并用锤敲击，此时由于弯矩的作用，使芯样在底部与结构断离，然后将芯样提出。取出的芯样应及时编号，并检查外观质量情况，做好记录后妥善保管，以备割成标准尺寸的芯样试件。

为了保证安全操作，取芯机操作人员必须穿戴绝缘鞋及其他防护用品。

2.3.2 芯样加工

(1)芯样尺寸要求及测量方法

平均直径：在钻芯过程中，由于受到钻机振动、钻头偏摆等因素的影响，沿芯样高度的任一直径各个方向芯样直径并不是均匀一致的，也就是说同一芯样其直径有的部位大有的部位小。为了方便地计算芯样的截面积，故以平均直径为代表。测量平均直径[图1-2-29d)]用游标卡尺测量芯样中部，在互相垂直的两个位置上取其两次测量的算术平均值作为平均直径，测量精度为0.5mm。

芯样高度[图1-2-29a)]：抗压芯样试件高度用钢卷尺进行测量，精确至1mm；芯样高径比宜为1.00，当芯样试件的实际高径比(h/d)小于要求高径比的0.95或大于1.05时，相应的测试数据无效。

端面平整度：芯样端面与立面方体试块的侧面一样，是进行劈裂抗拉强度试验时的承压面，其平整度对强度影响很大。端面不平时，向上比向下引起的应力集中更为剧烈，强度会下降很大。因此国内外标准对芯样端面平整度有严格要求。测量端面平整度[图1-2-29b)]是用钢板尺紧靠在芯样端面上，一面转动钢板尺，一面用塞尺测量与芯样之间的缝隙，在100mm长度范围内不超过0.05mm为合格。

垂直度：芯样两个端面应互相平行且应垂直于轴线。芯样端面与轴线间垂直度偏差过大，试验时会降低强度，其影响程度还与试验机的球座及试件的尺寸大小有关。大部分规定垂直度偏差不得超过 ±1°。垂直度测量[图 1-2-29c)]方法是，用游标量角器分别测量两个端面与轴线间的夹角，在 90° ±2°时为合格，测量精度为 0.1°。承压线凹凸不应大于 0.25mm。

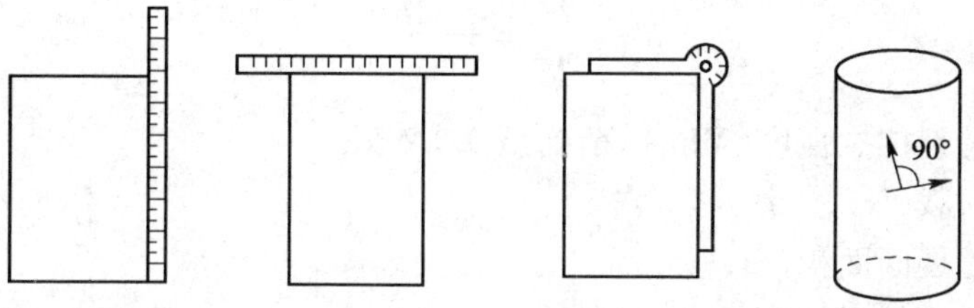

图 1-2-29　芯样尺寸测量示意图

(2)芯样切割加工与端面的修整

芯样切割:采用切割机和人造金刚石圆锯片进行切割加工。芯样切割部位的选择和切割机操作正确与否，是保证芯样切割质量如坏的重要环节。芯样加工时切除部分和保留部分应根据检测的目的确定。在一般情况下，应将影响强度试验的缺边、掉角、孔洞、疏松层、钢筋等部分切除，但是，在一些特殊情况下，如为了检测混凝土受冻或疏松层的强度时，在切割加工中要注意保留这一部分混凝土。为了强度试验的方便，在满足试件尺寸要求的前提下，同一批试件应尽可能切割成同样的高度。

芯样端面的修整:芯样在锯切过程中，由于受到振动、夹持不紧或圆锯片偏斜等因素的影响，芯样端面的平整度及垂直度很难完全满足试件尺寸的要求。此时，需采用专用机具进行磨平或补平处理。芯样端面修整基本可分为磨平法和补平法两种方法。磨平法是在磨平机的磨盘上撒上金刚石砂粒(或直接用金刚石磨轮)对芯样两端进行磨平处理，或采用金刚石车刀车床上对芯样端面进行车光处理，直到平整度及垂直度达到要求时为止。补平法是用补平材料对芯样端面进行修整，根据所用材料可分为硫黄补平、硫黄胶泥、硫黄砂浆、水泥净浆、水泥砂浆补平等。

芯样直径两端侧面测定钻取后芯样的高度及端面加工或端面加工后的高度，其尺寸差应在 0.25mm 之内。

2.4　测定水泥混凝土路面劈裂抗拉强度

2.4.1　芯样的钻取与试件加工

2.4.2　检查

(1)外观检查:每个芯样应详细描述有关裂缝、接缝、分层、麻面或离析等不均匀性。

(2)测量:平均直径、高度、平整度及垂直度等。

2.4.3　劈裂抗拉强度试验步骤

(1)试件从养护地点取出后，擦拭干净，测量尺寸，检查外观，在试件中部划出劈裂面位置线。劈裂面与试件成型时的顶面垂直，尺寸测量精度至 1mm。

(2)将试件、劈裂夹具、垫条和垫层(如图 1-2-28 所示)放在压力机上，借助夹具两侧杆将试件对中。

(3)开动压力机，当压力机压板与夹具垫条接近时，调整球座使压力均匀接触试件。当压力加到 5kN 时，将夹具的侧杆抽出，以(60 ±4)N/s 左右的速度连续、均匀加荷，直至试件劈裂为止，记下破坏荷载，精确至0.01kN。

2.4.4 试验结果计算

芯样劈裂抗拉强度 R_{ct} 按式(1-2-49)计算：

$$R_{ct}=\frac{2P}{A\pi}=\frac{2P}{\pi d_m \times L_m} \tag{1-2-49}$$

式中：R_{ct}——芯样劈裂抗拉强度(MPa)，精确至0.1MPa；

P——极限荷载(N)；

A——芯样劈裂面面积(m^2)；

d_m——芯样截面的平均直径(mm)；

L_m——芯样平均长度(mm)。

情境3 水泥混凝土弯拉强度评定

混凝土弯拉强度试验方法应使用标准小梁法或钻芯劈裂法，试件使用标准方法制作，标准养生时间为28d。按规范规定检查频率进行检测，每组3个试件的平均值作为一个统计数据。

(1)当试件组数大于10组(即 $n>10$)时，平均弯拉强度合格判断式为：

$$f_{cs}>f_r+K\sigma \tag{1-2-50}$$

式中：f_{cs}——混凝土合格判定平均弯拉强度(MPa)；

f_r——设计弯拉强度标准值(MPa)；

K——合格判定系数，见表1-2-12所示；

σ——强度标准差(MPa)。

合格判定系数 K 值 表1-2-12

试件组数 n	11~14	15~19	≥20
K	0.75	0.70	0.65

(2)当试件组数为11~19组时，允许有一组最小弯拉强度小于 $0.85f_r$，但不得小于 $0.80f_r$。当试件组数大于20组时，其他公路允许有一组最小弯拉强度小于 $0.85f_r$，但不得小于 $0.75f_r$；高速公路和一级公路均不得小于 $0.85f_r$。

(3)当试件组数等于或少于10组(即 $n\leqslant10$)时，试件平均强度不得小于 $1.10f_r$，任一组强度均不得小于 $0.85f_r$。

(4)当标准小梁合格判定平均弯拉强度 f_{cs} 和最小弯拉强度 f_{min} 中有一个不符合上述要求时，应在不合格路段每公里每车道钻取3个以上 ϕ150mm 的芯样，实测劈裂强度，通过各自工程的经验统计公式换算弯拉强度，其合格判定平均弯拉强度 f_{cs} 和最小值 f_{min} 必须合格，否则，应返工重铺。

实测项目中，水泥混凝土弯拉强度评为不合格时相应分项工程评为不合格。

例：某公路竣工验收时，为检验水泥混凝土路面施工质量是否达到设计要求，采用钻孔取芯法对其进行劈裂抗拉强度试验，其试验结果为($n=11$)：28.0MPa、31.5MPa、26.5MPa、27.8MPa、27.5MPa、25.5MPa、25.0MPa、28.8MPa、27.5MPa、31.0MPa、32.5MPa。试问该批混凝土强度是否合格？假设该设计配比混凝土强度为26MPa。

解：经计算与查表知：$f_{cs}=28.33$MPa；$\sigma=2.41$MPa；$K=0.75$

由公式(1-2-50)知：

$$f_r + K\sigma = 26 + 0.75 \times 2.41 = 27.8\text{MPa} < f_{cs} = 28.33\text{MPa}$$

$$\text{且 } 0.85 f_r = 0.85 \times 26 = 22.1\text{MPa} < 25.0\text{MPa}$$

所以水泥混凝土路面抗拉强度评定为合格。

工作任务 5　路面平整度检测

1　概述

平整度是路面施工质量与服务水平的重要指标之一。它是指以规定的标准量规,间断地或连续地量测路表面的凹凸情况,即不平整度的指标。路面的平整度与路面各结构层次的平整状况有着一定的联系,即各层次的平整效果将累积反映到路面表面上,路面面层由于直接与车辆及大气接触,不平整的表面将会增大行车阻力,并使车辆产生附加振动作用。这种振动作用会造成行车颠簸,影响行车的速度和安全及驾驶的平稳和乘客的舒适,同时,振动作用还会对路面施加冲击力,从而加剧路面和汽车机件损坏和轮胎的磨损,并增大油耗。而且,不平整的路面会积滞雨水,加速路面的破坏。因此,平整度的检测与评定是公路施工与养护的一个非常重要的环节。

平整度的测试设备分为断面类和反应类两大类。断面类实际上是测定路面表面凹凸情况的,如最常用的 3m 直尺及连续式平整度仪,还可用精确测定高程得到;反应类测定路面凹凸引起车辆振动的颠簸情况。反应类指标是司机和乘客直接感受到的平整度指标,因此它实际上是舒适性能指标,最常用的测试设备是车载式颠簸累积仪。现已有更新型的自动化测试设备,如纵断面分析仪,路面平整度数据采集系统测定车等。国际上通用国际平整度指数 IRI 衡量路面行驶舒适性或路面行驶质量,可通过标定试验得出 IRI 与标准差 σ 或单向累计值 VBI 之间的关系。本部分仅介绍几种常见的平整度测定方法。

水泥混凝土路面和沥青混凝土路面平整度检测设备的比较见表 1-2-13。

平整度测试方法比较

表 1-2-13

方　法	特　　点	技术指标
3m 直尺法	设备简单,结果直观,间断检测,工作效率低,反应凸凹程度	最大间隙 h(mm)
连续式平整度仪法	设备复杂,连续测试,工作效率高,反应凸凹程度	标准偏差 σ(mm)
颠簸累积仪法	设备复杂,连续测试,工作效率高,反应舒适性	单项累计值 VBI(cm/km)

2　试验方法与步骤

2.1　3m 直尺测定平整度

3m 直尺测定法有单尺测定最大间隙及等距离(1.5m)连续测定两种。两种方法测定的路面平整度有较好的相关关系。前者常用于施工质量控制与检查验收,单尺测定时要计算出测定段的合格率;等距离连续测试也可用于施工质量检查验收,要算出标准差,用标准差来表示平整程度。

3m 直尺测定尺底距离路表面的最大间隙来表示路面的平整度,以 mm 计。它适用于测定压实成型的路基、路面各层表面的平整度,以评定路面的施工质量及使用质量;它也可用于路基表面成型后的施工平整度检测。

2.1.1 仪具与材料

(1)3m 直尺:硬木或铝合金钢制,地面平直,长 3m。如图 1-2-30 所示。

(2)楔形塞尺:木或金属制的三角形塞尺,有手柄。塞尺的长度与高度之比不小于 10,宽度不大于 15mm,边部有高度标记,刻度精度不小于 0.2mm。如图 1-2-31 所示。

(3)其他:皮尺或钢尺、粉笔等。

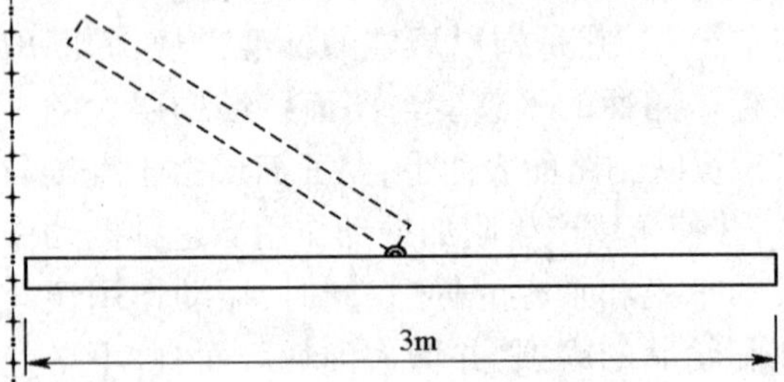

图 1-2-30 3m 直尺

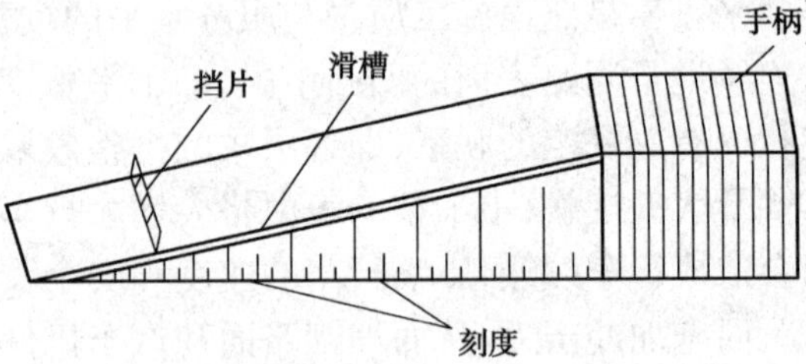

图 1-2-31 塞尺示意图

2.1.2 方法与步骤

(1)准备工作

①选择测试路段。

②在测试路段路面上选择测试地点。

a. 当为施工过程中质量检测需要时,测试地点根据需要确定,可以单杆检测。

b. 当为路基、路面工程质量检查验收或进行路况评定需要时,应首尾相接连续测量 10 尺。除特殊需要外,应以行车道一侧车轮轮迹(距车道线 80 ~ 100cm)带作为连续测定的标准位置。如图 1-2-32 所示。

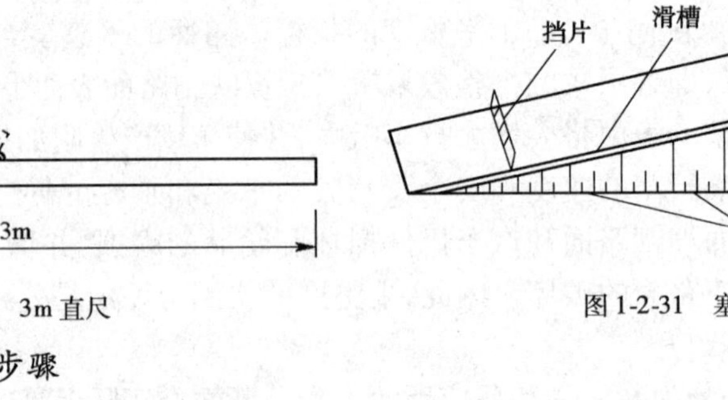

图 1-2-32 测点位置示意图

c. 对旧路面已形成车辙的路面,应取车辙中间位置为测定位置,用粉笔在路面上做好标记。

(2)测试步骤

①在施工过程中检测时,按根据需要确定的方向,将 3m 直尺摆在测试地点的路面上。

②目测 3m 直尺底面与路面之间的间隙情况,确定间隙为最大的位置。

③用有高度标线的塞尺塞进间隙处,量记最大间隙的高度(mm),精确至 0.2mm。见图 1-2-33。

④施工结束后检测时，每1处连续检测10尺，按上述①～③步骤测记10个最大间隙。

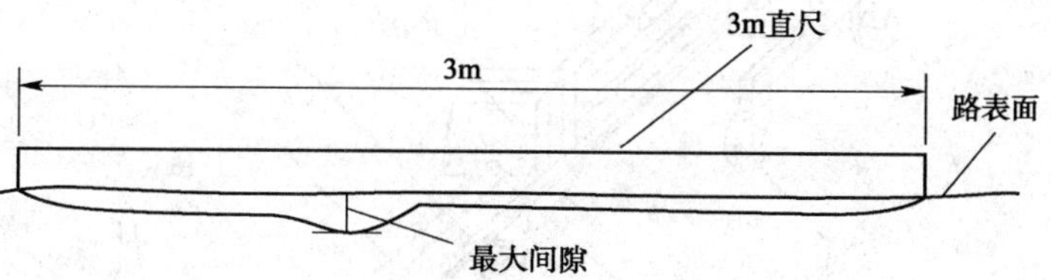

图1-2-33　3m直尺测平整度示意

2.1.3　数据处理与评定

单尺检测路面的平整度计算，以3m直尺与路面的最大间隙为测定结果、连续测定10尺时，判断每个测定值是否合格，根据要求计算合格百分率，并计算10个最大间隙的平均值。

$$合格率(\%)=合格尺数/总测尺数\times 100 \qquad (1\text{-}2\text{-}51)$$

单尺检测的结果应随时记录测试位置及检测结果。连续测定10尺时，应报告平均值、不合格尺数、合格率。

2.2　连续式平整度仪测定平整度

连续式平整度仪是近年来我国测定路面平整度的新型仪器，它通过测量路面的不平整度的标准差 σ 来表示路面的平整度，以mm计。其主要优点是可以沿路面连续测量。它一般采用先进的微机处理技术，可自动计算、打印、显示路面平整度的标准差、正负超差等各项技术指标，并汇出路面平整度偏差曲线。

连续式平整度仪法适用于测定路表面的平整度，评定路面的施工质量和使用质量，不适用于在已有较多坑槽、破损严重的路面上测定。

2.2.1　仪具与材料

(1)连续式平整度仪：连续式平整度仪构造如图1-2-34所示。除特殊情况外，连续式平整度仪的标准长度为3m，其质量应符合仪器标准的要求。中间为一个3m长的机架，机架可缩短或折叠，前后各有4个行车轮，前后两组轮的轴间距离为3m。机架中间有一个能起落的测定轮。机架上装有蓄电池电源及可拆卸的检测箱，检测箱可采用显示、记录、打印或绘图等方式输出测试结果。测定轮上装有位移传感器，距离传感器等检测器，自动采集位移数据时，测定间距为10cm，每一计算区间的长度为100m，输出一次结果。当为人工检测、无自动采集数据及计算功能时，应能记录测试曲线。机架头装有一牵引钩及手拉柄，可用人工或汽车牵引。

(2)牵引车：小面包车或其他小型牵引汽车。

(3)皮尺或测绳。

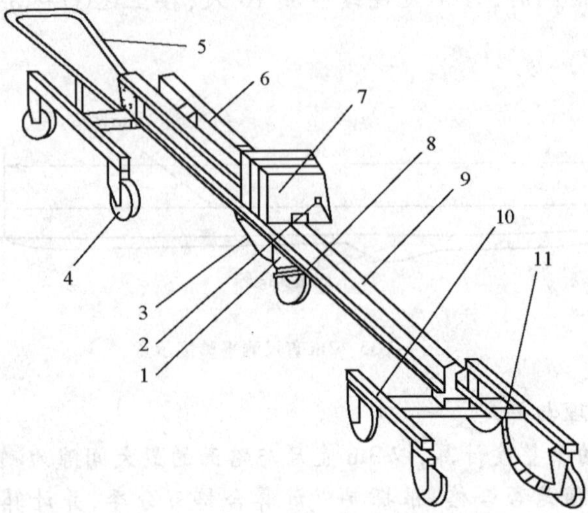

图 1-2-34　连续式平整度仪示意图

1-测量架;2-离合器;3-拉簧;4-脚轮;5-牵引架;6-前架;7-记录计;8-测定轮;9-纵梁;10-后架;11-软轴

2.2.2　方法与步骤

(1)准备工作

①选择测试路段。

②当为施工工程中质量检测需要时,测试地点根据需要决定;当为路面工程质量检查验收或进行路况评定需要时,通常以行车道一侧车轮轮迹带作为连续测定的标准位置。对旧路已形成车辙的路面,取一侧车辙中间位置为测定位置。按第一条第 2 项的规定在测试路段路面上确定测试位置,当以内侧轮迹带(IWP)或外侧轮迹带(OWP)作为测定位时,测定位置距车道标线 80 ~ 100cm。

③清扫路面测定位置处的杂物。

④检查仪器检测箱各部分是否完好、灵敏,并将各连接线接好,安装记录设备。

(2)测试步骤

①将连续式平整度测定仪置于测试路段路面起点上。

②在牵引汽车的后部,将平整度的挂钩挂上后,放下测定轮,启动检测器及记录仪,随即启动汽车,沿道路纵向行驶,横向位置保持稳定,并检查平整度仪表上测定数字显示、打印、记录的情况。如遇检测设备中某项仪表发生故障,即须停止检测。牵引平整度仪的速度应保持匀速,速度宜为 5km/h,最大不得超过 12km/h。

③在测试路段较短时,亦可用人力拖拉平整度仪测定路面的平整度,但拖拉时应保持匀速前进。

2.2.3　数据处理与评定

(1)连续式平整度测定仪测定后,按每 10cm 间距采集的位移值自动计算每 100m 计区间的平整度标准差(mm),还可记录测试长度(m)、曲线振幅大于某一定值(如 3mm、5mm、8mm、10mm 等)的次数、曲线振幅的单向(凸起或凹下)累计值及以 3m 机架为基准的中点路面偏差曲线图,计算打印。当为人工计算时,在记录曲线上任意设一基准线,每隔一定距离（宜为1.5m）读取曲线偏离基准线的偏离位移值 d_i。

（2）每一计算区间的路面平整度以该区间测定结果的标准差表示，按下式计算：

$$\sigma_i = \sqrt{\frac{\sum d_i^2 - (\sum d_i)^2/N}{N-1}} \tag{1-2-52}$$

式中：σ_i——各计算区间的平整度计算值（mm）；

d_i——以100m为一个计算区间，每隔一定距离（自动采集间距为10cm，人工采集距为1.5m）采集的路面凹凸偏差位移值（mm）；

N——计算区间用于计算标准差的测试数据个数。

（3）计算每一个评定路段内各区间平整度标准差的平均值、标准差、变异系数及合格率。

2.2.4 检测报告

试验应列表报告每一个评定路段内各测定区间的平整度标准差、各评定路段平整度的平均值、标准差、变异系数及不合格区间数。

2.3 车载颠簸累积仪测定平整度

用车载式颠簸累积仪测量车辆在路面上通行时后轴与车厢之间的单向位移累积值VBI，表示路面的平整度，以cm/km计。本方法用于测定路面表面的平整度，评定路面的施工质量和使用期的舒适性。但不在已有较多坑槽、破损严重的路面上测定。

车载式颠簸累积仪的工作原理是测试车以一定的速度（以30km/h为宜，一般不超过40km/h），由于路面凹凸不平，引起汽车的激振，通过机械传感器可测量后轴同车厢之间的单向位移累积值VBI。VBI越大说明路面的平整度越差，舒适性也越差。

2.3.1 仪具与材料

（1）测试系统组成

测试系统由承载车辆、距离测量装置、颠簸累计值测试装置和主控制系统组成，如图1-2-35所示。主控制系统对测试装置的操作实施控制，完成数据的采集、传输、存储与计算过程。

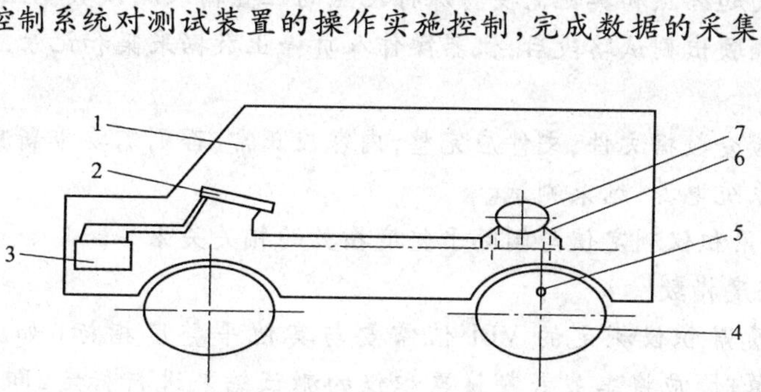

图1-2-35 车载颠簸累积仪安装示意图

1-测试车；2-数据处理器；3-电瓶；4-后桥；5-挂钩；6-钢丝绳；7-颠簸累积仪传感器

（2）测试系统基本技术要求和参数

①测试速度:30～80km/h。

②最大测试幅值:±20cm。

③垂直位移分辨率:1mm。

④距离标定误差:<0.5%。

⑤系统工作环境温度:0～60℃。

⑥系统软件能够依据相关关系公式自动对颠簸累计值进行换算,间接输出国际平整度指数IRI。

2.3.2 方法与步骤

(1)准备工作

①测试车辆具备下列条件之一时,都应进行仪器测值与国际平整度指数IRI的相关性标定,相关系数R应不低于0.99;在正常状态下行驶超过20000km;标定的时间间隔超过1年;减震器、轮胎等发生更换、维修。

②检查测试车轮胎气压,应达到车辆轮胎规定的标准气压;车胎应清洁,不得黏附杂物;车上载重、人数以及分布应与仪器相关性标定试验时一致。

③距离测量系统需要现场安装的,根据设备操作手册说明进行安装,确保紧固装置安装牢固。

④检查测试系统,各部分应符合测试要求,不应有明显的可视性破损。

⑤打开系统电源,启动控制程序,检查系统各部分的工作状态。

(2)测试步骤

①测试开始之前应让测试车以测试速度行驶5～10km,按照设备操作手册规定的预热时间对测试系统进行预热。

②测试车停在测试起点前300～500m处,启动平整度测试系统程序,按照设备操作手册的规定和测试路段的现场技术要求设置完毕所需的测试状态。

③驾驶员在进入测试路段前应保持车速在规定的测试速度范围内,沿正常行车轨迹驶入测试路段。

④进入测试路段后,测试人员启动系统的采集和记录程序,在测试过程中必须及时准确地将测试路段的起终点和其他需要特殊标记点的位置输入测试数据记录中。

⑤当测试车辆驶出测试路段后,仪器操作人员停止数据采集和记录,并恢复仪器各部分至初始状态。

⑥操作人员检查数据文件,文件应完整,内容应正常,否则需要重新测试。

⑦关闭测试系统电源,结束测试。

2.3.3 颠簸累积仪测定值与国际平整度指数的相关关系

(1)国际平整度指数

用车载式颠簸累积仪测定的VBI值需要与其他平整度指标[如国际平整度指数(IRI)等]进行换算时,应将车载式颠簸累积仪的测试结果进行标定,即与相关的平整度仪测量结果建立相关关系,相关系数均不得小于0.99。

国际平整度指数(IRI)是一项标准化的平整度指标。它同反应类平整度测定系统类似,但是采用的是数学模型模拟1/4车轮(即单轮,类似于拖车)以规定速度行驶在路面断面上，分析行驶距离内动态反应悬挂系的累积竖向位移量。标准的测定速度为80km/h，其测定结果的单位为m/km。

为与其他平整度指标建立相关关系，选择的标定路段应符合下列要求：

①按照每段IRI值变化幅度不小于1.0的范围选择不少于4段不同平整度水平的路段，且有足够加速或减速长度的路段。根据实际测试道路IRI的分布情况，可以增加某些范围内的标定路段。

②每路段长度不小于300m。

③每一段内的平整度应均匀，包括路段前50m的引道。

④选择坡度变化较小的直线路段，路段交通量小，便于疏导。

⑤标定应选择在车道的正常行驶轮迹上进行，明确标出标定路段的轮迹、起终点。

(2)标定步骤

①距离标定。

a. 依据设备供应商建议的长度，选择坡度变化较小的平坦直线路段，标出起终点和行驶轨迹。

b. 标定开始之前应让测试车以测试速度5~10km，按照设备操作手册规定的预热时间对测试系统进行预热。

c. 将测试车的前轮对准起点线，启动距离校准程序，然后令车辆沿着路段轨迹直线行驶，避免突然加速或减速，接近终点时，看指挥人员手势减速停车，确保测试车的前轮对准终点线，结束距离校准程序。重复此过程，确保距离传感器脉冲当量的准确性，应在允许误差范围之内。

②用颠簸累积仪按选定的测试速度测试每个标定路段的反应值，重复测试至少5次，取其平均值作为该路段的反应值。

③IRI值的确定：以精密水准仪作为标准仪具，分别测量标定路段两个轮迹的纵断高程，要求采样间隔为250mm，高程测试精度为0.5mm；然后用IRI标准计算程序对每个轮迹的纵断面测量值进行模型计算，得到该轮迹的IRI值。两个轮迹IRI值的平均值即为该路段的IRI值。

(3)试验数据处理

用数理统计的方法将各标定路段的IRI值和相应的颠簸累积仪测值进行回归分析，建立相关关系方程式，相关系数不得小于0.99。

$$\mathrm{IRI} = a + b \cdot \mathrm{VBI_V} \tag{1-2-53}$$

式中：IRI——国际平整度指数(m/km)；

$\mathrm{VBI_V}$——测试速度为v(km/h)时颠簸累积仪测得的颠簸累积值(cm/km)；

a、b——回归系数。

2.3.4 检测报告

(1)报告应列表报告每一个评定路段内各测试区间的颠簸累积值VBI、国际平整度IRI平均值和现场测试速度。

(2)试验结果与国际平整度指数等其他平整度指标建立的相关关系式、参数值、相关系数。

2.4 车载式激光平整度仪测定平整度

激光路面平整度测定仪是一种与路面无接触的测量仪器,测试速度快,精度高。它适用于各类车载式激光平整度仪在新建、改建路面工程质量验收和无严重坑槽、车辙等病害及无积水、积雪、泥浆的正常通车条件下连续采集路段平整度数据,评定验收新建、改建路面工程质量。

激光路面平整度测定仪采集的数据是路面相对高程值,应以100m为计算区间长度用IRI的标准计算程序计算IRI值,以m/km计。

2.4.1 仪具与材料

(1)测试系统组成

测试系统由承载车辆、距离传感器、纵断面高程传感器和主控制系统组成。主控制系统对测试装置的操作实施控制,完成数据采集、传输、存储与计算过程。

(2)测试系统基本技术要求和参数

①测试速度:30~100km/h。

②采样间隔:≤500mm。

③传感器测试精度:0.5mm。

④距离标定误差:<0.1%。

⑤系统工作环境温度:0~60°C。

2.4.2 方法与步骤

(1)准备工作

①设备安装到承载车上以后应按规定进行相关性试验。

②根据设备操作手册的要求对测试系统各传感器进行校准。

③检查测试车轮胎气压,应达到车辆轮胎规定的标准气压,车胎应清洁。

④距离测量装置需要现场安装的,根据设备操作手册说明进行安装,确保机械紧固装置安装牢固。

⑤检查测试系统各部分应符合测试要求,不应有明显的可视性破损。

⑥打开系统电源,启动控制程序,检查各部分的工作状态。

(2)测试步骤

①测试开始之前应让测试车以测试速度行驶5~10km,按照设备使用说明规定的预热时间对测试系统进行预热。

②测试车停在测试起点前50~100m处,启动平整度测试系统程序,按照设备操作手册的规定和测试路段的现场技术要求设置所需的测试状态。

③驾驶员应按照设备操作手册要求的测试速度驾驶测试车,宜在50~80km/h之间,避免急加速和急减速,急弯路段应放慢车速,沿正常行车轨迹驶入测试路段。

④进入测试路段后,测试人员启动系统的采集和记录程序,在测试过程中必须及时准确地将测试路段的起终点和其他需要特殊标记的位置输入测试数据记录中。

⑤当测试车辆驶出测试路段后,测试人员停止数据采集和记录,并恢复仪器各部分至初始状态。

⑥检查测试数据文件,文件应完整,内容应正常,否则需要重新测试。

⑦关闭测试系统电源,结束测试。

(3)计算

激光平整度仪采集的数据是路面相对高程值,应以100m为计算区间长度用IRI的标准计算程序计算IRI值,以m/km计。

2.4.3 激光平整度仪测值与国际平整度指数IRI相关关系

(1)试验条件

①按照每段IRI值变化幅度不小于1.0的范围选择不少于4段不同平整度水平的路段,且有足够加速或减速长度的路段。根据实际测试道路IRI的分布情况,可以适当增加某些范围内的标定路段。

②每路段长度不小于300m。

③每一段内的平整度应均匀,包括路段前50m的引道。

④选择坡度变化较小的直线路段,路段交通量小,便于疏导。

⑤有多个激光测头的系统需要分别标定。

⑥标定宜选择在车道的正常行驶轮迹上进行,明确画出轮迹带测线和起终点位置。

(2)试验步骤

①距离标定:

a.依据设备供应商建议的长度,选择坡度变化较小的平坦直线路段,标出起终点和行驶轨迹。

b.标定开始之前应让测试车以测试速度行驶5~10km,按照设备操作手册规定的预热时间对测试系统进行预热。

c.将测试车的前轮对准起点线,启动距离校准程序,然后令车辆沿着路段轨迹直线行驶,避免突然加速或减速,接近终点时,看指挥人员手势减速停车,确保测试车的前轮对准终点线,结束距离校准程序。重复此过程,确保距离传感器测试结果的准确性,应在允许误差范围之内。

②将激光平整度仪所标定的纵断面高程传感器对准测线重复测试5次,取其IRI计算值的平均值作为该路段的测试值。

③IRI值的确定:以精密水准仪作为标准仪具,测量标定路段上测线的纵断高程,要求采样间隔为250mm,高程测试精度为0.5mm;然后用IRI标准计算程序对纵断面测量值进行模型计算,得到标定线路的IRI值。

(3)试验数据处理

用数理统计的方法将各标定路段的IRI值和相应的平整度仪测值进行回归分析,建立相关关系方程式,相关系数R不得小于0.99。

2.4.4 检测报告

平整度检测报告应包括以下内容:

(1)国际平整度指数IRI平均值。

(2)提供激光平整度仪测值与国际平整度指数IRI在选定测试条件下的相关关系式及相关系数。

工作任务6　路面抗滑性检测

1　概述

路面抗滑性能是指车辆轮胎受到制动时沿表面滑移所产生的力。通常抗滑性能被看作是路面的表面特性，并用轮胎与路面间的摩阻系数来表示。表面特性包括路表面微观构造和宏观构造，影响抗滑滑性能的因素有路面表面特性、路面潮湿程度和行车速度。

路表面微观构造是指集料表面的粗糙度，它随车轮的反复磨耗而渐被磨光。通常采用石料磨光值（PSV）表征抗磨光的性能。微观构造在低速（30～50km/h 以下）时对路表抗滑性能起决定作用。而高速时主要作用的是宏观构造，它是由路表外露集料间形成的构造、功能是使车轮下的路表水迅速排除，以避免形成水膜。宏观构造由构造深度表征。

抗滑性能测试方法有：构造深度测试法（手工铺砂仪法，电动铺砂仪法、激光构造深度仪法）、制动距离法、摆式仪法、偏转轮拖车法（横向力系数测试）等。各方法的特点和测试指标如表 1-2-14 所示。

路面抗滑性能测试方法比较　　表 1-2-14

测试方法	测试指标	原　理	特点及适用范围
制动距离法	摩阻系数 f	以一定速度在潮湿路上行驶的 4 轮小车（或轻货车），当 4 个轮被制动时，测试车辆减速滑移到停止的距离，运用动力学原理，算出摩阻系数	测试速度快，必须中断交通
摆式仪法	摩阻摆置 BPN	摆式仪的摆锤底面装一橡胶滑块，当摆锤从一定高度 h 自由下摆时，滑块同试验表面接触。由于两者间的摩阻作用损耗部分能量，使摆锤只能回摆到一定高度。表面摩阻力越大，回摆高度越小（即摆值越大）	定点测量，原理简单，不仅可以用于室内测量，而且可用于野外测试沥青路面及混凝土路面的抗滑值
手工铺砂法、电动铺沙法	构造深度 TD（mm）	将已知体积的砂摊铺在所要测试路表的测点上。量取摊平覆盖的面积。砂的体积与所覆盖平均面积的比值，即为构造深度	定点测量，原理简单，便于携带，结果直观。适用于测定沥青路面及水泥混凝土路面的构造深度，用于评定路面表面的宏观粗糙度、排水性能及抗滑性能
激光构造深度测试法	构造深度 TD（mm）	中子源发射的许多光束，照射到路表面的不同深度处，用 200 多个二极管接收返回的光束，利用二极管被点亮的时间差算出所测路面的构造深度	测试速度快，适用于测定沥青路面干燥表面的构造深度，用于评价路面抗滑及排水能力，但不适用于多坑槽、显著不平整或裂缝过多的路段
摩阻系数测定车测定路面横向系数	横向力系数 SFC	测试车安装有试验轮胎，它们对车辆行驶方向偏转一定的角度，汽车以一定速度在潮湿路面上行驶，试验轮胎受到侧向摩阻作用，此摩阻力除以试验轮上的载重，即为横向力系数	测试速度快，用于标准的摩阻系数测试车测定沥青或水泥混凝土路面的横向力系数，结果作为竣工验收或使用期评定路面抗滑能力的依据

《公路沥青路面设计规范》(JTG D—2006)中规定:在设计高速公路、一级公路的沥青混凝土路面面层时,应选用抗滑、耐磨石料,其磨光值应大于42。沥青路面面层抗滑性能指标有:

(1)摩阻系数。高速、一级公路宜在竣工后第一个夏季采用摩擦系数测定车,以(50 ±1)km/h的车速测定横向力系数(SFC)。

(2)宏观构造深度。路面在竣工后第一个夏季用铺砂法或激光构造深度仪测定。

(3)一般于第一个夏季测定沥青面层横向力系数或摆值、路面宏观构造深度。

沥青路面抗滑性能应符合表1-2-15的要求。其他公路的沥青表面未作具体要求。

沥青路面抗滑性能标准 表1-2-15

公路等级	竣工验收值		
	横向力系数SFC	摩阻摆置BPN	构造深度TD(mm)
高速、一级公路	≥54	≥45	≥0.55

对于水泥混凝土路面抗滑标准用构造深度表示:

对高速、一级公路,构造深度TD为不小于0.7mm且不大于1.1mm;特殊路段不小于0.8mm且不大于1.2mm。

对于其他公路:一般路段构造深度TD为不小于0.5mm且不大于1.0mm;特殊路段不小于0.6mm且不大于1.1mm。

上述抗滑标准仅为设计阶段的抗滑标准。在公路养护过程中,也有养护的具体标准。鉴于路面抗滑性能测试方法较多,下面仅介绍常见的试验方法。

2 路面构造深度检测

2.1 手工铺砂法测定路面构造深度

路面的宏观构造深度是指一定面积的路表面凹凸不平的开口孔隙的平均深度,它是影响抗滑性能的重要因素之一。本方法适用于测定沥青路面及水泥混凝土路面表面构造深度,用以评定路面的宏观粗糙度,路面表面的排水性能及抗滑性能。构造深度的检测频率按每200m一处。

2.1.1 仪具与材料

(1)人工铺砂仪:由圆筒、推平板组成。

①量砂筒:一端是封闭的,内径ϕ20mm,外径ϕ26mm,总高90mm,容积为(25 ±0.15)mL,可通过称量砂筒中水的质量以确定其容积V,并调整其高度,使其容积符合要求,见图1-2-36。

②推平板:推平板应为木制或铝制,直径50mm,底面粘一层厚1.5mm的橡胶片,上面有一圆柱把手,见图1-2-37。

③刮平尺:可用30cm钢尺代替。

(2)量砂:足够数量的干燥洁净的匀质砂,粒径为0.15~0.3mm。

(3)量尺:钢板尺、钢卷尺,或采用将直径换算成构造深度作为刻度单位的专用的构造深度尺。

(4)其他:装砂容器(小铲)、扫帚或毛刷、挡风板等。

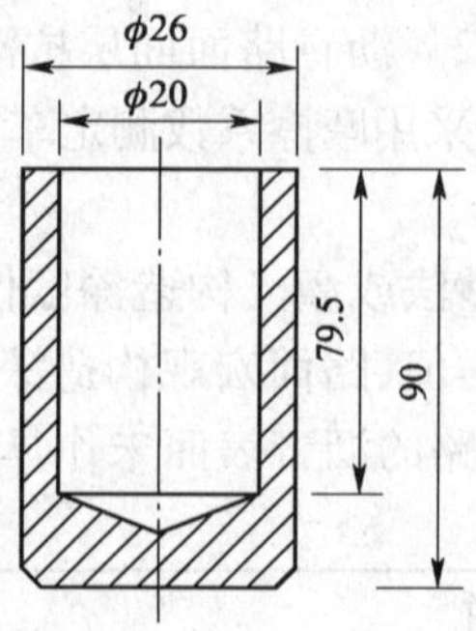

图 1-2-36　量砂筒(尺寸单位:mm)

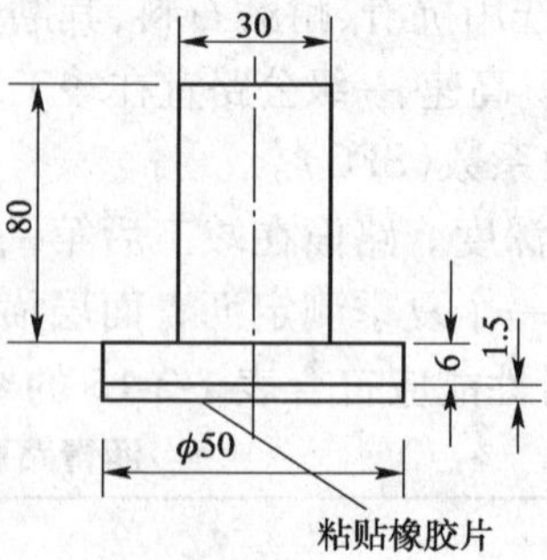

图 1-2-37　推平板(尺寸单位:mm)

2.1.2　方法与步骤

(1)准备工作

①量砂准备:取洁净的细砂晾干、过筛,取 0.15 ~ 0.3mm 的砂放入适当的容器中备用。量砂只能在路面上使用一次,不宜重复使用。回收砂必须经干燥、过筛处理后方可使用。

②对测试路段按随机取样选点的方法,决定测点所在横断面位置。测点应选在行车道的轮迹带上,距路面边缘不应小于 1m。

(2)测试步骤

①用扫帚或毛刷子将测点附近的路面清扫干净;面积不小于 30cm × 30cm。

②用小铲装砂沿筒向圆筒中注满砂,手提圆筒上方,在硬质路面上轻轻地叩 3 次,使砂密实,补足砂面用钢尺一次刮平。不可直接用量砂筒装砂,以免影响量砂密度的均匀性。

③将砂倒在路面上,用底面粘有橡胶片的推平板,由里向外重复做摊铺运动,稍稍用力将砂细心地尽可能地向外摊开;使砂填入凹凸不平的路表面的空隙中,尽可能将砂摊成圆形,并不得在表面上留有浮动余砂。注意摊铺时不可用力过大或向外推挤。

④用钢板尺测量所构成圆的两个垂直方向的直径,取其平均值,准确至 5mm。

⑤按以上方法,同一处平行测定不少于 3 次,3 个测点均位于轮迹带上,测点间距 3 ~ 5m。该处的测定位置以中间测点的位置表示。

2.1.3　计算

(1)路面表面构造深度测定结果按下式计算:

$$TD = \frac{1000V}{\pi D^2/4} = \frac{31831}{D^2} \tag{1-2-54}$$

式中:TD——路面表面构造深度(mm);

V——砂的体积,25cm^3;

D——推平砂的平均直径(mm)。

(2)每一处均取 3 次路面构造深度的测定结果的平均值作为试验结果,精确至 0.1mm。

(3)计算每一个评定区间路面构造深度的平均值、标准差、变异系数。

2.1.4　检测报告

(1)逐点报告路面构造深度的测定值及 3 次测定的平均值,当平均值小于 0.2mm 时,

试验结果以 <0.2mm 表示。

(2)每一个评定区间路面构造深度的平均值、标准差、变异系数。

一般认为手工铺砂法误差较大。其原因有很多,例如装砂的方法无标准,以前不少人直接用量筒到装砂的筒中装砂,致使量筒中的砂紧密程度不一样,影响砂量;还有摊砂用的推平板无标准,以前的方法中橡胶片厚 1.5 ~2.5mm,材料有钢制的,也有用木板制的。为克服手工铺砂法不统一、测量不准的缺点,可采用电动铺砂法和激光法。

2.2 电动铺砂法测定路面构造深度

本方法适用于测定沥青路面及水泥混凝土路面表面构造深度,用以评定路面表面的宏观粗糙度及路面表面的排水性能和抗滑性能。

2.2.1 仪具与材料

(1)电动铺砂仪:利用可充电的直流电源将量砂通过沙漏铺设成宽度 5cm、厚度均匀一致的器具,如图 1-2-38 所示。

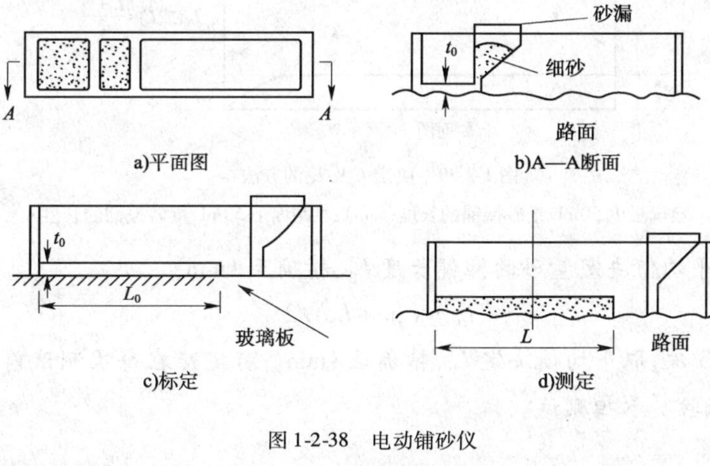

图 1-2-38 电动铺砂仪

(2)量砂:足够数量的干燥洁净的匀质砂,粒径为 0.15 ~0.3mm。

(3)标准量筒:容积 50mL。

(4)玻璃板:面积大于铺砂器,厚 5mm。

(5)其他:直尺、扫帚、毛刷等。

2.2.2 方法与步骤

(1)准备工作

①量砂准备:取洁净的细砂,晾干,过筛,取 0.15 ~0.3mm 的砂置适当的容器中备用。量砂只能在路面上使用一次,不宜重复使用。

②对测试路段按随机取样选点的方法,决定测点所在横断面的位置、测点应选在行车道的轮迹带上,距路面边缘不应小于 1m。

(2)电动铺砂器标定

①将铺砂器平放在玻璃板上,将沙漏移至铺砂器端部。

②将灌砂漏斗口和量筒口大致齐平。

通过漏斗向量筒中缓缓注入准备好的量砂至高出量筒成尖顶状，用直尺沿筒口一次刮平，其容积为50mL。

③将漏斗口与铺砂器沙漏上口大致齐平。将砂通过漏斗均匀倒入沙漏，漏斗前后移动，使砂的表面大致齐平。但不得用任何其他工具刮动砂。

④开动电动机，使沙漏向另一端缓缓运动，量砂沿沙漏底部铺成宽5cm的带状(图1-2-39)，待砂全部漏完后停止。

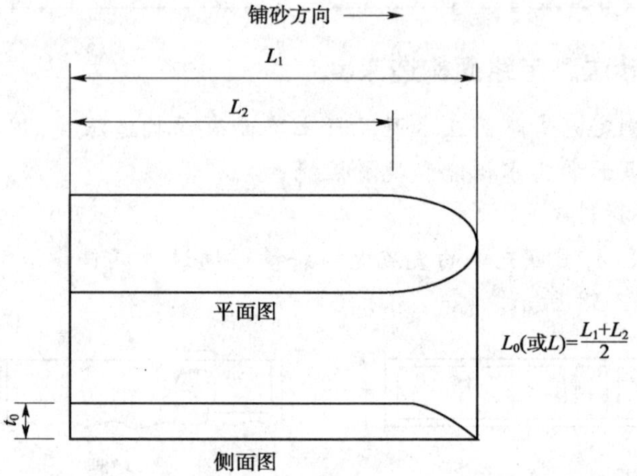

图1-2-39 决定L及L_0的方法

L_0-玻璃板上50mL量砂摊铺的长度(mm)；L-路面上50mL量砂摊铺的长度

⑤L_1及L_2的平均值决定量砂的摊铺长度L_0，精确至1mm：

$$L_0=(L_1+L_2)/2 \tag{1-2-55}$$

⑥重复标定3次，取平均值决定L_0，精确至1mm。标定应在每次测试前进行，用同一种量砂，由同一试验员承担测试。

(3)测试步骤

①将测试地点用毛刷刷净，面积大于铺砂仪。

②将铺砂仪沿道路纵向平稳地放在路面上，将沙漏移至端部。

③按上述电动铺砂器标定(2)~(5)相同的步骤，在测试地点摊铺50mL量砂，量取摊铺长度L_1及L_2。由式(1-2-56)计算L，准确至1mm。

$$L=(L_1+L_2)/2 \tag{1-2-56}$$

④按以上方法，同一处平行测定不少于3次，3个测点均位于轮迹带上，测点间距3~5m，该处的测定位置以中间测点的位置表示。

2.2.3 计算

(1)按式(1-2-57)计算铺砂仪在玻璃板上摊铺的量砂厚度t_0。

$$t_0=\frac{V}{B\cdot L_0}\times 1000=\frac{1000}{L_0} \tag{1-2-57}$$

式中：t_0——量砂在玻璃板上摊铺的标定厚度(mm)；

V——量砂体积,50mL;

B——铺砂仪铺砂宽度,50mm。

(2)按式(1-2-58)计算路面构造深度TD:

$$\mathrm{TD}=\frac{L_0-L}{L}\times t_0=\frac{L_0-L}{L\times L_0}\times 1000 \tag{1-2-58}$$

式中:TD——路面的构造深度(mm)。

(3)每一处均取3次路面构造深度的测定结果的平均值作为试验结果,精确至0.1mm。

(4)计算每一个评定区间路面构造深度的平均值、标准差、变异系数。

2.2.4 检测报告

(1)列表逐点报告路面构造深度的测定值及3次测定的平均值;当平均值小于0.2mm时,试验结果以<0.2mm表示。

(2)每一个评定区间路面构造深度的平均值、标准差、变异系数。

2.3 车载式激光构造深度仪测定路面构造深度

车载式激光构造深度仪是智能化仪器,可用于新建、改建路面工程质量验收和无严重破损病害及无积水、积雪、泥浆等正常行车条件下测定,连续采集路面构造深度,但不适用于带有沟槽构造的水泥混凝土路面构造深度的测定。

2.3.1 仪具与材料

(1)测试系统构成

测试系统由承载车辆、距离传感器、激光传感器和主控制系统组成。主控制系统对测试装置的操作实施控制,完成数据采集、传输、存储与计算过程。

(2)设备承载车要求

根据设备供应商的要求选择测试系统承载车辆。

(3)测试系统基本技术要求和参数

①测试速度:≥50km/h。

②采样间隔:≤10mm。

③传感器测试精度:0.1mm。

④距离标定误差:<0.1%。

⑤系统工作环境温度:0~60℃。

2.3.2 方法与步骤

(1)准备工作

①设备安装到承载车上以后进行相关性标定试验。

②根据设备操作手册的要求对测试系统各传感器进行校准。

③距离测量装置需要现场安装的,应根据设备操作手册说明进行安装,确保机械紧固装置安装牢固。

④测试系统各部分应符合测试要求,不应有明显的可视性破损。

⑤打开系统电源,启动控制程序,检查各部分的工作状态。

(2)测试步骤

①按照设备使用说明规定的预热时间对测试系统预热。

②测试车停在测试起点前 50 ~ 100m 处,启动测试系统程序,按照设备操作手册的规定和测试路段的现场技术要求设置完毕所需的测试状态。

③驾驶员应按照设备操作手册要求的测试速度范围驾驶测试车,避免急加速和急减速,急弯路段应放慢车速,沿正常行车轨迹驶入测试路段。

④进入测试路段后,测试人员启动系统的采集和记录程序,在测试过程中必须及时准确地将测试路段的起终点和其他需要特殊标记的位置输入测试数据记录中。

⑤当测试车辆驶出测试路段后,测试人员停止数据采集和记录,并恢复仪器各部分至初始状态。

⑥检查:测试数据文件应完整,内容应正常,否则需要重新测试。

⑦关闭测试系统电源,结束测试。

2.3.3　激光构造深度仪测值与铺砂法构造深度值相关关系对比试验

(1)选择构造深度分别在 0 ~ 0.3mm、0.3 ~ 0.55mm、0.55 ~ 0.8mm、0.8 ~ 1.2mm 范围的 4 个各长 100m 的试验路段。试验前将路面清扫干净,并在起终点做上标记。

(2)在每个试验路段上沿一侧行车轮迹用铺砂法测试至少 10 点的构造深度值,并计算平均值。

(3)驾驶测试车以 30 ~ 50km/h 速度驶过试验路段,并且保证激光构造深度仪的激光传感器探头沿铺砂法所测构造深度的行车轮迹运行,计算试验路段的构造深度平均值。

(4)建立两种方法的相关关系式,要求相关系数 R 不小于 0.97。

2.3.4　检测报告

构造深度检测报告应包括以下内容:

(1)路段构造深度平均值、标准差。

(2)提供激光构造深度仪测值与铺砂法构造深度值在选定测试条件下的相关关系式及相关系数。

3　路面摩擦系数检测

3.1　摆式仪测定路面抗滑值试验

本方法适用于以摆式摩擦系数测定仪(摆式仪)测定沥青路面及水泥混凝土路面的抗滑值,用以评定路面在潮湿状态下的抗滑能力。

3.1.1　仪具与材料

(1)摆式仪(图 1-2-40):摆及摆的连接部分总质量为(1500 ± 30)g,摆动中心至摆的重心距离为(410 ± 5)mm,测定时摆在路面上滑动长度为(126 ± 1)mm,摆上橡胶片端部距摆动中心的距离为 508mm,橡胶片对路面的正向静压力为(22.2 ± 0.5N)。

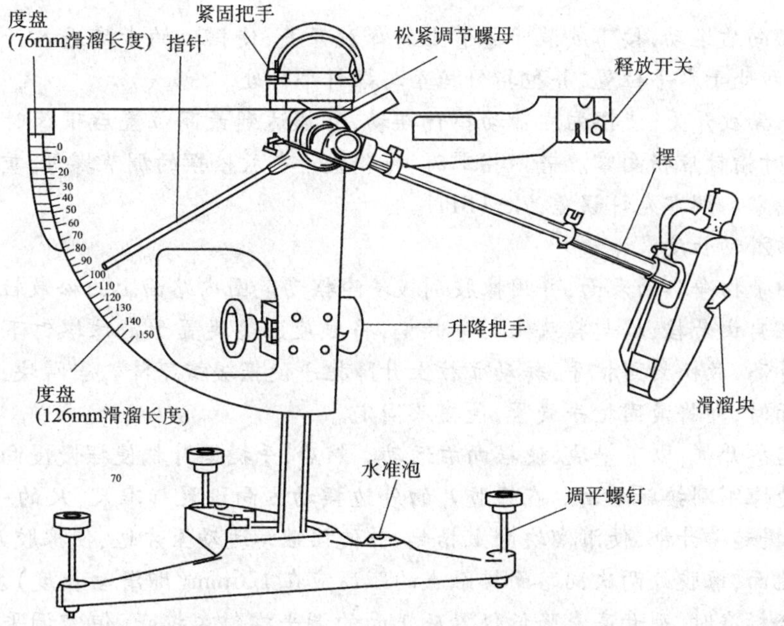

图 1-2-40　摆式仪构造示意图

(2)橡胶片:用于测定路面抗滑值时的尺寸为6.35mm×25.4mm×76.2mm,橡胶质量应符合标准的要求。当橡胶片使用后,端部在长度方向上磨损超过1.6mm或边缘在宽度方向上磨耗超过3.2mm,或有油污染时,即应更换新橡胶片;新橡胶片应先在干燥路面上测10次后再用于测试。橡胶片的有效使用期为1年。

(3)标准量尺:长126mm。

(4)洒水壶。

(5)橡胶刮板。

(6)路面温度计:分度不大于1℃。

(7)其他:皮尺式钢卷尺、扫帚、粉笔等。

3.1.2　方法与步骤

(1)准备工作

①检查摆式仪的调零灵敏情况,并定期进行仪器的标定。当用于路面工程检查验收时,必须对仪器重新标定。

②对测试路段按随机取样方法,决定测点所在横断面位置。测点应选在行车道的轮迹带上,距路面边缘不应小于1m,并用粉笔作出标记。测点位置宜紧靠铺砂法测定构造深度的测点位置,并与其对应。

(2)测定步骤

①仪器调平。

a. 将仪器置于路面测点上,并使摆的摆动方向与行车方向一致。

b. 转动底座上的调平螺栓,使水准泡居中。

②调零。

a. 放松上、下两个紧固把手,转动升降把手,使摆升高并能自由摆动,然后旋紧紧固把手。

b. 将摆向右运动，按下安装于悬臂上的释放开关，使摆上的卡环进入开关槽，放开释放开关，摆即处于水平位置，并把指针抬至与摆杆平行处。

c. 按下释放开关，使摆向左带动指针摆动，当摆达到最高位置后下落时，用左手将摆杆接住，此时指针应指向零。若不指零时，可稍旋紧或放松摆的调节螺母，重复本项操作，直至指针指零。调零允许误差为 ±1BPN。

③校核滑动长度。

a. 用扫帚扫净路面表面，并用橡胶刮板清除摆动范围内路面上的松散粒料。

b. 让摆自由悬挂，提起摆头上的举升柄，将底座上垫块置于定位螺钉下面，使摆头上的滑溜块升高，放松紧固把手，转动立柱上升降把手使摆缓缓下降。当滑块上的橡胶片刚刚接触路面时，即将紧固把手旋紧，使摆头固定。

c. 提起举升柄，取下垫块，使摆向右运动。然后，手提举升柄使摆慢慢向左运动，直至橡胶片的边缘刚刚接触路面。在橡胶片的外边摆动方向设置标准尺，尺的一端正对准该点，再用手提起举升柄，使滑溜块向上抬起，并使摆继续运动至左边，使橡胶片返回落下再一次接触地面，橡胶片两次同路面接触点的距离应在 126mm（即滑动长度）左右。若滑动长度不符合标准时，则升高或降低仪器底正面的调平螺钉来校正，但需调平水准泡，重复此项校核直至滑动长度符合要求，而后，将摆和指针置于水平释放位置。

校核滑动长度时应以橡胶片长边刚刚接触路面为准，不可借摆力量向前滑动，以免标定的滑动长度过长。

④用喷壶的水浇洒试测路面，并用橡胶刮板刮除表面泥浆。

⑤再次洒水，并按下释放开关，使摆在路面滑过，指针即可指示出路面的摆值。但第一次测定，不做记录。当摆杆回落时，用左手接住摆，右手提起举长柄使滑溜块升高，将摆向右运动，并使摆杆和指针重新置于水平释放位置。

⑥重复⑤的操作测定 5 次，并读记每次测定的摆值，即 BPN，5 次数值中最大值与最小值的差值不得大于 3BPN。如差数大于 3BPN 时，应检查产生的原因，并再次重复上述各项操作，至符合规定为止。取 5 次测定的平均值作为每个测点路面的抗滑值（即摆值 FB），取整数，以 BPN 表示。

⑦在测点位置上用路表温度计测记潮湿路面的温度，精确至 1℃。

⑧按以上方法，同一处平行测定不少于 3 次，3 个测点均位于轮迹带上，测点间距 3～5m。该处的测定位置以中间测点的位置表示。每一处均取 3 次测定结果的平均值作为试验结果，精确至 1BPN。

3.1.3 数据处理与评定

抗滑值的温度修正：当路面温度为 T 时测得的值为 BPN_T，必须换算成标准温度 20℃ 的摆值 BPN_{20}。

$$BPN_{20} = BPN_T + \Delta BPN \tag{1-2-59}$$

式中：BPN_{20}——换算成标准温度 20℃ 的摆值；

BPN_T——路面温度 T 时测得的摆值；

ΔBPN——温度修正值，按表 1-2-16 采用。

温度修正值 表1-2-16

温度 T(℃)	0	5	10	15	20	25	30	35	40
温度修正值△BPN	-6	-4	-3	-1	0	+2	+3	+5	+7

3.1.4 检测报告

(1)测试日期、测点位置、天气情况、洒水后潮湿路面的温度,并描述路面类型、外观、结构类型等。

(2)列表逐点报告路面抗滑值的测定值 BPN_T、经温度修正后的 BPN_{20} 及3次测定的平均值。

(3)每一个评定路段路面抗滑值的平均值、标准差、变异系数。

(4)精密度与允许差同一个测点,重复5次测定的差值不大于3BPN。

3.2 单轮式横向力系数测试系统测定路面摩擦系数

当测定轮与行车方向成一定角度且以一定速度行驶时,轮胎与潮湿路段之间摩擦阻力与接触面积的比值,称为路面横向力系数,代号SFC,无量纲。

以标准的摩擦系数测定车测定沥青路面或水泥混凝土路面的横向力系数,测试结果可作为竣工验收或使用期评定路面抗滑能力的依据。

3.2.1 仪具与材料

(1)测试系统构成

测试系统由承载车辆、距离测试装置、横向力测试装置、供水装置和主控制系统组成,如图1-2-41所示。主控制系统除实施对测试装置和供水装置的操作控制外,同时还控制数据的传输、记录与计算等环节。

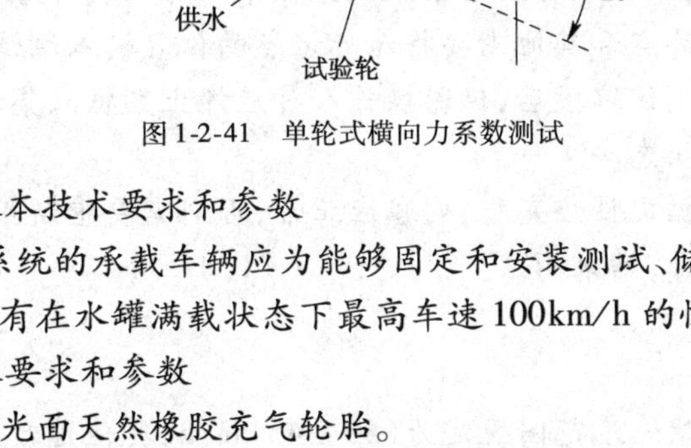

图1-2-41 单轮式横向力系数测试

(2)设备承载车基本技术要求和参数

横向力系数测试系统的承载车辆应为能够固定和安装测试、储供水、控制和记录等系统的载货汽车底盘,具有在水罐满载状态下最高车速100km/h的性能。

(3)测试系统技术要求和参数

①测试轮胎类型:光面天然橡胶充气轮胎。

②测试轮胎规格:3.00/20。

③测试轮胎标准气压：(350 ±20) kPa。

④测试轮偏置角：19.5°~21°。

⑤测试轮静态垂直标准荷载：(2. 00 ±20) N。

⑥拉力传感器非线性误差：<0.05%。

⑦拉力传感器有效量程：0~2000N。

⑧距离标定误差：<2%。

3.2.2 方法与步骤

(1)准备工作

①每个测试项目开始前或连续测试超过1000km后必须按照设备使用手册规定的方法进行测试系统的标定，记录标定数据并存档。

②检查测试车轮胎气压，应达到车辆轮胎规定的标准气压。

③检查测试轮胎磨损情况，当其直径比新轮胎减小达6mm(也即胎面磨损3mm)以上或有明显磨损裂时，必须立即更换新轮胎。更换的新轮胎在正式测试前应试测2km。

④检测测试轮气压，应达到(0.35 ±0.02) MPa的要求。

⑤检查测试轮固定螺栓应拧紧。将测试轮放到正常测试时的位置，检查其应能够沿两侧滑柱上下自由升降。

⑥根据测试里程的需要向水罐加注清洁测试用水。

⑦检查洒水口出水情况和洒水位置是否正常；洒水位置应在测试轮触地面中点沿行驶方向前方(400 ±50) mm处，洒水宽度为中心线两侧各不小于75mm。

⑧将控制面板电源打开，检查各项控制功能键、指示灯和技术参数选择状态应正常。

(2)测定步骤

①正式开始测试前，首先应按设备操作手册规定的时间要求对系统进行通电预热。

②进入测试路段前应将测试轮胎降至路面上预跑约500m。

③按照设备操作手册的规定和测试路段的现场技术要求设置完毕所需的测试状态。

④驾驶员在进入测试路段前应保持车速在规定的测试速度范围内，沿正常行车轨迹驶入测试路段。

⑤进入测试路段后，测试人员启动系统的采集和记录程序。在测试过程中必须及时准确地将测试路段的起终点和其他需要特殊标记点的位置输入测试数据记录中。

⑥当测试车辆驶出测试路段后，仪器操作人员应停止数据采集和记录，提升测量轮并恢复仪器各部分至初始状态。

⑦操作人员检查数据文件应完整，内容应正常，否则需要重新测试。

⑧关闭测试系统电源，结束测试。

3.2.3 SFC的修正

(1)SFC的速度修正

测试系统的标准测试速度范围规定为(50 ±4) km/h，其他速度条件下测试的SFC值必须通过公式(1-68)转换至标准速度下的等效SFC值。

$$SFC_{标} = SFC_{测} - 0.22(v_{标} - v_{测}) \quad (1\text{-}2\text{-}60)$$

式中：$SFC_{标}$——标准测试速度下的等效SFC值；

$SFC_{测}$——现场实际测试速度条件下的SFC测试值；

$v_{标}$——标准测试速度，取值50km/h；

$v_{测}$——现场实际测试速度。

(2)SFC值的温度修正

测试系统的标准现场测试地面温度范围为加(20±5)℃，其他地面温度条件下由于测试轮胎的弹性和路面本身的抗滑性能会发生变化，因而测试的SFC值必须通过表1-2-17转换至标准温度下的等效SFC值。系统测试要求地面温度控制在8~60℃范围内。

SFC值温度修正 表1-2-17

温度(°C)	10	15	20	25	30	35	40	45	50	55	60
修正	-3	-1	0	+1	+3	+4	+6	+7	+8	+9	+10

3.2.4 不同类型摩擦系数测试设备间相关关系对比试验

(1)基本要求

不同类型摩擦系数测试设备的测值应换算成SFC值后使用，所以制动式摩擦系数测试设备和其他类型横向力式测试设备在使用时必须和SCRIM系统进行对比试验，建立测试结果与SCRIM系统测值(SFC值)的相关关系。

(2)试验条件

①按SFC值0~30、30~50、50~70、70~100的范围选择4段不同摩擦系数的路段，路段长度可为100~300m。

②对比试验路段地面应清洁干燥，地面温度应在10~30℃范围内，天气条件宜为晴天无风。

(3)试验步骤

①测试系统和需要进行对比试验的其他类型设备分别按操作手册规定的程序准备就绪。

②两套设备分别以40km/h、50km/h 、60km/h、70km/h、80km/h的速度在所选择的4种试验路段上各测试3次，3次测试的平均值的绝对差值不得大于5，否则应重测。

③两种试验设备设置的采样频率差值不应超过一倍，每个试验路段的采样数据量不应少于10个。

(4)试验数据处理

①分别计算出每种速度下各路段3次测试结果的总平均值和标准差，超过3倍标准差的值应予以舍弃。

②用数理统计的回归分析方法建立试验设备测值与速度的相关关系式，相关系数R不得小于0.95。

③建立不同速度下试验设备测值SFC的相关关系式，相关系数R不得小于0.95。

3.2.5 路面横向力摩擦系数评定

横向力摩擦系数使用代表值进行工程质量评定，按路面SFC的设计或验收标准值评定路面抗滑合格与否。

SFC 代表值为 SFC 算术平均值的下置信界限值，即：

$$SFC = \overline{SFC} - \frac{t_\alpha}{\sqrt{n}} \cdot S \tag{1-2-61}$$

式中：SFC——SFC 代表值；

$\overline{SFC}$——SFC 平均值；

S——标准差；

n——数据个鼓；

t_α——t 分布表中随测点数和保证车（或置信度）而变的系数，采用的保证率：高速公路、一级公路为 95%，其他公路为 90%。

当 SFC 代表值大于设计值或验收标准时，按单个 SFC 值计算合格率；当 SFC 代表值小于设计值或标准值时，相应分项工程评为不合格。

工作任务 7　沥青路面渗水系数检测

水通过路面裂缝、结构层粒料间的空隙渗入沥青路面内部，在行车荷载的作用下，沥青路面会出现唧浆、网裂、坑洞等多种破坏现象，导致基层软化、沥青面层开裂、松散等病害，使沥青路面整体强度下降。在多雨地区，应特别重视路面结构层的水稳定性和面层的透水性问题。

路面渗水系数是指在规定的条件下，单位时间内渗入路面结构中水的体积，用 C_W 表示，单位为 mL/min。

1　仪具与材料

本方法需要下列仪具与材料：

（1）路面渗水仪：形状及尺寸如图 1-2-42 所示，上部盛水量筒由透明有机玻璃制成，容积 600mL，上有刻度，在 100mL 及 500mL 处有粗标线，下方通过 ϕ10mm 的细管与底座相接，中间有一开关。量筒通过支架连接，底座下方开口内径 ϕ150mm，外径 ϕ220mm，仪器附压重铁圈两个，每个质量约 5kg，内径 ϕ160mm。

（2）水筒及大漏斗。

（3）秒表。

（4）密封材料：防水腻子、油灰或橡皮泥。

（5）其他：水、粉笔、塑料圈、刮刀、扫帚等。

2　方法与步骤

2.1　准备工作

（1）在测试路段的行车道路面上，按《公路路基路面现场测试规程》（JTG E60—2008）中公路路基路面现场测试随机选点方法确定测试位置，每一个检测路段应测定 5 个测点，并用粉笔画上测试标记。

（2）试验前，首先用扫帚清扫表面，并用刷子将路面表面的杂物刷去。杂物的存在一方面会影响水的渗入,另一方面也会影响渗水仪和路面或者试件的密封效果。

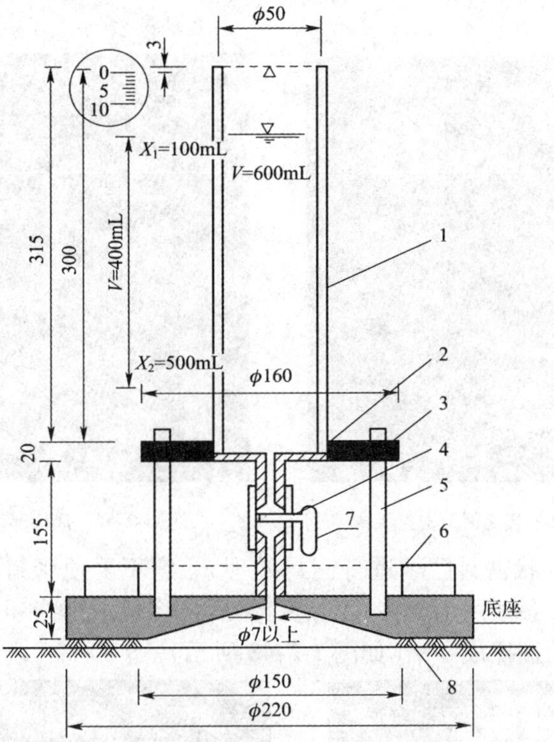

图 1-2-42　渗水仪结构(单位:mm)

1-透明有机玻璃筒;2-螺纹连接;3-顶板;4-阀;5-立柱支架;6-压重铁圈;7-把手;8-密封材料

2.2　试验步骤

(1)将塑料圈置于试件中央或者路面表面的测点上,用粉笔分别沿着塑料圈的内侧和外侧画上圈,在外环和内环之间的部分就是需要用密封材料进行密封的区域。测试步骤如图1-2-43 ~ 图1-2-45 所示。

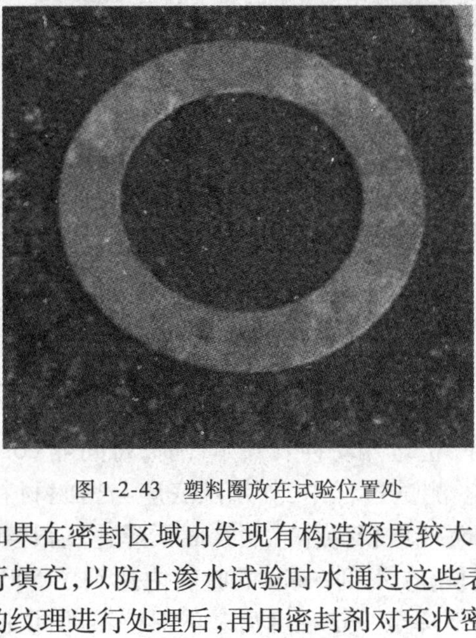

图 1-2-43　塑料圈放在试验位置处

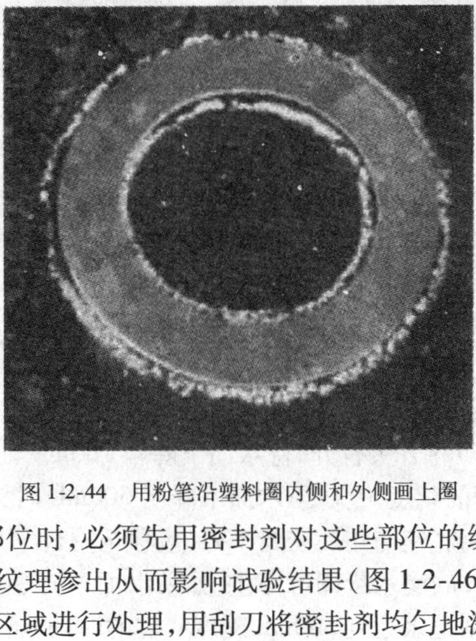

图 1-2-44　用粉笔沿塑料圈内侧和外侧画上圈

如果在密封区域内发现有构造深度较大的部位时,必须先用密封剂对这些部位的纹理深度进行填充,以防止渗水试验时水通过这些表面纹理渗出从而影响试验结果(图 1-2-46)。对较大的纹理进行处理后,再用密封剂对环状密封区域进行处理,用刮刀将密封剂均匀地涂抹在此区域内的试件表面上，用刮刀刮平，可以防止渗水仪压上去后密封剂被挤到内圈而改变渗水面积（图 1-2-47）。

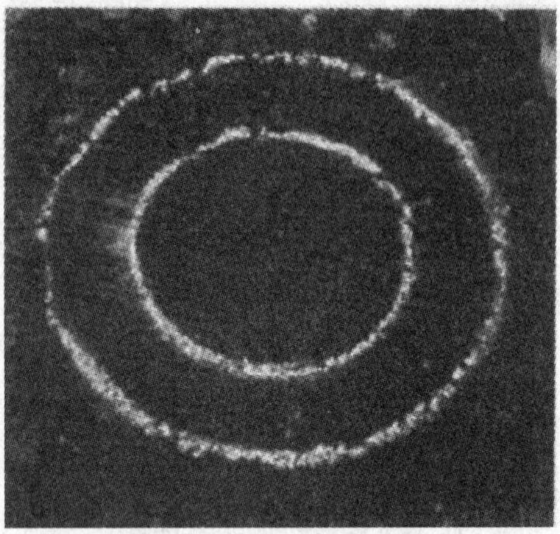

图 1-2-45　内环和外环之间为密封区域

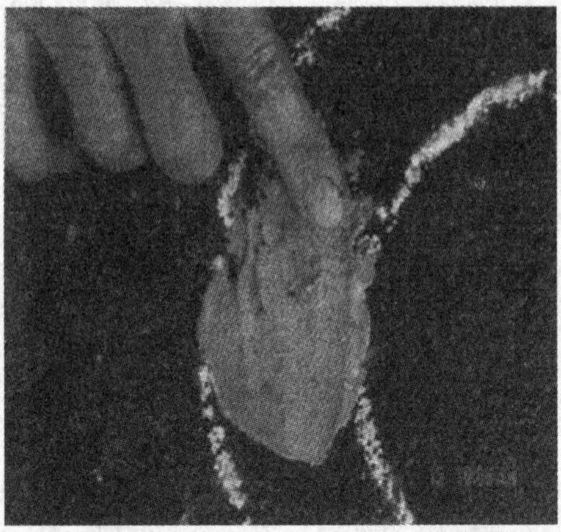

图 1-2-46　局部部位填充密实处理

（2）用密封材料对环状密封区域进行密封处理，注意不要使密封材料进入内圈。如果密封材料不小心进入内圈，必须用刮刀将其刮走。然后再将搓成拇指粗细的条状密封材料摞在环状密封区域的中央，并且摞成一圈（如图 1-2-48 所示）。

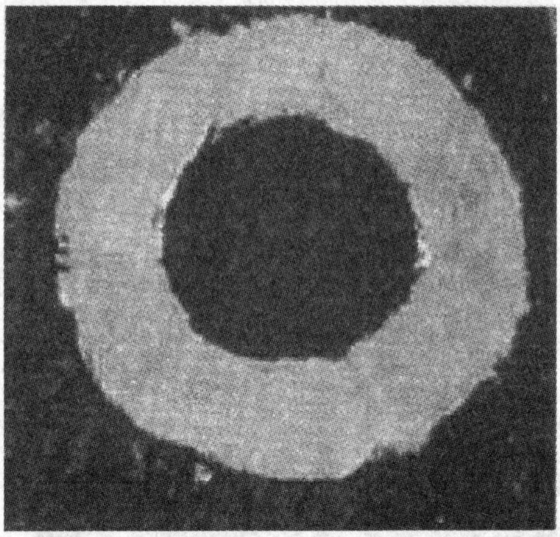

图 1-2-47　密封剂刮平处理后图形

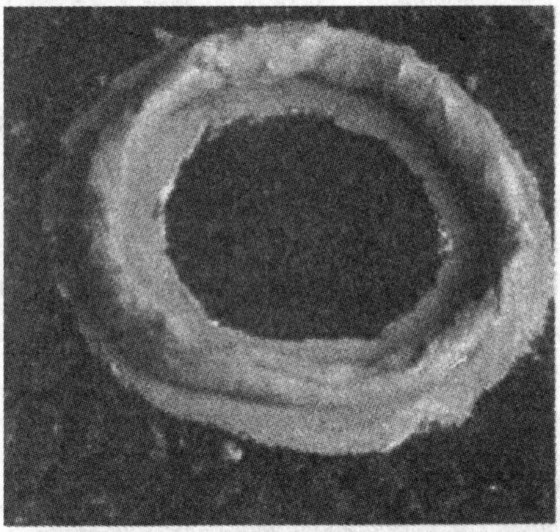

图 1-2-48　密封材料外部密封处理图

（3）将渗水仪放在试件或者路面表面的测点上，注意使渗水仪的中心尽量和圆环中心重合，然后略微使劲将渗水仪压在条状密封材料表面，再将配重加上，以防压力水从底座与路面间流出。

（4）将开关关闭，向量筒中注满水，然后打开开关，使量筒中的水下流排出渗水仪底部内的空气，当量筒中水面下降速度变慢时用双手轻压渗水仪使渗水仪底部的气泡全部排出。关闭开关，并再次向量筒中注满水。

（5）将开关打开，待水面下降至 100mL 刻度时，立即开动秒表开始计时，每间隔 60s，读记仪器管的刻度一次，至水面下降至 500mL 时为止。测试过程中，如水从底座与密封材料间渗出，说明底座与路面密封不好，应移至附近干燥路面处重新操作。当水面下降速度很慢，则测定 3min 的渗水量即可停止；如果水面下降速度较快，在不到 3min 的时间内达到了 500mL 刻度线，则记录达到 500mL 刻度线时的时间；若水面下降至一定程度后基本保持不动，说明基本不透水或根本不透水，应在报告中注明。

(6)按以上步骤在同一个检测路段选择 5 个测点测定渗水系数，取其平均值作为检测结果。

3　计算

计算时以水面从 100mL 下降至 500mL 所需的时间为标准，若渗水时间过长，也可以采用 3min 通过的水量计算：

$$C_w = \frac{V_2 - V_1}{t_2 - t_1} \times 60 \tag{1-2-62}$$

式中：C_w——路面渗水系数(mL/min)；

V_1——第一次计时时的水量(mL)，通常为 100mL；

V_2——第二次计时时的水量(mL)，通常为 500mL；

t_1——第一次计时的时间(s)；

t_2——第二次计时的时间(s)。

4　报告

现场检测，每一个检测路段应测定 5 个测点，计算其平均值作为检测结果。若路面不透水，在报告中注明渗水系数为 0。

对渗水较快，水面从 100mL 降至 500mL 的时间不很长时，中间也可不读数，如果渗水太慢，则从水面降至 100mL 时开始，测记 3min 即可中止试验，若水面基本不动，说明路面不透水，则应在报告中注明即可。

工作任务 8　沥青路面车辙检测

车辙是路面经汽车反复行驶产生流动变形、磨损、沉陷后，在车行道行车轨迹上产生的纵向带状辙槽，车辙深度以 mm 计，车辙面积以㎡计。车辙的控制指标，国内没有统一指标，国外是以车辙深度作为评价指标。

1　仪具与材料

可选用下列仪具与材料：

(1)路面横断面仪：如图 1-2-49 所示。其长度不小于一个车道宽度，横梁上有一位移传感器，可自动记录横断面形状，测试间距小于 20cm，测试精度 1mm。

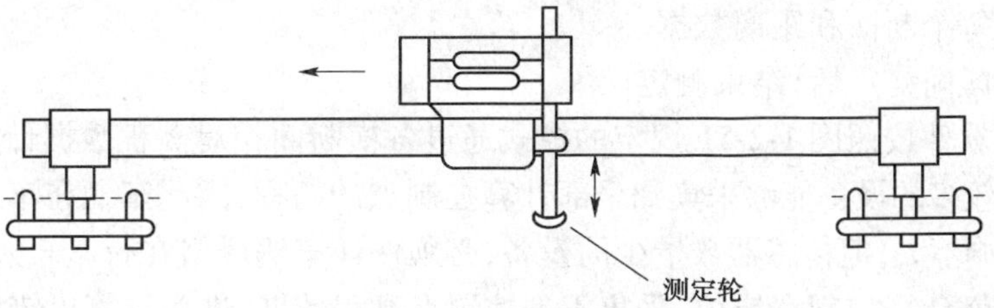

图 1-2-49　路面横断面仪

(2)激光或超声波车辙仪：包括多点激光或超声波车辙仪、线激光车辙仪和线扫描激光车辙仪等类型，通过激光测距技术或激光成像和数字图像分析技术得到车道横断面相对高程数据,并按规定模式计算车辙深度。

要求激光或超声波车辙仪有效测试宽度不小于3.2m,测点不少于13点,测试精度1mm。

(3)横断面尺:如图1-2-50所示。横断面尺为硬木或金属制直尺,刻度间距5cm,长度不小于一个车道宽度。顶面平直,最大弯曲不超过1mm。两端有把手及高度为10~20cm的支脚,两支脚的高度相同。

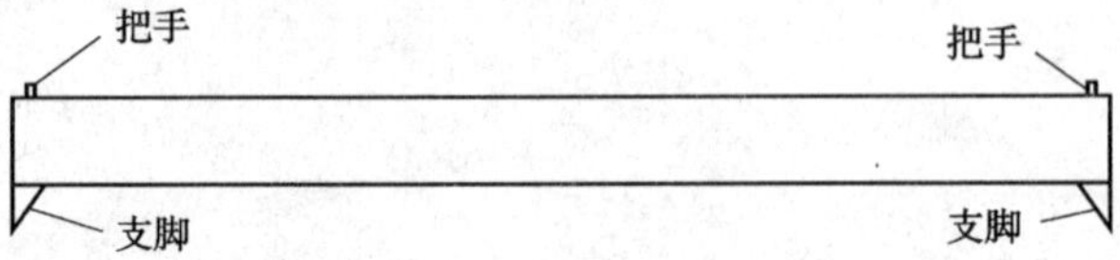

图1-2-50　路面横断面尺

(4)量尺:钢板尺、卡尺、塞尺,量程大于车辙深度,刻度至1mm。

(5)其他:皮尺、粉笔等。

2　方法与步骤

2.1　确定车辙测定的基准测量宽度

(1)对高速公路及一级公路,以发生车辙的一个车道两侧标线宽度中点到中点的距离为基准测量宽度。

(2)对二级及二级以下公路,有车道区画线时,以发生车辙的一个车道两侧标线宽度中点到中点的距离为基准测量宽度;无车道区画线时,以形成车辙部位的一个设计车道宽度作为基准测量宽度。

2.2　确定车辙测定的间距

以一个评定路段为单位,用激光车辙仪连续检测时,测定断面间隔不大于10m。用其他方法非连续测定时,在车道上每隔50m作为一测定断面,用粉笔画上标记进行测定。根据需要也可按《公路路基路面现场测试规程》(JTG E60—2008)中随机选点方法在行车道上随机选取测定断面,在特殊需要的路段如交叉口前后可予以加密。

2.3　各种仪器的测定方法

(1)采用激光或超声波车辙仪的测试步骤如下:

①将检测车辆就位于测定区间起点前。

②启动并设定检测系统参数。

③启动车辙和距离测试装置,开动测试车沿车道轮迹位置且平行于车道线平稳行驶,测试系统自动记录出每个断面和距离数据。

④到达测定区间终点后,结束测定。

⑤系统处理软件按照图1-2-51规定的模式通过各横断面相对高程数据计算车辙深度。

传感器数量较多的设备能够采集到全部计算控制点的高程,因此车辆在车道上的行驶位置对测试结果的影响不大;但传感器数量少的设备,必须保证车辆严格在行车轨迹上行驶,否则将导致传感器与车辙计算控制点错位,采集不到控制点高程数据,进而计算出错误的车辙深度。

(2)采用路面横断面仪的测试步骤如下:

①将路面横断面仪就位于测定断面上,方向与道路中心线垂直,两端支脚立于测定车道的两侧边缘,记录断面桩号。

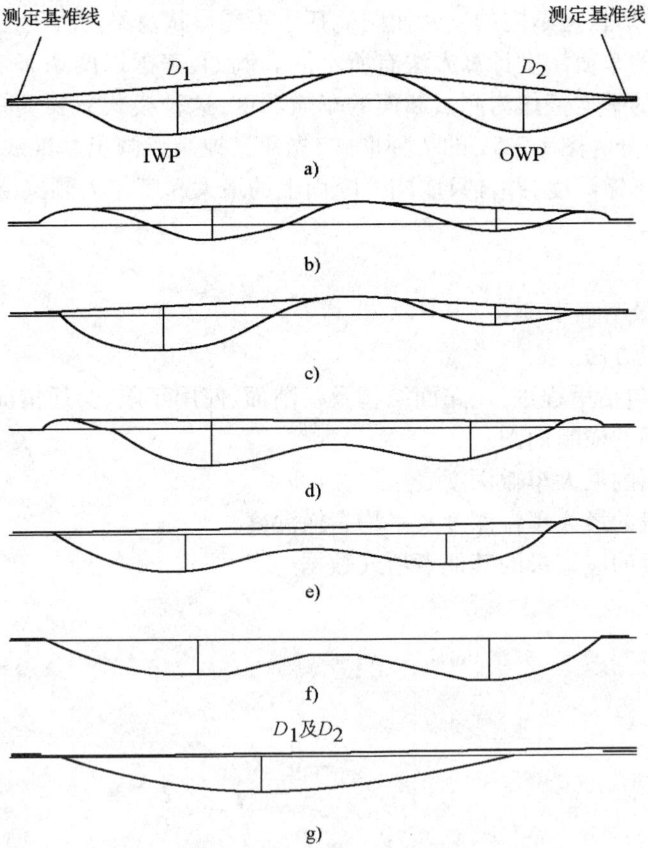

注：IWP、OWP 表示内侧轮迹带及外侧轮迹带。

图 1-2-51　不同形状、不同程度的路面车辙示意图

②调整两端支脚高度，使其等高。

③移动横断面仪的测量器，从测定车道的一端移到另一端，记录出断面形状。

(3)采用横断面尺的测试步骤：

①将横断面尺就位于测定断面上，两端支脚置于测定车道两侧。

②沿横断面尺每隔 20cm 一点，用量尺垂直立于路面上，用目平视测记横断面尺顶面与路面之间的距离，准确至 1mm。如断面的最高处或最低处明显不在测定点上应加测该点距离。

③记录测定读数，绘出断面图，最后连接成圆滑的横断面曲线。

④横断面尺也可用线绳代替。

⑤当不需要测定横断面，仅需要测定最大车辙时，亦可用不带支脚的横断面尺架在路面上由目测确定最大车辙位置用尺量取。

3　计算

测定结果计算整理：

(1)根据断面线按图 1-2-51 的方法画出横断面图及顶面基准线，通常为其中的形式。

(2)在图上确定车辙深度 D_1 及 D_2，读至 1mm。以其中最大值作为断面的最大车辙深度。

(3)求取各测定断面最大车辙深度的平均值作为该评定路段的平均车辙深度。

(4)由于造成车辙的原因不同(沥青混合料推挤流动、压密、路基压实、沉降)以及车轮横

向分布的不同，车辙形状是不同的。断面图概括了不同形状及不同程度的车辙。

世界各国采用的车辙深度计算方法有所不同。例如，美国以两条车辙中部最高点与车辙最低点的两个高差的平均值作为测试断面的车辙深度，这种模式只要测横断面上 3 点的高程即可；而我国将车辙分为图 1-2-51 的 7 种形式，先通过控制点画出基准线，再以车辙最低点到基准线的距离作为车辙深度，并且只取同一断面上的最大深度作为测试结果。

4 报告

测试报告应记录下列事项：

(1)采用的测定方法。

(2)路段描述，包括里程桩号、路面结构及横断面、使用年限、交通情况等。

(3)各测定断面的横断面图。

(4)各测定断面的最大车辙深度表。

(5)各评定路段的最大车辙深度及平均车辙深度。

(6)根据测定目的应记录的其他事项或数据。

第2篇 运营期技术评价

项目1 路桥损坏识别

工作任务 公路损坏分类与识别

公路使用性能的衰变一般会通过可见的、不同形式的损坏表现出来,反过来不同形式的损坏对公路使用性能也有不同程度的影响。因此,公路损坏的调查是公路技术状况评定的重要内容和养护对策的重要依据。公路损坏所表现出的形态和特征是多种多样的,造成公路损坏的原因也是多方面的,有行车荷载因素,有环境因素,此外还有施工和材料的原因等。目前,公路损坏的调查主要依靠人工目测或手工丈量,公路损坏原因复杂、形式多样,不同的调查者可能对同一处损坏有不同的判别结果,为了使调查结果有一致含义及可比性,需要根据损坏的形态特征、严重程度和损坏原因,对公路损坏进行分类。

为使公路损坏调查具有可操作性和实用性,公路损坏分类应遵循如下三个原则:一是分类定义明确,形式上易于区分;二是在一定程度上考虑路面损坏的原因,方便公路管理部门的养护决策;三是在充分描述公路使用性能的基础上,尽量减少损坏类型数量、减少调查项目。

国外最早的公路,特别是路面损坏分类,是 Hubbard 于 1924 年提出的。随着路面管理系统研究的兴起及应用,公路技术状况评定成为现代公路管理的重要内容之一。为满足公路技术状况评定关于公路损坏调查的需要,许多国家的公路管理部门都确定了相应的公路损坏分类及损坏识别方法。

我国公路管理部门十分重视路面、路基、桥隧构造物和沿线设施等公路设施各组成部分技术状况的调查和评价。我国的公路养护技术规范规定了公路损坏类型与识别方法,但由于早期的公路损坏分类方法对损坏原因考虑过多,不宜进行大规模的损坏调查,因此部分省市如北京、广东等地确定了各自的损坏分类方法。为加强公路养护质量的评定工作,在全国范围内统一公路养护质量评价的标准,1994 年交通部修订并颁布了《公路养护质量检查评定标准》,建立了包括路基、路面、桥隧构造物和沿线设施等部分的一套完整的公路损坏分类方法。由于当时我国高速公路的建设尚处在起步阶段,因此该标准主要是针对一般公路和混合交通的汽车专用公路制定的,限于当时的公路修建和管理水平,该标准对于公路损坏的分类较为笼统。2002 年交通部又研究出台了针对高速公路的《高速公路养护质量检评办法》,该检评办法根据近年来我国路面管理系统(CPMS)研究的部分成果,结合高速公路的特点,提出了新的公路损坏分类方法。

本次颁布的《公路技术状况评定标准》(JTG H20—2007),通过对专家和对各地公路管理技术人员的咨询和调查,结合道路试验,在《公路养护质量检查评定标准》和《高速公路养护质量检评办法》分类方法的基础上,进行了部分修改和完善,以求符合目前我国公路的技术现状和管理水平，并易于被广大公路管理人员接受。

以下详细介绍包括路基、沥青路面、水泥路面、砂石路面、桥隧构造物和沿线设施等公路各组成部分的损坏分类及识别方法。

1　路基损坏类型及识别

路基包括路肩、边坡、路基排水系统及路缘石、挡墙等部分。根据对路基各部分常见病害形式的调查，同时从病害对路基技术状况影响程度及损坏调查方便性考虑，1994年颁布的《公路养护质量检查评定标准》中将路基的损坏分为5类，分别是路肩不清洁、路肩不整齐、水沟淤塞、边坡坍塌和构造物损坏（损坏不分严重程度）。2002年《高速公路养护质量检评办法》中增加了水毁冲沟、路基整体沉降和路缘石损坏等高速公路常见的损坏类型，并将路基损坏重新划分为6类：路肩边沟不洁、路肩损坏、边坡坍塌和水毁冲沟、路基构造物损坏和路缘石缺损、路基整体沉降、排水系统淤塞。除路肩边沟不洁外，其他损坏分为2～3个严重程度等级。

为方便损坏的识别和记录，本次颁布的《公路技术状况评定标准》（JTG H20—2007）在2002检评办法的基础上，将“边坡坍塌和水毁冲沟”及“路基构造物损坏和路缘石缺损”这两种损坏类型分别细分为两类，从而将路基损坏类型分为8类，并根据严重程度或影响范围，将损坏分为2～3个严重程度等级。以下介绍这8种路基损坏类型的识别和计量方法。

1.1　路肩边沟不洁

路肩边沟不洁指路肩及边沟部位有杂物、油渍、垃圾或堆积物等。路肩边沟包括土路肩、硬路肩和紧急停车带、路基边坡和排水沟等部分。路肩边沟不洁一方面会影响公路的美观，另一方面路肩部位的杂物垃圾如被风吹至路面或空中也会对行车安全造成一定的威胁。路肩部位的油渍如不及时清理，会对路肩造成腐蚀，造成路肩损坏。

路肩边沟不洁不分轻重。路肩边沟不洁的计量按行车方向的长度计算，以m为单位，每1m路肩边沟不洁扣0.5分，不足1m按1m计。丈量长度时可用皮尺进行准确测量，也可用其他方式如步子丈量或利用公路上其他标准长度参照物目测估计（图2-1-1）。

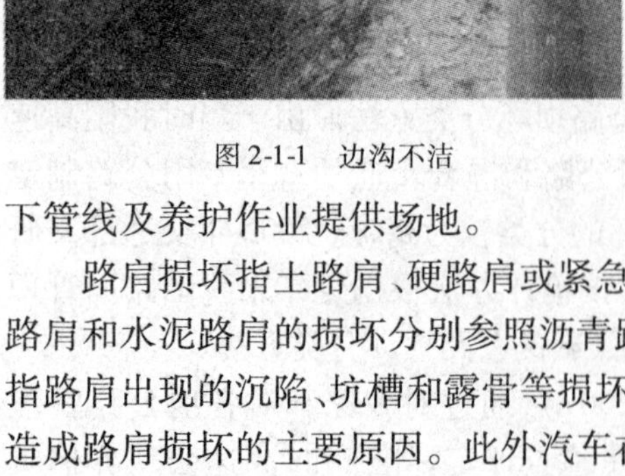

图2-1-1　边沟不洁

1.2　路肩损坏

路肩是路基基本构造的组成部分，由外侧路缘带、硬路肩、保护性土路肩组成，其功能如下：

（1）保护路面边缘，加强路肩整体的稳定性；

（2）停放临时发生故障的车辆；

（3）提供侧向余宽、显示行车道外侧边缘、引导视线、增加行车的安全舒适性；

（4）增加挖方弯道地段的视距；

（5）为设置路上设施（标志、防护栅等）或埋设地下管线及养护作业提供场地。

路肩损坏指土路肩、硬路肩或紧急停车带表面出现各种损坏，如坑槽、裂缝、松散等。沥青路肩和水泥路肩的损坏分别参照沥青路面和水泥路面的损坏形式进行识别；土路肩损坏主要指路肩出现的沉陷、坑槽和露骨等损坏。排水不畅、雨水冲刷、施工或材料不良、外力作用等是造成路肩损坏的主要原因。此外汽车在紧急停车带检查修理时往往也会给路肩留下千斤顶坑迹及油污，形成路肩坑槽等损坏。

与路面损坏不同，路肩损坏不分类统计，而是将所有形式的损坏按面积累加，以 m^2 为计量单位，累计面积不足 $1m^2$ 按 $1m^2$ 计。路肩损坏分为轻、重两个等级：其中按路面损坏分类标准为轻度和中度的损坏都归为轻度路肩损坏；按路面损坏分类标准为重度损坏在路肩损坏中也归为重度路肩损坏。

路肩损坏的测量同路面损坏，根据不同的损坏类型按长度或面积进行丈量或记录。

1.3 边坡坍塌

边坡包括路堑边坡和路堤边坡。它对路肩的保护有重要作用。边坡坍塌指路堑边坡发生岩石塌落、缺口、冲沟、沉陷、塌方等。边坡设计坡度过大、切坡过多、岩石风化、洪水冲刷、冬雪春融等是引起边坡坍塌的主要原因(图 2-1-2)。严重的边坡坍塌会堵塞路面、边沟，威胁交通安全。

边坡坍塌按处进行记录和统计。根据坍塌边坡的长度将损坏程度分为轻、中和重三个等级。其中坍塌长度小于或等于 5m 的计为轻度损坏，坍塌长度介于 5 ~ 10m 的计为中度损坏，坍塌长度大于 10m 的计为重度损坏。边坡坍塌的长度按沿行车方向的长度实地丈量或目测估计。

1.4 水毁冲沟

水毁冲沟是另一种形式的边坡损坏，它是指填方路段的边坡出现冲沟、缺口、沉陷等损坏。水毁冲沟损坏会严重影响路基的稳定性。高填方路基设计时未按要求进行高路堤稳定性验算、路基压实不够、工程地质不良、路基填料土质差、路基排水不畅或缺乏防护等都会造成水毁冲沟损坏(图 2-1-3)。

图 2-1-2 边坡坍塌

图 2-1-3 水毁冲沟

水毁冲沟损坏按处进行记录和统计。按冲沟的深度将损坏分为轻、中和重三个等级。其中冲沟深度小于或等于 0.2m 的计为轻度损坏，冲沟深度介于 0.2 ~ 0.5m 的计为中度损坏，冲沟深度大于 0.5m 的计为重度损坏。测量冲沟深度时用直尺架在冲沟两侧，然后测定直尺与冲沟底部的最大距离。

1.5 路基构造物损坏

路基构造物损坏指路肩边坡挡墙等圬工砌体出现断裂、沉陷、倾斜、局部坍塌、松动、较大面积勾缝脱落等损坏。路基本身不稳定或构造物施工不良，是造成路基构造物损坏的主要原因。

路基构造物损坏以处为计量单位。按损坏长度分为轻、中和重三个等级，其中损坏长度小于或等于 5m 的计为轻度损坏，损坏长度介于 5 ~ 10m 的计为中度损坏，损害长度大于 10m 的计为重度损坏。

路基构造物损坏的长度，按损坏沿行车方向的长度实地丈量或目测估计。

1.6 路缘石缺损

路缘石包括中央分隔带、路肩边缘和挡水缘石，路缘石缺损指路缘石损坏或缺少(图 2-1-4)。

路缘石损坏按长度测量和统计，以 m 为单位。损坏不分轻重。测量时按损坏沿行车方向的长度进行实地丈量或目测估计。

1.7　路基沉降

路基沉降指路基出现深度大于 30mm 的整体下沉。路基沉降易发生在高填方路段，严重时会直接影响到公路的正常使用，并导致路面损坏。路面标线扭曲通常是路基发生整体沉降的标志之一。路基施工时压实不足、填筑方案不合理是造成路基沉降的主要原因。

路基沉降损坏以处为单位进行记录和统计。按路基沉降的长度分为轻、中和重三个等级，其中损坏长度小于或等于 5m 的计为轻度损坏，长度介于 5 ~ 10m 的计为中度损坏，长度大于 10m 的计为重度损坏。损坏长度按沉降部分沿行车方向的长度实地丈量或目测估计。

1.8　路基排水系统淤塞

路基排水系统包括边沟、排水沟、截水沟及暗沟等。路基排水系统淤塞指各种排水设施发生淤积或堵塞。路基排水系统淤塞导致路面或路基水无法及时排出，会加剧水对公路的损坏。沟内杂草未能及时清除，或有垃圾、碎砾石、土等堆积，是造成排水系统淤塞的主要原因(图 2-1-5)。

图 2-1-4　路缘石缺损

图 2-1-5　排水系统淤塞

按淤塞程度及排水情况将损坏分为轻度和重度，并采用不同的计量方法。对排水系统发生淤积，但仍可排水，只是过水面积减小的情况，计为轻度损坏；对排水系统发生全截面堵塞，无法排水的情况，计为重度损坏。轻度损坏按长度计量，以 m 为单位；重度损坏以处为计量单位，按处记录和统计。

按长度计量时，按发生淤积的边沟长度实地丈量或目测估计。

2　路面损坏类型及识别

路面损坏主要指路面表面的可见病害，如路面开裂、坑洞等缺陷。路面病害是路面损坏的直接表现。

路面类型的不同，所表现出来的损坏形式也各异，因此沥青路面、水泥路面和砂石路面应分别采用不同的损坏分类方法。

2.1　沥青路面损坏类型及识别

由于沥青路面应用的普遍性和损坏形式的多样性和复杂性，各国对沥青路面损坏的分类研究都比较重视。早期，根据损坏对沥青路面性能的影响，一般将沥青路面损坏分为结构性损坏和功能性损坏两大类，每类损坏又根据损坏形式的不同进一步进行细分。为方便养护对策的制定，有些损坏分类方法又考虑了损坏的原因甚至损坏的位置，虽然较细的损坏分类有利于养护管理人员的养护管理,但过细的分类也会造成不易操作和调查等问题。世行 HDM(Highway Design and Maintenance Standards Model)(WorldBank,1990)系列研究中将沥青路面损坏分为:龟裂、纵裂、横裂、坑槽、边缘损坏、有裂缝车辙、无裂缝车辙、波浪、沉陷、剥落及松散、泛油。美国的沥青路面损坏分类方法较多,各州基本上都有适合本地区使用的路面损坏分类方法,比较有代表性的是美国 LTTP(Long-Term Pavement Performance Program)研究项目(LTTP,2003)提出的分类方法,该分类方法将沥青路面的损坏类型分为裂缝、坑槽和修补、表面变形、表面缺陷和混合损坏。其中裂缝类损坏又分为疲劳裂缝、块裂、边缘裂缝、纵向裂缝、水泥混凝土路面伸缩缝的反射缝、横向裂缝 6 种损坏类型。坑槽和修补类损坏分为修补损坏和坑槽 2 种损坏类型。表面变形类损坏分为车辙和推挤 2 种损坏类型。表面缺陷类损坏分为泛油、集料磨光、松散、路肩下沉、泌水和唧泥等 5 种损坏类型。大部分损坏分为轻、中和重三个等级。英国 UKPMS(UKPMS,2007)的路面损坏调查分为网级粗略调查和项目级详细调查两种,相应地也有两种路面损坏分类方法。网级粗略调查的损坏分为磨耗、横向或反射裂缝、表面损坏、沉陷、边缘破损、车辙等,不考虑损坏的严重程度;项目级详细调查的损坏分类包括轮迹处裂缝、整车道裂缝、横向或反射裂缝、磨损、集料散失、泛油、局部沉陷、边缘损坏、车辙等,部分损坏还考虑了严重程度等级。

我国 1994 年颁布的《公路养护质量检查评定标准》根据当时我国沥青路面主要损坏形式的调查情况,同时参考了国外的损坏分类方法,将沥青路面损坏分为 14 种,分别为坑槽、松散、拥包、翻浆、沉陷、脱皮、啃边、泛油、车辙、龟裂、网裂、波浪与搓板、横坡不适和平整度差,损坏不分严重程度。2002 年颁布的《高速公路养护质量检评办法》根据高速公路沥青路面损坏实际情况,提出了新的沥青路面损坏方法。在该检评办法中,考虑到平整度已在道路行驶舒适性指标中反映,因此去掉了其中“平整度差”的分类,同时去掉了“脱皮”、“啃边”、“翻浆”、“横坡不适”这 4 类已不常见的损坏类型,并将“拥包”和“波浪与搓板”两类病害合并为一类“波浪拥包”。由于裂缝已成为沥青路面最主要的病害形式,并且不同形式的裂缝对路面使用性能和养护决策的影响不同,为进一步区分裂缝的类型,参考国际惯用分类方法将网裂细分为“块裂”、“纵裂”和“横裂”;增加了“修补不良”损坏类型以反映不当的修补对路面使用性能的影响。在损坏分类时,考虑病害的发生发展过程对路面使用性能及养护对策的影响,还对各类病害根据其损坏的严重程度,分为 2 ~ 3 种严重程度等级。因此,在 2002 检评办法中最终将沥青路面分为 11 类 21 种损坏类型。

本次修订的《公路技术状况评定标准》(JTG H20—2007)基本沿用的是 2002 检评办法中的分类方法,即 11 类 21 种病害。只是将其中“修补不良”改为“修补”,以反映路面修补本身而不仅仅是不当的修补对路面使用性能的影响。

以下是各种损坏类型识别方法及损坏原因的分析。

2.1.1 龟裂

龟裂是沥青路面最为重要的一种裂缝形式,在路面上表现为相互交错的小网格状裂缝,因其形状类似乌龟背壳而被称为龟裂(图 2-1-6)。按裂缝块度、缝宽的大小及裂缝有无变形,将龟裂分为轻、中和重三个等级。

图 2-1-6 沥青路面龟裂损坏

轻度龟裂:初期裂缝,裂区无变形、无散落,缝细,主要裂缝宽度在 2mm 以下,主要裂缝块度在 0.2 ~ 0.5m之间。

中度龟裂:龟裂的发展期,龟裂状态明显,裂缝区有轻度散落或轻度变形,主要裂缝宽度在 2 ~ 5mm 之间,部分裂缝块度小于 0.2m。

重度裂缝:龟裂特征显著,裂块较小,裂缝区变形明显、散落严重,主要裂缝宽度大于5mm,大部分裂缝块度小于0.2m。

损坏的统计按龟裂外接矩形面积计量,测量时分别实地丈量并记录龟裂的外接矩形长和宽,然后计算损坏面积。有时同一片区域中存在不同严重程度的龟裂损坏,无法进行分块区分时,应按其中最重的严重程度记录和统计。

疲劳损坏是产生龟裂的最主要原因。在行车荷载的反复作用下,沥青面层和其下的半刚性基层等整体性材料逐渐失去承载能力,疲劳破坏就会产生。对于渠化交通比较明显的道路,一开始是沿轮迹带出现单条或多条不规则的小裂缝,尔后在裂缝间出现横向和斜向连接缝,形成裂缝网。遇到路面结构局部软弱的情况,在少量重复荷载甚至一次荷载作用下,也会产生局部小面积的龟裂。由于承载能力不足产生的龟裂在路面结构中都是自下而上产生的,裂缝贯穿整个路面结构。龟裂继续发展往往就会产生坑槽,影响路面行驶舒适性和安全性。

有时,由于沥青材料的原因,如低温时沥青混合料脆硬、严重的沥青老化等,也可能在沥青路面表面形成相互交错的小网格状、块度很小的裂缝即龟裂。但这种龟裂病害仅限于沥青路面的表面,不会产生路面的变形,对路面的承载能力和功能性能并没有多大影响。由于材料原因产生的龟裂一般发生在较低级的表处、贯入式等沥青路面中,发生的位置不限于轮迹处,往往会分布在整个路面宽度内。

龟裂是沥青路面最主要的结构性病害之一,其发生的程度及密度(范围)是养护工程师用于判断路面是否存在结构性损坏及承载能力是否足够的重要依据。

2.1.2　块裂

块裂表现为纵向和横向裂缝的交错而使路面分裂成近似直角的多边形大块,块裂的网格在形状和尺寸上都有别于龟裂(图2-1-7)。按照裂缝块度和裂缝宽度的大小,将块裂分为轻、重两个等级。损坏的计量按块裂涉及的路面面积计算。

图2-1-7　块状裂缝

轻度块裂:缝细、裂缝区无散落,裂缝宽度在3mm以内,大部分裂缝块度大于1.0m。

重度块裂:缝宽、裂缝区有散落,裂缝宽度在3mm以上,主要裂缝块度在0.5~1.0m之间。

损坏的统计按块裂外接矩形面积计量,测量时分别实地丈量并记录块裂的外接矩形长和宽,然后计算损坏面积。如同一片区域中存在不同严重程度的块裂损坏且无法进行分块区分时,应按其中最重的严重程度记录和统计。

块裂产生的主因是材料,它的产生同行车荷载作用关系不大,主要是由面层材料的低温收缩和沥青老化所引起。不像龟裂主要出现在荷载作用的轮迹处,块裂可能出现在整个路面宽度内,范围较大。

块状裂缝的裂缝深度一般仅限于路面表面,对路面承载能力和功能性能都没有太大影响。

2.1.3　纵裂

纵裂(图2-1-8)是与道路中线大致平行的单条裂缝,有时伴有少量支缝,按裂缝宽度大小及裂缝边缘的破坏情况分为轻、重两种等级。纵裂的计量按长度计算,并按0.2m的影响宽度换算成损坏面积。

轻度纵裂：缝细、裂缝壁无散落或有轻微散落，无支缝或有少量支缝，裂缝宽度在3mm以内。

重度纵裂：缝宽、裂缝壁有散落、有支缝，主要缝宽大于3mm。

纵裂长度按裂缝在行车方向的投影长度实地丈量或目测估计，如同一条裂缝的不同部分损坏程度不同，应根据不同的损坏程度分段测量和统计。

纵裂产生的主要原因之一是疲劳损坏。在重复荷载作用下，路面承载能力逐渐不足，就会在经常承受荷载的路面轮迹带处首先产生多条平行的小纵裂，逐渐发展就会成为龟裂。

由于不均匀沉降和裂缝的反射作用也会在路表产生纵缝。在半填半挖路基的分界处、新旧路结合部或路面加宽处，由于路基压实不够，发生不均匀沉降，就会在这些位置产生纵向裂缝。

混合料摊铺时纵向施工搭接质量不好，或者老路面层纵向裂缝的反射作用，往往会在路面的中线处产生纵裂。根据纵裂发生的位置、严重程度，可以帮助判断纵裂发生的原因。

2.1.4 横裂

横裂（图2-1-9）是与道路中线近似垂直的裂缝，有时伴有少量支缝。按裂缝宽度大小及裂缝边缘的破坏情况分为轻、重两个等级。纵裂的计量按长度计算，并按0.2m的影响宽度换算成损坏面积。

图2-1-8 纵向裂缝

图2-1-9 横向裂缝

轻度横裂：缝细、裂缝壁无散落或有轻微散落，无支缝或有少量支缝，裂缝宽度在3mm以内。

重度横裂：缝宽、裂缝贯通整个路面、裂缝壁有散落并伴有少量支缝，主要缝宽大于3mm。

横裂长度按裂缝在垂直于行车方向的投影长度实地丈量或目测估计，如同一条裂缝的不同部分损坏程度不同，应根据不同的损坏程度分段测量和统计。

横裂产生的主因是温度变化。如果沥青劲度过大或沥青变硬，在气温下降的时候就容易在垂直于行车方向形成间距大致相同的横向裂缝。因此在气候寒冷地区横缝是一种较为常见的裂缝形式。由低温收缩产生的横向裂缝是自上而下发展的，初期裂缝一般细且浅。

横裂也有可能是一种反射裂缝。半刚性基层裂缝或旧路面裂缝的反射裂缝也是沥青路面产生横向裂缝的一个重要原因。由于反射裂缝产生的横向裂缝是一种自下而上发展的裂缝，因此反映到路面表面时裂缝已经贯穿了整个路面结构。沥青路面与构造物连接处填土压实不足、固结沉陷等也易在相应的位置产生横向裂缝。

根据裂缝发生的位置、深度及是否等间距发生，可以大致判断横裂发生的具体原因。

2.1.5 坑槽

坑槽（图2-1-10）是局部集料丧失而在路面表面形成的坑洞，可深及不同的路面结构层次。

按坑槽的深浅及有效面积的大小，将坑槽分为轻、重两个等级，损坏都按面积进行计量。

轻度坑槽：坑浅，有效坑槽面积在 $0.1m^2$ 以内（约 $0.3m \times 0.3m$）。

重度坑槽：坑深，有效坑槽面积大于 $0.1m^2$（约 $0.3m \times 0.3m$）。

坑槽面积的有效面积按坑槽外接矩形面积计量。

坑槽通常是其他病害如龟裂、松散等未及时处理而逐渐发展形成的。当车轮驶过龟裂、松散等病害区域时有时会带走其中已经碎裂的小块面层材料，坑槽就会出现。坑槽的深度可深可浅，浅的坑洞仅限于路面表层，往往是表面松散发展的结果；深的坑洞可深至整个面层结构，一般是由龟裂发展而成。随着水分的进入，在行车荷载的作用下，坑槽的面积和深度都会不断扩大。

单独发生的坑槽可能是由于路面施工质量不好如压实不足、上面层厚度不够引起的，也可能是由水损坏引起。这种类型的坑槽多发生在面层较厚的高等级沥青公路上。

坑槽是严重影响路面行驶质量和威胁路面行驶安全性的一种病害。因此出现坑槽后一般需要立即进行修补。

2.1.6 松散

松散是一种从路面表面向下不断发展的集料颗粒流失和沥青结合料流失而造成的路面损坏（图 2-1-11）。松散按损坏严重程度的不同分为轻、重两种等级，损坏的计量按面积计算。

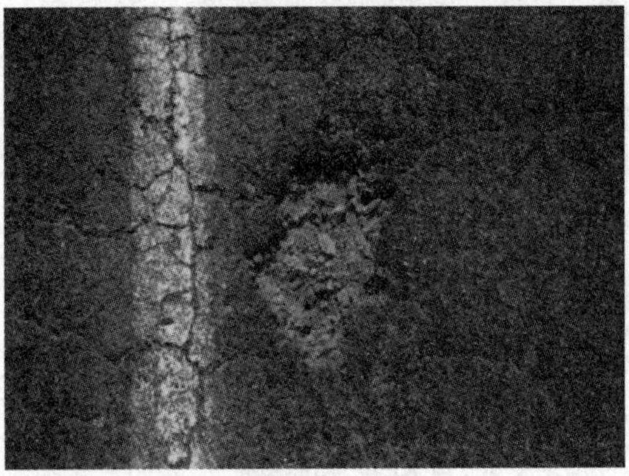

图 2-1-10 坑槽

图 2-1-11 松散

松散轻：路面细集料散失，出现脱皮、麻面等表面损坏。

松散重：路面粗集料散失，表面出现脱皮、麻面、露骨、剥落、小坑洞等损坏。

松散损坏面积按损坏所涉及区域的外接矩形面积计量。

松散是由于沥青和集料之间失去黏结而产生的。沥青混合料中沥青用量偏少、低温施工或沥青和集料黏结性差、沥青老化变硬、压实不足或局部集料级配不均匀，都有可能在沥青路面表面形成松散。

沥青路面的松散不仅造成面层的磨耗、厚度降低，而且松散路面的积水、散落的集料对路面安全性有潜在的威胁。

2.1.7 沉陷

沉陷是路面表面产生的大于 10mm 的局部凹陷变形（图 2-1-12），是沥青路面主要结构性破坏形式之一。按沉陷深度大小及对行车舒适性的影响将此类损坏分为轻、重两个等级。

轻度沉陷：深度在 10 ~ 25mm 之间，正常行车无明显感觉。

重度沉陷：深度大于 25mm，正常行车有明显感觉。

沉陷损坏的计量按面积计算。不太严重的路面沉陷有时不易发现,有经验的调查人员往往会通过观察路面标线是否发生扭曲来判断是否有路面沉陷发生。雨后调查也有助于发现路面沉陷损坏,因为在雨后沉陷处一般会产生积水。

沉陷产生的主要原因是路基不均匀沉降、路面局部开挖回填压实不足或桥涵台背填土不实。路面基层结构损坏或不稳定也会产生路面的局部沉陷变形。

路面沉陷直接影响道路行车舒适性及安全性,因此出现后必须及时进行修复。

2.1.8 车辙

车辙是在沥青路面表面形成的沿轮迹方向大于10mm的纵向凹陷(图2-1-13)。按车辙深度的不同分为轻、重两个等级,损坏的计量按长度计算,并按0.4m的影响宽度换算为损坏面积。

图2-1-12 路面沉陷

图2-1-13 路面车辙

轻度车辙:辙槽浅,深度在10~15mm之间。

重度车辙:辙槽深,深度15mm以上。

车辙长度可实地丈量或目测估计;车辙深度可按用直尺架在车道上测定直尺与车辙底部的距离。一般来说直尺长度应不短于车道宽度。

车辙可分为结构性车辙、流动性车辙、压实性车辙和磨损性车辙。结构性车辙指的是路面结构层及土基在行车重复荷载作用下,材料压缩产生的永久累积变形,车辙断面一般呈两边高中间低的V形,同时常伴有网裂、龟裂和坑槽发生。流动性车辙是炎热季节仅在沥青混凝土层内产生的侧向流动变形而形成的车辙,车辙断面一般呈W形,轮迹带处下陷周边隆起。压实性车辙是指由于路面施工缺陷如混合料温度过低、压实次数过少等造成沥青层压实度不足,而在行车作用下进一步压密产生的车辙,这类车辙断面一般也呈W形。磨损性车辙是指由于重载渠化交通对路面的磨耗作用形成的车辙。

车辙也是沥青路面的结构性破坏形式之一,多见于分道行驶、面层结构较厚的高等级公路,而在普通公路上较为少见。车辙会导致行车舒适性的降低,雨天车辙的积水对行车安全性也有极大的威胁。

高速公路和一级公路有单独的车辙指标,因此在损坏调查时无须调查此类损坏。

2.1.9 波浪拥包

波浪拥包(图2-1-14)指的是由于局部沥青面层材料移动而在路表面形成的有规律的纵向起伏,波峰和波谷间隔很近。波浪拥包是一种对路面行驶质量影响较大的病害形式。按波峰波谷的大小不同将此类损坏分为轻、重两个等级,按波浪拥包涉及的面积大小计量损坏。

轻度波浪拥包:波峰波谷高差小,高差在10~25mm之间。

重度波浪拥包:波峰波谷高差大,高差大于25mm。

波浪拥包产生的首要原因是路面材料及设计与施工缺陷。材料组成设计差如油石比过大、细料过多、施工质量差，使面层材料不足以抵抗车轮水平力的作用；或者是面层与基层之间存在不稳定夹层，面层在行车荷载作用下推移变形就会形成波浪拥包。有时路基冻胀也会在路面局部形成拥包。

2.1.10 泛油

路面混合料中的沥青向上迁移到路表面，形成一层有光泽的沥青膜，就被称为泛油（图 2-1-15）。泛油损坏不分严重程度等级，按泛油涉及的面积计量。泛油是影响道路行驶安全性的主要病害之一。

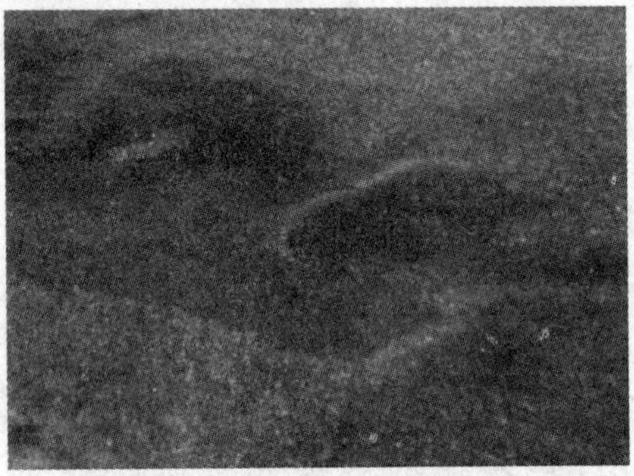

图 2-1-14 波浪拥包

图 2-1-15 泛油

泛油主要是由于沥青材料或设计缺陷造成的。沥青含量过多，混合料中空隙过少、拌和控制不严，沥青高温稳定性差，是产生泛油的主要原因。施工时黏层油用量不当，或雨水渗入使下层沥青与石料剥离，在动水作用下，沥青膜剥落上浮也会形成路面表面的泛油。

泛油一般发生在天气炎热时，天冷时又不存在逆过程，因而沥青永久地积聚在路表面，造成路面抗滑能力降低。

2.1.11 修补

修补（图 2-1-16）指因龟裂、坑槽、松散、沉陷、车辙等损坏处理后在路面表面形成修补部分，除裂缝修补外其余均按修补涉及的面积计量，裂缝修补按长度计量，并按 0.2m 的影响宽度换算为损坏面积。

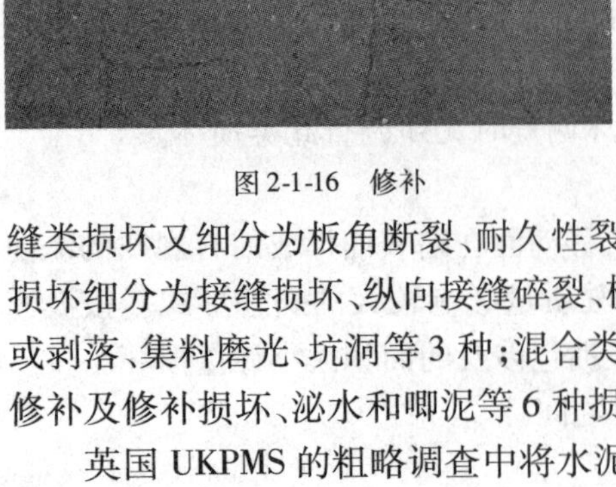

图 2-1-16 修补

2.2 水泥路面损坏类型及识别方法

水泥路面是高等级公路常用的路面结构形式之一，分为有接缝水泥混凝土路面和无接缝水泥混凝土路面，但后者较为少见。以下讨论的也主要是有接缝水泥混凝土路面的损坏类型和识别方法。

美国 LTTP 研究项目将有接缝水泥路面的损坏分为裂缝、接缝缺陷、表面缺陷和混合损坏 4 大类。裂缝类损坏又细分为板角断裂、耐久性裂缝（D 型裂缝）、纵向裂缝、横向裂缝 4 种；接缝缺陷类损坏细分为接缝损坏、纵向接缝碎裂、横向接缝碎裂 3 种；表面缺陷类损坏细分为地图状裂缝或剥落、集料磨光、坑洞等 3 种；混合类损坏细分为拱起、错台、路肩下沉、路肩与路面板脱离、修补及修补损坏、泌水和唧泥等 6 种损坏。

英国 UKPMS 的粗略调查中将水泥路面损坏分为纵向接缝料缺损、横向接缝料缺损、横向接缝损坏、纵向接缝损坏、表面损坏、沉陷、裂缝、沥青修补等。所有损坏不分轻重;在详细调查中将水泥路面损坏分为纵向接缝料缺损、横向接缝料缺损、横向接缝破碎、横向裂缝错台、横向裂缝边开裂、纵向接缝破碎、纵向错台、纵向接缝边开裂、表面损坏、局部沉陷、整体沉陷、单条裂缝、多条裂缝、沥青修补等,部分损坏分严重程度等级。

我国1994年颁布的《公路养护质量检查评定标准》中将水泥路面分为11类损坏:沉陷、严重破碎板、坑洞、板角断裂、露骨、拱起、平整度差、错台、唧泥、裂缝、接缝养护差,所有损坏不分严重程度等级。

在2002年颁布的《高速公路养护质量检评办法》中,去掉了"沉陷"以及在行驶舒适性评价指标中已考虑过的"平整度差"这两种损坏类型,增加了"边角剥落"和"修补损坏";将"严重破碎板"、"露骨"及"接缝养护差"改为内涵更丰富的"破碎板"、"层状剥落"及"接缝料损坏"。同时考虑损坏的严重程度,将各类损坏进一步分为2~3个等级。为方便统计,以混凝土板块为损坏统计单位,所有损坏的计量均按块或条来统计,同一板块上出现多种损坏时按最严重的损坏计。

新的《公路技术状况评定标准》(JTG H20—2007)在2002检评方法的基础上,将"层状剥落"改回为"露骨"。同时充分考虑水泥混凝土路面为刚性路面的特点,以及裂缝、板角断裂、边角剥落、坑洞和层状剥落修补后对路面结构和性能的影响,将该类损坏的修补仍作为一种损坏形式,将原损坏类型中的"修补不良"改为"修补",使评价结果能充分表现实际的路况水平。此外,为将破损调查统计的计量单位统一为实际养护的计量单位,将损坏计量方法由块、条分别改为面积和长度,使路况检查评价能与日常养护工作有机地结合起来,减少养护管理人员工作量,同时为路面养护管理提供决策所需数据。

以下详细介绍这11类20种损坏的识别方法及产生原因。

2.2.1 破碎板

破碎板(图2-1-17)指混凝土板被多条裂缝分为3个以上板块,损坏按水泥板整块面积计量。根据破碎板块的活动情况,将损坏分成轻、重两个等级。

轻:破碎板未发生松动和沉陷。

重:破碎板块有松动、沉陷和唧泥等现象。

破碎板是较为严重的一种损坏形式,通常是在重载作用下裂缝进一步发展的结果。在荷载的作用下,破碎板会进一步破碎直至完全失去整体性。

2.2.2 裂缝

板块上只有一条裂缝(图2-1-18),可以为横向、纵向或不规则的斜裂缝,按裂缝长度计量,用1.0m的影响宽度换算成损坏面积。按裂缝缝宽及边缘碎裂情况分为轻、中和重三个等级。

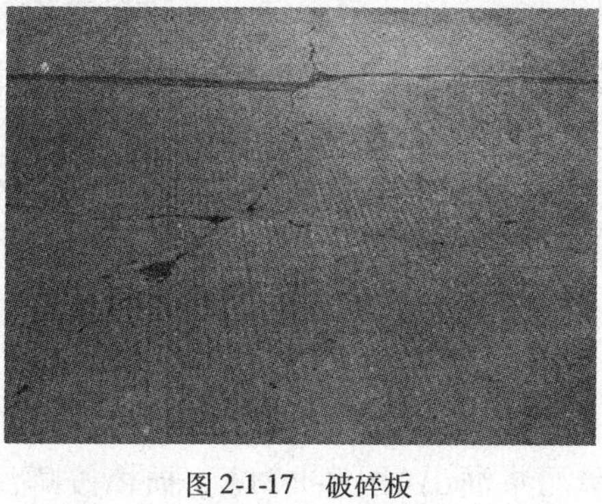

图2-1-17 破碎板

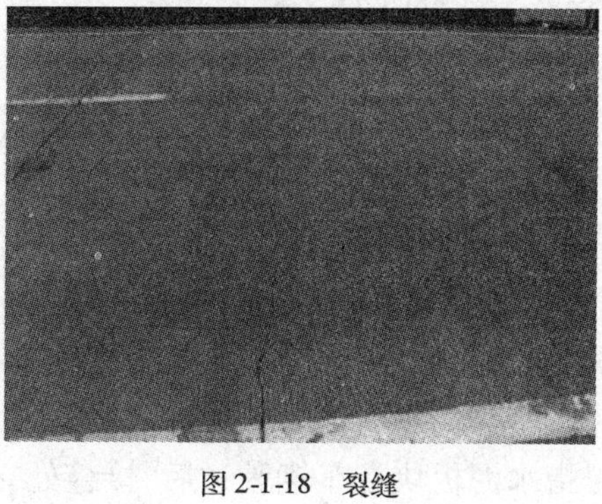

图2-1-18 裂缝

轻：裂缝较窄、小于3mm，裂缝处未剥落，裂缝未贯通板厚。

中：裂缝宽度3～10mm，裂缝边缘有碎裂现象。

重：裂缝较宽，大于10mm，边缘有碎裂并伴有错台出现。

裂缝通常由于收缩应力、重载反复作用、温度或湿度翘曲应力、丧失地基支撑等因素单独或多种因素综合作用而产生。施工时切缝不及时也会导致水泥混凝土裂缝出现。

2.2.3 板角断裂

板角断裂（图2-1-19）指水泥混凝土的板角与纵横接缝相交且交点距离等于或小于板边长度的一半的裂缝从板体断开。损坏按断裂板角的面积计量。按裂缝宽度和板角的松动程度分为轻、中和重三个等级。

轻：裂缝宽度小于3mm，裂缝未破碎，断裂处未出现错台。

中：裂缝宽度在3～10mm，裂缝边缘有碎裂现象。

重：裂缝宽度大于10mm，裂缝边缘有碎裂现象，并伴有错台或沉陷现象。

板角断裂应与斜向裂缝区分开来，主要看裂缝与纵横缝交点的距离是否小于板边长度的一半。板角是水泥路面较薄弱的部位，由于施工的原因，板角相对于其他部位来说强度稍低，但它处于不利的受力位置，因此在重载反复作用及温度和湿度翘曲应力作用下，再加上地基软弱、唧泥和传荷能力差等因素，就会出现板角断裂损坏。

2.2.4 错台

错台指水泥混凝土路面板的纵向或横向接缝两边板块出现大于5mm的高差（图2-1-20）。损坏按发生错台的接缝长度计量，换算成损坏面积时乘以1m的影响宽度。根据错台两边高差的大小，分为轻和重两个等级。

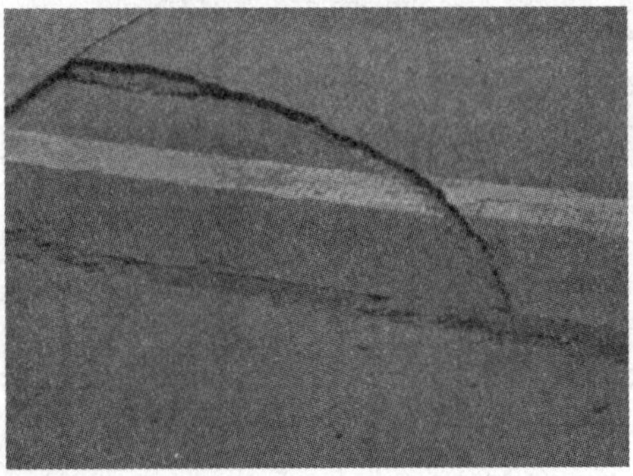

图2-1-19 板角断裂

图2-1-20 错台

轻：高差小于10mm。

重：高差10mm以上。

错台是唧泥在发生和发展的过程中，带有基层被冲蚀材料的高压水把这些材料冲积在近进板的脱空区域内，使该板升高，而使离板由于板下基层材料被冲蚀而下沉，由此产生错台。此外，在施工时胀缝的填缝板未予牢固固定，在振捣时被振歪或使缝壁倾斜，或接缝的上部填缝料同下部接缝板未能对齐，两板在伸胀挤压过程也会导致错台。

错台是水泥路面最为常见的损坏之一，也是造成水泥路面行驶舒适性下降的主要原因之一。

2.2.5 唧泥

唧泥指水泥板块在车辆驶过后，接缝处有基层泥浆涌出（图2-1-21）。损坏按唧泥处接缝的长度计量，换算成损坏面积时乘以 1m 的影响宽度。损坏不分严重程度。

唧泥的明显标志是接缝附近的路面表面有污渍或基层材料沉积物。

唧泥通常是由于板下基层材料受到有压水的冲蚀，泥浆在荷载作用下随之从接缝或裂缝中唧出。唧泥的出现是由于接缝填封的失效而引起水的下渗，板底面与基层顶面的脱空，基层材料的不耐冲刷和重载的反复作用引起的。唧泥会使板边缘的基础部分失去支撑能力，在轮载重复作用下最终将导致板的断裂。

2.2.6 边角剥落

边角剥落（图 2-1-22）指沿接缝方向的板边出现裂缝、破碎或脱落现象，裂缝面一般不是垂直贯穿板厚，而是与板面成一定角度。损坏按发生剥落的接缝长度计量，换算成损坏面积时乘以 1m 的影响宽度。按剥落的深度分为轻、中和重三个等级。

图 2-1-21 唧泥

图 2-1-22 边角剥落

轻：浅层剥落。

中：中深层剥落，接缝附近水泥混凝土多处开裂。

重：深层剥落，接缝附近水泥混凝土多处开裂，深度超过接缝槽底部。

边角剥落是由于接缝内进入坚硬材料而妨碍了板的膨胀变形，接缝处混凝土强度不足，传荷设施（传力杆）设计或设置不当（未正确定位、锈蚀等），接缝施工质量差，重载反复作用等造成的。

2.2.7 接缝料损坏

由于接缝的填缝料老化、剥落等原因，填料不密水或接缝内已无填料，接缝被砂、石、土等填塞（图 2-1-23）。按出现接缝料损坏的接缝长度计量，换算成损坏面积时乘以 1m 的影响宽度。按接缝料剥落的程度分为轻、重两个等级。

轻：填料老化，不密水，但尚未剥落脱空，未被砂、石、泥土等填塞。

重：1/3 以上接缝出现空缝或被砂、石、土填塞。

接缝料被挤出、老化、腐蚀及杂草生长是产生填缝料损坏的主要原因。填缝料损坏可能使水或坚硬材料进入而导致唧泥、碎裂和拱起等损坏出现。

图 2-1-23 接缝料损坏

2.2.8 坑洞

板面出现有效直径大于 30mm、深度大于 10mm 的局部坑洞（图 2-1-24），损坏按单个坑洞外接矩形面积或坑洞群所涉及的面积计量。损坏不分轻重。

施工质量差或浇筑的混凝土砂石材料含泥量过大,夹带朽木、纸张、泥块等杂物,以及行驶的某些车辆、机械的金属硬轮对路面产生撞击都可造成坑洞的产生。

2.2.9　拱起

拱起损坏指横缝两侧的板体发生明显抬高,高度大于10mm,损坏按拱起所涉及的板块面积计算。损坏不分轻重。

在春季或炎热夏季,横缝处板块出现突发性地向上隆起,有时往往伴随出现板块横向断裂。缝隙内落入坚硬材料,板块受阻而产生很大压应力,促使板块失稳而出现拱起现象。

2.2.10　露骨

露骨指板块表面出现细集料散失、粗集料暴露或表层疏松剥落等现象(图2-1-25)。损坏按面积计量,损坏不分轻重。

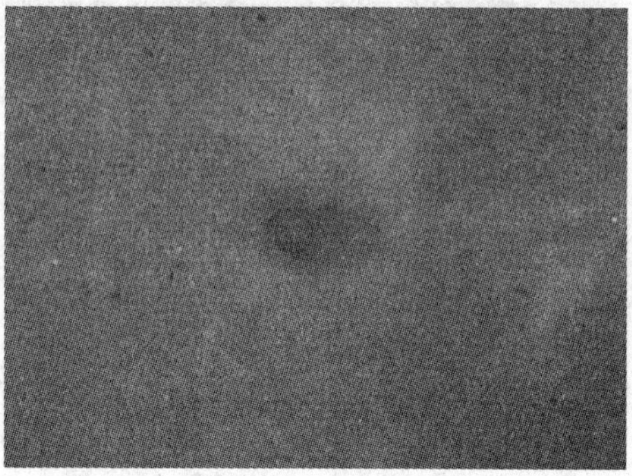

图2-1-24　坑洞

图2-1-25　露骨

露骨主要是由于混凝土表面灰浆不足,洒水提浆造成混凝土路面表层强度不足引起的。

2.2.11　修补

裂缝、板角断裂、边角剥落、坑洞和层状剥落的修补面积(图2-1-26)或修补影响面积(裂缝修补按长度计算,影响宽度为0.2m),损坏不分轻重。修补后又出现损坏,按原损坏类型分类统计。

图2-1-26　修补

2.3　砂石路面损坏类型及识别

砂石路面又称无铺装路面。世行HDM系列研究报告将无铺装路面的损坏分为车辙、搓板、横坡不适、冲沟、坑洞和浮土等类型。由于砂石路面表面不是一种整体结构,因此没有沥青和水泥路面中最常见的裂缝损坏。

我国1994年颁布的《公路养护质量检查评定标准》中将砂石路面的损坏分为9类:松散、坑槽、车辙、翻浆、沉陷、露骨、波浪与搓板、横坡不适及平整度差。由于高速公路没有砂石路面这种损坏形式,因此在《高速公路养护质量检评办法》中未涉及砂石路面损坏的分类方法。

新的《公路技术状况评定标准》(JTG H20—2007)在1994版评定标准的分类基础上,去掉了“松散”、“翻浆”和“平整度差”这3种损坏类型,将“横坡不适”改为更通俗的“路拱不适”。因此在公路技术状况评定标准中将砂石路面的损坏类型分为六类。所有损坏不分严重程度等级。

2.3.1　路拱不适

路面横坡过大或过小,小于2%或大于4%,或路面中线偏移,或应设超高而无超高或反超高。按沿行车方向的长度计量,换算为损坏面积时乘以3.0m的影响宽度。

路拱不适主要是由于施工时路面高程控制不严造成的,或是因为设计的原因。

2.3.2　沉陷

沉陷是指路面表面的局部凹陷,按面积计量。沉陷通常是由于路基承载力不足,路基土或基层材料的不均匀沉降,路基压实不足或路堤边坡失稳等引起的。

2.3.3　波浪搓板

波浪搓板是指峰谷高差大于30mm的搓板状纵向连续起伏,按面积计量。通常沿轮迹带较为显著,在加速和减速路段(如转弯处、上坡、下坡和交叉口处)较易出现。面层混合料组成不当或施工不当等,都会引起波浪搓板的产生。

2.3.4　车辙

车辙是指轮迹处深度大于30mm的纵向带状凹槽,按沿行车方向的长度计算,换算成损坏面积时乘以0.4m的影响宽度。

砂石路面车辙是由于路面或路基强度不足,道路结构过分潮湿,行车荷载反复作用造成的。

2.3.5　坑槽

坑槽是指路面上深度大于30mm、直径大于0.1m的坑洞,按坑槽外接矩形面积计量。道路结构强度不足,含水率过大和行车的作用,是产生坑槽的主要原因。

2.3.6　露骨

露骨是指表面黏结料和细集料散失,粗集料外露,按面积计算。

3　桥隧构造物破损类型及识别

《公路技术状况评定标准》(JTG H20—2007)桥隧构造物的技术状况评定,按《公路桥涵养护技术规范》(JTG H11—2004)及《公路隧道养护技术规范》(JTG H12—2003)评定的技术等级进行扣分和评价,无须另外的损坏调查。

4　沿线设施破损类型及识别

公路沿线设施包含的内容很多,如交通安全设施、公路标志、路面标线、监控和通信设施、收费设施、养护房屋以及其他设施。但在公路技术状况评定中一般只考虑对公路使用性能直接有影响的部分设施的损坏情况。

我国1994年颁布的《公路养护质量评定标准》将沿线设施损坏分为标志缺损、安全设施损坏、标线不完整三类;将绿化损坏分为空白路段、护管不善两类。

在2002年《高速公路养护质量检评办法》中,将沿线设施及绿化部分合并统计,并增加了"收费站服务区管理不善"和"紧急电话缺损"这两类高等级公路特有的损坏类型。将"安全设施损坏"细分为"防撞护栏缺损"、"隔离栅损坏",从而将沿线设施分为8种损坏类型。其中"防撞护栏缺损"分为轻和重两个严重程度等级,其他损坏不分严重程度等级。

新的《公路技术状况评定标准》(JTG H20—2007),在2002检评办法的基础上去掉了不易统计且本身对公路使用性能影响不大的"收费站服务区管理不善";考虑到手机的普及,紧急电话已逐渐被淘汰,"紧急电话缺损"这一损坏类型也被删除。此外还将"防撞护栏缺损"改为涵盖范围更广的"防护设施缺损",从而将沿线设施破损类型定义为5类,其识别方法如下所述。

4.1 防护设施缺损

防护设施缺损指防撞护栏、防落网、声屏障、中央分隔带活动护栏和防眩板等缺少、损坏或损坏修复后部件尺寸和安置质量达不到规范的技术要求(图2-1-27)。损坏按处计量。按损坏长度分为轻和重两个等级。

图2-1-27 防护设施损坏

轻:损坏长度小于或等于4m。

重:损坏长度大于4m。

防护设施是保障公路行车安全的重要设施,其损坏多为汽车撞击或人为因素造成。

4.2 隔离栅损坏

隔离栅缺口或损坏后修复质量达不到规范的技术要求,损坏按处计算。损坏不分轻重。

隔离栅是高速公路特有的安全防护设施,它的作用主要是封闭高速公路,防止行人进入高速公路范围内。

4.3 标志缺损

各种交通标志(指示标志、警告标志、禁令标志、里程牌、轮廓标、百米标等)残缺、位置不当或尺寸不规范、颜色不鲜明、有污染,可变信息板故障等。损坏按处计算。其中轮廓标和百米标每3个损坏算1处,同一路段累计不足3个按1处统计。损坏不分轻重。

4.4 标线缺损

标线缺少或损坏,按长度计量,同一路段累计长度不足10m按10m计。

行车对标线的磨损、污染是造成标线缺损的主要原因。

4.5 绿化管护不善

树木或花草枯萎,路段缺树,虫害未及时防治,或绿化带未及时修剪或有杂物,或存在应绿化而未绿化的路段。损坏按沿行车方向的长度计算,同一路段累计长度不足10m按10m计。

项目2　案例项目导入

公路养护管理决策模式是以人工调查、主观决策为主的被动经验型养护管理决策模式，其最大缺点就是等待病害发展到功能性缺陷的末期（如坑槽、龟裂等），甚至出现结构性缺陷再进行养护，路面的行驶舒适性已大幅下降，这种养护管理决策模式只考虑现状，不问长期效果，使公路经常处于养护状态，因而缺乏规划性、预防性、及时性，已远远不能适应人民群众对公路行驶舒适性的要求。通过科学的公路技术状况分析，制定合理的养护策略，在公路功能性缺陷快速发展之前进行养护，使路面经常保持良好的服务状态，是目前公路养护管理的主要发展方向和评价内容。鉴于我国公路技术状况检测技术的发展和公路养护管理决策科学化的需要，以期实现公路技术状况的科学评价、路面使用性能的预测、养护时机和养护需求的合理安排、养护项目的优先排序、资金优化分配。为路面预防性养护、及时养护、维修养护、大中修养护及全寿命周期规划提供科学的决策依据。

公路养护决策评价包括公路技术状况调查分析评价（网级评价）、病害成因分析评价（项目级评价）、养护处置方案评价、项目管理评价、项目实施效果评价等循序渐进往复不断提高的过程。

通过建立养护管理决策评价体系，促进各养护单位建立公路技术状况长期检测机制，通过成规模的路况基础数据分析，研究公路损坏原因，特别是解析路面早期损坏、公路衰变规律，预测未来公路技术状况、使用性能、养护需求、公路网养护资金的优化分配。提出合理的、长期或近期的养护规划和养护计划，从而使养护管理单位、养护实施单位建立面向未来的养护策略制定机制，逐步改变目前主观、被动、以经验型为主的养护理念，提高公路养护管理材料设计、施工工艺设计和养护配套机具设计水平，使公路在预养护、维修养护、大中修工程的养护决策、设计理论上取得长足的进步，从根本上提高公路养护技术水平和管理水平。

案例1　沥青混凝土路面

1　项目概况

机场高速公路于1993年4月23日开工修建，1994年12月30日竣工通车。本路段按平原微丘区高速公路标准设计，设计速度120km/h，路基宽度26m，路面宽度为2×10.75m，双向四车道，中央分隔带宽3m，路肩宽0.75m。

本路段原设计路面结构为：K669+000～K686+550段及K694+300～K716+845段的路面结构形式为：5cm中粒式沥青混凝土+23cm碾压式混凝土（RCC）+1cm沥青砂封层+15cm水泥稳定碎石+15cm水泥石灰稳定土；K686+550～K694+300段的路面结构形式为：5cm中粒式沥青混凝土+25cm水泥混凝土+1cm沥青砂封层+15cm水泥稳定碎石+15cm水泥石灰稳定土。

本段高速公路养护质量检评中采用“激光平整度检测车”测定路面平整度及车辙，采用

"全自动落锤式弯沉仪(FWD)"测定路面强度,采用"道路摩擦系数测试系统"测定路面摩擦系数。其他项目均采用人工量测方法测定。

本段高速公路养护质量检评按《公路技术状况评定标准》(JTG H20—2007)进行检测和评定。路面破损状况按"沥青路面"进行调查和评价,并测定行车道弯沉(供参考);路面养护质量指数 PQI 按水泥混凝土路面计算。

本路段无隧道,在计算桥涵构造物状况指数 BCI 时,不考虑隧道项目,桥涵构造物评价项目总数取 $i_0=8$。

2 项目任务

公路技术状况的衰变按其性质分为功能性衰变和结构性衰变,其中结构性衰变为持续性的,无时间和阶段之分,一般为设计或施工原因引起,公路建成初期就有可能发生。而功能性的衰变分为两个阶段:第一阶段为初始阶段,亦即病害在公路建成使用一段时间后才会发生;第二阶段为发展阶段,主要是沥青(水泥)在外围环境的影响下,逐渐老化(磨耗)引起公路的功能性衰变,随着使用年限的增加,功能性衰变会逐步演变成结构性衰变,从而影响公路的行驶舒适性(平整度)。本项目任务为检测功能性衰变,全面了解该段公路路面使用性能状况。

2.1 工作任务

按照公路技术状况评定周期完成该段道路上下行公路技术状况现场检测和技术评定,并将检测结果录入《路面管理系统》。

现场检测内容包括:

(1)路面破损状况(人工调查);

(2)路面平整度;

(3)路面车辙;

(4)路面抗滑性能;

(5)结构强度(弯沉);

(6)涵洞状况;

(7)结构物状况;

(8)沿线设施状况。

2.2 工作依据

《公路桥梁技术状况评定标准》(JTG/T H21—2011);

《公路工程质量检验评定标准》(JTG F80/1—2012);

《公路桥涵养护规范》(JTG H11—2004)。

2.3 检测方案

2.3.1 路面破损状况调查

路面破损状况采用人工调查,按 100m 进行分段统计,按公里分车道进行评价;路面状况指数(PCI)由沥青路面综合破损率(DR)计算得出。

$$\mathrm{PCI}=100-15\mathrm{DR}^{0.412} \quad (2\text{-}2\text{-}1)$$

$$\mathrm{DR}=\frac{D}{A}\times 100=\frac{\sum\sum D_{ij}K_{ij}}{A}\times 100 \quad (2\text{-}2\text{-}2)$$

式中：DR——路面综合破损率，以百分数计；

D——调查段内的折合破损面积（m^2）；

$$D = \sum\sum D_{ij}K_{ij}$$

A——调查路段的路面总面积（m^2）；

D_{ij}——第 i 类损坏、j 类严重程度的实际破损面积（m^2）；如为纵、横向裂缝，其破损面积为：裂缝长度（m）×0.2；车辙破损面积为：长度（m）×0.4；

K_{ij}——第 i 类损坏、第 j 类严重程度的换算系数。

2.3.2　路面平整度

路面平整度采用激光断面仪进行检测。利用激光断面仪（RSP）对检测路段进行路面平整度检测时，测点分布在车道右轮迹线上，检测路面国际平整度指数 IRI，以 20m 为单位给出测试结果，行驶质量指数 RQI 值按下式计算：

$$RQI = \frac{100}{1 + a_0 e^{a_1 IRI}} \tag{2-2-3}$$

式中：IRI——国际平整度指数（m/km）；

a_0——标定系数，采用 0.026；

a_1——标定系数，采用 0.65。

2.3.3　路面车辙

路面车辙采用激光断面仪进行检测。路面车辙用车辙深度指数 RDI 评价，以 20m 为单位提供，车辙深度指数 RDI 按下式计算：

$$RDI = \begin{cases} 100 - a_0 RD & (RD \leqslant RD_a) \\ 60 - a_1(RD - RD_a) & (RD_a < RD \leqslant RD_b) \\ 0 & (RD > RD_b) \end{cases} \tag{2-2-4}$$

式中：RD——车辙深度（Rutting Depth，mm）；

RD_a——车辙深度参数，采用 20mm；

RD_b——车辙深度限值，采用 35mm；

a_0——模型参数，采用 2.0；

a_1——模型参数，采用 4.0。

2.3.4　路面抗滑性能

路面抗滑性能采用 GripTester 摩擦系数检测系统进行检测。路面抗滑性能采用路面抗滑性能指数 SRI 评价，以 20m 为单位提供评价结果，路面抗滑指数 SRI 按下式计算：

$$SRI = \frac{100 - SRI_{min}}{1 + a_0 e^{a_1 SFC}} + SRI_{min} \tag{2-2-5}$$

式中：SFC——横向力系数（Side-way Force Coefficient）；

SRI_{min}——标定参数，采用 35.0；

a_0——模型参数，采用 28.6；

a_1——模型参数，采用 -0.105。

2.3.5　路面结构强度

路面结构强度采用落锤式弯沉仪（FWD）进行检测，各车道测点间距为 50m，检测位置为右轮迹。路面结构强度采用路面结构强度指数 PSSI 评价，按下式计算：

$$PSSI = \frac{100}{1 + a_0 e^{a_1 SSI}} \tag{2-2-6}$$

$$SSI = \frac{L_R}{L_S} \tag{2-2-7}$$

式中：SSI——结构强度系数，为路面容许弯沉和实测代表弯沉之比；

L_R——路面容许弯沉；

L_S——实测代表弯沉；

a_0——标定系数，采用15.71；

a_1——标定系数，采用 -5.19。

2.4 人员配置和仪器设备

2.4.1 检测人员配置

路面采用人工检测，按上下行分成两组，每组配备技术人员2名：1人负责记录，1人负责查看桩号；路基状况人员配置同路面。

2.4.2 检测设备配置

(1)落锤式弯沉仪(FWD)(见图2-2-1)

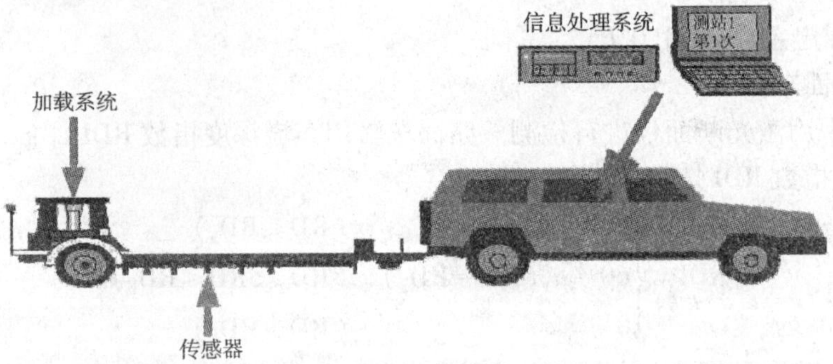

图2-2-1 FWD系统构成

项目采用Dynatest 8000型落锤式弯沉仪(FWD)检测路面结构强度(弯沉)。Dynatest 8000 FWD通过计算机控制下的液压系统提升并下落一重锤，对路面施加脉冲荷载。荷载的大小通过改变锤重和提升高度可在相当大的范围内(0.7~12t)调整，并通过刚性圆盘作用到路面上。路面的弯沉由9个位移传感器测定，形成弯沉盆。传统梁式弯沉仪(贝克曼梁)只能测得弯沉盆的最大值(中央弯沉)。

FWD测速快(每测点约40s)，精度高(分辨率为1μm)，自动化程度高(由电脑控制所有操作)，并较好地模拟了行车荷载的动力作用，目前被认为是较为理想的路面无损检测设备。利用FWD测试弯沉盆，如图2-2-2所示。

(2)激光断面测试系统(RSP)

项目采用Dynatest 5051 MKIII型激光断面仪(RSP)检测路面平整度和车辙，如图2-2-3所示。

Dynatest 5051 MKIII激光断面仪主要特点：

①应用国际上最先进的Selcom激光传感器，其技术性能符合并超过了ASTM D950关于I级(最高级)断面仪的要求；

②独特的集成化信息处理技术(信息处理系统只有一块集成板)，大大增强了检测系统的可靠性；

③功能齐全的实时处理软件系统，实时处理并显示测点位置、车速、纵向断面、IRI、横向断面、车辙深度、纵向坡度、横向坡度、水平曲率及纹理等。

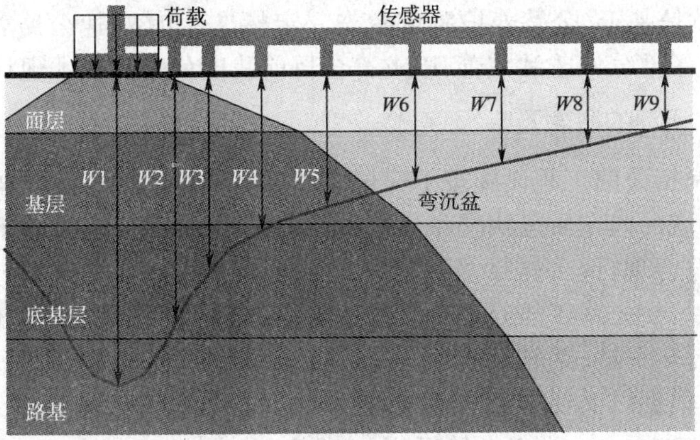

图 2-2-2　利用 FWD 测试弯沉盆

(3)摩擦系数检测系统

项目采用 GripTester 摩擦系数检测系统测试路面抗滑性能，如图 2-2-4 所示。

图 2-2-3　Dynatest 5051 MKⅢ激光断面仪

图 2-2-4　摩擦系数检测系统 GripTester

GripTester 摩擦系数检测系统主要特点：

①GripTester 由英国 Findlay Irvine 公司生产。该产品被世界公路协会(PIARC)、国际民航组织(ICAO)和美国联邦航空局(FAA)列入为摩擦系数标准测试设备之一。

②GripTester 采用符合 ASTM 标准 E1844—96 规定的测试轮胎；直接连续测试用于计算摩擦系数的垂直力和水平力，测试结果精度高；自动控制洒水量，确保测试路表水膜厚度要求，用水量低。

③GripTester 可以用任意一辆汽车作为牵引车(甚至可手推)，轻巧的拖车及可折叠的水袋使整个系统运输方便。

3　现场检测

3.1　公路技术状况评定的依据

为加强公路养护质量的评定工作，在全国范围内统一了公路养护质量的评价标准，按照 1994 年交通部修订颁布的《公路养护质量检查评定标准》，建立了包括路基、路面、桥隧构造物和沿线设施等部分的一套完整的公路损坏分类方法；2002 年交通部又出台了针对高速公路的

《高速公路养护质量检评办法》,该检评办法根据近年来我国路面管理系统(CPMS)研究的部分成果,结合高速公路的特点,提出了新的公路损坏分类方法。《公路技术状况评定标准》(JTG H20—2007)就是基于《公路养护质量检查评定标准》和《高速公路养护质量检评办法》的分类方法上,进行了部分修改和完善,以求符合目前我国公路的技术现状和管理水平。

3.2 公路技术状况的概念及等级划分

公路技术状况是指公路工程设施竣工交付使用后所保持的质量状况和服务水平。它包含公路设计、施工所形成的内在质量状况和公路养护中保持、提高原有技术状况的程度。公路技术状况具体内容应符合现行《公路技术状况评定标准》(JTG H20—2007)的要求,尽量减少各种病害和缺陷的数量,使公路各部分基本保持其设计功能和使用性能。具体来讲,必须保持路面整洁、横坡适度、行车舒适,路肩整洁、边坡稳定、排水畅通,构造物、桥涵及隧道完好,沿线设施完善,绿化完好。根据以上要求,按照公路技术状况指数(MQI)和相应分项指标,将公路技术状况等级分为优、良、中、次、差5个等级(见表2-2-1)。

公路技术状况等级评价 表2-2-1

评价等级	优	良	中	次	差
MQI及各级分项指标	≥90	≥80,<90	≥70,<80	≥60,<70	<60

注:1. MQI的基本评定单元是长度为1km的路段,最多不能超过2km。

2. 公路MQI值和优良率,公路养护是用加权统计的公路技术状况指数MQI作为养护质量综合性指标,可以称作“路况综合指数”;另一个是借用“好路率”的概念,建立“优良率”指标,即将公路技术状况指数属于优、良等级(MQI大于或等于80)的里程占总检评里程的比率。两个指标同时使用,可以更准确地反映区域路况水平。

MQI及分项指标的等级综合评定采用优良路率、次差路率作为衡量一个地区和单位路况水平的指标,即:

优良路率(%)=100×(优等路里程+良等路里程)/实际评定的养护里程

次差路率(%)=100×(次等路里程+差等路里程)/实际评定的养护里程

例如:某公路站7月份管养省道22km,其中优等路11km,良等路6km,中等路2km,次等路3km,所以7月份优良路率为(11+6)/22×100=77.3%,次差路率为3/22×100=13.6%。

4 公路技术状况评价的计算

公路技术状况评价包含路面、路基、桥隧构造物和沿线设施四部分内容(见图2-2-5)。各指标值域均为0~100。

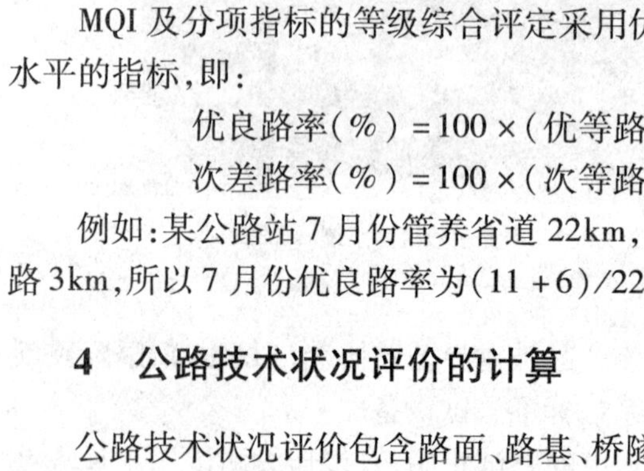

图2-2-5 公路技术状况评价的内容

4.1 综合指数和分项指数的计算

4.1.1 MQI确定

公路技术状况指数MQI由路面使用性能指数PQI、路基技术状况指数SCI、桥隧构造物技术状况指数BCI、沿线设施技术状况指数TCI等四个指标加权统计按下式计算。

$$MQI = w_{PQI} + w_{SCI} + w_{BCI} + w_{TCI} \quad (2\text{-}2\text{-}8)$$

式中:w_{PQI}——PQI在MQI中的权重,取值为0.70;

w_{SCI}——SCI在MQI中的权重,取值为0.08;

w_{BCI}——BCI 在 MQI 中的权重,取值为 0.12;

w_{TCI}——TCI 在 MQI 中的权重,取值为 0.10。

路面包括沥青路面、水泥混凝土路面和砂石路面。

沥青路面使用性能评价包含路面损坏、平整度、车辙、抗滑性能和结构强度五项技术内容。其中,路面结构强度为抽样评定指标,单独计算与评定,评定范围根据路面大中修养护需求、路基的地质条件等自行确定。水泥混凝土路面使用性能评价包含路面损坏、平整度和抗滑性能三项技术内容。砂石路面使用性能评价只包含路面损坏一项技术内容。

4.1.2 路面使用性能 PQI 的计算

路面使用性能指数(PQI)按下式计算。

$$PQI = w_{PCI} + w_{RQI} + w_{RDI} + w_{SRI} \tag{2-2-9}$$

式中:w_{PCI}——PCI(路面破损)在 PQI 中的权重,按表 2-2-2 取值;

w_{RQI}——RQI(平整度)在 PQI 中的权重,按表 2-2-2 取值;

w_{RDI}——RDI(车辙)在 PQI 中的权重,按表 2-2-2 取值;

w_{SRI}——SRI(抗滑)在 PQI 中的权重,按表 2-2-2 取值。

权重取值表 表 2-2-2

路面类型	权重	高速、一级公路	二、三、四级公路
沥青路面	w_{PCI}	0.35	0.60
	w_{RQI}	0.40	0.40
	w_{RDI}	0.15	—
	w_{SRI}	0.10	—
水泥混凝土路面	w_{PCI}	0.50	0.60
	w_{RQI}	0.40	0.40
	w_{SRI}	0.10	—

路面损坏状况指数(PCI)的计算:

路面损坏(PCI)按下式计算。

$$PCI = 100 - a_0 DR^{a_1} \tag{2-2-10}$$

$$DR = 100 \times \frac{\sum_{i=1}^{i_0} w_i A_i}{A}$$

式中:DR——路面破损率,为各种损坏的折合损坏面积之和与路面调查面积之百分比(%);

A_i——第 i 类路面损坏的面积(m^2);

A——调查的路面面积(调查长度与有效路面宽度之积,m^2);

w_i——第 i 类路面损坏的权重,沥青路面按表 2-2-3 取值,水泥混凝土路面按表 2-2-4 取值,砂石路面按表 2-2-5 取值;

a_0——沥青路面采用 15.00,水泥混凝土路面采用 10.66,砂石路面采用 10.10;

a_1——沥青路面采用 0.412,水泥混凝土路面采用 0.461,砂石路面采用 0.487;

i——考虑损坏程度(轻、中、重)的第 i 项路面损坏类型;

i_0——包含损坏程度(轻、中、重)的损坏类型总数,沥青路面取 21,水泥混凝土路面取 20,砂石路面取 6。

沥青路面损坏类型和权重 表2-2-3

类型(i)	损坏名称	损坏程度	权重(w_i)	计量单位
1	龟裂	轻	0.6	面积 m^2
2		中	0.8	
3		重	1.0	
4	块状裂缝	轻	0.6	面积 m^2
5		重	0.8	
6	纵向裂缝	轻	0.6	长度 m（影响宽度:0.2m）
7		重	1.0	
8	横向裂缝	轻	0.6	长度 m（影响宽度:0.2m）
9		重	1.0	
10	坑槽	轻	0.8	面积 m^2
11		重	1.0	
12	松散	轻	0.6	面积 m^2
13		重	1.0	
14	沉陷	轻	0.6	面积 m^2
15		重	1.0	
16	车辙	轻	0.6	长度 m（影响宽度:0.4m）
17		重	1.0	
18	波浪拥包	轻	0.6	面积 m^2
19		重	1.0	
20	泛油		0.2	面积 m^2
21	修补		0.1	面积 m^2

水泥混凝土路面损坏类型和权重 表2-2-4

类型(i)	损坏名称	损坏程度	权重(w_i)	计量单位
1	破碎板	轻	0.8	面积 m^2
2		重	1.0	
3	裂缝	轻	0.6	长度 m（影响宽度:1.0m）
4		中	0.8	
5		重	1.0	
6	板角断裂	轻	0.6	面积 m^2
7		中	0.8	
8		重	1.0	
9	错台	轻	0.6	长度 m（影响宽度:1.0m）
10		重	1.0	
11	唧泥		1.0	长度 m（影响宽度:1.0m）

续上表

类型(i)	损坏名称	损坏程度	权重(w_i)	计量单位
12	边角剥落	轻	0.6	长度 m（影响宽度:1.0m）
13		中	0.8	
14		重	1.0	
15	接缝料损坏	轻	0.4	长度 m（影响宽度:1.0m）
16		重	0.6	
17	坑洞		1.0	面积 m^2
18	拱起		1.0	面积 m^2
19	露骨		0.3	面积 m^2
20	修补		0.1	面积 m^2

砂石路面损坏类型和权重 表 2-2-5

类型(i)	损坏名称	权重(w_i)	计量单位
1	路拱不适	0.1	长度 m（影响宽度:3.0m）
2	沉陷	0.8	面积 m^2
3	波浪搓板	1.0	面积 m^2
4	车辙	1.0	长度 m（影响宽度:0.4m）
5	坑槽	1.0	面积 m^2
6	露骨	0.8	面积 m^2

4.1.3 路面行驶质量(平整度)RQI

路面平整度用路面行驶质量指数(RQI)评价,按下式计算。

$$\mathrm{RQI}=\frac{100}{1+a_0\mathrm{e}^{a_1\mathrm{IRI}}} \tag{2-2-11}$$

式中:IRI——国际平整度指数(m/km);

a_0——高速公路和一级公路采用 0.026,其他等级公路采用 0.0185;

a_1——高速公路和一级公路采用 0.65,其他等级公路采用 0.58。

《公路技术状况评定标准》(JTG H20—2007)规定条件不具备的三、四级公路路面平整度可采用 3m 直尺人工检测,并按标准中表 2-2-2 直接进行等级评定。如需将 3m 直尺测量值转换为 IRI 值,可按下述公式进行换算:

$$\mathrm{IRI}=0.3803X-0.4537 \tag{2-2-12}$$

式中,X 为 3m 直尺的测量值。

4.1.4 路面车辙 RDI

路面车辙用路面车辙深度指数(RDI)评价,按下式计算。

$$\mathrm{RDI}=\begin{cases}100-a_0\mathrm{RD} & (\mathrm{RD}\leqslant \mathrm{RD_a})\\ 60-a_1(\mathrm{RD}-\mathrm{RD_a}) & (\mathrm{RD_a}<\mathrm{RD}\leqslant \mathrm{RD_b})\\ 0 & (\mathrm{RD}>\mathrm{RD_b})\end{cases} \tag{2-2-13}$$

式中：RD——车辙深度(mm)；

RD_a——车辙深度参数，采用20mm；

RD_b——车辙深度限值，采用35mm；

a_0——模型参数，采用2.0；

a_1——模型参数，采用4.0。

4.1.5　路面抗滑性能 SRI

路面抗滑性能用路面抗滑性能指数(SRI)评价，按下式计算：

$$SRI = \frac{100 - SRI_{min}}{1 + a_0 e^{a_1 SFC}} + SRI_{min} \quad (2\text{-}2\text{-}14)$$

式中：SFC——横向力系数；

SRI_{min}——标定参数，采用35.0；

a_0——模型参数，采用28.6；

a_1——模型参数，采用 -0.105。

4.1.6　路面结构强度 PSSI

路面结构强度用路面结构强度指数(PSSI)评价，按下式计算：

$$PSSI = \frac{100}{1 + a_0 e^{a_1 SSI}} \quad (2\text{-}2\text{-}15)$$

$$SSI = \frac{l_d}{l_0}$$

式中：SSI——路面结构强度系数，为路面设计弯沉与实测代表弯沉之比；

l_d——路面设计；

l_0——实测代表弯沉(mm)；

a_0——模型参数，采用15.71；

a_1——模型参数，采用 -5.19。

4.2　路基技术状况指数 SCI

路基技术状况用路基技术状况指数(SCI)评价，按下式计算：

$$SCI = \sum_{i=1}^{8} w_i (100 - GD_{iSCI}) \quad (2\text{-}2\text{-}16)$$

式中：GD_{iSCI}——第 i 类路基损坏的总扣分，最高分值为100，按表 2-2-6 的规定计算；

w_i——第 i 类路基损坏的权重，按表 2-2-6 取值；

i——路基损坏类型。

4.3　桥隧构造物技术状况指数 BCI

桥梁、隧道和涵洞技术状况用桥隧构造物技术状况指数(BCI)评价，按下式计算：

$$BCI = \min(100 - GD_{iBCI}) \quad (2\text{-}2\text{-}17)$$

式中：GD_{iBCI}——第 i 类构造物损坏的总扣分，最高分值为100，按表 2-2-7 的规定计算；

i——构造物类型(桥梁、隧道或涵洞)。

路基损坏扣分标准 表 2-2-6

类型(i)	损 坏 名 称	损坏程度	计量单位	单位扣分	权重(w_i)
1	路肩边沟不洁		m	0.5	0.05
2	路肩损坏	轻	m^2	1	0.10
		重		2	
3	边坡坍塌	轻	处	20	0.25
		中		30	
		重		50	
4	水毁冲沟	轻	处	20	0.25
		中		30	
		重		50	
5	路基构造物损坏	轻	处	20	0.10
		中		30	
		重		50	
6	路缘石缺损		m	4	0.05
7	路基沉降	轻	处	20	0.10
		中		30	
		重		50	
8	排水系统淤塞	轻	m	1	0.10
		重	处	20	

桥隧构造物扣分标准 表 2-2-7

类型(i)	项目	技术状况评定等级	计量单位	单位扣分	备 注
1	桥梁	一、二	座	0	采用《公路桥涵养护规范》(JTG H11—2004)的评定方法,五类桥梁所属路段的 MQI = 0
		三		40	
		四		70	
		五		100	
2	隧道	S:无异常	座	0	采用《公路隧道养护技术规范》(JTG H12—2003)的评定方法,危险隧道所属路段的 MQI = 0
		B:有异常		50	
		A:有危险		100	
3	涵洞	好、较好	道	0	采用《公路桥涵养护规范》(JTG H11—2004)的评定方法,危险涵洞所属路段的 MQI = 0
		较差		40	
		差		70	
		危险		100	

4.4 沿线设施技术状况 TCI

沿线设施技术状况用沿线设施技术状况指数(TCI)评价,按下式计算。

$$TCI = \sum_{i=1}^{5} w_i (100 - GD_{iTCI}) \tag{2-2-18}$$

式中：GD_{iTCI}——第 i 类设施损坏的总扣分，最高分值为100，按表2-2-8的规定计算；

w_i——第 i 类设施损坏的权重，按表2-2-8取值；

i——设施的损坏类型。

沿线设施扣分标准

表2-2-8

类型(i)	损坏名称	损坏程度	计量单位	单位扣分	权重(w_i)	备注
1	防护设施缺损	轻	处	10	0.25	
		重		30		
2	隔离栅损坏		处	20	0.10	
3	标志缺损		处	20	0.25	
4	标志缺损		m	0.1	0.20	每10m扣1分，不足10m以10m计
5	绿化管护不善		m	0.1	0.20	

案例2　桥梁技术状况评定

1　工程概况

南林高速公路安阳至南乐段于2008年11月建成通车，按平原微丘区高速公路标准设计，设计行车速度120km/h，双向简易六车道。桥梁结构采用：预应力混凝土空心板梁、箱梁、T梁等，橡胶支座，钢筋混凝土柱式墩台、钻孔灌注桩基础。此次检测主线桥梁38座、匝道桥3座、跨线天桥2座，共计43座。其中大桥12座，中桥31座。

2　工作任务

桥梁定期检查包括桥面系检查、上部结构检查、支座检查、墩台与基础检查、附属构造物检查。既包括常规系统全面的检查，又有针对病害部位的重点检查。按照《公路桥梁技术状况评定标准》(JTG/T H21—2011)、《中国公路桥梁管理系统CBM3000版》的有关技术要求对桥梁进行全面系统的检查，并对病害部位进行必要的检测。其具体检查内容如下：

2.1　桥面系检查

按桥面系的组成部分（桥面铺装、伸缩装置、排水系统、栏杆扶手及人行道、照明设备和交通设施）依次检查。

2.1.1　桥面铺装

桥面铺装检查主要是检查桥面铺装有无裂缝（龟裂、纵横裂缝）、坑槽、波浪，检查桥面铺装纵、横坡是否顺适，防水层是否漏水，是否存在桥头跳车等。

2.1.2　伸缩缝装置

对伸缩缝装置的检查主要以目测为主，必要时量测破损的范围。检查内容包括伸缩缝是否堵塞、挤压、失效；各部分的构件是否完好；锚固连接是否牢固，连接件是否松动；有无局部破损；密封橡胶带是否老化、失去弹性、异常变形或开裂；伸缩缝是否有不正常的响声或异常的伸缩量；钢构件是否锈蚀；伸缩缝是否平整，有无跳车现象等。

2.1.3　桥面排水设施

桥面排水设施主要检查桥面排水是否顺畅，有无积水；泄水管是否完好、畅通，管口是否被堵塞;桥头排水沟是否完好;锥坡有无冲蚀、塌陷。

2.1.4 栏杆、扶手及人行道

检查栏杆、扶手及人行道有无撞坏、缺损、裂缝、变形过大、金属腐蚀等,检查栏杆、扶手本身破坏情况以及相互连接处是否脱落,钢制构件是否锈蚀、脱漆;检查路缘石是否有破碎,人行道与桥面板连接的牢固程度等。

2.1.5 照明设备、交通设施

检查灯具(桥上照明灯)是否完整;电路是否稳定;灯柱有无损坏、锈蚀、变形;灯光亮度及照明效果是否正常;通信信号、标志、标线是否损坏、老化、失效,是否需要更换;桥上的路用通信、供电系统及设备是否完好。

2.2 桥梁上部结构的检查

桥梁上部结构是桥梁的主要承重结构,是检查工作的重点内容之一。桥梁上部构造检查分三部分,即基本受力构件检查;横向联系检查;挠度、变形检查。

2.2.1 基本受力构件检查

检查T形梁、空心板、箱梁有无混凝土开裂、剥落、断面破损、钢筋外露及锈蚀、混凝土本身质量不足、异常变形等。发现裂缝要认真量测裂缝宽度、长度。

2.2.2 横向联系检查

桥梁上部结构的整体性是靠基本构件的横向联系来保证的。横向联系的构件检查一般包括它们本身状况检查及它们与基本构件连接状况的检查。对预应力空心板桥应检查空心板间企口缝混凝土是否松动、脱落。对于T梁应重点检查T梁横隔板的破损及裂缝情况,检查连接钢板有无外露及锈蚀现象等。检查时与桥面铺装层检查相结合,对桥面铺装层有长纵缝的桥跨应作为重点,仔细检查。

2.2.3 空心板、T梁挠度、变形检查

空心板、T梁挠度、变形检查是上部结构检查的重点,观察其变形、振动和摆动,能够推测其存在的重大隐患。

观察基本受力构件的变形(下挠、扭曲、侧屈、位移等)、竖向振动和横向振动。一般先目测,发现有明显变形时,再用精密仪器测量。

2.3 支座的检查

对桥梁支座应进行以下几个方面的检查:

(1)支座是否完好、清洁,有无断裂、错位、脱空。

(2)支座垫石有无裂纹。

(3)橡胶支座是否老化、开裂;有无过大的剪切变形或压缩变形,位置是否正确,各夹层钢板之间的橡胶层外凸是否均匀。

2.4 桥梁墩台与基础的检查

桥梁墩台与基础的主要检查内容:

(1)桥台及基础有无滑动、倾斜、下沉或冻裂。

(2)台背填土有无沉降或挤压隆起。

(3)混凝土及帽梁有无冻胀、风化、开裂、剥落、露筋等。

(4)石砌体有无砌块断裂、通缝脱开、变形,砌体泄水孔有无堵塞,防水层有无损坏。

(5)墩台顶面是否清洁,伸缩缝处有无漏水。

(6)基础下是否发生不许可的冲刷或淘空现象，扩大基础的地基有无侵蚀。桩基顶段在水位涨落、干湿交替变化处有无冲刷磨损、颈缩、露筋，有无环状冻裂，有无受到污水、咸水或生物的腐蚀。

2.5 附属构造物的检查

附属构造物的主要检查内容：

(1)翼墙、耳墙有无风化、开裂、剥落、露筋、位移。

(2)锥护坡有无冲刷、位移、材料缺陷(局部隆起、凹陷、开裂、破损)。

(3)调治构造物有无损坏、冲刷、变形，能否正常发挥作用。

3 工作依据

《公路桥梁技术状况评定标准》(JTG/T H21—2011)；

《公路桥涵养护规范》(JTG H11—2004)；

《公路工程质量检验评定标准》(JTG F80/1—2012)。

4 检测方案

定期检查的目的在于及早发现桥梁的主体结构及其附属构造物的缺损状况，为评定桥梁的技术状况等级、制订管理养护计划提供基本数据，为桥梁养护管理系统搜集结构技术状态的动态数据。桥梁定期检查是桥梁养护管理工作的重要基础工作，是评估养护效果、制订养护计划的重要数据来源。

4.1 准备工作

(1)现场勘察

工作开展前，相关技术人员应对项目进行实地现场勘察，以进一步掌握桥梁的病害特点，做到有的放矢。

(2)结合项目特点制定工作细则

结合对项目现场勘察掌握的桥梁病害特点，定期组织技术人员学习桥梁定期检查工作的技术要求，以指导桥梁定期检查工作。

(3)人员技术安全培训

项目实施前，组织参加桥梁定期检查工作的全体人员进一步学习相关技术规范及要求，对参加人员进行技术和安全培训，确保桥梁定期检查工作高质量顺利完成。

4.2 人员配置

人员配置见表2-2-9。

拟投入本项目检测人员一览表 表2-2-9

序号	姓 名	性 别	学历及专业	职称及职业资格	从事公路工作年限	从事试验检测工作年限
1						
2						
3						

4.3 设备配置

外业检查采用人工和桥梁检测车配合的方式进行。对于桥墩高度较低的桥跨，采用自制人字形折叠梯进行检查；对于桥墩高度较高或桥下有水不易靠近的桥跨，采用桥梁检测车进行检查。设备配置见表 2-2-10。

桥梁检查设备　　表 2-2-10

序号	设备名称	数量	备注
1	桥梁检测车	1	
2	中型客车	1	检测人员乘用车
3	客货车	1	装载检测仪器、工具
4	裂缝测试仪	2	
5	照相机	2	
6	摄像机	1	
7	高倍望远镜	2	
8	放大镜	4	
9	检查专用梯	2	
10	钢直尺	4	
11	钢卷尺	9	
12	强光手电筒	2	
13	混凝土碳化深度测试仪	1	
14	回弹仪	1	
15	钢筋探测仪	1	
16	钢筋锈蚀测试仪	1	
17	氯含量快速测试仪	1	
18	手持激光测距仪	2	

5　桥梁定期检查的方法

在桥梁定期检查工作中，对发现的病害除记录病害类型、部位外，还要对其进行测量、检测、拍照，并详细记录。不同类型病害的检测方法，如表 2-2-11 所示。

桥梁病害的检查方法及仪器　　表 2-2-11

序号	检测病害类型	检测方法及仪器
1	混凝土剥落、空洞、蜂窝麻面检测	人力目测：望远镜、锤子、钢尺
2	混凝土裂缝测量	仪器测量：裂缝测深仪、裂缝测宽仪、读数显微镜、钢尺
3	混凝土碳化深度检测	仪器测量：混凝土碳化深度测试仪
4	混凝土强度检测	无破损检测：回弹仪
5	混凝土氯含量测定	仪器测量：氯含量快速测试仪
6	钢筋保护层厚度检测	仪器测量：钢筋探测仪
7	钢筋锈蚀检测	目测或仪器探测：钢筋锈蚀探测仪

6　桥梁定期检查资料整理

（1）整理桥梁定期检查数据表册，当天检查的桥梁现场记录，在次日内整理成每座桥梁定期检查数据表。所有表册按统一格式归档。

(2)整理桥梁典型缺损和病害的照片及相关说明。缺损状况的描述应采用专业标准术语,说明缺损的部位、类型、性质、范围、数量和程度等。

(3)整理桥梁总体照片,包括桥面正面的照片、桥梁上游侧立面照片、桥梁下游侧立面照片,并标注清楚。

(4)初步评定桥梁技术等级。根据定期检查的资料,按《公路桥梁技术状况评定标准》(JTG/T H21—2011)规定的方法,将每座桥分为翼耳墙、锥护坡、桥台及基础、桥墩及基础、地基冲刷、支座、上部主要承重构件、上部一般承重构件、桥面铺装、桥头与路堤连接部、伸缩缝、人行道、栏杆护栏、灯具标志、排水设施、调制构造物、其他等23项分别评定。根据桥梁部件的缺损程度、缺损对结构使用功能的影响程度、缺损发展变化状况综合确定的桥梁各部件的评定标准,再按规定方法计算桥梁技术状况评分,确定技术等级。

(5)提出初步养护维修方案。根据桥梁病害情况,认真分析病害成因、严重程度及危害,提出有针对性的初步处治方案。

7 编制桥梁定期检查报告

编制桥梁定期检查报告。该报告包括下列内容:

(1)沿线桥梁技术状况汇总表。

(2)桥梁基本状况卡片,卡片内列示桥梁基本情况及各部件技术状况评定结果。

(3)各桥梁主要病害情况描述。

(4)桥梁维修初步建议方案。

8 桥梁定期检查保通工作

高速公路车流量大、车速快,检测工作要求高,同时在检测时要做好保通工作。由于使用桥梁检测车进行检测时需占用紧急停车带,将对交通造成一定影响,为确保检测工作安全进行,同时尽可能减少对交通的影响,必须制定保通措施。

(1)尽可能采用自制人字形折叠梯进行检查,此检查方式均在桥下进行,不影响交通。

(2)对于不能采用折叠梯进行检查时,采用桥梁检测车进行检查。此时,应按照有关规定及路政、交警的要求设置警示标志;同时在工作现场安排专人指挥疏导交通,提醒过往车辆注意安全,确保车辆、人员安全和检测工作顺利进行。

项目3 公路技术状况检测

工作任务1 认知公路检测与调查频率

公路技术状况的检测与调查,包括路面、路基、桥隧构造物和沿线设施等四部分内容(表2-3-1)。路面检测包括路面损坏状况、道路平整度、路面车辙、路面抗滑性能和路面结构强度等五项指标。其中,路面车辙和路面抗滑性能两项指标主要是针对高速公路和一级公路,路面结构强度为抽样检测指标;桥隧构造物调查包括桥梁、隧道和涵洞三类构造物。

公路技术状况检测与调查内容　　表2-3-1

检测内容	分项内容	备　注
路面	路面损坏状况 道路平整度 路面车辙 路面抗滑性能 路面结构强度	抽样检测
路基	路基、路肩、边坡、边沟等	
桥涵构造物	桥梁、涵洞、隧道	
沿线设施	防护设施、标志、标线和绿化等	

到目前为止,国外已经先后研发多种用于路面管理系统和公路技术状况评定的检测设备,并且已经投入实际应用。随着高速公路的不断扩展,交通量的迅速增长,车流速度的明显提高和路面管理系统的广泛应用,公路管理部门在公路养护管理过程中将不可避免地引进自动化的路面快速检测系统、科学的决策技术和先进的养护技术。本内容在分析回顾国内外各类公路检测技术发展历程的基础上,重点介绍《公路技术状况评定标准》(JTG H20—2007)规定的各分项指标的检测方法和相关检测设备。

根据国内外公路管理机构对于路况检测频率的要求(World Bank,2005),我国公路管理的需求以及路况快速检测设备的技术性能和检测成本,《公路技术状况评定标准》(JTG H20—2007)规定了最低检测和调查频率(表2-3-2)。有条件的省市或地区可根据实际情况适当增加部分指标的检测与调查频率或者按照季度检测,以确保公路技术状况的变化能够被及时掌握。

公路技术状况检测与调查以1000m路段为基本单元,高速公路和一级公路按上行方向(桩号递增方向)和下行方向(桩号递减方向)分别检测,二、三、四级公路可不分上下行。使用快速检测方法和设备采集路面技术状况评定所需数据时,每个检测方向至少要检测一个主要行车道。

计算机存储技术的快速发展允许保存更详细、更繁多的原始数据,详细的原始数据可用于公路技术状况评定以外的路面养护决策分析和养护设计。因此《公路技术状况评定标准》(JTG H20—2007)规定,所有基于快速检测设备的原始检测数据包括路面损坏(裂缝图像)、道路平整度、路面车辙、横向力系数等都应该尽可能以高密度(10～20m)长期保存;对于人工检测数据,此要求可适当放宽,以100m为单位保存。

公路技术状况评定最低检测与调查频率　　表2-3-2

检测内容＼检测频率			路面损坏(PCI)	道路平整度(RQI)	路面抗滑性能(SRI)	路面车辙(RDI)	结构强度(PSSI)
路面PQI	沥青	高速、一级公路	1年1次	1年1次	2年1次	1年1次	抽样检测
		二、三、四级公路	1年1次	1年1次	—	—	—
	水泥混凝土	高速、一级公路	1年1次	1年1次	2年1次	—	—
		二、三、四级公路	1年1次	1年1次	—	—	—
	砂石		1年1次	—	—	—	—
路基SCI			1年1次				
桥隧构造物BCI			采用最新桥梁、隧道和涵洞技术状况评定结果				
沿线设施TCI			1年1次				

工作任务2　路面损坏状况检测

1　路面损坏检测指标

路面损坏状况一般采用损坏类型、严重程度和损坏范围来表征。沥青路面的损坏类型包括龟裂、块裂、纵裂、横裂、坑槽、松散、沉陷、车辙、波浪拥包、泛油和修补;水泥混凝土路面的损坏类型包括破碎板、裂缝、板角断裂、错台、唧泥、边角剥落、接缝料损坏、坑洞、拱起、露骨和修补;砂石路面的损坏类型包括路拱不适、沉陷、波浪搓板、车辙、坑槽和露骨。

通过对上述路面损坏数据进行检测,根据路面的折合损坏面积和调查面积,可以计算路面破损率(DR)和路面损坏状况指数(PCI)。高速公路和一级公路,路面车辙是作为独立的检测和评价指标,用路面车辙深度指数(RDI)表示,与此同时,在计算PCI指标时,路面车辙损坏不再重复考虑。

2　路面损坏检测方法

《公路技术状况评定标准》(JTG H20—2007)规定:路面损坏状况检测,宜采用自动化的快速检测方法,当条件不具备时也可以采用人工检测方法。

2.1　人工调查

所谓人工检测,是指在封闭或不封闭交通的情况下,按照规定的损坏分类和识别方法,采用目测和简单工具丈量的方式,人工记录各种路面损坏的类型、严重程度和数量(长度或面积)。有条件的地区,还可以借助便携式路况数据采集仪(RCR)进行现场记录、汇总、计算与评定。

由于路面损坏人工检测的人为性较大,所以质量控制是实施这种检测方法的关键因素。为了避免人工检测标准的不统一,在进行检测之前,必须对所有检测人员进行方法和标准的培训,通过“培训→实习→培训”的方式使检测人员掌握路面损坏分类标准和测量方法,通过现场实习加深认识,使检测人员认知统一的标准。

在调查路面损坏状况的诸多方法中,人工检测方法应用最为广泛,它对于人力资源丰富的地区和低交通量及低等级公路具有相当的优势。但是在大交通量的高速公路和干线公路上使用,将会导致实际操作上(封路、安全、速度、精度)的诸多困难,不适应大规模公路检测的要求。

2.2 机器检测

从数据采集的效率和评价结果的准确性及重现性要求看,路面损坏状况检测自动化一直是一个主要研究和发展方向(Haas,199)。在路面损坏自动化检测领域,目前以基于摄影/摄像和模式识别技术的图像检测方法应用最为广泛,其基本概念和工作流程如图2-3-1所示,它可以分解为2个子系统:①图像获取子系统(数据采集);②图像显示及解释子系统(数据处理)。

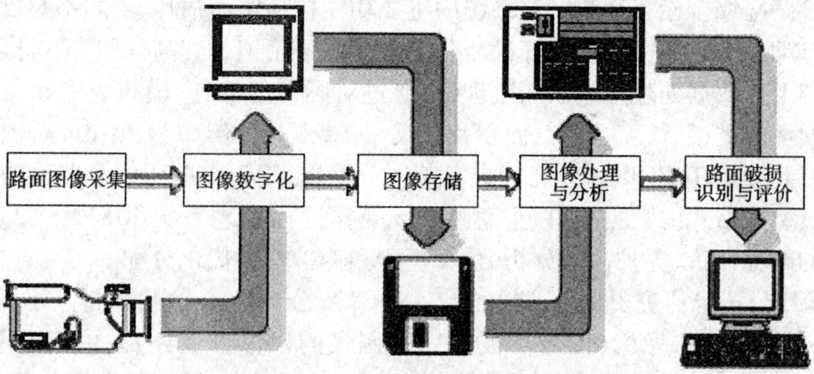

图2-3-1 路面损坏自动化检测的基本概念及工作流程

图像采集系统由安装在测试车上的光电扫描装备和摄影/摄像装备组成,通过光电扫描装备和摄影/摄像装备的共同工作,将路面损坏图像记录并存储在磁带或胶片上。数字化过程是将模拟图像数据转换成为计算机能够识别的数字化图像数据,随着摄影/摄像装备数字化程度的提高,路面损坏图像的数字化过程可由装备直接完成,并直接传输到计算机内存。保存的图像数据通过人工判读或机器视觉识别方式来确定路面损坏的类型和数量,并将处理结果存入路面数据库,供评价和决策使用。

《公路技术状况评定标准》(JTG H20—2007)规定:路面损坏自动化检测设备应该能够分辨1mm以上的路面裂缝,检测结果宜采用计算机自动识别,识别准确率应达到90%以上。

3 路面自动检测设备

3.1 国外路面检测设备

路面损坏状况的自动化检测设备一般称为多功能路面快速检测设备。发达国家对这一领域的研究开展较早,虽然早期曾受到硬件技术的限制,但长期的实验研究积累了丰富的经验。近年来,随着计算机、摄影/摄像、图像处理以及GPS全球定位系统等技术的快速发展,为开发新型高效的多功能路面快速检测设备提供了条件。多功能路面快速检测设备可以同时采集多类公路路况信息,数据库一次形成,大大节省了检测时间和检测费用。

基于摄影技术的第一代路面损坏快速检测设备:法国开发的路面损坏快速检测设备(Gerpho)采用了高速摄影技术,在实验室通过人工判读的方式进行路面损坏数据处理与分析。20世纪80年代末期,出于干线公路路面管理系统(CPMS)数据采集工作的需要,交通运输部公路科学研究院从法国引进了一套这样的系统。该系统的关键技术是同步摄影数据采集技术,系统采用35mm电影胶片、同步高速摄影机和车辆定位系统,在车辆行驶的同时,摄影机不断采集路面损坏影像,每个影像代表一定的路面宽度和长度。路面损坏图像胶卷经过洗印,通过室内判读设备再现路面损坏状况,技术人员在实验室判读各种路面病害,判读结果用键盘输入到数据库。法国多功能路面快速检测设备的特点是,能够明显减少野外作业时间,减轻检测工作对交通流的影响,但是系统仅能在夜间工作,而且实验室后期处理的工作量很大、耗时过长。该系统曾被天津市公路管理局等部门用于公路网路面损坏快速检测,在公路管理和养护生产中发挥了积极的作用,取得了良好的效益。

基于模拟摄像(电视)技术的第二代多功能路面快速检测设备:英国运输研究所(TRL)通过路面损坏识别技术研究和技术集成,开发了 HARRIS(Highway Agency Routine Road Investigation System)路况综合检测系统。该系统的主要功能包括路面损坏、道路平整度、路面车辙和前方图像的自动检测。其中路面损坏检测和识别系统采用了 3 套高性能 CCD 摄像机,检测结果存储在磁带上。数据处理采用了灰度理论,通过对图像的筛选、模式识别和灰度处理,确定裂缝等路面损坏的类型、长度、宽度、面积和破损率,缺点是分辨率为 2 ~ 3mm,识别率也较低,需要辅以人工判读。HARRIS 系统已经装备英国公路署,用于英国干线公路网路面快速检测,检测结果通过标准格式的数据文件,可直接传入英国路面管理系统(UKPMS),据此实施英国干线公路网的路况评价、养护需求分析、预算预测和养护资金优化分配。

英国 WDM 公司也研究开发了类似的 PAVSCAN 公路综合检测装备。不同的是,PAVSCAN 是采用 4 个 CCD 摄像机(图像可被 S-VHS 制式的录像带保存)。单幅图像采集范围是 2.5m × 3.4m。系统采用了一套闪光照明系统,可在夜间工作。损坏图像可在现场或实验室进行处理,结果用裂缝状态(折线)和位置表示。系统改进了数据处理程序,但是同时也增加了使用成本。

基于数字摄像/照相技术的第三代多功能路面快速检测设备:加拿大 RoadWare 公司研制开发的路况综合检测系统 ARAN(Automatic Road Analyzer)是一种采用一体式、模块化、多测量平台的路况基础数据采集装备,可以同时采集路面损坏(裂缝)、道路平整度、路面车辙、路面纹理、道路几何形状、前方图像等多项数据。其中,路面损坏检测系统采用了 2 套高清晰度、计算机信号控制的 CCD 数字摄像机,检测速度达到 50km/h。利用图像处理软件(WireCrax)能够自动识别 3mm 以上的路面裂缝,并能分辨出横裂、纵裂、龟裂和网裂损坏,WiseCrax 的裂缝识别率能达到 85%。

澳大利亚道路运输研究所(ARRB)研制开发了用于国家干线公路路面快速检测的 NSV(Network Survey Vehicle)路网监测车。该系统包括了道路纵断面、横断面、路面损坏和前方图像等项目的数据快速采集功能。最新一代的 NSV 路网监测车采用的是基于数字照相技术的路面损坏检测技术,检测图像分辨率达到了 1000 像素以上,但是路面图像裂缝分辨率仅为 2mm。我国上海和贵州购买了上述路网监测车,路网监测车的检测结果必须依靠人工识别。

基于线扫相机技术的第四代多功能路面快速检测设备:美国依靠众多高科技企业、研究院所和大学机构的技术优势,在路面损坏图像检测和图像处理方面做了大量的研究和开发工作。例如,美国 WayLink 设备采用线扫相机采集路面损坏图像,采集速度达到了 12 帧/s,前方图像检测采用了 1/3 3CCD 数字摄像机,检测速度为 20 ~ 80km/h。路面损坏图像处理软件能够识别 2mm 以上的路面裂缝。

近年来,我国通过世界银行、亚洲银行公路建设贷款项目,从国外引进了多套路况综合检测系统。然而,在实际公路检测中,引进的检测设备往往只有道路平整度一个简单指标可用，路面损坏和路面车辙等关键指标都无法真正工作。由于检测指标不完整，大交通量的干线公路用起来没有优势，而低交通量的一般公路又没有使用的必要，因此许多购置的检测设备闲而不用。闲置的原因，除了软件技术差、硬件设备不过关、无长期技术支持外，还包括其他一些原因，如操作习惯、与我国规范标准的兼容性、软件升级频率和维护费用等。

3.2 我国路况检测设备

3.2.1 路况数据采集仪（RCR）

根据国省干线及高速公路路面管理系统（CPMS）和《公路技术状况评定标准》（JTG H20—2007）的工作需要，交通运输部公路科学研究院公路养护管理研究中心研制开发了“便携式路况数据采集仪（RCR，图2-3-2）”和配套的路况数据采集系统。路况数据采集仪（RCR）用于记录和储存路面（也包括路基、桥隧构造物和沿线设施等项目）的损坏数据，并能与CPMS实现双向数据传输。

路况数据采集仪（RCR）的特点，是能够大幅度地减少数据记录、数据汇总和数据录入过程中的工作量，减少报表汇总过程中的失误，提高野外及室内工作效率，但是并没有从根本上改变人工检测的事实。路况数据采集仪（RCR）可用于路面管理系统（CPMS）数据采集和公路技术状况评定（MQI）工作。

3.2.2 路况快速检测系统（CiCS）

交通运输部公路科学研究院在西部交通建设科技项目和国家高技术研究发展计划（863计划）研究成果的基础上，研究开发了基于线扫技术的路况快速检测系统CiCS（Cracking image Collection System，图2-3-3）。在实施CiCS研发的过程中，充分吸收了英国和欧洲其他国家的现行标准和规范，采用了立足国内、面向国际的技术思路。

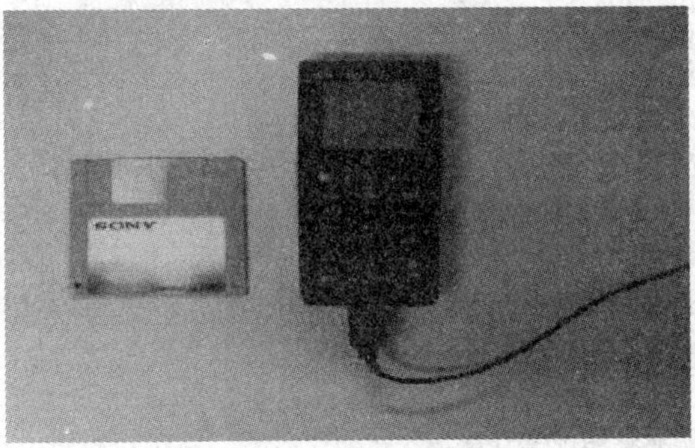

图2-3-2　路况数据采集仪（RCR）

图2-3-3　路况快速检测系统

CiCS是我国第一套具有完全自主知识产权和世界先进技术水平的多功能路况快速检测装备，它能够在正常车流速度下快速、准确地采集路面损坏、道路平整度、路面车辙、路面纹理深度和前方景观图像数据。与CiCS配套的路面损坏识别系统CiAS（Cracking image Aanlysis System）能够自动识别和处理由CiCS采集的路面损坏图像，对裂缝、坑槽等路面损坏进行自动分析和处理，找出裂缝位置，计算裂缝长度、宽度和路面损坏率。CiAS能够识别1mm以上的沥青路面和水泥混凝土路面裂缝，自动剔除水泥混凝土路面接缝，损坏识别率达到了90%～95%，满足《公路技术状况评定标准》（JTG H20—2007）的要求，检测结果可以直接导入路面管理系统（CPMS），用于路况评价和养护分析。

4 路面损坏评价与计算

4.1 统计方法

统计方法见表 2-3-3。

沥青混凝土路面破损调查表 表 2-3-3

路线名称：×××高速公路 上行（西幅） 下行（东幅） 调查日期： 页次：

起讫桩号	龟裂（m^2）			块状裂缝（m^2）		纵向裂缝（m）		横向裂缝（m）		坑槽（m^2）		松散（m^2）		沉陷（m^2）		波浪拥包（m^2）		泛油（m^2）	修补	
	轻	中	重	轻	重	轻	重	轻	重	轻	重	轻	重	轻	重	轻	重		裂缝（m）	坑槽等（m^2）
K + ~K +	1	2	3	4	5	6	7	8	9	10	11	12	13	14	15	16	17	18	19	20

表中：1. 轻度龟裂：初期裂缝，裂区无变形、无散落，缝细，主要裂缝宽度在 2mm 以下，主要裂缝块度在 0.2～0.5m 之间，按面积计算（龟裂主要以块度区分轻、中、重）。

2. 中度龟裂：龟裂的发展期，龟裂状态明显，裂缝区有轻度散落或轻度变形，主要裂缝宽度在 2～5mm 之间，部分裂缝块度小于 0.2m，按面积计算（龟裂主要以块度区分轻、中、重）。

3. 重度龟裂：龟裂特征显著，裂块较小，裂缝区变形明显、散落严重，主要裂缝宽度大于 5mm，大部分裂缝块度小于 0.2m，按面积计算（龟裂主要以块度区分轻、中、重）。

4. 轻度块状裂缝：缝细、裂缝区无散落，裂缝宽度在 3mm 以内，大部分裂缝块度大于 1.0m，按面积计算（块状裂缝主要以块度区分轻、重）。

5. 重度块状裂缝：缝宽、裂缝区有散落，裂缝宽度在 3mm 以上，主要裂缝块度在 0.5～1.0m 之间，按面积计算（块状裂缝主要以块度区分轻、重）。

6. 轻度纵缝：缝细、裂缝壁无散落或有轻微散落，无支缝或有少量支缝，裂缝宽度在 3mm 以内，按长度计算（已灌缝处理的计入修补，但灌缝处理后又裂计入裂缝，下 7、8、9 同）。

7. 重度纵缝：缝宽、裂缝壁有散落、有支缝，主要裂缝宽度大于 3mm，按长度（m）计算。

8. 轻度横缝：缝细、裂缝壁无散落或有轻微散落，裂缝宽度在 3mm 以内，按长度计算。

9. 重度横缝：缝宽、裂缝贯通整个路面、裂缝壁有散落并伴有少量支缝，主要裂缝宽度大于 3mm，按长度计算。

10. 轻度坑槽：坑浅（25mm 内），并且有效坑槽面积在 $0.1m^2$ 以内（约 0.3m×0.3m），按面积计算。千斤顶印深 > 10mm 按坑槽计，钻芯孔未补平按坑槽计。

11. 重度坑槽：坑深（>25mm），或者有效坑槽面积大于 $0.1m^2$（约 0.3m×0.3m），按面积计算。

12. 轻度松散：路面细集料散失、脱皮、麻面等表面损坏，按面积计算。

13. 重度松散：路面粗集料散失、脱皮、麻面、露骨，表面剥落、有小坑洞，按面积计算。

14. 轻度沉陷：深度在 10～25mm 之间，正常行车无明显感觉，按面积计算。

15. 重度沉陷：深度大于 25mm，正常行车有明显感觉，按面积计算。

16. 轻度波浪拥包：波峰波谷高差小，高差在 10～25mm 之间，按面积计算。

17. 重度波浪拥包：波峰波谷高差大，高差大于 25mm，按面积计算。

18. 泛油：路面沥青被挤出或表面被沥青膜覆盖形成发亮的薄油层，按面积计算。

19. 修补（裂缝）：裂缝修补长度。

20. 修补（坑槽等）：龟裂、坑槽、松散、沉陷、车辙等的修补面积（整车道铣刨重铺不计）。

注：①凡按面积计的，均以略大于病害范围的长方形面积计算。

②某种病害在同百米内多次出现可合并记录或用 + 号连接。对于贯通整车道的横向裂缝及修补横缝用“正”记录，每一画表示 3.75m，未贯通的记录长度。

③应注意并记录路面宽度的变化。加减速车道病害严重时单独统计，较轻时可暂不统计。

④支缝偏离主缝大于 0.2m 时，支缝应单独统计。

4.2 汇总与计算(见表2-3-4)

沥青路面损坏调查表 表2-3-4

路线名称： 调查方向： 调查时间： 调查人员：														
调查内容	程度	权重 w_i	单位	起点桩号:K5 +000					终点桩号:K6 +000					累计损坏
				路段长度:					路面宽度:12m					
				1	2	3	4	5	6	7	8	9	10	
龟裂	轻	0.6	m^2											
	中	0.8				2		5					4	
	重	1									1			
块状裂缝	轻	0.6	m^2		1						3			
	重	0.8		2			3		5				1	
纵向裂缝	轻	0.6	m		8					20		15		
	重	1				14		20						
横向裂缝	轻	0.6	m				3					3		
	重	1		6					3		3			
坑槽	轻	0.8	m^2		0.1									
	重	1					0.2			0.5				
松散	轻	0.6	m^2									3	2	
	重	1		1					3					
沉陷	轻	0.6	m^2											
	重	1												
车辙	轻	0.6	m											
	重	1												
波浪拥抱	轻	0.6	m^2											
	重	1												
泛油		0.2	m^2				2			4				
修补		0.1	m^2	1								4		
评定结果： DR = % PCI =				计算方法： $PCI = 100 - a_0 DR^{a_1}$ $DR = 100 \times \frac{\sum_{i=1}^{i_0} w_i A_i}{A}$ $a_0 = 15, a_1 = 0.412$										

工作任务3 道路平整度检测

1 道路平整度检测指标

道路平整度描述的是道路路面纵向的高程变化情况，它从行车舒适性、安全性和车辆运营经济性等方面影响路面行驶质量和服务水平。在《公路技术状况评定标准》(JTG H20—2007)

中，道路平整度的检测指标是采用世界银行制定的国际平整度指数 IRI（International Roughness Index），通过 IRI 计算路面行驶质量指数（RQI）。

国际平整度指数（IRI）被定义为：模拟 1/4 车在 80km/h 速度下，车身悬挂系总位移与行驶距离之比（单位 m/km）。世界银行同时还发布了通过路面纵断面高程数据计算 IRI 的标准计算程序。IRI 作为道路平整度检测的标准尺度已经被世界各国广泛采用，这主要是缘于 IRI 指标具有如下特点：

（1）IRI 代表的是纵断面各点高程偏差的统计值，具有时间和空间的稳定性；

（2）IRI 与所有道路平整度检测设备都具有良好的相关性，便于把不同设备的测试结果统一向 IRI 转换和标定。

《公路技术状况评定标准》（JTG H20—2007）同时还规定，对于三、四级公路，当条件不具备时，道路平整度可以采用 3m 直尺进行人工检测；检测指标为 3m 直尺与路面间的最大间隙量。

2 道路平整度检测方法与检测设备

国外对道路平整度检测技术开展过大量的研究工作，提出了一系列检测方法和相应的检测设备（FHWA，2001）。这些方法和设备从原理上可以分为两种类型：

（1）反应类设备；

（2）断面类设备。

表 2-3-5 列出了国内外常用的道路平整度检测设备。

常用道路平整度检测设备 表 2-3-5

检测方法	检测设备	检测方式	检测指标	开发国别（组织）
反应类	BPR 平整度仪	动态	位移累积值	美国
	颠簸累积仪 BI	动态		英国
	RRDAS 平整度仪	动态		澳大利亚
断面类	水准仪及水准尺	静态	路表高程	世界银行
	3m 直尺	静态	路表间隙	—
	MERLIN 梁	静态	位移移差	英国 TRL
	连续式平整度仪	动态	位移标准差	中国/日本
	惯性断面仪 GMR	动态	车体位移 车体与路面距离	美国
	纵断面分析仪 APL	动态		法国 LCPC
	非接触式断面仪	动态		丹麦/瑞典/英国

2.1 反应类道路平整度检测设备

反应类道路平整度检测设备，是通过安装在车体上的传感装置测量车辆以一定速度驶经不平整路面时悬挂系统的动态反应（竖向位移、竖向加速度等），以此来间接度量路面的平整程度。设备输出的测定值通常是一个计数数值，每计一个数相应于一定的悬挂系统位移量。反应类指标表征的是路面凹凸不平引起车辆振动的颠簸情况，是驾驶员和乘客直接感受到的平整度指标，因此它实际上是舒适性指标。

早在 20 世纪 40 年代，美国联邦公路局（FHWA）就研制出了这类道路平整度检测设备（BPR 平整度仪）。该设备是一辆单轮拖车，通过机械式积分器记录带片弹簧车轮的竖向位移量，其测定速度通常为32km/h。英国运输研究所（TRL）对BPR平整度仪进行了改进，研制开发了颠簸累积仪BI（Bump Integrator），仪器有拖车式和车载式两种类型。反应类道路平整度检测设备还有美国的PCA仪（PCAMeter）和梅氏仪（MaysMeter）、澳大利亚的NAASRA平整度仪和RRDAS平整度仪等。交通运输部公路科学研究院也开发了国产ZCD－95/2000型车载式颠簸累积仪。

反应类道路平整度检测设备的主要优点是操作简便、测量速度快，可用于大规模道路平整度检测。然而，由于这类检测方法是对道路平整度的间接度量，其检测结果同车辆的动态反应状况密切相关，即随车辆机械系统的振动特性和车辆行驶的速度而变化，因而存在三项主要缺点：

（1）再现性差，同一台设备安装在不同车辆或不同时间测定的结果不一致；

（2）转换性差，不同部门的测定结果难以进行直接对比；

（3）不能反映路面的真实纵断面。

为克服上述不足，可以经常通过标定试验建立反应类设备检测结果同已知参照平整度（IRI）之间的相关关系，标定路段的参照平整度（IRI）通常采用断面类设备进行测定。

在反应类道路平整度检测设备中，国内应用较为广泛的是颠簸累积仪（BI）。20世纪80年代，我国在推广路面管理系统（CPMS）时，考虑到快速、方便及经济性能等因素从英国引进了这种设备，并在国家“七五”重点科技攻关项目的基础上自行研制开发了车载式颠簸累积仪。该设备由装载车、光电编码位移传感器、距离传感器和数据采集处理系统等部分组成，其工作原理是采集车辆按一定速度行驶时车身与车后轴之间由于颠簸产生的单向位移累积数据。由于受到车辆动力系统、减震系统、轮胎气压和磨损以及车身配重等多方面因素的影响，车载式颠簸累积仪的使用和维护限制条件较为严格，而且在使用前必须与世界银行规定的一类设备进行IRI对比标定试验，建立相关关系后才能投入使用。

鉴于反应类道路平整度检测设备的上述固有缺陷，最新颁布的《公路技术状况评定标准》（JTG H20—2007）建议在条件允许时宜采用快速和高精度的断面类检测设备。

2.2 断面类道路平整度检测设备

断面类道路平整度检测设备的工作原理，是直接测量路表纵断面形状（高程），然后再通过一综合性数学统计量来表征其平整度状况。属于这一类型的方法和设备主要包括：水准测量、MERLIN梁、3m直尺、连续式平整度仪、美国GMR断面仪、法国APL纵断面分析仪等。

水准测量和MERLIN梁能够得到精确的纵断面数据，但是测试速度慢，只适用于小范围检测或设备标定；3m直尺和连续式平整度仪在施工质量监测中应用较多，但存在效率低、精度差、难以反映路面较长波长的颠簸和起伏状况等问题；GMR和APL都属于惯性断面仪，是利用车载加速度计建立惯性参考系，由测试轮测量车身同路表之间的相对位移，并通过与加速度计输出信号的二次积分进行互差来消除车体自身振动的影响，由此可以反映真实的路表纵断面，但是当车速过快或路面非常不平整时，测试轮会跳离路面，从而影响测试精度。

为了克服惯性断面仪的上述缺陷，近年来国内外提出了一些非接触式断面仪的改进方案。这类设备一般由测试车、激光或超声波传感器、加速度计、距离传感器以及数据采集和处理系统组成，通过测量路面反射信号和加速度计采集的车辆运动状况信号得出路面纵断面各点的相对高程，根据检测结果可以绘制图形，进行频谱分析，经后处理可以计算得到国际平整度指数（IRI）。这种断面类非接触式平整度检测设备具有自动化程度高、测试速度快（80～120km/h）、采样密度大和数据精确的特点，是目前最为先进的道路平整度检测设备，在配备足够数量的传感器后，还可以同时采集路面车辙、路面构造深度和道路几何线形等数据信息。

目前国内最为常用的断面类道路平整度检测设备主要有精密水准仪、手推式断面仪和激光断面仪。代表性设备有丹麦的 Dynatest RSP 和 GreenWood Profilograph、澳大利亚的 ARRB Waiking Profiler 以及路况快速检测系统（CiCS）。

3　道路平整度检测设备标定

《公路技术状况评定标准》（JTG H20—2007）规定，各种道路平整度检测设备必须定期标定，每年至少标定一次，标定的相关系数应大于0.95。

不同类型的道路平整度检测设备输出的指标不尽相同，在引进了国际平整度指数（IRI）的概念之后，就可以利用 IRI 对各种检测设备进行标定，以得到“时间—空间”稳定的道路平整度数据。标定实验一般采用如下步骤：

根据所测道路平整度（IRI）的分布情况，选择 5 条道路平整度不同的实验路段，从好到坏不同程度应各有一段，每条路段长 320m。

采用精密水准仪或经过校准的符合世界银行一类测试标准的断面类平整度检测设备对标定路段进行检测。用精密水准仪测量时，从起点到终点每 0.25m 或 0.5m 测量一点，记录其高程数据，利用世界银行提供的标准计算程序计算国际平整度指数（IRI）。分别计算两个轮迹处的 IRI 值，取平均值作为该路段的标准 IRI 值。

采用反应类设备（或其他需要标定的设备）对标定路段进行平整度检测，每条路段检测 5 次，取平均值作为该路段的道路平整度检测值（BI）。

将各标定路段的道路平整度标准值（IRI）和相应的检测值（BI）进行回归分析，一般可以采用线性方程回归，建立标定方程（$IRI = a + b \times BI$）。

断面类平整度检测设备的标定可以参照上述反应类设备的实验步骤进行，将设备实测 IRI 值与精密水准测量得到的标准 IRI 值进行对比性试验，以便验证设备的工作状态和有效性。

4　评价与计算

上行：见表2-3-6。

道路平整度评价与计算　　表2-3-6

路线名称	××××××											方向	上行
路段桩号	路段长度（m）	每百米国际平整度指数 IRI（m/km）										平均 IRI	RQI
		1	2	3	4	5	6	7	8	9	10		
01 +200 ~ 02 +000	800	1.24	2.21	1.60	2.42	2.49	1.78	2.09	3.27	1.88	2.45	2.25	89.92
02 +000 ~ 03 +000	1000	1.89	2.32	1.72	1.96	2.04	1.31	1.43	1.59	1.20	2.10	1.76	92.47
03 +000 ~ 04 +000	1000	1.98	1.50	1.13	1.89	1.09	1.13	1.28	0.94	1.28	1.51	1.37	94.03
04 +000 ~ 05 +000	1000	1.64	1.41	2.45	3.11	2.56	1.65	3.68	2.18	1.69	3.43	2.35	89.28
05 +000 ~ 06 +000	1000	3.02	2.70	2.35	2.54	2.26	1.83	1.71	1.69	1.95	1.77	2.18	90.30
06 +000 ~ 07 +000	1000	1.96	2.65	1.91	1.59	1.92	1.99	1.85	1.48	1.45	2.09	1.89	91.85
07 +000 ~ 08 +000	1000	1.75	1.95	1.77	1.43	1.62	1.54	1.39	2.53	1.32	1.48	1.68	92.82
08 +000 ~ 09 +000	1000	1.55	1.83	1.40	1.40	2.09	2.17	2.03	1.96	1.60	1.70	1.77	92.39
09 +000 ~ 10 +000	1000	2.40	1.58	1.92	2.27	2.42	2.49	1.96	1.78	1.80	1.58	2.02	91.19

续上表

路线名称	××××××											方向	上行
路段桩号	路段长度(m)	每百米国际平整度指数 IRI(m/km)										平均IRI	RQI
		1	2	3	4	5	6	7	8	9	10		
10+000~11+000	1000	2.39	1.43	1.85	1.55	1.62	1.72	1.62	1.56	2.03	1.54	1.73	92.58

平均 IRI = (1) + (2) + (3) + (4) + (5) + (6) + (7) + (8) + (9) + (10)

$$RQI = \frac{100}{1 + a_0 e^{a_1 IRI}}$$

IRI 国际道路平整度指数(m/km);

a_0 高速、一级公路 0.026,其他公路 0.0185;

a_1 高速、一级公路 0.65,其他公路 0.58

下行:见表 2-3-7。

道路平整度评价与计算

表 2-3-7

路线名称	××××××											方向	下行
路段桩号	路段长度(m)	每百米国际平整度指数 IRI(m/km)										平均IRI	RQI
		1	2	3	4	5	6	7	8	9	10		
02+000~01+200	800			3.98	3.93	2.03	1.31	1.02	1.19	1.70	1.59	2.09	90.79
03+000~02+000	1000	1.87	1.41	1.75	1.58	1.98	1.49	1.61	1.27	2.16	2.32	1.74	92.53
04+000~03+000	1000	1.87	1.22	0.97	1.07	0.75	0.96	0.86	0.95	1.01	0.89	1.06	95.09
05+000~04+000	1000	1.41	0.84	1.05	—	—	—	1.57	1.28	1.44	1.28	1.27	94.41
06+000~05+000	1000	1.30	1.37	1.28	1.21	1.18	1.28	1.17	1.14	1.35	1.45	1.27	94.39
07+000~06+000	1000	1.62	1.26	1.07	1.14	1.30	1.15	1.37	1.36	1.71	2.04	1.40	93.93
08+000~07+000	1000	1.24	1.21	1.52	1.87	1.32	1.23	1.34	1.15	1.25	1.80	1.39	93.96
09+000~08+000	1000	1.61	1.42	1.29	1.17	1.21	1.17	1.20	1.34	1.49	1.46	1.34	94.17
10+000~09+000	1000	1.34	1.47	1.44	2.21	2.13	1.69	1.53	1.24	1.55	1.83	1.64	92.97
11+000~10+000	1000	1.47	1.28	1.23	1.24	1.06	1.10	1.16	1.22	1.13	1.92	1.28	94.36

平均 IRI = (1) + (2) + (3) + (4) + (5) + (6) + (7) + (8) + (9) + (10)

$$RQI = \frac{100}{1 + a_0 e^{a_1 IRI}}$$

IRI 国际道路平整度指数(m/km);

a_0 高速、一级公路 0.026,其他公路 0.0185;

a_1 高速、一级公路 0.65,其他公路 0.58

工作任务 4　路面车辙检测

1　路面车辙检测指标

我国《公路沥青路面养护技术规范》(JTJ 073.2—2001)和 2002 年颁布的《高速公路养护质量检评方法》(试行)(交通部,2002),都未将路面车辙列为一项独立的评价内容,只是将其视为众多路面病害形式的一类(变形类损坏),在计算路面损坏状况指数(PCI)时予以考虑。其原因主要是由于我国当时缺少快速高效和经济适用的路面车辙检测设备,缺乏足够的调查数据和经验来建立相关模型及标准。

近年来,由于交通量的迅速增长,车辆渠道化行驶以及重载、超载问题凸显,车辙已经成为我国高速公路沥青路面的一种主要损坏形式。车辙的存在严重缩短了路面的使用寿命，降低了高速公路的服务质量，构成了交通运输的安全隐患。上述对于路面车辙问题的处理方法显然不能满足现状的需要。

因此，《公路技术状况评定标准》(JTG H20—2007)规定了高速公路和一级公路的路面车辙检测方法，将路面车辙深度(RD)作为独立的检测指标，据此计算路面车辙深度指数(RDI)。其他等级公路，由于路面车辙问题并不突出《公路技术状况评定标准》(JTG H20—2007)建议继续沿用传统做法，在调查路面损坏状况时量取车辙长度，通过影响宽度(0.4m)换算成路面车辙的损坏面积。

2 路面车辙检测设备

为了快速、安全和准确地获取路面车辙信息，在近半个世纪的发展过程中，国内外曾推出过多种路面车辙检测方法和检测设备(见表2-3-8)。根据检测方式的不同，它们可以划分成两种类型：人工检测设备和自动化检测设备。

常用路面车辙检测设备 表2-3-8

类 型	检 测 设 备	检测内容与指标	检 测 方 式	代表性设备
人工检测	直尺或量线	车辙深度	静态	1.2m/1.8m/2m 直尺
	AASHTO 车辙量规	车辙深度	静态	—
	水准仪和水准尺	横断面	静态	—
自动化检测	表面高程计	横断面	静态/动态	Face Dipstick
	手推式断面仪	横断面	动态	Walking Profiler
	横向轮廓仪	横断面	静态	TP
	图像摄影检测系统	横断面	动态	RoadRecon
	自动车辙仪	车辙深度/横断面	动态	3/5/7 传感器
	横断面扫描系统	横断面	动态	PPS 和 LRMS

2.1 直尺测量

直尺测量的操作方法是，把直尺横放在轮迹带的车辙位置处，用量尺或量规测量最大车辙深度。国外在测量路面车辙时使用的直尺长度也不尽相同。美国经常使用1.2m(4ft)和1.8m两种直尺，英国TRL指定的标准尺长度是2.0m(6.6ft)，我国一般采用3m直尺。当车辙宽度较小时，直尺长度对测量结果的影响较小；但是当车辙较宽时，一般长尺比短尺测出的车辙深度要大。

2.2 AASHTO 车辙量规

ASHTO车辙量规最早由美国Minnesota州交通部研制开发，故而又称之为Minnesota车辙量规(Rut Depth Gauge)，后来在AASHTO道路试验中(1959～1962)被用于路面车辙检测。AASHTO车辙量规为木质结构，两个支角展开后间距为1.2m(4ft)，中间量杆可以上下伸缩，检测时将量规横置于车辙断面之上，使中间量杆接触路面并读取车辙深度。在某些情况下，AASHTO车辙量规的测量结果与直尺法会存在一定偏差。

2.3 精密水准测量

精密水准测量是应用水准仪和水准尺沿道路横断面按一定间隔测量路面表面的高程，由此可以获得精确的道路横断面信息，依此计算路面车辙深度或其他车辙指标。水准测量易于实施，而且结果稳定，不会因时因地有大的差异，因此适于作为标定方法使用。

2.4 表面高程计

表面高程计(Face Dipstick Profiler)上安装有倾角罗盘，可以测量两个支脚之间的高差，支脚间距是305mm(12in)，利用它可以进行横断面高程检测。表面高程计在使用时需要由操作者交替移动两个支角的位置，在车道宽度内进行往返闭合测量，要求累积误差不超过2.5mm。表面高程计经常用于对其他车辙检测设备进行标定。

2.5 手推式断面仪

手推式断面仪与表面高程计原理相似，可用于检测纵横断面的变形状况。代表性设备有澳大利亚ARRB开发的Walking Profiler和美国ICC生产的SurPro等。检测时操作者推动仪器沿横断面匀速行走，仪器能够按照一定的横向间隔(Walking Profiler为243mm，Surpro为300mm)测量路面点的高程变化情况。手推式断面仪经常被PIARC和FHWA等机构作为标定设备使用。

2.6 横向轮廓仪

横向轮廓仪(Transverse Profilograph)的钢制横梁宽度为3.6m(12ft)，上面设有水准气泡和水平调节螺丝，通过一个直径为7.6cm(3in)的测试轮检测路面高程变化，沿横断面推动把手可以自动绘制横断面图。

2.7 图像摄影检测

美国和加拿大在路面长期使用性能(LTPP)研究中应用RoadRecon系统采集路面病害数据(FHWA,2003)，其中车辙检测子系统RR-75采用的白光阴影原理。检测车后部支架上安装有垂直于路面的摄影装置(35mm脉冲相机)，同时在后保险杠上设置一裂纹光圈闪光灯，并与路面保持一定角度。该系统只能在夜间检测，闪光灯工作时会在路面上制造出一条阴影线，覆盖宽度为4.8m(16ft)，摄影装置同步拍照，纵向检测间隔为15.2m，数字化后可以得到阴影线上一系列点的(x、y)坐标值，通过坐标数据准确描述车道横断面的形状。

2.8 车辙快速检测装置

车辙快速检测装置(RutBar)是通过在车体上安装位移传感器来快速、连续地检测道路横断面的检测设备。它主要由检测横梁、传感器和计算机系统三部分组成。位移传感器的类型主要有三种：激光传感器、超声波传感器和红外线传感器。绝大多数传感器都是利用光时差原理测量车体与路面之间的相对距离，当传感器数量足够多时，便可以检测出路面车辙形状。

目前，国内外没有关于传感器类型、数量、间距以及测量宽度等统一的标准。就传感器数量而言，以3传感器和5传感器应用最为广泛(NCHRP,2004)。

有一些车辙快速检测装置配备了更多数量的传感器，旨在获得更为准确的路面车辙数据(TRL,2004)，例如丹麦的Dynatest RSP配7个激光传感器，安装在2.3m宽的横梁之上，其中最外侧的2个激光传感器呈一定角度安装，可使测试宽度增加到2.9m；英国的Babtie TTS设备最多可以装备21个激光传感器，检测横梁宽度为2.5m，两端的传感器同样采用斜角测量的方式，可以完成3.2m宽度范围之内的横断面检测；我国交通运输部公路科学研究院开发的路况快速检测系统(CiCS，图2-3-4)，配备了13个激光传感器，采用非均匀布点方式，外端传感器进行斜角测量，检测宽度可以达到3.6m，能够在车道全宽范围内进行车辙检测。

相对于超声波传感器和红外线传感器而言,激光传感器具有很高的测量精度和速度,但是价格也比较昂贵,数量配置过多显然是不经济的。因此,可以考虑采用密布超声波或红外线传感器代替激光传感器,由于这些传感器的价格只有激光传感器的几十分之一,虽然单个传感器的测试精度会有所降低,但是用于绘制横断面形状和计算车辙深度具有足够的精确和经济性。新西兰的 ROMDAS TPL 配备了30 个超声波传感器,等间距布置(间距 10cm),检测宽度为2.9m;加拿大的 ARAN Rutbar 采用 37 个超声波传感器,其中在主横梁上安装 19 个传感器,两侧伸缩式扩展翼上还可各安装 9 个传感器,传感器间距为 10cm,全部测量宽度可以达到 3.6m。

图 2-3-4　车辙检测装置(13 测头,CiCS)

2.9　横断面扫描装置

代表设备包括路面轮廓扫描仪 PPS(Pavement Profile Scanner)和 3 - D 激光车辙扫描系统 LRMS(Laser Rut Measurement System)。

PPS 硬件系统的核心是一个六面体棱镜和相位测量激光雷达(Phase Measurement Laser Radar),棱镜能够以 10000 转/min 的速度旋转并与经过调制的激光束保持同步,引导激光束以 90°视角快速扫描道路横断面;软件系统用于处理"距离 - 角度"数据,并将之转换为路面点的(x、y)坐标。PPS 系统的设计扫描宽度为 4.3m,采样频率为 1000Hz,当车速为 100km/h 时,纵向采样间隔为 2.8cm,横断面测量结果由 943 个测点构成,测点平均间距约为 5mm。目前,PPS 已经集成于多套道路综合检测设备之中,如美国的 Mandli 系统、英国的 HARRIS 系统和日本的 PASCO 系统等。

LRMS 系统采用一对大功率脉冲激光发射器(Pulsed Laser)对路面的 3 - D 特征进行同步扫描,测量宽度为 4m,采样频率为 25Hz,当车速为 90km/h 时,纵向采样间隔为 1m。每一个测量断面由 1280 个测点组成,系统从这些原始的数据点中再筛选出 40 个点用于描述路面车辙的形状。LRMS 已经在加拿大的 ARAN 和美国的 Pathway 等检测系统中得到应用。

横断面扫描系统是目前最为先进的路面车辙检测设备,生成的数据量远远超过一般配有 3 个、5 个甚至更多传感器的自动车辙仪,如此的采样密度可以得到近似连续的车道横断面信息,同时还避免了路面车辙位置和检测车横向飘移的影响,能够更为准确地计算各种路面车辙指标。

综上所述,各种路面车辙检测设备的实质都是测量道路横断面上各点的高程数据信息,然后描述出横断面的形状,据此计算路面车辙深度,不同的是横断面检测方式、覆盖宽度、测点密度和检测精度等。直尺和量规等人工检测设备速度慢、效率低、人为因素影响大而且安全性差,不适用于大规模路面车辙检测。利用精密水准仪、表面高程计、手推式断面仪和横向轮廓仪等设备都可以获得较为精确的横断面信息,但是同样也存在上述缺点,通常是作为标定设备使用。摄影检测方法对存储设备要求较高,并且只能在夜间检测,这在一定程度上限制了它的应用。车辙快速检测装置是基于非接触式位移传感器工作的,这类仪器具有快速、高效、操作安全和不影响车辆正常通行等优点,是目前应用最为广泛的自动化路面车辙检测设备,但是其测量结果随传感器类型、数量和位置的不同差异很大。近年来研制开发的 PPS 和 LRMS 等横断面扫描类仪器是目前最为先进的路面车辙检测设备,代表了未来路面车辙检测技术的发展方向,但是这类设备价格非常昂贵,在现有条件下还难以普及,而且应用效果还有待进一步验证。

《公路技术状况评定标准》(JTG H20—2007)规定,路面车辙检测宜采用快速检测设备,而且应该与路面损坏和道路平整度等指标结合起来，采用多功能快速检测设备统一检测。

3 路面车辙计算

大多数车辙检测设备并不是直接测量路面的最大车辙深度，而是首先确定横断面上一些离散点的相对高程或者连续的横断面形状，然后再根据一定的方法计算得到路面车辙深度指标。

横断面扫描和摄影类车辙检测设备的测量范围大、采样密度高，可以获得比较完整的车道横断面信息；而对于自动车辙仪，若具备足够数量的位移传感器和合理的设计间距，也能够得到近似连续的车道横断面形状。基于连续的横断面形状，可以采用下面两种方法计算路面车辙深度指标。

(1)模拟直尺车辙深度(Straightedge Rut Depth)

模拟人工直尺检测方法，利用虚构的直尺沿车道横断面曲线进行测量，直尺的长度可以根据实际情况自行定义。取直尺与路面表面之间的最大垂直距离作为相应轮迹处的车辙深度(图 2-3-5)。

(2)包络线车辙深度(Wire Line Rut Depth)

包络线车辙深度是两侧轮迹处横断面包络线与路面表面之间的最大垂直距离，如图 2-3-6 所示。横断面包络线的定义为，沿车道横断面逐点连接凸出的路面峰值点，并且连线在峰值点处的外转折角应该≥180°。直观的描述是，虚构一条线横跨整个车道横断面(即包络线)，拉线两端与横断面的端点重合，线落在路面最高点或凸出点上。

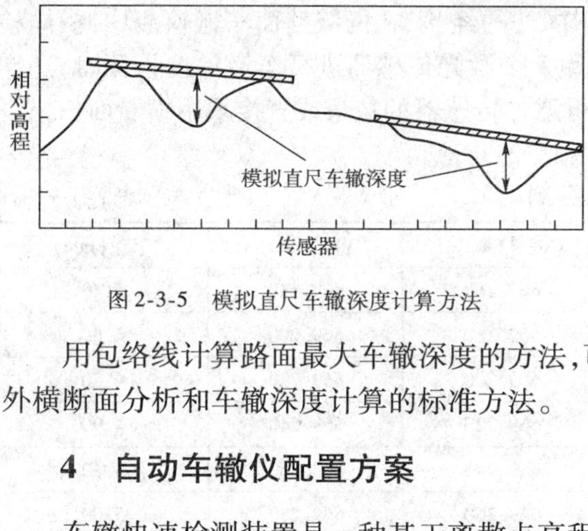

图 2-3-5 模拟直尺车辙深度计算方法

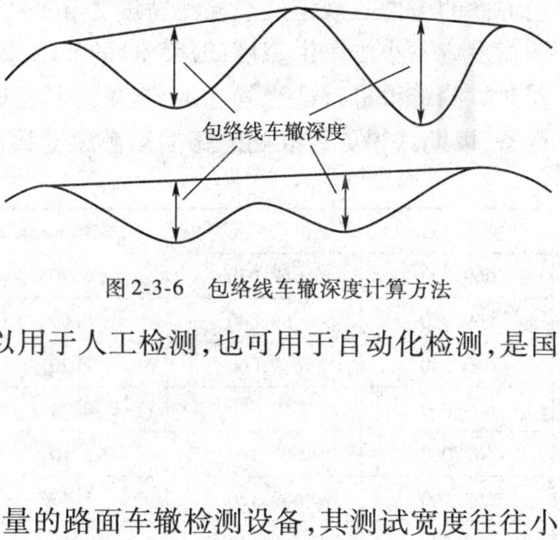

图 2-3-6 包络线车辙深度计算方法

用包络线计算路面最大车辙深度的方法，可以用于人工检测，也可用于自动化检测，是国外横断面分析和车辙深度计算的标准方法。

4 自动车辙仪配置方案

车辙快速检测装置是一种基于离散点高程测量的路面车辙检测设备，其测试宽度往往小于一个车道的宽度，通常是以若干测点的连线来代表横断面，因此它所反映的横断面形状是近似的，由此计算的车辙深度也必然是近似的，因此传感器配置方案是否合理会对检测结果产生重要影响(FHWA，2001)。如图 2-3-7 所示。

美国联邦公路局基于 LTPP 的研究成果，提出：

(1)3 个传感器的车辙快速检测装置，准确性和重复性较差，不能用于路面车辙数据采集；

(2)5 个传感器检测装置的检测结果与标准值之间虽然存在差异，但是相关性较好，可用于网级路面管理系统检测，但检测结果需要修正，并且在重复检测中，需要保持车辆横向位置一致。

AASHTO 在路面车辙检测标准(PP 38－00)中规定，用于路网数据检测的车辙设备至少要配备 5 个传感器,并且随着横断面测点的增加,最大车辙深度的检测精度也会随之提高。

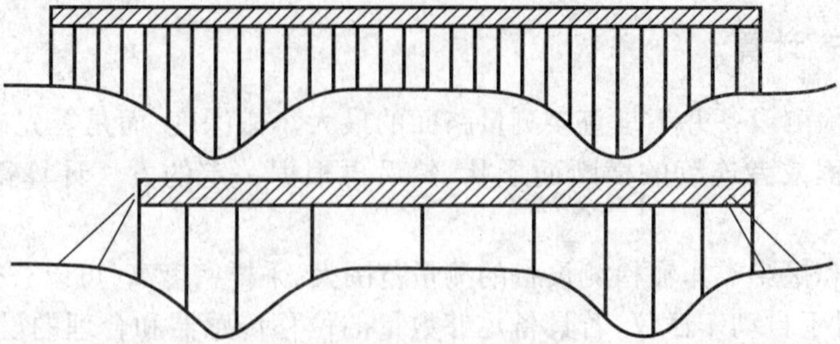

图 2-3-7　路面车辙检测装置配置方案对检测结果的影响

美国 Texas 州交通部的研究表明,传感器间距对车辙设备测量精度有显著影响,车辙设备的配置方案应当在经济性和实用性之间寻求一种平衡,推荐的最少传感器数量为 9 个,采用车道全宽非均匀布点的方式,测量结果用三次样条函数进行内插,由此可以较为准确地捕捉到横断面的车辙特征。交通运输部公路科学研究院在西部交通建设科技项目研究成果的基础上,建议我国采用大于 5 个测头的设备配置方案。

上述配置方案是在综合考虑我国公路养护管理工作的实际需要和管理部门现有技术及装备条件的基础上提出的。当进行路网数据采集时,为了保证检测精度,至少要配备 5 个激光传感器,可以采用均匀或非均匀布置的方式,但是必须保证在两侧轮迹处设置测点,以便尽可能捕捉到最大车辙深度的信息。为了保证纵向检测的连续性,要求激光传感器在正常车速下的采样间距不超过 100mm。规定检测横梁的宽度不超过 2.5m,是出于行车安全和不影响正常交通方面的考虑。规定最小检测宽度为 3m 是鉴于国外的经验,在网级路面车辙检测中,横向检测宽度应不小于车道宽度(3.75m)的 80%。采用 5 个激光传感器进行车辙深度检测时,还需要对检测结果进行适当的标定,当条件具备时,可增加传感器的数量或直接采用横断面扫描类设备,以期获得更为准确的路面车辙深度数据(见表 2-3-9)。

车辙检测　　表 2-3-9

桩号(km)	桩号(km)	车辙(mm)	桩号(km)	桩号(km)	车辙(mm)
669.000	669.020	0.70	669.160	669.180	5.40
669.020	669.040	0.60	669.180	669.200	4.60
669.040	669.060	2.20	669.200	669.220	4.50
669.060	669.080	0.70	669.220	669.240	4.90
669.080	669.100	1.10	669.240	669.260	5.10
669.100	669.120	1.40	669.260	669.280	5.00
669.120	669.140	4.40	669.280	669.300	8.80
669.140	669.160	4.30			

工作任务 5　路面抗滑性能检测

1　抗滑性能检测指标

路面抗滑性能直接影响公路行车的安全性。路面摩擦系数是表征路面抗滑性能的安全指标,即路面能否提供防止车辆轮胎滑动和减小制动距离的能力。根据摩阻力检测方式的不同,摩擦系数分为制动力系数和横向力系数两种:制动力系数只能表明车辆制动距离的长短;而横向力系数不仅能够体现车辆制动距离的长短,还能够表征路面防止车辆侧滑的能力。

《公路技术状况评定标准》(JTG H20—2007)建议采用横向力摩擦系数 SFC(Side-way Force Coefficient)作为检测指标,并通过 SFC 计算路面抗滑性能指数(SRI)。

2 检测方法与检测指标

西方发达国家在 20 世纪 30 年代就开始进行路面抗滑性能的研究,最初是基于物理学的概念,涉及车辆轮胎与路面材料之间的摩擦力学作用和其他影响因素的分析。经过多年的发展,目前世界各国已经形成了多种路面抗滑性能的测试方法,根据测试方式可以划分为测定摩擦系数的直接法和测定路面微观构造与宏观构造的间接法(图 2-3-8),相应的测试指标也依此分为直接指标和间接指标两类。

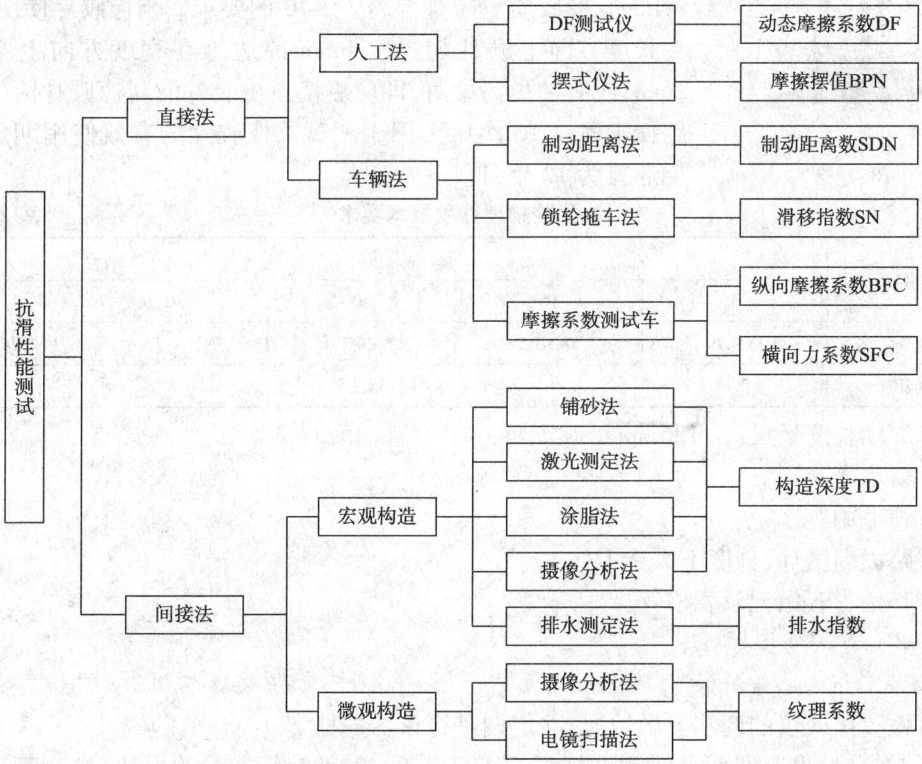

图 2-3-8 路面抗滑性能检测方法

3 路面抗滑性能检测设备

3.1 摆式摩擦系数测试仪

摆式摩擦系数测试仪是英国 TRL 研制的一种小型路面抗滑性能测试装备,在世界上广泛使用。其工作原理是根据能量守恒的规律,将摆臂的势能损失转化为路面摩擦力所做的功,进而反算出摩擦系数并通过摆式仪的摆值(BPN,British Pendulun Number)读出。摆式仪价格低廉、便于携带、操作简便,但只能在单点采样条件下进行测定,所测摆值只相当于较低车速下的路面摩擦系数,且在宏观构造粗糙的路面上进行测试时易产生较大偏差,测试对交通造成的影响亦较大,已明显不能适应高等级公路对于路面抗滑性能在检测精度和检测频率方面的需要。

3.1.1 目的与适用范围

本方法适用于以摆式摩擦系数测定仪(摆式仪)测定沥青路面、标线或其他材料试件的抗滑值,用以评定路面或路面材料在潮湿状态下的抗滑能力。

3.1.2 仪具与材料

本方法需要下列仪具与材料:

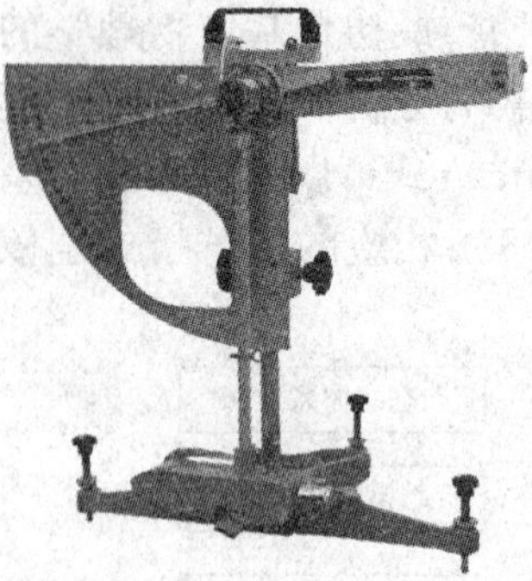

图 2-3-9

(1)摆式仪:形状及结构如图 2-3-9 所示,摆及摆的连接部分总质量为 1500g ± 30g,摆动中心至摆的重心距离为 410m ± 5mm,测定时摆在路面上滑动长度为 126 ± 1mm,摆上橡胶片端部距摆动中心的距离为 508mm,橡胶片对路面的下身静压力为 22N ± 0.5N。

(2)橡胶片:当用于测定路面抗滑值时,尺寸为 35mm × 24mm × 72mm。橡胶质量应符合表 2-3-10 的要求。当橡胶片使用后,端部在长度方向上磨耗超过 1.6mm 或边缘在宽度方向上磨耗超过 2mm,或有油类污染时,即应更换新橡胶片。新橡胶片应先在干燥路面上测试 10 次后再用于测试。橡胶片的有效使用期从出厂日期起算为 12 个月。

橡胶物理性质技术要求 表 2-3-10

性质指标	温 度 (℃)				
	0	10	20	30	40
弹性(%)	43 ~ 49	58 ~ 65	66 ~ 73	71 ~ 77	74 ~ 79
硬度(IR)	55 ± 5				

(3)滑动长度量尺:长 126mm。

(4)喷水壶。

(5)硬毛刷。

(6)路面温度计:分度不大于 1℃。

(7)其他:扫帚、记录表格等。

3.1.3 方法与步骤

准备工作:

(1)检查摆式仪的调零灵敏情况,并定期进行仪器的标定。

(2)按《公路路基路面现场测试规程》(JTG E60—2008)附录 A 的方法,进行测试路段的取样选点。在横断面上测点应选在行车道轮迹处,且距路面边缘应不小于 1m。

试验步骤:

(1)清洁路面:用扫帚或其他工具将测点处的路面打扫干净。

(2)仪器调平。

①将仪器置于于路面测点上,并使摆的摆动方向与行车方向一致。

②转动底座上的调平螺栓,使水准泡居中。

(3)调零。

①放松紧固把手,转动升降把手,使摆长高并能自由摆动,然后旋紧紧固把手。

②将摆固定在右侧悬臂上,使摆处于水平释放位置,并把指针拨至右端与摆杆平行处。

③按下释放开关,使摆向左带动指针摆动。当摆达到最高位置后下落时,用手将摆杆接住,此时指针应指零。

④若不指零时,可稍旋紧或放松摆的调节螺母。

⑤重复本项操作,直至指针指零。调零允许误差为 ±1。

(4)校核滑动长度。

①让摆处于自然下垂状态,松开紧固把手,转动升降把手,使摆下降。与此同时,提起举升柄使摆向左侧移动,然后放下举升柄使橡胶片下缘轻轻触地,紧靠橡胶片摆放滑动长度量尺,使量尺左端对准橡胶片下缘;再提起举升柄使摆向右侧移动,然后放下举升柄使橡胶片下缘轻轻触地,检查橡胶片下缘应与滑动长度量尺的右端齐平。

②若齐平,则说明橡胶片两次触地的距离(滑动长度)符合 126mm 的规定。校核滑动长度时,应以橡胶片长边刚刚接触路面为准,不可借摆的力量向前滑动,以免标定的滑动长度与实际不符。

③若不齐平,升高或降低摆或仪器底座的高度。微调时用旋转仪器底座上的调平螺栓丝调整仪器底座的高度的方法比较方便,但需注意保持水准泡居中。

④重复上述动作,直至滑动长度符合 126mm 的规定。

(5)将摆固定在右侧悬臂上,使摆处于水平释放位置,并把指针拨至右端与摆杆平行处。

(6)用喷水壶浇洒测点,使路面处于湿润状态。

(7)按下右侧悬臂上的释放开关,使摆在路面滑过。当摆杆回落时,用手接住,但读数不记录。然后使摆杆和指针重新置于水平释放位置。

(8)重复(6)和(7)的操作 5 次,并读记每次测定的摆值。

单点测定的 5 个值中最大值与最小值的差值不得大于 3。如差值大于 3 时,应检查产生的原因,并再次重复上述各项操作,至符合规定为止。

取 5 次测定的平均值作为单点的路面抗滑值(即摆值 BPN_t),取整数。

(9)在测点位置上用温度计测记潮湿路表温度,准确至 1℃。

(10)每个测点由 3 个单点组成,即需按以上方法在同一测点处平行测定 3 次,以 3 次测定结果的平均值作为该测点的代表值(准确至 1)。3 个单点均应位于轮迹带上,单点间距离 3 ~ 5m。该测点的位置以中间单点的位置表示。

3.2 DF 摩擦系数测试仪

DF 摩擦系数测试仪由日本制造,与摆式仪相似,也是通过摩擦力做功使旋转动能损失来反算动态摩擦系数值。该仪器已被多个国家的研究者所注意,有逐渐被采用的趋势。DF 摩擦系数测试仪的特点是便于携带,可测试单采样点处 0 ~ 80km/h 范围内的摩擦系数值,但不适用于宏观构造较粗的路面。

上述两种设备简单便捷,但均为单点固定操作,采样频率低,且不适用于粗构造路面,因此在高速公路检测中应用较少。

3.3 摩擦系数测试系统

目前国际上通用的路面摩擦系数自动化测试系统主要有两类:一类是测定横向力摩擦系数,以英国的 SCRIM 为代表,广泛应用于欧洲国家;另一类是测定纵向摩擦系数,北美、欧洲和日本等国经常采用。上述设备有车载式和拖挂式两种,均需在湿态路面上进行测试。

(1)横向力摩擦系数测试系统

横向力摩擦系数测试设备的工作原理是:设定测试轮与行车方向成一定偏角,这样当车辆前进时就会产生一个同测试轮平面垂直的横向摩阻力,横向力由压力传感器测量,其大小与路面和轮胎之间的摩擦系数成正比,该横向力与测试轮承受垂直荷载的比值即为横向力系数 SFC(Side-way Force Coefficient)。为使测试状态与实际最不利状态相吻合,利用水箱喷头在测试轮前喷洒一定量的水,使路面保持一定厚度的水膜。在实际应用中,有的装备采用的是单轮偏角的形式(例如 SCRIM),如图 2-3-10 所示,还有一些装备采用的是双轮合角的形式(例如 Mu-Meter)。横向力系数 SFC 是路面纵横向摩擦系数的综合反应,能够很好地表征车辆制动时路面阻止其发生侧滑的抗力。英国、比利时和丹麦等国均规定将横向力系数 SFC 作为路面抗滑性能控制指标。表 2-3-11 中汇总了几种常见横向力系数测试装备的技术参数。

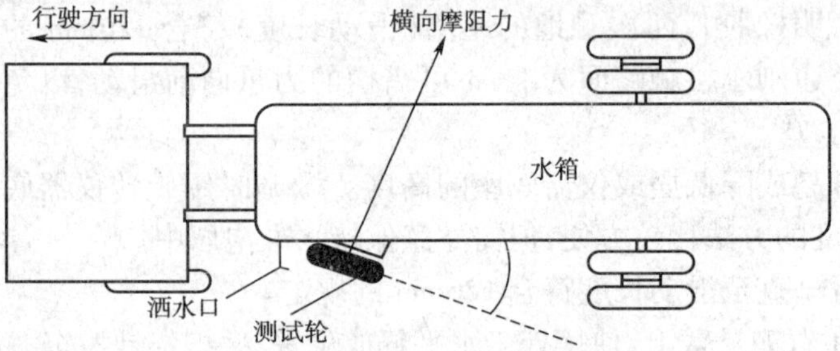

图 2-3-10　横向力系数测试系统工作原理

横向力系数检测装备的技术参数　　表 2-3-11

国家	测试装备	传感器	测试轮			洒水系统			标准测试速度(km/h)
			个数	轮荷(kN)	偏角(°)	容积(m^3)	洒水方式	水膜厚宽(mm)	
英国	SCRIM	液压式	1~2	2.0	20	5.5	自流	0.5~1.0	50~90
英国	Mu-Meter	液压式	1	2.0	7.5	专用水车	自流	1.0	64~96
比利时	Odoliograpbe	液压式	1	2.5	20	专用水车	自流	1.0	55~80
丹麦	Stradograf	应变式	2	2.5	12	4.4	压力泵	0.2	60

目前国内使用的横向力系数检测系统主要有英式装备和国产装备两种。图 2-3-11 所示为交通运输部公路科学研究院研制开发的横向力系数测试车(RiCS),它由承载车辆、横向力测试装置、供水装置和主控制系统组成。主控制系统实施对测试装置和供水装置的操作控制,同时由微机控制数据的传输、转换、存储与计算过程。

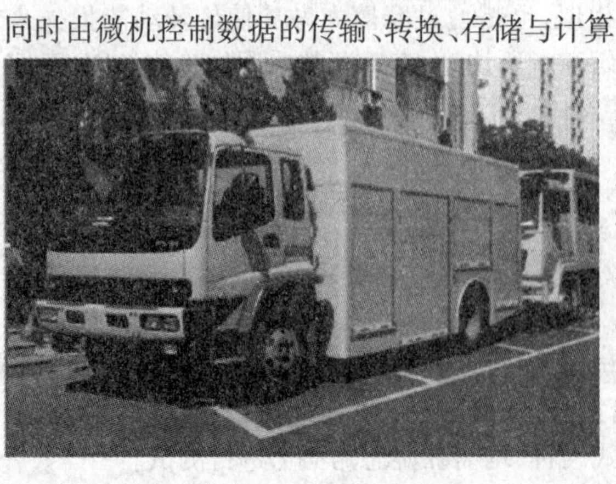

图 2-3-11　路面抗滑性能检测车(RiCS)

横向力系数检测车(RiCS)为高效自动化检测装备,能够对路面进行长距离连续测试,测速最高可达 80km/h,系统对横向力系数数据进行高密度(5m、10m 和 20m 间距)采集,检测结果可以直接导入路面管理系统(CPMS)数据库。上述特点使 RiCS 适应干线公路,特别是高速公路不封闭交通快速检测的要求,作为路面行驶安全性评价的一种重要检测设备,已被许多公路管理部门纳入检测标准体系。

(2)纵向摩擦系数测试系统

纵向摩擦系数测试系统的工作方式是使测试轮与车辆的前进方向保持一致,测定完全刹住或不完全刹住(规定滑移率)的测试轮上产生的纵向摩阻力和测试轮承受的竖向荷载,二者的比值即为纵向制动力摩擦系数 BFC(Braking Friction Coefficient)或滑移指数 SN(Slip Number)。由此可以反映出路面对车辆制动距离长短的影响。摩擦系数测试部件可以安装在车体上或者采用拖挂方式。这种测试方法的特点,是能在较宽速度范围内测试路段的平均摩擦系数,测试结果比较符合车辆实际刹车时的情况,并且不影响其他车辆的正常行驶。由于设备所携带的喷洒用水量较少,故一般仅适合于短距离或特殊路段(如机场道面)检测。此类代表性设备主要有瑞典的 SAAB ASFT、英国的 GripTester 以及美国的 ITX Friction Tester 等(表 2-3-12)。

常见纵向摩擦系数检测装备 表 2-3-12

开发国别	装备名称	装备类型	工作方式
瑞典	Skiddometer BV8	拖车式	制动轮,固定滑移率 20%
	Skiddometer BV11	拖车式	制动轮,固定滑移率 17%
	SAAB ASFT	内置式/拖车式	制动轮,固定滑移率 12%
英国	GripTester	拖车式	制动轮,固定滑移率 15%
丹麦	Dynatest Frction Tester	内置式	制动轮,固定滑移率 13%
		拖车式	制动轮,锁定
荷兰	RWL-Trailer	拖车式	制动轮,固定滑移率 86%
挪威	Norsemeter ROAR	拖车式	制动轮,可变滑移率
波兰	Skid Resistance Tester	拖车式	制动轮,锁定
法国	LCPC Skid Trailer Adhera	拖车式	制动轮,锁定
美国	ITX Friction Tester	拖车式	制动轮,锁定

3.4 路面纹理深度检测

路面抗滑性能通常被视为路面的表面特性,包括微观构造和宏观构造两方面。微观构造是指集料表面的粗糙度,它主要提供车辆低速行驶(30 ~ 50km/h)时的抗滑性能;宏观构造即路面纹理深度是路表外露集料间形成的构造,主要功能是使车轮下的路表水迅速排除,避免形成水膜,它在高速行车时起主要作用。

实践中经常采用铺砂法测量路面纹理深度的大小,通常有手工铺砂法和电动铺砂法两种,计算出纹理深度(TD),用以评价路面抗滑性能。应用激光技术测量路面纹理深度是近年发展起来的测试方法,常用设备为激光路面纹理测试仪,有车载式和手推式两种,测试指标为路面纹理深度 SMTD(Surface Mean Texture Depth)。

工作任务 6 路面结构强度检测

1 路面结构强度检测指标

路面弯沉是表示路面结构强度的一项重要指标。虽然国外路面弯沉检测设备和方法有所不同,但对弯沉基本概念的理解是相同的,弯沉一般定义为路面在车辆荷载作用下发生垂直下沉变形的位移量。根据检测时施加荷载方式的不同,路面弯沉又可分为静态弯沉和动态弯沉两种:利用贝克曼梁和自动弯沉仪等静态加载试验方法得到的是静态弯沉;利用落锤式弯沉仪、稳态动力弯沉仪和激光弯沉仪等动态加载试验方法得到的是动态弯沉。静态弯沉根据峰值数据采集方式的不同,又分为回弹弯沉和总弯沉。我国路面设计和养护标准所使用的弯沉指标应为静态回弹弯沉。

由于进行全面、系统和大规模的路面弯沉检测耗时耗力,而且不同地区的装备条件和技术能力(检测速度)也存在差异,因此《公路技术状况评定标准》(JTG H20—2007)对路面结构强度规定采用抽样检测与评定的方法,检测范围控制在养护里程的20%以内。公路管理机构应根据路面大中修养护需求和路基的地质条件等因素,确定路面弯沉的检测范围和检测位置。

2 路面弯沉检测设备

路面弯沉检测及分析技术是随着机械、电子、计算机和激光技术的发展而不断进步的,其发展阶段大致表现为3种测试方式:初级人工测试方式、机械自动化测试方式和高速激光测试方式。

弯沉检测的主要目的是要测量出路面在荷载作用下的垂直位移量。最初是利用横梁、百分表等简单工具,通过杠杆原理进行人工测量,这就是我们所熟知的贝克曼梁弯沉仪。为了降低劳动强度、提高测试效率、增加采样数据的准确性,法、英等国在计算机和电子技术发展的基础上于20世纪80年代研制出了自动弯沉仪,自动弯沉仪以位移传感器自动测试弯沉信号,通过工业微机设置程序控制测量机构自动运作。随着对路基路面结构和材料的不断研究,静态弯沉在路面结构设计和评价中存在着明显的局限性,为得到更符合路面结构和材料工作特性的动态弯沉,又开发出了落锤式弯沉仪(FWD),其动态弯沉测试信号通过位移传感器采集,数据准确性较高。随着交通量的增长,不影响交通正常运营的弯沉检测已经成为亟待解决的关键课题。根据最新资料显示,部分欧洲国家正在联合开发高速动态弯沉检测装备,将高科技的激光多普勒(Laser-Doppler)技术应用到路面弯沉检测领域中。

不同类型的路面弯沉检测设备,其技术原理不同,工作方式也不同。按照检测装置的施荷特性可以分为3类:静态弯沉检测、稳态动力弯沉检测和脉冲动力弯沉检测。按照工作方式可以分为2类:固定采样和行驶采样。

2.1 贝克曼梁弯沉仪

贝克曼梁弯沉仪是利用标准车对路面加载,通过百分表观测路面回弹弯沉,属于静态检测、固定采样。其工作原理简单、操作方便,在世界各国得到了广泛的应用,并积累了较为丰富的使用经验,但其亦存在以下几点不足之处:

(1)贝克曼梁弯沉值是相对于梁支点处的变形,对于半刚性基层路面,弯沉盆范围较大,支点变形导致测试结果失实;

(2)沥青路面的弹性系数与温度和荷载作用时间有密切关系,而贝克曼梁很难测定荷载的作用时间,弯沉精度往往会受到影响;

(3)测试车爬行速度下的静态弯沉与行车荷载作用下的动态弯沉存在一定差异;

(4)仅能测得单点最大弯沉值,难以准确获得反映路面结构强度和受力状况的弯沉盆形状和大小。

鉴于以上特点,贝克曼梁弯沉仪仅适用于低等级公路的养护管理,也可用于高等级公路的施工质量控制;但对于已经通车运营的高等级公路,贝克曼梁测试方法存在工作效率低和交通安全等诸多方面的问题,不适合使用。

2.2 自动弯沉仪

自动弯沉仪属于行驶采样、静态弯沉类检测设备,其基本工作原理与贝克曼梁相似,只是采用位移传感器代替了百分表进行自动测量,同时改变了前后测臂的长度比例。自动弯沉仪的测试结果为静态总弯沉,与回弹弯沉有一定区别,按照我国相关规范的要求,应与贝克曼梁进行对比试验,将测试结果换算为标准回弹弯沉。

自动弯沉仪由测试车辆、测量机构和数据采集处理系统3部分组成。车辆在测试时能够以3~7km/h的速度稳定行驶,控制系统根据事先在工业微机中设定的工作程序并通过光电管、牵引绞盘及导向机构等部件来自动操作下部测量机构的行走和测试过程,数据采集系统通过位移、温度和距离等传感器连续自动采集单侧或双侧测点的静态弯沉峰值、弯沉盆以及温度和距离等信号,经A/D数据转换程序将上述信号编译成标准数据文件记录在微机内供计算处理使用。

与贝克曼梁相比,自动弯沉仪采样频率及自动化程度高,可极大减轻操作人员的劳动强度;测量时车辆匀速行驶,各测点荷载作用时间均等,消除了作用时间不均造成的误差;同时检测数据与贝克曼梁测试结果还具有良好的相关性。由于自动弯沉仪所具有的优点,目前已经被频繁应用于高等级公路施工质量验收和养护管理过程中,可以在不封闭交通但采取必要安全措施的条件下进行高速公路的弯沉测试作业。

我国使用的自动弯沉仪原型是法国LCPC研制的洛克鲁瓦型(Lacroix Deflectgrap),英国TRL对其进行了改进,我国在国外设备的基础上进行了自主研发。图2-3-12为交通运输部公路科学研究院研制开发的自动弯沉仪。

2.3 稳态动力弯沉仪

稳态动力弯沉仪利用动荷载发生器对路面施加周期性荷载(通常为固定频率的正弦动荷载),通过在路面上沿荷载轴线相隔一定间距布置的一组速度传感器(检波器)测量路面表面的动弯沉盆曲线。此类弯沉仪的主要优点是:克服了静力弯沉仪的缺陷,应用了惯性基准点,测试精度、速度都有较大的提高。其缺点也比较明显:

图2-3-12 路面自动弯沉仪(ABB)

(1)为了保证施加振动荷载时仪器不跳离路面,仪器的自重必须大于动荷载,即需要较大的静力预载,这样在试验开始前就已经影响了路面材料的应力状态;

(2)施加的动荷载较小,不能反映实际行车荷载的作用。

稳态动力弯沉仪多产于美国,分为轻型(用于公路检测)和重型(用于机场检测)两种,常用装备有Dynaflect和Road Rater等。

2.4 落锤式弯沉仪

落锤式弯沉仪(FWD:Falling Weight Deflectometer)于20世纪70年代末由丹麦和瑞典研制成功,目前被世界各国广泛应用于动态弯沉检测和结构性能评价。落锤式弯沉仪主要由三部分组成,即液压冲击加载系统、信号采集系统和计算机操作控制系统。其工作原理为:电动液压装置将规定重量的落锤提升到预设高度后,使其自由下落到一缓冲装置上;再通过承载板

（直径 30cm 或 45cm）给路面施加近似半正弦的脉冲荷载，荷载脉冲由压力盒测量，持续时间 0.02 ~ 0.045s（相当于 40 ~ 60km/h 的行车速度），通过改变锤重（50 ~ 300kg）、落高（4 ~ 40cm）及缓冲垫等可以调节冲击荷载的大小及波形；利用沿荷载轴线布置的多道传感器（位移型或速度型）采集并记录下各测点在冲击荷载作用瞬间的动态变形信号；通过 A/D 转换器输入微机内进行运算，量测结果可以反映动态弯沉峰值和弯沉盆形状。

现有研究已经充分表明落锤式弯沉仪的优点是明显的：

（1）较好地模拟了行车荷载的作用，可快速准确测量路面的弯沉盆，为路面结构层模量反演提供了基础；

（2）荷载大小可调，可实测路面的荷载 ~ 弯沉关系；

（3）相比于稳态动力弯沉仪，落锤式弯沉仪的静力预载很小；

（4）数据采集系统克服了梁式弯沉仪参照系不稳定的缺点，可在整体刚度较大的高等级路面（包括刚性路面）及机场道面上进行弯沉测定。

因此，落锤式弯沉仪是目前公认的路面弯沉测试和结构性能评价的理想工具，但由于我国设计和养护技术规范是基于回弹弯沉值，因此落锤式弯沉仪在使用时必须与贝克曼梁进行对比试验。

落锤式弯沉仪在应用中遇到的另外一个问题是，当其在高速公路进行工作时由于需要经常定点停车而很难保证人员和设备的安全，因此落锤式弯沉仪虽然装备技术和测试指标非常先进，但在不封闭交通高速行车的路段测试具有局限性。

落锤式弯沉仪有车载式和拖挂式两种，代表产品有：丹麦的 Dynatest FWD、Carl Bro FWD 以及瑞典的 KUAB FWD 等。

3　弯沉检测设备标定

《公路技术状况评定标准》（JTG H20—2007）规定，路面弯沉检测宜采用具有可靠数据标定关系的自动化检测设备，检测结果应该能够换算成我国相关技术规范规定的回弹弯沉值。路面弯沉自动化检测设备必须定期标定，每年至少标定一次，标定的相关系数应大于 0.95。标定实验可以参照如下方法进行：

（1）选择标定路段

由于影响路面弯沉的因素众多，针对不同地区的每种路基路面结构都应该实施标定实验，每次标定实验所选择的实验路段应保证路基路面结构相同。一般选择无超高、无纵坡的 4 个平直路段，每个路段长度可为 300 ~ 500m。实验路段的弯沉值应分布于不同量级范围（如 0 ~ 30、30 ~ 80、80 ~ 200 及 200 以上）。实验路段的路面应保持清洁干燥，路面温度应控制在 10 ~ 35℃范围之内，并且试验时温度变化梯度不大，天气宜选择晴天无风条件，实验路段附近无重型交通或震动现象。

（2）标定步骤

按照正常现场测试步骤，令自动弯沉仪（或其他自动检测设备）进入选定的实验路段进行弯沉测试，每隔约 20m 标记一个测点位置。自动化设备测试完毕后，在每一个标记位置再采用贝克曼梁测试路面回弹弯沉值。

（3）标定方程

用数理统计的方法逐点对应进行回归分析，获得贝克曼梁测试结果和自动弯沉仪（或其他自动化设备）测试结果之间的回归方程，相关系数应大于 0.95。

工作任务7　路基、桥隧构造物和沿线设施状况调查

1　路基、桥隧构造物和沿线设施检测指标

根据《公路技术状况评定标准》(JTG H20—2007)的规定，路基状况调查分为路肩边沟不洁、路肩损坏、边坡坍塌、水毁冲沟、路基构造物损坏、路缘石缺损、路基沉降和排水系统淤塞等8类，据此计算路基技术状况指数(SCI)；桥隧构造物状况调查分为桥梁技术状况、隧道技术状况和涵洞技术状况3类，据此计算桥隧构造物技术状况指数(BCI)；沿线设施调查分为防护设施缺损、隔离栅损坏、标志缺损、标线缺损和绿化养护不善5类，据此计算沿线设施技术状况指数(TCI)。

桥隧构造物技术状况(BCI)评定所需数据是依据《公路桥涵养护规范》(JTG H11—2004)和《公路隧道养护技术规范》(JTG H12—2003)评定的技术等级。BCI评定的前提是桥梁、隧道和涵洞的技术等级评定数据准确、有效。如果桥梁、隧道和涵洞技术等级评定结果与现状有明显差别，或定期检测数据(1~3年)不能反映当前的技术现状，需要按照《公路桥涵养护规范》(JTG H11—2004)和《公路隧道养护技术规范》(JTG H12—2003)规定的方法更新检测数据和评定结果，然后再实施BCI评定。

2　路基、桥隧构造物和沿线设施检测方法与检测设备

目前世界各国还没有开发出用于路基、桥隧构造物和沿线设施检测的快速检测设备，因此这些项目主要是依靠人工检测；有条件的地区，还可以借助便携式路况数据采集仪(RCR)进行现场记录、汇总、计算与评定。

项目4　公路技术状况评价

工作任务1　公路技术状况评价(MQI)认知

《公路技术状况评定标准》(JTG H20—2007)要求评定路面、路基、桥隧构造物和沿线设施四部分公路资产的技术状况。公路技术状况评定的核心问题是,用何种指标及如何准确描述公路资产各组成部分的损坏状况和完好程度。

本项目在分析国外公路技术状况评价方法、回顾国内公路损坏评定指标的基础上,根据我国公路损坏类型,结合公路技术状况评定和公路养护管理的实际需要,提出了包含路面、路基、桥隧构造物和沿线设施的四大类公路技术状况评价指标和包含道路平整度、路面损坏、路面结构强度、路面抗滑性能及路面车辙的五类路面使用性能分项评价指标。

1　国外评价指标

公路评价技术的发展与公路检测技术、检测装备和养护管理需求密切相关。在20世纪60年代以前,路面数据主要依靠人工检测,路面使用性能评价多采用平整度离散度、裂缝度和车辙深度等统计指标。统计值的特点是直观但不同指标之间无法进行直接的比较分析。

20世纪60年代初期,美国实施了AASHO道路试验,提出了路面使用(服务)性能评价指标,建立了PSI(Present Serviceability Index)路面评价模型。PSI评价模型的建立标志世界范围路面使用性能评价技术研究的开始,对路面养护管理技术的发展有着深远的影响。在随后的20多年里,随着检测技术的进步、装备水平的提高和路面管理系统(PMS：Pavement Management System)的深入研究及广泛应用,许多国家(包括加拿大、英国、芬兰、法国、日本)和国际机构(世界银行)先后提出了不同的路面评价指标,建立了不同类型的路面评价模型。其中包括加拿大的行驶舒适性指数(RCI:Riding Comfort Index)、英国的道路状况指数(RCI:Road Condition Indicator)、日本的养护管理指数MCI(Maintenance Control Index)和美国军事机构开发的路面状况指数PCI(Pavement Condition Index),上述路面评价模型包含了多变量模型和单参数模型。为了总结国外公路技术状况评价技术及经验,本内容主要分析美国的PSI和PCI、日本的MCI和英国的RCI等几种典型的路面评价模型。

1.1　路面使用性能指数(PSI)

在世界公路管理史上,第一个路面使用性能评价模型是美国研究人员基于AASHO道路实验近10年的观测数据,于20世纪60年代中期提出的PSI路面服务性能指数。在随后的许多年里,根据AASHO实验结果和PSI模型结构及参数,许多国家和地区如加拿大、英国、日本等的研究部门分别建立了不同用途的路面使用性能评价模型。这些模型的共同特点是将客观数据与标准统一的评价尺度建立联系,利用统一的标尺评价不同的路面损坏。

路面服务性能指数PSI是AASHO道路实验的重要研究成果之一,也是在公路养护管理中采用专家技术建立路面评价模型的成功范例。在建立PSI模型时,研究人员把与公路有关、职业不同的各种评价人员，如道路建设人员、道路养护人员、汽车运输人员、汽车制造人员组织一个由多人组成的专家组。通过道路现场评价，确定每个实验路段的专家评价结果。在进行专家调查评价的同时，道路检测人员对实验路段的路面损坏进行调查与检测，随后用数学方法建立路面损坏与专家评价结果之间的数学关系，确定相关参数，形成路面服务能力指数 PSI，如式(2-4-1)。

$$PSI = 5.03 - 1.91\lg(1 + SV) - 0.01C + P - 0.21RD^2 \text{（沥青）} \quad (2\text{-}4\text{-}1)$$

$$PSI = 5.41 - 1.80\lg(1 + SV) - 0.05C + 3.3P \text{（水泥）} \quad (2\text{-}4\text{-}2)$$

式中：SV——轮迹处平整度离散度；

C——裂缝度（$m^2/1000m^2$）；

P——修补度（Patching）（$m^2/1000m^2$）；

RD——车辙深度（cm）。

式(2-4-1)和式(2-4-2)模型包含了 4 个可变参数，即平整度、表面裂缝、路面修补度和车辙。在四个路面评价影响因素中，路面裂缝与车辙占很小的比重，这两种因素的变化对 PSI 产生微小影响；相反，平整度(SV)对 PSI，尤其是当 SV 在 10 以下时影响显著。从模型参数（权重）看，PSI 模型实际上是与平整度主相关的行驶舒服性模型。

PSI 模型反映了 20 世纪 60 年代美国公路管理的技术条件、公路部门对不同路面损坏的重视程度及研究人员的建模思路。美国研究人员将当时所能检测到的所有指标（4 项参数）与 PSI 建立了联系，使 PSI 的评定结果能客观地反映路面的整体技术状况，但又无法确定哪项具体的指标导致了 PSI 评价结果变好或变坏。

1.2　养护管理（控制）指数（MCI）

日本道路协会（1978）根据 AASHO 的 PSI 建模方法，结合日本的路面损坏特点，去掉了路面修补度，将路面裂缝度换成路面裂缝率，标定了美国的 PSI 模型参数，形成了式(2-4-3)的 PSI 模型，并提升为日本的道路养护技术规范指标。

$$PSI = 4.53 - 0.518\lg S - 0.371C - 0.174D^2 \quad (2\text{-}4\text{-}3)$$

式中：S——纵向平整度标准偏差（mm）；

C——裂缝率（%）；

D——车辙深度（cm）。

与美国 PSI 相反，日本 PSI 模型重视路面裂缝和路面车辙，道路平整度仅占较轻的比重。日本模型反映了 20 世纪 70 年代末期日本路面的技术状况和公路管理部门所重视的主要因素。

日本建设省土木研究所研究员（饭岛等，1981）在参考美国和日本 PSI 基础上，研究开发了养护管理（控制）指数 MCI（Maintenance Control Index）。与美国 PSI 不同，饭岛等组建的专家组是由道路管理人员组成的，现场评价的目的也仅考虑道路平整度、路面裂缝率和路面车辙对道路养护管理和养护需求的影响。通过 3 年 138 个道路试验路段的数据观测，共取得了 1808 组试验数据，利用这些数据经过数学统计处理，得到了式(2-4-4)～式(2-4-7)的 MCI 路面评价模型。

$$MCI = 10 - 1.48C^{0.3} - 0.29D^{0.7} - 0.47\sigma^{0.2} \quad (2\text{-}4\text{-}4)$$

$$MCI_0 = 10 - 1.51C^{0.3} - 0.30D^{0.7} \quad (2\text{-}4\text{-}5)$$

$$MCI_1 = 10 - 2.23C^{0.3} \quad (2\text{-}4\text{-}6)$$

$$MCI_2 = 10 - 0.54D^{0.7} \quad (2\text{-}4\text{-}7)$$

式中：MCI——养护管理指数（0～10）；

C——裂缝率（%）；

D——车辙深度（mm）；

σ——平整度（mm）。

日本 MCI 模型由 4 种关系组成，按照饭岛等的解释，多个关系模型的联合使用能使评价结果更接近于道路的实际状况。

在日本 MCI 的模型中，道路平整度占很小比重，其影响效果与日本道路养护技术规范的 PSI 基本相似，因此去掉式（2-4-5）的平整度参数认为是合理的。在特殊路段上如单项指标突出时，采用式（2-4-6）或式（2-4-7）会得出更合理的评价结果。日本 MCI 考虑了多种关系模型以求准确处理不同的路面状况，同时也给应用带来了混乱。日本的 MCI 模型是美国 PSI 建模思路的延续，但也包含了些模糊不定的创新意识：将路面损坏因素分离开来，用单变量构建路面评价模型。

桥本（1986）研究建立了单因素的行驶舒适性指数 RCI（Riding Comfort Index）[式（2-4-8）]，从而弥补日本 MCI 模型不充分反映道路平整度对道路用户的影响。日本 RCI 模型是一个典型的单因素路面评价模型，缺陷是当平整度大于一定的数值时，RCI 会给出不合理评价结果。

$$RCI = 10 - 1.70\sigma \quad (2\text{-}4\text{-}8)$$

式中：RCI——舒适性指数；

σ——平整度（mm）。

1.3 路面状况指数（PCI）

以上模型的共同特点是，用回归技术建立路况指标与专家评价的直接关系。实际上用专家法建模还有另一种方法，即扣分法。这种方法为美国军队工程研究实验室首先采用。用扣分法建立的路面状况评价模型 PCI（Pavement Condition Index）实际上是一种单因素非线性关系模型，如式（2-4-9）。PCI 模型考虑了每种损坏的损坏扣分和重复损坏影响。

$$PCI = 100 - \sum_{i=1}^{p}\sum_{j=1}^{m(i)} a(T_i, S_j, D_{ij})F(t,q) \quad (2\text{-}4\text{-}9)$$

式中：PCI——路面状况指数；

a——破损类型 T_i、严重程度 S_j 及损坏密度 D_{ij} 时的扣分值；

i——破损类型；

j——严重程度；

p——总破损类型；

$m(i)$——第 i 种破坏的损坏数量；

$F(t,q)$——重复损坏修正系数。

PCI 模型的扣分值和单项重复损坏修正系数（0～1.0）是根据专家经验确定的，好处是能够精确地计量和确定由多种损坏所导致的总体损坏程度，问题是必须准确取得不同损坏的扣分值和相关重复损坏修正系数。

1.4 道路状况指数（RCI）

英国路况检测评定规范（Roads Board，2007）采用基于 SCANNER Surveys 的道路状况指数 RCI（Road Condition Indicator）多参数评定模型，来描述英国公路网的路面使用性能。

道路状况指数 RCI 是一个综合指数，为了计算 RCI 需要采用 SCANNER Surveys 快速检测技术及设备检测如下路面数据：

(1)3m 和 10m 纵断面平整度的行驶质量数据；

(2)左右车辙深度；

(3)路面纹理深度；

(4)车道裂缝率(Cracking Intensity)；

(5)轮迹处裂缝率。

英国 SCANNER 为上述检测指标各规定了下限和上限 2 个标准值。检测数据低于下限时表示路面完好、不需要养护;高于上限时表示进一步的路面损坏不会增加 RCI 评价结果;在下限和上限之间,RCI 呈线性变化。

根据上述各项指标检测数据,以 10m 为单位,分别计算各检测指标的 RCI(0 ~ 100)值,各 RCI 计算结果与规定的检测指标权重(Relevance)和可信性因数(Reliability factors)相乘并累加得到 10m 分路段的综合 RCI：

$$\mathrm{RCI} = \sum_{i=1}^{5} \mathrm{RCI}_i W_i F_i \tag{2-4-10}$$

式中：RCI——道路状况指数；

RCI_i——第 i 类检测指标的道路状况指数；

W_i——检测指标权重；

F_i——可信性因数。

根据综合 RCI 评价结果,通过算术平均,可计算区间、路线及公路网的道路状况指数 RCI。根据 RCI 评价结果,英国路况检测评定规范将路面使用性能划分为绿(GREEN)、黄(AMBER)、红(RED)三种状态,分别代表路面使用性能完好、路面有损坏需要详细检测、路面损坏严重需要立即养护。

检测指标的下限、上限、权重和可信性因数都是基于公路工程师的经验确定的。上述标准和参数需要定期(每年)修正,所有标准值及参数都在英国运输部(DfT)网站上公布。

基于 SCANNER Surveys 的道路状况指数 RCI,是带有明显养护决策性质的路面评价模型。在建模方法上,较前几种方法更先进一步,基于经验的模型参数可方便地定期更新与维护,以满足不断变化的公路技术状况评价和公路养护管理需要。假如 RCI 模型参数和标准能少些对工程师经验的依赖、多些对公路网技术状况统计数据的联系,英国的这种建模方法将是值得借鉴。

2　国内评价指标

2.1　我国早期的路面评价模型

20 世纪 80 年代末期,在国外文献分析的基础上,交通运输部公路科学研究(院)所根据我国沥青路面的损坏特点,先后在河北和浙江等省市有关地区选择了实验路段、实施了路况调查和专家评价,采集了行驶舒适性和路面损坏等数据。虽然实验仅研究了道路平整度和路面破坏率两个因素,但由于存在多种模型结构,因此在确定模型形式之前,对上述试验数据进行了分类分析,设定了各种函数形式,分别对其进行单项分析,最后选择了相关性较好的 $\mathrm{DR}^{0.33}$ 和 $[\lg(1+\mathrm{BI})]^{8.49}$ 为模型变量,建立了式(2-4-11)的路面评价模型(潘等,1990)。式(2-4-11)是我国早期建立的路面评价模型,模型结构深受美国 PSI 的影响。

$$PCI = 10 - a_1 DR^{0.33} - a_2[\lg(1 + BI)]^{8.49} \tag{2-4-11}$$

式中:PCI——路面状况指数;

DR——路面破坏率(%);

BI——道路平整度(颠簸累积仪检测数据)(mm/km);

a_1——模型参数,取0.73;

a_2——模型参数,取0.0000422;

DR——路面破损率。

河北路面评价实验同时对单向指标也进行了数据调查和模型研究,分别建立了路面破损率与专家评价及道路平整度与行驶舒适性的关系模型,见式(2-4-12)和式(2-4-13)。

$$PCI = 10 - a_3 DR^{0.33} \tag{2-4-12}$$

$$PCI = 10 - a_4[\lg(1 + BI)]^{8.49} \tag{2-4-13}$$

式中:a_3——模型参数,取2.21;

a_4——模型参数,取0.0000541。

浙江的路面评价模型及参数见式(2-4-14)~式(2-4-17)。

$$PCI = 11.5 - a_1 DR - a_2 \times [\lg(1 + BI)]^{7.47} \tag{2-4-14}$$

$$PCI = 10 - a_3 DR^{0.25} \tag{2-4-15}$$

$$PCI = 10 - a_4[\lg(1 + BI)]^{7.47} \tag{2-4-16}$$

$$IRI = a_5 BI^{0.729} \tag{2-4-17}$$

式中:IRI——国际平整度指数(m/km);

a_1——模型参数,取2.52;

a_2——模型参数,取0.00016;

a_3——模型参数,取3.20;

a_4——模型参数,取0.000277;

a_5——模型参数,取0.0179。

2.2 路面管理系统(CPMS)评价模型

我国早期建立的PCI路面评价模型,既包含路面破损指标DR又包含行驶舒适性指标BI,在概念上存在模糊性。为此,路面管理系统CPMS(Pan,1999)及《公路养护技术规范》(交通部,1996,2001)采用了更清晰直接的分项指标建模方法,见式(2-4-18)和式(2-4-19)。

$$PCI = 100 - a_1 DR^{a_2} \tag{2-4-18}$$

$$RQI = 11.5 - a_3 IRI \tag{2-4-19}$$

式中:RQI——行驶舒适性指数(Riding Quality Index);

a_1——模型参数,取15.0;

a_2——模型参数,取0.412;

a_3——模型参数,取0.75。

为了修正RQI模型在结构上的缺陷(当IRI>16时RQI评价结果为负值),根据路面管理系统(CPMS)二期工程(山东)研究成果,提出了式(2-4-20)行驶舒适性模型,同时也实现了与PCI评价模型在值域上的统一(0~100)。

$$RQI = \frac{100}{1 + a_1 \mathrm{Exp}(a_2 IRI)} \tag{2-4-20}$$

式中：a_1——模型参数，取0.0185；

a_2——模型参数，取0.437。

路面管理系统（CPMS）二期工程（山东）研究成果（潘，1997）提出了路面结构强度评价模型[式(2-4-21)]，将路面结构强度系数SSI与PCI和RQI实现了量纲一致。

$$PSSI = \frac{100}{1 + a_1 \mathrm{Exp}(a_2 SSI)} \tag{2-4-21}$$

式中：PSSI——路面结构强度指数（0～100）；

SSI——路面结构强度系数；

a_1——模型参数，取15.71；

a_2——模型参数，取－5.19。

为了研究公路养护质量评定方法，在大量观测实验的基础上，李等（2004）将基于横向力系数的路面抗滑性能检测指标SFC与SRI（抗滑性能指数，0～100）建立了关系式（2-4-22），从而使所有路面使用性能指标有了统一的评价尺度。

$$SRI = \frac{100 - SRI_{min}}{1 + a_1 \mathrm{Exp}(a_2 SFC)} + SRI_{min} \tag{2-4-22}$$

式中：SRI——路面抗滑性能指数；

SFC——横向力系数；

SRI_{min}——抗滑性能限值，采用25；

a_1——标定系数，采用266.0；

a_2——标定系数，采用－0.139。

2.3 基于快速检测技术及装备的评价模型

在高速公路普遍使用以前，我国的车辙现象并不严重，少量的路面车辙一般通过2m直尺人工确定。《公路沥青路面养护技术规范》（JTJ 073.2—2001）将路面车辙与路面裂缝、坑槽等损坏视为同一类损坏类型，按面积（车辙长度×0.4m）和权重，通过路面破损率指标DR反映其对路面使用性能衰变的影响。

日积月累的渠化重载交通使高速公路和一级公路普遍显现了车辙，并且传统的人工检测手段无法满足不停车路面车辙检测的要求。因此，高速公路和一级公路路面车辙检测必须采用快速检测技术及设备。

路况快速检测技术及设备（潘，2007）能够以较高的检测密度、检测频率和车流速度快速采集大量的路面横断面数据。由于路面横断面数据易于采集而且路面车辙已经成为我国高速公路和一级公路的主要病害类型之一，为此李（2007）在系统分析我国路面车辙发生机理、损坏现状的基础上，通过对大量观测数据的研究，提出了式（2-4-23）的路面车辙评价模型RDI。

$$RDI = \begin{cases} 100 - a_0 RD & RD \leqslant RD_a \\ 60 - a_1(RD - RD_a) & RD_a < RD \leqslant RD_b \\ 0 & RD > RD_b \end{cases} \tag{2-4-23}$$

式中：RDI——路面车辙深度指数；

RD——车辙深度（mm）；

RD_a——强制性养护标准，采用20mm；

RD_b——车辙深度极值，采用35mm；

a_0——模型系数（$a_0 = 2$）；

a_1——模型系数($a_1=4$)。

路面损坏、道路平整度、路面车辙、抗滑性能和路面结构强度的评价结果,通过 w 权重累加,得到路面总体使用性能评价结果 PQI[式(2-4-24)]。

$$PQI = w_1 PCI + w_2 RQI + w_3 RDI + w_4 SRI + w_5 PPSI \tag{2-4-24}$$

式中:PQI——路面使用性能指数;

w_i——路面分项指标权重系数。

式(2-4-24)的路面使用性能评价模型 PQI 包含了比英国 RCI 模型更多的因素,但分项指标间的处理方法基本类同,不同的是 RCI 将路面的各分项指标也用 RCI 表示。英国 RCI 模型不考虑抗滑性能和路面结构强度因素,是因为在网级公路技术状况评定中,SCANNER Suerveys 不检测和评价这两项指标。

3 MQI 指标体系

20 世纪 60 年代以来,国内外对公路评价技术的研究重点集中在路面使用性能上,研究的因素主要包括路面损坏、道路平整度、路面车辙、抗滑性能和路面结构强度;研究的背景则主要出于路面使用性能评定和路面养护管理尤其是路面管理系统应用的需要。

由于路面损坏、道路平整度、路面车辙、抗滑性能和路面结构强度等指标具有不同的值域,直接使用上述指标值不便于路面使用性能评定和公路养护管理,因此国内外几乎所有的路面评价模型均将上述指标与 0~5、0~10 或 0~100 的评价尺度联系起来,使各项指标的评价结果变得易于理解和容易掌握。

我国有 20 多年路面管理系统(CPMS)研究的基础,有系列的、具有统一评价尺度(0~100)的评价模型。因此,在《公路技术状况评定标准》(JTG H20—2007)中,对路面使用性能的评定可充分利用路面管理系统(CPMS)评价模型的研究成果,将路面使用性能用 PQI 表示,分项指标分别用 PCI、RQI、RDI、SRI 和 PSSI 表示。

国内外少有对路基、沿线设施等技术状况评定的文献资料。为了满足《公路技术状况评定标准》(JTG H20—2007)对路基、桥隧构造物和沿线设施技术状况评定的需要,根据"项目一的工作任务二,公路损坏分类与识别"的路基、桥隧构造物和沿线设施损坏分类,依据 PQI 建模的基本方法,分别建立了值域为 0~100 的路基状况指数 SCI、桥隧构造物指数 BCI 和沿线设施指数 TCI(李,2004)。总体公路技术状况用公路技术状况指数 MQI 表示(图 2-4-1)。

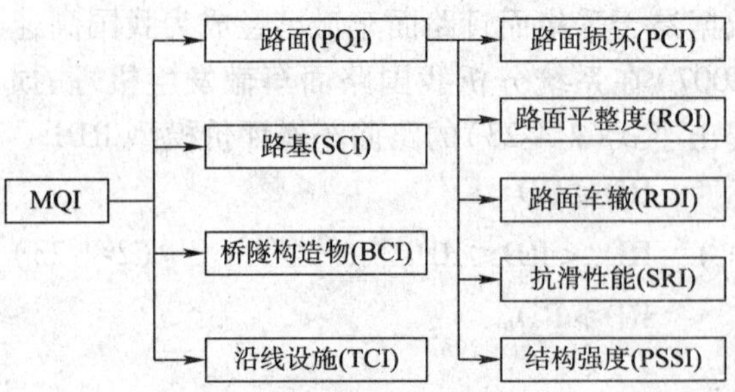

图 2-4-1 公路技术状况评价指标体系

图中:MQI——公路技术状况指数;

PQI——路面使用性能指数(Pavement Quality or Performance Index);

SCI——路基技术状况指数(Subgrade Condition Index);

BCI——桥隧构造物技术状况指数(Bridge, Tunnel and Culvert Condition Index);

TCI——沿线设施技术状况指数(Traffic-facility Condition Index)。

公路技术状况指数(MQI)包括路面(PQI)、路基(SCI)、桥隧构造物(BCI)、沿线设施(TCI)四项指标。其中路面(PQI)包含路面损坏(PCI)、道路平整度(RQI)、路面车辙(RDI)、抗滑性能(SRI)和路面结构强度(PSSI)五个分项指标。共四大项五小项,各项指标的值域均为(0、100),分别代表理论上的最差和最好的路面使用性能或技术状况。

工作任务2　路面使用性能评价(PQI)

公路技术状况评定的关键技术是评价模型构造的科学性、模型参数选取的合理性和评价方法的适应性。

为了提高公路技术状况评定技术的科学性和先进性,在充分考虑我国现实公路养护管理水平、检测手段、装备条件和发展方向情况下,《公路技术状况评定标准》(JTG H20—2007)吸收了国家重点科技攻关项目、国家重点新技术推广项目、交通运输部及交通运输部西部交通建设科技项目等的研究成果,引进了基于新型检测技术及装备的评价模型和评定方法。

《公路技术状况评定标准》(JTG H20—2007)评价模型的参数选取,参考了我国重要的科研成果和公路实验结果,考虑了不同公路等级、路面类型、地区条件和装备水平等因素差异,力图通过模型结构的科学性和模型参数的合理性设计,使公路技术状况评价模型能适应我国不同省市、不同公路的技术状况评定工作,使评定结果科学、严谨并且能客观地代表公路的真实技术状况。

在此,主要讨论公路评价模型及参数的技术来源及背景。

1　公路技术状况评价(MQI)

公路技术状况,用式(2-4-25)所示的公路技术状况指数(MQI)描述和表示。

$$MQI = w_{PQI}PQI + w_{SCI}SCI + w_{BCI}BCI + w_{TCI}TCI \tag{2-4-25}$$

式中:w_{PQI}——路面使用性能(PQI)在MQI中的权重,取值为0.70;

w_{SCI}——路基技术状况(SCI)在MQI中的权重,取值为0.08;

w_{BCI}——桥隧构造物技术状况(BCI)在MQI中的权重,取值为0.12;

w_{TCI}——沿线设施技术状况(TCI)在MQI中的权重,取值为0.10。

公路技术状况指数(MQI)包含路面使用性能、路基技术状况、桥隧构造物技术状况和沿线设施技术状况四部分内容。上述四部分无论在内容还是在属性上都有本质的差别,将属性不同的四部分内容结合在一起用一个指标表示,完全出于管理上对公路技术状况整体评价的需要。

利用MQI评价公路技术状况的基础是基本评定单元(路段),《公路技术状况评定标准》(JTG H20—2007)规定MQI的基本评定单元为1000m,取1000m是为了将公路技术状况评定与我国各级公路较为完善的里程桩系统结合起来,充分利用已有公路养护与管理的定位资源,使MQI的数据检测与技术状况评定有可靠的参照系统。有条件的省市,也可以将线性里程桩参照系统与大地坐标定位系统(GPS)结合起来,使MQI评定路段的位置更精确。

我国许多省市的国(省)道,尤其是高速公路已经使用了路面管理系统(CPMS)(潘,1998)。为了节省管理资源,把公路技术状况评定工作与CPMS公路养护决策工作有效衔接,应将MQI评定路段的长度与CPMS管理路段划分结合起来。在确定MQI评定路段长度时,应处理好路面类型、交通量、路面宽度和养管单位变化处的非整桩号路段;在上述因素的变化处,MQI基本评定单元的长度不受1000m限制,但路段长度应遵守一般不小于100m、不大于2000m的管理规定。

路面是公路技术状况评价的核心内容,而且也只有路面部分的各项技术指标能被快速、准确和自动化地采集。路面在国外许多国家的公路养护管理工作中占有70%以上的比重,几十年来,国内外研究机构的主要兴趣是对不断发展的路面检测技术及装备的研究与开发。《公路技术状况评定标准》(JTG H20—2007)将路面使用性能(PQI)比重[式(2-4-25)的权重系数]确定为0.70(70%)也是基于上述各种因素决定的。将路基状况(SCI)、桥隧构造物状况(BCI)和沿线设施状况(TCI)的权重分别设为0.08、0.12和0.10的依据是国内外文献分析、国内道路实验和专家调查的结果。

2 路面使用性能评价(PQI)

路面的使用性能,要用路面表面损坏状况、路面修补状况、道路平整度、路面车辙、路面抗滑性能、表面纹理深度和路面结构强度等多项技术指标综合表述。一项指标很难全面地描述路面的使用性能,但是从检评工作的效率、效益和部分指标间的关联性考虑,也没有必要检测与评价所有可能的技术指标。

《公路技术状况评定标准》(JTG H20—2007)对不同类型的路面,规定了不同的技术指标。其中,沥青路面采用了路面损坏、道路平整度、路面车辙、抗滑性能和结构强度五项技术指标;水泥混凝土路面采用了路面损坏、道路平整度和抗滑性能三项技术指标;砂石路面只采用了路面损坏一项技术指标。所有指标通过路面使用性能指数(PQI)[模型见式(2-4-26),参数见表2-4-1]汇总在一起,反映路面的整体使用性能。

$$PQI = w_{PCI}PCI + w_{RQI}RQI + w_{RDI}RDI + w_{SRI}SRI \tag{2-4-26}$$

式中:w_{PCI}——路面损坏(PCI)在PQI中的权重;

w_{RQI}——道路平整度(行驶质量,RQI)在PQI中的权重;

w_{RDI}——路面车辙(RDI)在PQI中的权重;

w_{SRI}——路面抗滑性能(SRI)在PQI中的权重。

PQI分项指标权重 表2-4-1

路面类型	权　重	高速公路、一级公路	二、三、四级公路
沥青路面	w_{PCI}	0.35	0.60
	w_{RQI}	0.40	0.40
	w_{RDI}	0.15	—
	w_{SRI}	0.10	—
水泥混凝土路面	w_{PCI}	0.50	0.60
	w_{RQI}	0.40	0.40
	w_{SRI}	0.10	—

尽管国外许多国家也采用综合指数描述路面使用性能,但综合指数所包含的技术指标和内容却不尽相同,这是由于不同的国家有不同的管理需要和装备水平。英国有SCANNER Surveys I(Roads Board,2007)规定的快速检测技术及装备,因此在其RCI中,英国管理部门只考虑路面表面技术指标(道路平整度、路面车辙、路面裂缝损坏和纹理深度)而忽略了路面结构强度指标和基于横向力系数的抗滑指标。RCI是网级公路技术状况评定指标,为了快速得到整个公路网的评定资料,英国规定网级公路技术状况检测只能用满足SCANNER Surveys技术要求的设备,这种设备的特点是以车流速度同时检测所有规定的路面表面技术指标(包括路面纹理深度),并且检测精度满足英国运输研究所(TRL)质量测试要求。英国在网级路面技术状

况评定中省略了路面结构强度并不意味着在英国不需要检测路面结构强度指标，路面结构强度指标是英国项目级路面大中修养护设计的重要依据之一。

我国在《公路技术状况评定标准》（JTG H20—2007）中，将路面结构强度定为抽样评定指标，单独计算与评定，评定范围根据路面大中修养护需求、路基的地质条件等因素由公路管理部门自行确定。

路面抗滑性能对路面行车安全的影响历来都是受关注的焦点问题。由于没有成熟的路面抗滑性能与路面纹理深度的关系模型，《公路技术状况评定标准》（JTG H20—2007）在PQI中采用了基于横向力系数（SFC）的路面抗滑性能指数（SRI）。横向力系数（SFC）需要利用大型检测设备独立检测，由于不能与路面表面损坏指标一起检测，由此增加了路面检测装备配置与检测的成本。为了控制横向力系数（SFC）的检评成本，《公路技术状况评定标准》（JTG H20—2007）规定仅检评高速公路和一级公路，并且将检测周期定为两年一次。

2.1 路面损坏状况评价（PCI）

路面损坏包括裂缝、坑槽、沉陷和松散等各种表面破坏和损伤。路面表面各种类型的损坏通过其对路面使用性能的影响程度加权累积计算换算损坏面积，换算损坏面积与调查面积之比（路面破损率），可直接用来衡量路面的损坏状态，也可通过路面损坏状况指数（PCI）来评价路面表面的技术状况，见式（2-4-27）和式（2-4-28）。

$$\mathrm{PCI} = 100 - a_0 \mathrm{DR}^{a_1} \qquad (2\text{-}4\text{-}27)$$

$$\mathrm{DR} = 100 \times \frac{\sum_{i=1}^{i_0} w_i A_i}{A} \qquad (2\text{-}4\text{-}28)$$

式中：DR——路面破损率（Pavement Distress Ratio），为各种损坏的折合损坏面积之和与路面调查面积之百分比（%）；

A_i——第i类路面损坏的面积（m^2）；

A——调查的路面面积（调查长度与有效路面宽度之积，m^2）；

w_i——第i类路面损坏的权重，沥青路面按表2-4-2取值，水泥混凝土路面按表2-4-3取值，砂石路面按表2-4-4取值；

a_0——沥青路面采用15.00，水泥混凝土路面采用10.66，砂石路面采用10.10；

a_1——沥青路面采用0.412，水泥混凝土路面采用0.461，砂石路面采用0.487；

i——考虑损坏程度（轻、中、重）的第i项路面损坏类型；

i_0——包含损坏程度（轻、中、重）的损坏类型总数，沥青路面取21，水泥混凝土路面取20，砂石路面取6。

沥青路面损坏类型和权重 表2-4-2

类型(i)	损坏名称	损坏程度	权重(w_i)	计量单位
1	龟裂	轻	0.6	面积m^2
2		中	0.8	
3		重	1.0	
4	块状裂缝	轻	0.6	面积m^2
5		重	0.8	
6	纵向裂缝	轻	0.6	长度m (影响宽度:0.2m)
7		重	1.0	

续上表

类型(i)	损坏名称	损坏程度	权重(w_i)	计量单位
8 9	横向裂缝	轻 重	0.6 1.0	长度 m (影响宽度:0.2m)
10 11	坑槽	轻 重	0.8 1.0	面积 m^2
12 13	松散	轻 重	0.6 1.0	面积 m^2
14 15	沉陷	轻 重	0.6 1.0	面积 m^2
16 17	路面车辙	轻 重	0.6 1.0	长度 m (影响宽度:0.4m)
18 19	波浪拥包	轻 重	0.6 1.0	面积 m^2
20	泛油		0.2	面积 m^2
21	修补		0.1	面积 m^2

水泥混凝土路面损坏类型和权重 表 2-4-3

类型(i)	损坏名称	损坏程度	权重(w_i)	计量单位
1 2	破碎板	轻 重	0.8 1.0	面积 m^2
3 4 5	裂缝	轻 中 重	0.6 0.8 1.0	长度 m (影响宽度:1.0m)
6 7 8	板角断裂	轻 中 重	0.6 0.8 1.0	面积 m^2
9 10	错台	轻 重	0.6 1.0	长度 m (影响宽度:1.0m)
11	唧泥		1.0	长度 m (影响宽度:1.0m)
12 13 14	边角剥落	轻 中 重	0.6 0.8 1.0	长度 m (影响宽度:1.0m)
15 16	接缝料损坏	轻 重	0.4 0.6	长度 m (影响宽度:1.0m)
17	坑洞		1.0	面积 m^2
18	拱起		1.0	面积 m^2
19	露骨		0.3	面积 m^2
20	修补		0.1	面积 m^2

砂石路面损坏类型和权重 表 2-4-4

类型(i)	损坏名称	权重(w_i)	计量单位
1	路拱不适	0.1	长度 m (影响宽度:3.0m)
2	沉陷	0.8	面积 m^2
3	波浪搓板	1.0	面积 m^2
4	路面车辙	1.0	长度 m (影响宽度:0.4m)
5	坑槽	1.0	面积 m^2
6	露骨	0.8	面积 m^2

沥青路面、水泥混凝土路面和砂石路面损坏状况评价模型(PCI)具有相同的模型结构和变量(DR),但是采用了不同的模型参数。

不同类型的路面有不同的损坏类型、不同的模型参数及由此产生的不同路面损坏状况评价结果。图 2-4-2 是沥青路面、水泥混凝土路面和砂石路面,路面损坏状况评价模型的比较结果。从图 2-4-2 曲线看出,相对水泥混凝土路面和砂石路面,路面破损率对沥青路面有更大程度的影响,但是影响程度不会随着破损率的增加而明显增大。

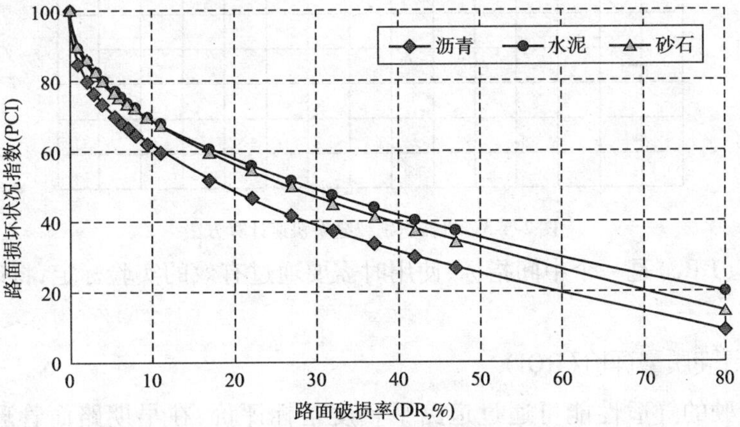

图 2-4-2 路面损坏状况评价模型比较

表 2-4-5 给出了路面损坏状况指数(PCI)与路面破损率(DR)特征数值的对照关系。

PCI-DR 对应关系 表 2-4-5

PCI	90	80	70	60
$DR_{沥青路面}$	0.4	2.0	5.5	11.0
$DR_{水泥路面}$	0.8	4.0	9.5	18.0
$DR_{砂石路面}$	1.0	4.0	9.5	17.0

路面损坏数据可用传统的方法人工调查,也可以通过交通运输部科研投资开发的多功能“路况快速检测系统(CiCS)”等快速检测设备自动检测。采用自动化快速检测设备检测沥青路面和水泥混凝土路面表面损坏时,从效率和效益角度考虑,必须使用如“路面损坏识别系统(CiAS)”等的机器自动识别技术及软件。

机器识别时,应采用式(2-4-29)的计算方法,式(2-4-29)定义了一个新的路面损坏评价指标,即路面裂缝率。路面裂缝率被定义为路面裂缝(包括坑槽)损坏的影响面积(长度×影响宽度)与调查的路面面积之百分比。

$$DR_c = 100\frac{N_c}{N} \tag{2-4-29}$$

式中：DR_c——路面裂缝率(%)；

N_c——路面裂缝(坑槽)影响面积(m^2)；

N——调查的路面面积(m^2)。

在英国等西方国家，路面裂缝的影响面积也可通过图2-4-3的网格法确定(Roads Board, 2007)。假设检测路面由连续的网格组成，网格大小取决于检测设备的分辨能力和对软件的识别能力，一般在5cm×5cm～20cm×20cm之间。在网格面积给定的情况下，只要确定含有路面裂缝的网格数就可计算路面裂缝率。

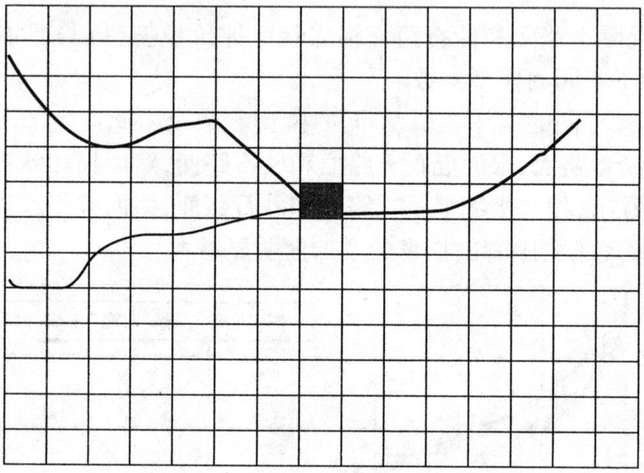

图2-4-3 机器识别裂缝率快速计算方法

路面裂缝率(DRc)是一个中间指标，使用时需要通过有效的实验标定，将裂缝率转换成路面破损率。

2.2 路面行驶质量评价(RQI)

公路车辆行驶的舒适性能可通过道路平整度指标评价，在早期路面管理系统研究的时候，研究人员建立了道路平整度与行驶舒适性的关系，提出了路面行驶质量指数(RQI)模型[式(2-4-30)，图2-4-4]。

$$RQI = \frac{100}{1 + a_0 e^{a_1 IRI}} \tag{2-4-30}$$

式中：IRI——国际道路平整度指数(International Roughness Index, m/km)；

a_0——高速公路和一级公路采用0.026，其他等级公路采用0.0185；

a_1——高速公路和一级公路采用0.65，其他等级公路采用0.58。

公路的用户对不同等级的公路有不同的行驶舒适性(行驶质量)要求和期望。《公路技术状况评定标准》(JTG H20—2007)根据公路实验和统计数据，分别为高速公路(包括一级公路)和普通公路确定了不同的RQI模型参数。

在《高速公路养护质量检评方法(试行)》(交通部，2002)中，IRI 4.0m/km和IRI6.0m/km分别被定义为优(RQI 90)和良(RQI 80)。随着我国公路管理技术的不断进步和公路养护技术能力的逐渐提高，《公路技术状况评定标准》(JTG H20—2007)将优(RQI 90)和良(RQI 80)对应的道路平整度分别提高到IRI 2.3m/km和3.5m/km(高速公路、一级公路)和IRI3.0m/km

和4.5m/km(普通公路)。调整后的行驶质量评价模型(RQI)在一定程度上反映了我国公路路面铺筑技术的进步和公路用户对道路平整度期望水平的提高。RQI 与 IRI 对应关系见表2-4-6。

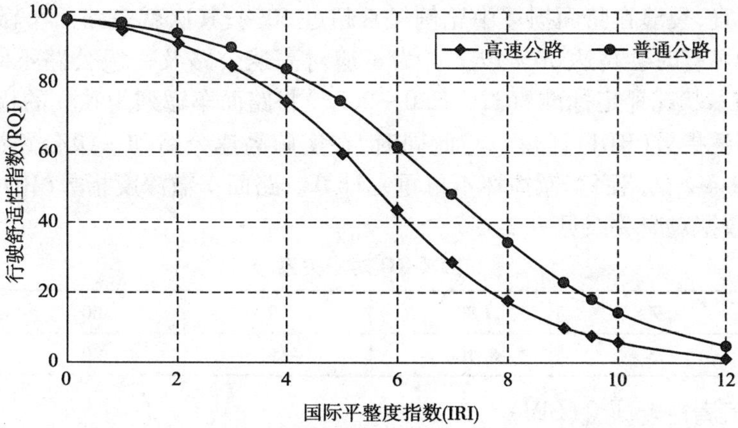

图2-4-4　行驶舒适性模型比较

RQI-IRI 对应关系　表2-4-6

RQI	90	80	70	60
IRI(高速公路、一级公路)	2.3	3.5	4.3	5.0
IRI(其他等级公路)	3.0	4.5	5.4	6.2

2.3　路面车辙评价(RDI)

路面车辙损坏用路面车辙深度指数(RDI)评价[式(2-4-31),图2-4-5]。

$$RDI = \begin{cases} 100 - a_0 RD & (RD \leqslant RD_a) \\ 60 - a_1 (RD - RD_a) & (RD_a < RD \leqslant RD_b) \\ 0 & (RD > RD_b) \end{cases} \tag{2-4-31}$$

式中:RD——路面车辙深度(Rutting Depth,mm);

RD_a——路面车辙深度参数,采用20mm;

RD_b——路面车辙深度限值,采用35mm;

a_0——模型参数,采用2.0;

a_1——模型参数,采用4.0。

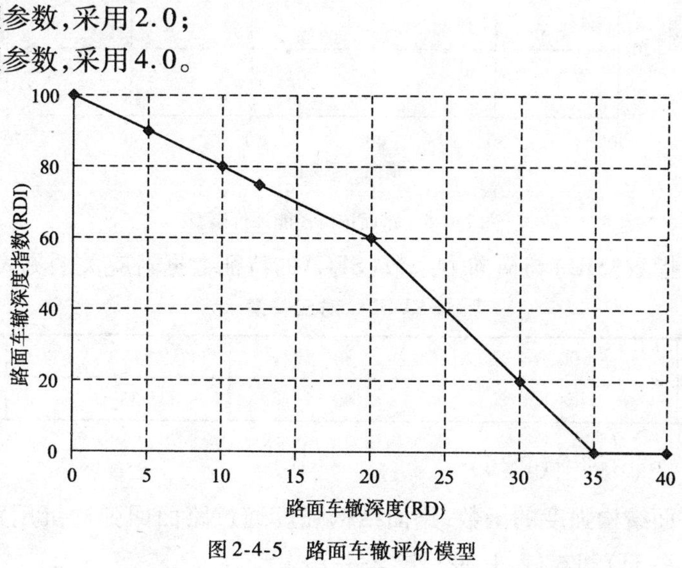

图2-4-5　路面车辙评价模型

路面车辙是路面损坏的一种特殊类型，随着重载交通的快速增长和渠化作用，路面车辙已经成为我国高速公路和一级公路路面损坏的主要形式之一。根据对我国部分省市高速公路路面损坏类型的调查，裂缝在路面损坏中比例经常超过60%；其次就是路面车辙损坏，在某些公路上路面车辙损坏有时会高达30%以上。为了应对高速公路及一级公路不断出现的路面车辙问题，《公路技术状况评定标准》(JTG H20—2007)将路面车辙列为独立的检测指标，路面车辙用路面车辙深度指数(RDI)评价。与此同时，在实施高速公路和一级公路沥青路面技术状况评定时，对表2-4-2的路面车辙损坏不再重复计算。路面车辙深度指数(RDI)与路面车辙深度(RD)的特征数据对应关系见表2-4-7。

RDI-RD 对应关系 表2-4-7

RDI	90	80	70	60	0
RD(mm)	5	10	15	20	35

2.4 路面抗滑性能评价(SRI)

路面的抗滑性能直接影响公路车辆的行车安全性。路面抗滑性能用路面抗滑性能指数(SRI)评价，按式(2-4-32)计算，模型结构见图2-4-6。

$$SRI = \frac{100 - SRI_{min}}{1 + a_0 e^{a_1 SFC}} + SRI_{min} \tag{2-4-32}$$

式中：SFC——横向力系数(Side-way Force Coefficient)；

SRI_{min}——标定参数，采用35.0；

a_0——模型参数，采用28.6；

a_1——模型参数，采用 -0.105。

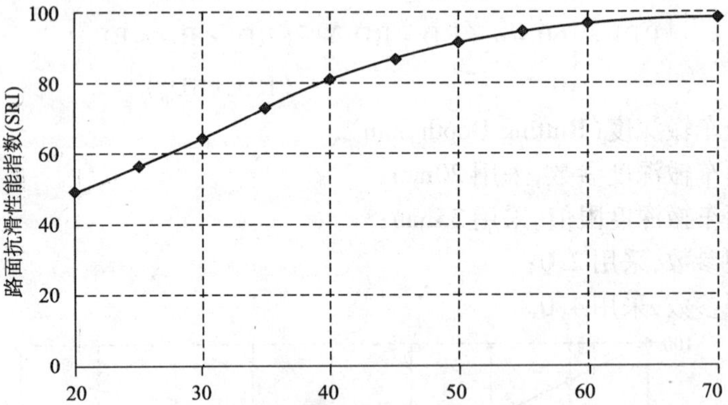

图2-4-6 路面抗滑性能评价模型

路面抗滑性能指数(SRI)与横向力系数(SFC)的特征数据对应关系见表2-4-8。

SRI-SFC 对应关系 表2-4-8

SRI	90	80	70	60
SFC	48	40	33.5	27.5

2.5 路面结构强度评价(PSSI)

路面弯沉是路面结构强度的函数，路面结构强度通过路面回弹弯沉用路面结构强度指数(PSSI)评价[式(2-4-33)和式(2-4-34)，图2-4-7]。

$$PSSI=\frac{100}{1+a_0e^{a_1SSI}} \tag{2-4-33}$$

$$SSI=\frac{l_d}{l_0} \tag{2-4-34}$$

式中：SSI——路面结构强度系数，为路面设计弯沉与实测代表弯沉之比；

l_d——路面设计弯沉(mm)；

l_0——实测代表弯沉(mm)；

a_0——模型参数，采用15.71；

a_1——模型参数，采用-5.19。

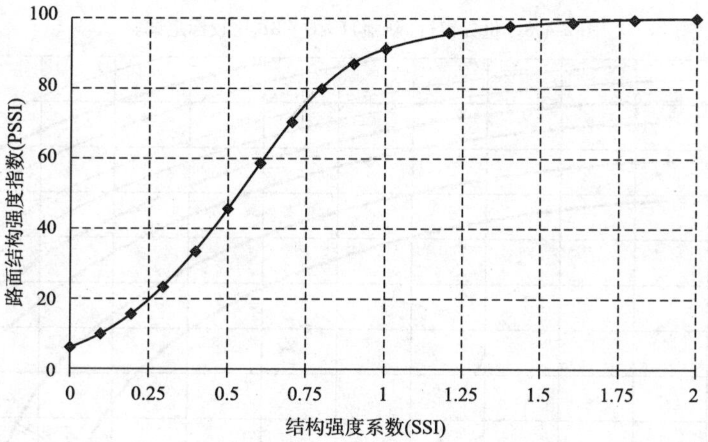

图2-4-7　路面结构强度评价模型

《公路技术状况评定标准》(JTG H20—2007)规定用抽样检测的方法评定路面结构强度。抽样评定的主要依据是交通运输部西部交通建设科技项目“沥青路面快速检测及养护技术的研究”科研成果之一，即路面结构强度概率预测方法及模型。另外，不同省市的装备条件及检测能力有很大差异，全面、大规模的路面弯沉检测在同一个最不利季节内实施也有一定的技术困难。

在路面弯沉、路面损坏、道路平整度、抗滑性能和路面车辙5个路面技术指标中，路面结构强度(弯沉)最难检测。现有的检测技术及装备速度慢、效率低，而且不同检测装备之间往往不存在有效、可靠的转换关系。例如，路面自动弯沉仪的检测速度仅为3~7km/h；而大量的实验数据证明，落锤式弯沉仪(FWD)与贝克曼梁(BB)之间又存在着不稳定的相关关系。图2-4-8为新疆公路局为世界银行实施的大规模FWD-BB道路标定的试验结果，所有实验路段的平均相关系数只有0.67左右，无法满足《公路技术状况评定标准》(JTG H20—2007)对95%相关系数的最低要求。

慢速、低效的路面弯沉检测装备不适应大规模网级路面的弯沉检测要求。为了解决公路技术状况评定中的路面弯沉评价问题，依托西部交通建设科技项目，在深入分析国内外文献的基础上，通过大量检测数据的结构强度概率分布(图2-4-9)研究，发现了路面结构强度足够概率随着道路平整度和路面损坏程度增加而有规律减少的规律，提出了路面结构强度预测方法，建立了路面结构强度预测模型(图2-4-10)。

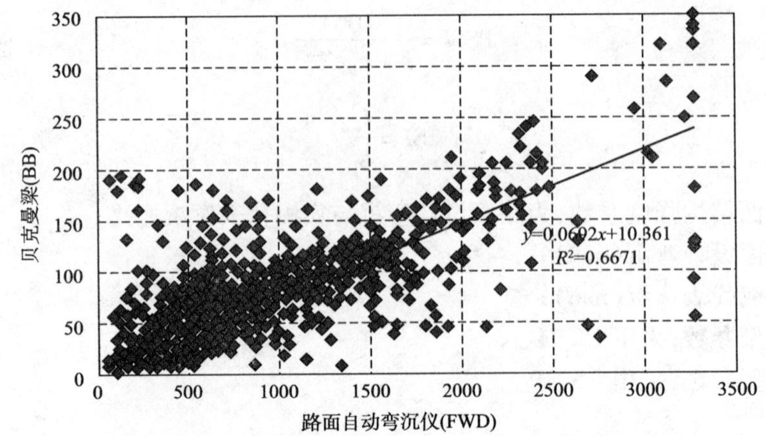

图 2-4-8　世界银行(新疆)FWD - BB 比较标定试验

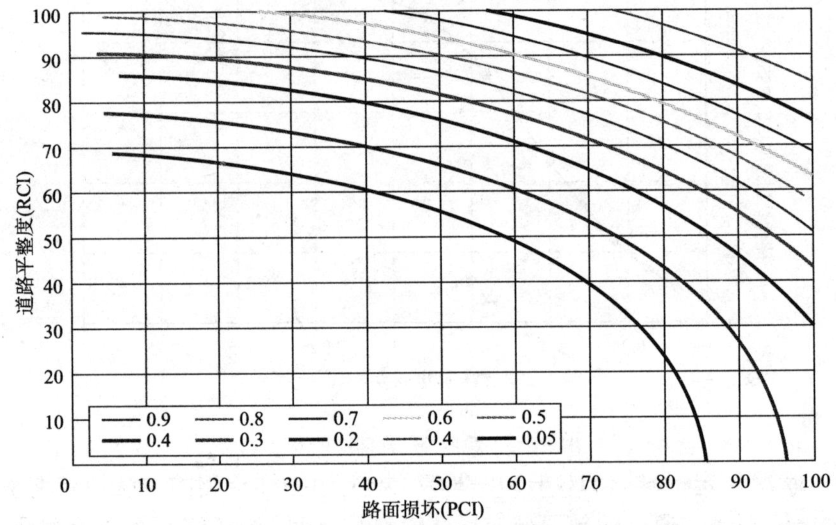

图 2-4-9　路面结构强度概率分布曲线

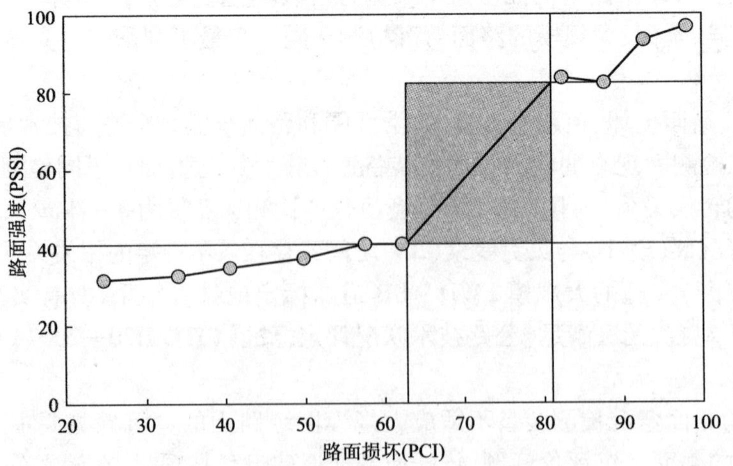

图 2-4-10　PSSI 和 PCI(RQI)关系模型

由于路面结构强度足够的概率可通过路面损坏状况(PCI)和道路平整度(RQI)估计，在网级路面使用性能评价时，只需要定期检测路面损坏状况和道路平整度两项指标，就可完成包含结构强度在内的路面使用性能评定。关键指标的减少,意味着可节省大量的装备配置费用和弯沉检测费用。为此,公路管理机构或经营企业可根据路面大中修养护需求、路基的地质条件(如软土、高填方路段)等因素,确定以路面大中修养护为目的的路面弯沉详细检测的范围,并且检测范围宜控制在20%之内,即弯沉检测应控制在路面大中修养护的范围之内,网级路面使用性能评定不一定需要路面结构强度检测数据。

工作任务3 路基状况评价(SCI)

路基技术状况用路基技术状况指数(SCI)评价,按式(2-4-35)计算。

$$SCI = \sum_{i=1}^{s} w_i (100 - GD_{iSCI}) \qquad (2\text{-}4\text{-}35)$$

式中:GD_{iSCI}——第 i 类路基损坏的总扣分(Global Deduction),最高分值为100,按表2-4-9的规定计算;

w_i——第 i 类路基损坏的权重,按表2-4-9取值;

i——路基损坏类型。

路基损坏扣分标准 表2-4-9

类型(i)	损坏名称	损坏程度	计量单位	单位扣分	权重(w_i)
1	路肩边沟不洁	—	m	0.5	0.05
2	路肩损坏	轻	m^2	1	0.10
		重		2	
3	边坡坍塌	轻	处	20	0.25
		中		30	
		重		50	
4	水毁冲沟	轻	处	20	0.25
		中		30	
		重		50	
5	路基构造物损坏	轻	处	20	0.10
		中		30	
		重		50	
6	路缘石缺损		m	4	0.05
7	路基沉降	轻	处	20	0.10
		中		30	
		重		50	
8	排水系统淤塞	轻	m	1	0.10
		重	处	20	

在路基损坏中,不同的路基损坏类型会对路基损坏和公路运营产生不同的影响效果。为了反映不同类型损坏的影响程度,《公路技术状况评定标准》(JTG H20—2007)在路基(包括沿线设施)中引进了权重参数。SCI(包括BCI和TCI)损坏扣分值确定的主要依据是抽样调查和专家调查。

工作任务4　桥隧构造物状况评价

桥梁、隧道和涵洞技术状况用桥隧构造物技术状况指数(BCI)评价,按式(2-4-36)计算。

$$BCI = \min(100 - GD_{iBCI}) \tag{2-4-36}$$

式中:GD_{iBCI}——第 i 类构造物损坏的总扣分,最高分值100,按表2-4-10的规定计算;

i——构造物类型(桥梁、隧道或涵洞)。

桥隧构造物扣分标准　　表2-4-10

类型(i)	项　目	技术状况评定等级	计量单位	单位扣分	备　注
1	桥梁	一、二	座	0	采用《公路桥涵养护规范》(JTG H11—2004)的评定方法,五类桥梁所属路段的MQI=0
		三		40	
		四		70	
		五		100	
2	隧道	S:无异常	座	0	采用《公路隧道养护技术规范》(JTG H12—2003)的评定方法,危险隧道所属路段的MQI=0
		B:有异常		50	
		A:有危险		100	
3	涵洞	好、较好	道	0	采用《公路桥涵养护规范》(JTG H11—2004)的评定方法,危险涵洞所属路段的MQI=0
		较差		40	
		差		70	
		危险		100	

桥隧构造物技术状况评定内容包括桥梁、隧道和涵洞,所需数据为《公路桥涵养护规范》(JTG H11—2004)和《公路隧道养护技术规范》(JTG H12—2003)评定的技术等级。桥隧构造物技术状况(BCI)评定的前提是桥梁、隧道和涵洞技术等级评定数据有效且准确。如果桥梁、隧道和涵洞技术等级评定结果与实际情况有明显差别,或定期检测数据(1~3年)不能反映当前的技术状况,BCI评定数据应按《公路桥涵养护规范》(JTG H11—2004)和《公路隧道养护技术规范》(JTG H12—2003)规定方法,重新检测,更新评定结果,然后再作BCI评定。

工作任务5　沿线设施状况评价

沿线设施技术状况用沿线设施技术状况指数(TCI)评价,按式(2-4-37)计算。

$$TCI = \sum_{i=1}^{5} w_i (100 - GD_{iTCI}) \tag{2-4-37}$$

式中:GD_{iTCI}——第 i 类设施损坏的总扣分,最高分值为100,按表2-4-11的规定计算;

w_i——第 i 类设施损坏的权重,按表2-4-11取值;

i——设施的损坏类型。

沿线设施扣分标准　　表2-4-11

类型(i)	损坏名称	损坏程度	计量单位	单位扣分	权重(w_i)	备　注
1	防护设施缺损	轻	处	10	0.25	
		重		30		

续上表

类型(i)	损坏名称	损坏程度	计量单位	单位扣分	权重(w_i)	备注
2	隔离栅损坏		处	20	0.10	
3	标志缺损		处	20	0.25	
4	标线缺损		m	0.1	0.20	每10m扣1分,不足10m以10m计
5	绿化管护不善		m	0.1	0.20	

工作任务6 公路技术状况评定

1 公路技术状况评定标准

评价标准和评价等级是公路技术状况评定的关键。标准值及其与评价等级的关系涉及许多因素,既有管理上使用的方便性要求,也需要考虑技术上的可行性和合理性。研究人员在确定《公路技术状况评定标准》(JTG H20—2007)标准值、评价等级及标准值与评价等级之间的关系时,参考了交通运输部有关的技术标准与规范,如《公路水泥混凝土路面养护技术规范》(JTJ 073.1—2001)、《公路沥青路面养护技术规范》(JTJ 073.2—2001),我国已有的科研成果、道路实验结果、专家调查结果、公路检测数据的统计结果,同时也参考了大量的国际文献。

为了统一各项指标的评价标准,使各项指标、各级标准有明确的定义和尺度,研究人员为每项技术指标定义了如表2-4-12(RDI)所示的标准尺度。

标准及评价等级定义 表2-4-12

评价等级	评价指标 RDI	标准定义
优	≥90	路面几乎无车辙;路面行驶舒适,或有非路面车辙因素引起的行驶不舒适感;路表无积水可能,不会影响行车安全性
良	80~90	路面车辙较轻微,深度一般10mm;有路面车辙因素引起的轻微行驶不舒适感;路表有轻度辙槽积水条件
中	70~80	路面有明显车辙存在,车辙深度一般小于15mm;有路面车辙因素引起的较强行驶不舒适感;路表有明显辙槽积水条件,易于发生漂滑或侧滑,需要考虑养护
次	60~70	路面车辙深度较深,一般小于20mm;有路面车辙因素引起的强烈行驶不舒适感;路表有较深积水的条件,容易发生漂滑或侧滑,需要立即养护
差	<60	路面车辙深,大于200mm;因路面车辙引起车辆严重颠簸,雨天车辆行驶危险,容易发生漂滑或侧滑,需要立刻养护

在不断研究、实验、模拟和试点应用的基础上,《公路技术状况评定标准》(JTG H20—2007)将公路技术状况分为优、良、中、次、差五个等级,并给出表2-4-13所示的MQI及各级分项指标的评价标准和对应关系。由于公路技术状况评定标准与经济条件及养护费用的充足程度有直接关系,理论上每一个省市都应该有自己的标准值,比如东部地区的评价标准为PCI 95为优,而西部地区则可能PCI 90为优。

公路技术状况评定标准 表 2-4-13

评价等级	优	良	中	次	差
各级分项指标	MQI≥90	80≤MQI<90	70≤MQI<80	60≤MQI<70	MQI<60

2 公路技术状况等级评定

评定路段技术状况 MQI 时，用式(2-4-25)计算，结果按表 2-4-14 汇总。对非整公里的路段，为了使评定结果具有可比性，除 PQI 外，其余的 SCI、BCI 和 TCI 三项指标实际扣分均应换算成整公里值(扣分×基本评定单元长度/实际路段长度)，然后再计算 SCI、BCI 和 TCI。桥隧构造物评价结果(BCI)计入桥隧构造物所属路段。存在五类桥梁、危险隧道、危险涵洞的路段，MQI=0。

公路技术状况评定明细表 表 2-4-14

路线名称： 技术等级： 路面类型： 检测方向： 年 月 日

路段桩号	长度(m)	MQI	路面 PQI	路面分项指标					路基 SCI	桥隧构造物 BCI	沿线设施 TCI
				PCI	RQI	RDI	SRI	PSSI			

第 页 总 页

注：表中 PSSI 为抽样评定指标。

评定路线技术状况 MQI 时，应采用路线所包含的所有路段 MQI 算术平均值作为该路线的 MQI 值。《公路技术状况评定标准》(JTG H20—2007)规定先按上、下行分别统计 MQI；然后将上、下行结果的平均值作为路线 MQI 评定结果。

按表 2-4-12 的规定确定公路技术状况等级，评定结果按表 2-4-15 的格式统计 MQI 及分项指标的优、良、中、次、差的长度及比例；按表 2-4-16 和表 2-4-17 的格式统计普通公路和高速公路 MQI 及分项指标评定结果。

公路技术状况评定汇总表

表 2-4-15

年　月　日

<table>
<tr><td colspan="7">基　本　信　息</td></tr>
<tr><td>所属省市</td><td colspan="6"></td></tr>
<tr><td>路线名称(编码)</td><td colspan="6"></td></tr>
<tr><td>技术等级</td><td colspan="6"></td></tr>
<tr><td>路面类型</td><td colspan="6"></td></tr>
<tr><td>评定长度(km)</td><td colspan="6"></td></tr>
<tr><td>养管单位</td><td colspan="6"></td></tr>
<tr><td>主管单位</td><td colspan="6"></td></tr>
<tr><td>平均 MQI</td><td colspan="2"></td><td colspan="2">评定等级</td><td colspan="2"></td></tr>
<tr><td>平均 MQI(上行)</td><td colspan="2"></td><td colspan="2">评定等级(上行)</td><td colspan="2"></td></tr>
<tr><td>平均 MQI(下行)</td><td colspan="2"></td><td colspan="2">评定等级(下行)</td><td colspan="2"></td></tr>
<tr><td>上行评定长度(km)</td><td colspan="2"></td><td colspan="2">下行评定长度(km)</td><td colspan="2"></td></tr>
<tr><td colspan="7">统　计　信　息</td></tr>
<tr><td rowspan="2">类别</td><td colspan="2">上、下行</td><td colspan="2">上　行</td><td colspan="2">下　行</td></tr>
<tr><td>长度(km)</td><td>比例(%)</td><td>长度(km)</td><td>比例(%)</td><td>长度(km)</td><td>比例(%)</td></tr>
<tr><td>MQI(优、良)
MQI(中)
MQI(次、差)</td><td></td><td></td><td></td><td></td><td></td><td></td></tr>
<tr><td>PQI(优、良)
PQI(中)
PQI(次、差)</td><td></td><td></td><td></td><td></td><td></td><td></td></tr>
<tr><td>SCI(优、良)
SCI(中)
SCI(次、差)</td><td></td><td></td><td></td><td></td><td></td><td></td></tr>
<tr><td>BCI(优、良)
BCI(中)
BCI(次、差)</td><td></td><td></td><td></td><td></td><td></td><td></td></tr>
<tr><td>TCI(优、良)
TCI(中)
TCI(次、差)</td><td></td><td></td><td></td><td></td><td></td><td></td></tr>
</table>

第　页　总　页

普通公路技术状况统计表

表 2-4-16

项目		编号	列养里程（km）	实际评定里程（km）						优良路率（%）	评定结果
				合计	优等路	良等路	中等路	次等路	差等路		
甲		乙	1	2	3	4	5	6	7	8	9
MQI	总计	1									
	国道	2									
	省道	3									
	县道	4									
	乡道	5									
	村道	6									
	专用公路	7									
路面（PQI）	总计	8									
	国道	9									
	省道	10									
	县道	11									
	乡道	12									
	村道	13									
	专用公路	14									
路基（SCI）	总计	15									
	国道	16									
	省道	17									
	县道	18									
	乡道	19									
	村道	20									
	专用公路	21									
桥隧构造物（BCI）	总计	22									
	国道	23									
	省道	24									
	县道	25									
	乡道	26									
	村道	27									
	专用公路	28									
沿线设施（TCI）	总计	29									
	国道	30									
	省道	31									
	县道	32									
	乡道	33									
	村道	34									
	专用公路	35									

填报单位：　　　　　　填报人：　　　　　　填报日期：

高速公路技术状况统计表　　　　表 2-4-17

项　目				编号	评定里程（km）	评定结果					评级里程（km）					优良路率（%）
						MQI	PQI	SCI	BCI	TCI	优等路	良等路	中等路	次等路	差等路	
甲				乙	1	2	3	4	5	6	7	8	9	10	11	12
总计				1												
路线编号	路线名称	桩号区间	前进方向													
			上下行	2												
			上行	3												
			下行	4												
			上下行	5												
			上行	6												
			下行	7												
			上下行	8												
			上行	9												
			下行	10												
			上下行	11												
			上行	12												
			下行	13												
			上下行	14												
			上行	15												
			下行	16												
			上下行	17												
			上行	18												
			下行	19												

填报单位：　　　　填报人：　　　　填报日期：

案例3　公路技术状况评定案例

1　工程概况

安阳至南乐高速公路是河南省高速公路网南乐—安阳—林州高速公路的一部分，向西可延伸至山西长治，向东可至山东聊城，是河南省高速公路的重要组成部分。安南高速公路西起点位于安阳市东南，与安林高速公路起点相接，终点位于濮阳市南乐西南，设大广（南乐）枢纽互通式立交，与大广高速公路相接，路线沿线所经主要城镇：安阳市的文峰区、安阳县、内黄县，濮阳市的清丰县、南乐县，路线全长 64.392km。

本项目施工图设计依据交通行业标准《公路工程技术标准》（JTG B01—2003）及河南省《高速公路设计技术要求》（DB 41/T419—2005），按双向六车道高速公路设计，设计速度为

120km/h，其中：行车道宽度 2×3×3.75m，中央分隔带 2.0m，左侧路缘带 2×0.75m，右侧路缘带 2×0.50m，土路肩 2×0.50m。平曲线一般最小半径为 3000m，不设超高的最小平曲线半径为 5500m，最大纵坡 2%，最短坡长为 400m，凸形竖曲线一般最小半径为 16000m，凹形竖曲线一般最小半径为 12000m。

路基宽度 28m，全线均为填方路基，除填高小于 2m 的路段采用分散排水外，其余路段均为集中排水。互通式立交收费广场为水泥混凝土路面（水泥混凝土面板厚 26cm），其他均为沥青混凝土路面。主线路面结构采用 4cm 细粒式改性沥青混凝土 +6cm 中粒式沥青混凝土 +8cm粗粒式沥青混凝土 +36cm 水泥稳定碎石 +18cm 水泥稳定碎石。路面设计标准轴载 BZZ-100。桥梁设计荷载：公路—Ⅰ级的 1.3 倍。桥面净宽：净 12.88m，涵洞、通道的长度满足路基宽度设计要求，设计洪水频率为 1/100，地震基本烈度为Ⅶ度。

2 项目任务

2.1 工作任务

郑州开源公路工程技术有限公司试验检测中心受濮鹤高速公路管理处委托，于 2010 年 11 月 1 日至 2010 年 11 月 30 日对安南高速公路（K35+000～K97+522，全长 62.522km）进行了沥青混凝土路面破损检测和行车道平整度、车辙、抗滑性能检测。

2.2 工作依据

（1）合同文件；

（2）《公路技术状况评定标准》（JTG H20—2007）；

（3）《公路工程质量检验评定标准》（JTG F80/1—2012）；

（4）《公路路基路面现场测试规程》（JTG E60—2008）。

2.3 检评指标

沥青路面损坏分 11 类 21 项。

（1）龟裂

轻：初期裂缝，裂区无变形、无散落，缝细，主要裂缝宽度在 2mm 以下，主要裂缝块度在 0.2～0.5m 之间，损坏按面积计算。

中：龟裂的发展期，龟裂状态明显，裂缝区有轻度散落或轻度变形，主要裂缝宽度在 2～5mm 之间，部分裂缝块度小于 0.2m，损坏按面积计算。

重：龟裂特征显著，裂块较小，裂缝区变形明显、散落严重，主要裂缝宽度大于 5mm，大部分裂缝块度小于 0.2m，损坏按面积计算。

（2）块状裂缝

轻：缝细，裂缝区无散落，裂缝宽度在 3mm 以内，大部分裂缝块度大于 1.0m，损坏按面积计算。

重：缝宽，裂缝区有散落，裂缝宽度在 3mm 以上，主要裂缝块度在 0.5～1.0m 之间，损坏按面积计算。

（3）纵向裂缝

纵向裂缝是与行车方向基本平行的裂缝。

轻：缝细，裂缝壁无散落或有轻微散落，无支缝或有少量支缝，裂缝宽度在 3mm 以内；损坏按长度(m)计算,检测结果要用影响宽度(0.2m)换算成面积。

重:缝宽,裂缝壁有散落、有支缝,主要裂缝宽度大于3mm,损坏按长度(m)计算,检测结果要用影响宽度(0.2m)换算成面积。

(4)横向裂缝

横向裂缝是与行车方向基本垂直的裂缝。

轻:缝细,裂缝壁无散落或有轻微散落,裂缝宽度在3mm以内,损坏按长度(m)计算,检测结果要用影响宽度(0.2m)换算成面积。

重:缝宽,裂缝贯通整个路面,裂缝壁有散落并伴有少量支缝,主要裂缝宽度大于3mm,损坏按长度(m)计算,检测结果要用影响宽度(0.2m)换算成面积。

(5)坑槽

轻:坑浅,有效坑槽面积在0.1m^2以内(约0.3m×0.3m),损坏按面积计算。

重:坑深,有效坑槽面积大于0.1m^2(约0.3m×0.3m),损坏按面积计算。

(6)松散

轻:路面细集料散失、脱皮、麻面等表面损坏,损坏按面积计算。

重:路面粗集料散失、脱皮、麻面、露骨,表面剥落、有小坑洞,损坏按面积计算。

(7)沉陷

沉陷是大于10mm的路面局部下沉。

轻:深度在10~25mm之间,正常行车无明显感觉,损坏按面积计算。

重:深度大于25mm,正常行车有明显感觉,损坏按面积计算。

(8)车辙

车辙是轮迹处深度大于10mm的纵向带状凹槽(辙槽)。

轻:辙槽浅,深度在10~15mm之间,损坏按长度(m)计算,检测结果要用影响宽度(0.4m)换算成面积。

重:辙槽深,深度15mm以上,损坏按长度(m)计算,检测结果要用影响宽度(0.4m)换算成面积。

(9)波浪拥包

轻:波峰波谷高差小,高差在10~25mm之间,损坏按面积计算。

重:波峰波谷高差大,高差大于25mm,损坏按面积计算。

(10)泛油

泛油指路面沥青被挤出或表面被沥青膜覆盖形成发亮的薄油层。损坏按面积计算。

(11)修补

龟裂、坑槽、松散、沉陷、车辙等的修补面积或修补影响面积[裂缝修补按长度(m)计算,影响宽度为0.2m]。

2.4 人员配备和仪器设备

2.4.1 检测人员配置

公司检测中心成立安南高速公路检测组,由总经理任总队长,针对各检测项目进行人员的分组分工。检测组由试验检测中心选调经验丰富、技术实力较强的人员组成,全体检测人员均具有试验检测工程师资格或硕士研究生学历。项目检测前期多次召开检测项目方案会,将工作分组分工到每个人,详细制订工作计划,为安南高速公路检测项目的顺利实施提供有力保障。各项检测人员安排及主要设备配备,如表 2-4-18 所示。

工 作 分 组 　　　　表 2-4-18

检 测 项 目		检 测 方 法	检测项目分组	人 员 组 成
路面损坏检测	上行	人工检测	A1	都敬丽、李志真、吕帅昌
			A2	尚云东、李鹏、张丽娟
	下行	人工检测	B1	刘伟、席雅敏、潘威
			B2	韩文杰、朱铁增、施钧
平整度检测		快速检测车	C	朱铁增、吕帅昌
车辙检测		快速检测车	D	刘伟、吕帅昌
抗滑性能检测		快速检测车	E	尚云东、张丽娟、吕帅昌

2.4.2　检测设备配置

根据检测项目对检测仪器设备的要求,项目检测主要使用的检测设备见表 2-4-19 和图 2-4-11 所示。

检 测 设 备 表 　　　　表 2-4-19

仪 器 设 备	台　套	设 备 价 值	用　途
数码相机	4 架	1.32 万元	路面损坏图像采集
激光平整度仪检测车	1 台套	95 万元	路面平整度检测
激光车辙仪检测车	1 台套	95 万元	行车轮迹车辙测试
抗滑性能检测车	1 台套	85 万元	路面摩擦系数测定
水车	1 台套	租赁	抗滑检测车供水

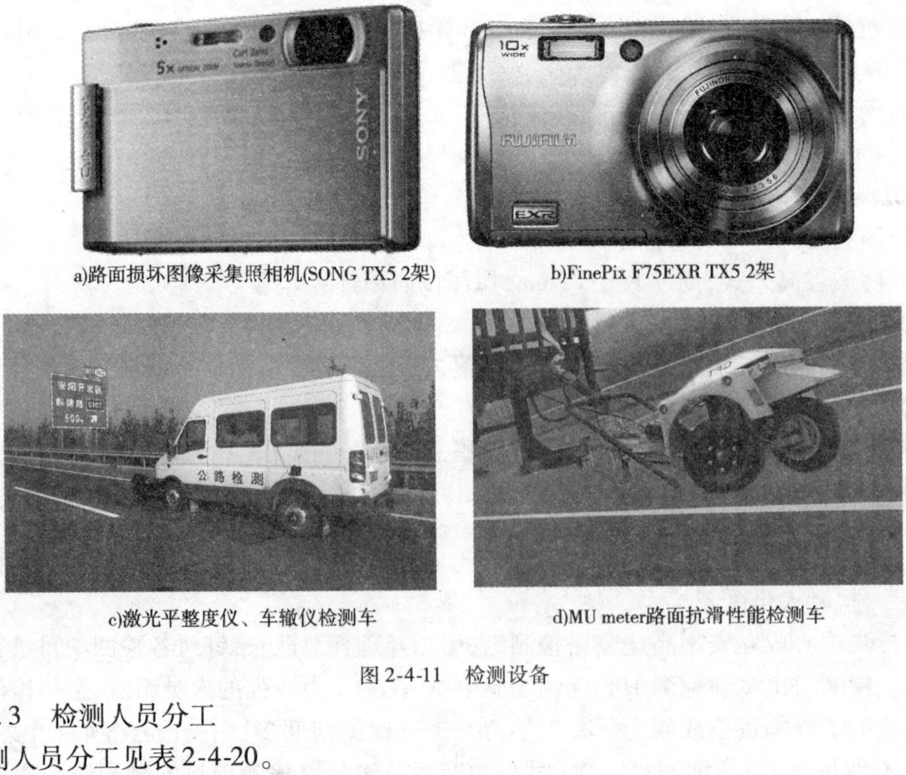

a)路面损坏图像采集照相机(SONG TX5 2架)　　b)FinePix F75EXR TX5 2架

c)激光平整度仪、车辙仪检测车　　d)MU meter路面抗滑性能检测车

图 2-4-11　检测设备

2.4.3　检测人员分工

检测人员分工见表 2-4-20。

检测人员分工 表2-4-20

项目＼时间		11.1下午	11.2上午	11.2下午	11.3上午
路面损坏情况采集	上行	A1 都敬丽、李志真、吕帅昌	A1 都敬丽、李志真、吕帅昌	A1 都敬丽、李志真	A1 都敬丽、李志真
		A2 尚云东、李鹏、张丽娟	A2 尚云东、李鹏、张丽娟	A2 尚云东、李鹏、张丽娟	A2 尚云东、李鹏、张丽娟
	下行	B1 刘伟、席雅敏、潘威	B1 刘伟、席雅敏、潘威	B1 刘伟、席雅敏、潘威	B1 刘伟、席雅敏、潘威
		B2 韩文杰、朱铁增、施钧	B2 韩文杰、朱铁增、施钧	B2 韩文杰、施钧	B2 韩文杰、施钧
平整度检测				C 朱铁增、吕帅昌	C 朱铁增、吕帅昌
项目＼时间		11.3下午	11.4上午	11.4下午	11.5上午
路面损坏情况采集	上行	A1 都敬丽、李志真	A1 都敬丽、李志真	A1 都敬丽、李志真	A1 都敬丽、李志真
		A2 尚云东、李鹏、张丽娟	A2 尚云东、李鹏、张丽娟	A2 李鹏、张丽娟	A2 尚云东、李鹏
	下行	B1 席雅敏、潘威	B1 席雅敏、潘威	B1 刘伟、席雅敏、潘威	B1 刘伟、席雅敏、潘威
		B2 韩文杰、朱铁增、施钧	B2 韩文杰、朱铁增、施钧	B2 韩文杰、朱铁增、施钧	B2 韩文杰、施钧
车辙检测		D 刘伟、吕帅昌	D 刘伟、吕帅昌		
抗滑检测				E 尚云东、吕帅昌	E 张丽娟、吕帅昌

3 检测内容概述

经安南高速公路路面损坏状况检测，超车道与行车道路面总体技术状况优秀，其中部分病害主要表现为：纵向裂缝、横向裂缝、坑槽和修补，路面损坏状况总体统计见表2-4-21。安南高速公路行车道的平整度、车辙、抗滑性能检测数据见下文所述。

路面统计数值 表2-4-21

	龟裂(m^2)			块状裂缝(m^2)		纵向裂缝(m^2)		横向裂缝(m^2)		坑槽(m^2)		松散(m^2)		沉陷(m^2)		波浪拥包(m^2)		泛油(m^2)	修补(m^2)
上行	轻	中	重	轻	重	轻	重	轻	重	轻	重	轻	重	轻	重	轻	重		
	0	0	0	0	0	0.0	2.2	0.802	10.15	0.32	0.03	0	0	0	0	0	0	0	1176.3
下行	龟裂(m^2)			块状裂缝(m^2)		纵向裂缝(m^2)		横向裂缝(m^2)		坑槽(m^2)		松散(m^2)		沉陷(m^2)		波浪拥包(m^2)		泛油(m^2)	修补(m^2)
	轻	中	重	轻	重	轻	重	轻	重	轻	重	轻	重	轻	重	轻	重		
	0	0	0	0	0	0	0	13.9	8.65	0.21	0.42	0	0	0	0	0	0	0	2877.8

安南高速公路路面典型病害如下。

重度纵缝:裂缝宽度大于 3mm,损坏长度 11m(见图 2-4-12)。

轻度横缝:裂缝宽度在 3mm 以内,损害状况见图 2-4-13。

图 2-4-12 重度纵缝 上行 K90 +410

图 2-4-13 轻度横缝 下行 K77 +500 ~ K77 +600

重度横缝:裂缝宽度大于 3mm,损害状况见图 2-4-14 和图 2-4-15。

图 2-4-14 重度横缝 下行 K93 +000 ~ K93 +100 贯穿

图 2-4-15 重度横缝 上行 K84 +794

轻度坑槽:坑浅,有效坑槽面积在 $0.1m^2$ 以内(约 0.3m ×0.3m),损害状况见图 2-4-16、图 2-4-17。

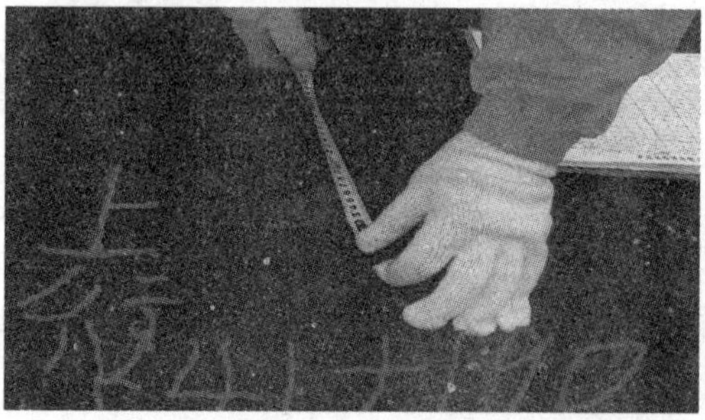

图 2-4-16 轻度坑槽 上行 K41 +190

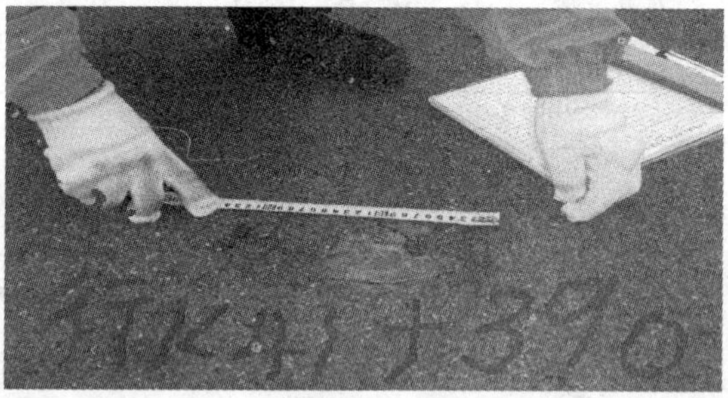

图 2-4-17 轻度坑槽 上行 K41 +390

重度坑槽:坑深,有效坑槽面积大于 $0.1m^2$(约 0.3m ×0.3m),损害状况见图 2-4-18、图 2-4-19 和图 2-4-20。

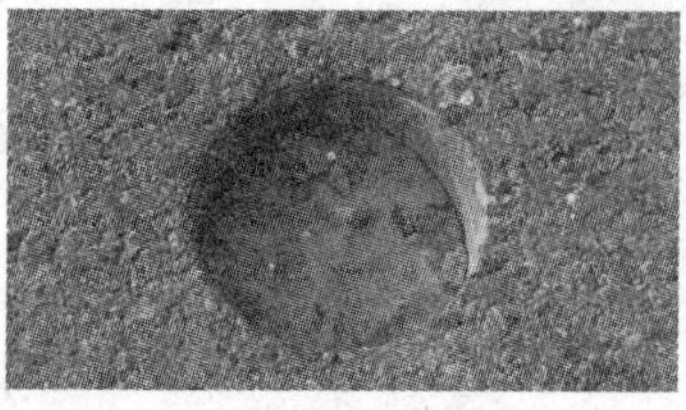

图 2-4-18 重度坑槽 上行 K80 +844

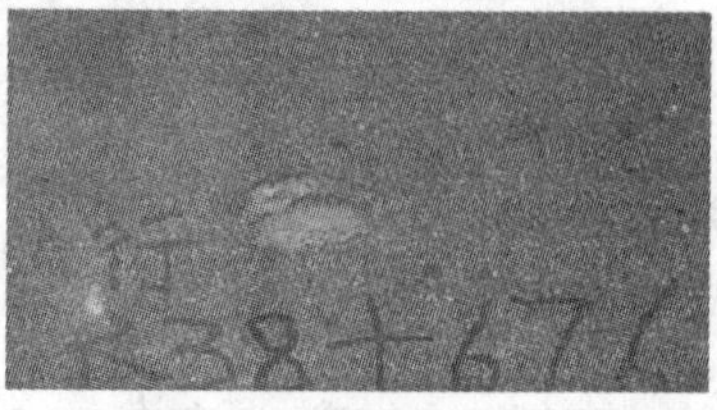

图 2-4-19 重度坑槽 上行 K38 +676

图 2-4-20 重度坑槽($0.9 \times 0.15m^2$)
下行 K69 +780

修补：路面损坏的修补情况，如图 2-4-21、图 2-4-22 所示。

图 2-4-21　路面修补（K47 +850）

图 2-4-22　路面修补（K71 +300）

4　公路技术状况评定

4.1　公路技术状况评定汇总表（表 2-4-22）

公路技术状况评定汇总表　　表 2-4-22

项　目	养　护　质　量　评　定　结　果					
所属省市	河南省安阳市			评定时间	2010 年 11 月	
路线编码				路线名称	安阳至南乐高速公路	
管养单位名称	河南公路项目管理有限责任公司 安南高速公路运营管理中心			单位性质	有限责任公司	
管养长度（km）	62.522	起点桩号	K35 +000	终点桩号	K97 +522	
上级主管单位	河南省交通运输厅					
平均 MQI（双向）	97.07		养护质量（双向）		优	
平均 MQI（上行）	97.13		养护质量（上行）		优	
平均 MQI（下行）	97.01		养护质量（下行）		优	
次差路率（双向，%）	0.00					
次差路率（上行，%）	0.00					
次差路率（下行，%）	0.00					
上行评定长度（km）	62.522		下行评定长度（km）		62.022	
项　目	养　护　质　量　评　定　详　细　结　果					
	双　向		上　行		下　行	
	长度（km）	比例（%）	长度（km）	比例（%）	长度（km）	比例（%）
MQI（优）	63.00	100.00	63.00	100.00	63.00	100.00
MQI（良）	0.00	0.00	0.00	0.00	0.00	0.00
MQI（中）	0.00	0.00	0.00	0.00	0.00	0.00
MQI（次）	0.00	0.00	0.00	0.00	0.00	0.00
MQI（差）	0.00	0.00	0.00	0.00	0.00	0.00
MQI <80	0	0.00	0	0.00	0	0.00
PQI >90	63.00	100.00	63.00	100.00	63.00	100.00
PQI <75	0	0.00	0	0.00	0	0.00

续上表

项目	养护质量评定详细结果					
	双向		上行		下行	
	长度(km)	比例(%)	长度(km)	比例(%)	长度(km)	比例(%)
SCI <75	0	0.00	0	0.00	0	0.00
BCI <75	0	0.00	0	0.00	0	0.00
TCI <75	0	0.00	0	0.00	0	0.00

4.2 公路技术状况评定明细表(表2-4-23、表2-4-24)

公路技术状况评定明细表(上行) 表2-4-23

路线名称:安阳至南乐高速公路 检测方向:上行

起点桩号	长度(m)	评定结果 MQI	路面					路基 SCI	构造物 BCI	设施 TCI
			PQI	PCI	RQI	RDI	SRI			
K35 +000	1000	97.09	95.84	100.00	93.50	91.89	96.53	100.00	100.00	100.00
K36 +000	1000	96.71	95.30	95.32	95.32	93.47	97.90	100.00	100.00	100.00
…	…	…	…	…	…	…	…	…	…	…
K97 +000	522	97.69	96.70	100.00	95.00	92.26	98.64	100.00	100.00	100.00

公路技术状况评定明细表(下行) 表2-4-24

路线名称:安阳至南乐高速公路 检测方向:下行

起点桩号	长度(m)	评定结果 MQI	路面					路基 SCI	构造物 BCI	设施 TCI
			PQI	PCI	RQI	RDI	SRI			
K35 +500	500	97.590	96.56	100.00	94.75	93.36	96.53	100.00	100.00	100.00
K36 +000	1000	96.771	96.82	100.00	95.46	92.28	97.90	100.00	100.00	100.00
…	…	…	…	…	…	…	…	…	…	…
K97 +000	522	97.331	96.19	100.00	94.08	91.28	98.64	100.00	100.00	100.00

4.3 高速公路沥青路面状况表(表2-4-25、表2-4-26)

高速公路沥青路面状况表(上行) 表2-4-25

路线名称:安阳至南乐高速公路 方向:上行

起点桩号	路段长度(m)	龟裂(m^2)			块状裂缝(m^2)		纵向裂缝(m^2)		横向裂缝(m^2)		坑槽(m^2)		松散(m^2)		沉陷(m^2)		波浪拥包(m^2)		泛油(m^2)	修补(m^2)
		轻	中	重	轻	重	轻	重	轻	重	轻	重	轻	重	轻	重	轻	重		
K35 +000	1000	0	0	0	0	0	0	0	0	0	0	0	0	0	0	0	0	0	0	0
…	…	…	…	…	…	…	…	…	…	…	…	…	…	…	…	…	…	…	…	…
K69 +000	1000	0	0	0	0	0	0	0	0	0	0	0	0	0	0	0	0	0	0	548
K70 +000	1000	0	0	0	0	0	0	0	0.002	0.75	0	0	0	0	0	0	0	0	0	0
…	…	…	…	…	…	…	…	…	…	…	…	…	…	…	…	…	…	…	…	…
K95 +000	1000	0	0	0	0	0	0	0	0.4	0	0.01	0	0	0	0	0	0	0	0	0
K96 +000	1000	0	0	0	0	0	0	0	0	0	0	0	0	0	0	0	0	0	0	0
K97 +000	522	0	0	0	0	0	0	0	0	0	0	0	0	0	0	0	0	0	0	0

高速公路沥青路面状况表(下行) 表 2-4-26

路线名称:安阳至南乐高速公路 方向:下行

起点桩号	路段长度(m)	龟裂(m²)			块状裂缝(m²)		纵向裂缝(m²)		横向裂缝(m²)		坑槽(m²)		松散(m²)		沉陷(m²)		波浪拥包(m²)		泛油(m²)	修补(m²)
		轻	中	重	轻	重	轻	重	轻	重	轻	重	轻	重	轻	重	轻	重		
K35 +500	1000	0	0	0	0	0	0	0	0	0	0	0	0	0	0	0	0	0	0	0
K36 +000	1000	0	0	0	0	0	0	0	0	0	0	0	0	0	0	0	0	0	0	0
…	…	…	…	…	…	…	…	…	…	…	…	…	…	…	…	…	…	…	…	…
K67 +000	1000	0	0	0	0	0	0	0	0	0	0	0	0	0	0	0	0	0	0	546
K68 +000	1000	0	0	0	0	0	0	0	0	0.75	0.1	0.25	0	0	0	0	0	0	0	0
K69 +000	1000	0	0	0	0	0	0	0	0	0	0	0.12	0	0	0	0	0	0	0	526
…	…	…	…	…	…	…	…	…	…	…	…	…	…	…	…	…	…	…	…	…
K71 +000	1000	0	0	0	0	0	0	0	2.1	0	0	0	0	0	0	0	0	0	0	58
K72 +000	1000	0	0	0	0	0	0	0	0.75	0	0.1	0	0	0	0	0	0	0	0	518
K73 +000	1000	0	0	0	0	0	0	0	0.75	0.75	0	0	0	0	0	0	0	0	0	0
K74 +000	1000	0	0	0	0	0	0	0	0	0	0	0	0	0	0	0	0	0	0	202
K75 +000	1000	0	0	0	0	0	0	0	0.2	0	0.01	0.01	0	0	0	0	0	0	0	316
K76 +000	1000	0	0	0	0	0	0	0	0	1.5	0	0	0	0	0	0	0	0	0	510
K77 +000	1000	0	0	0	0	0	0	0	1.05	0	0	0	0	0	0	0	0	0	0	0
…	…	…	…	…	…	…	…	…	…	…	…	…	…	…	…	…	…	…	…	…
K97 +000	522	0	0	0	0	0	0	0	0	0	0	0	0	0	0	0	0	0	0	0

4.4 高速公路道路平整度表(表 2-4-27、表 2-4-28)

高速公路道路平整度表(上行) 表 2-4-27

路线名称:安阳至南乐高速公路 方向:上行

起点桩号	路段长度(m)	每百米国际平整度指数 IRI(m/km)										平均 IRI	RQI
		BI01	BI02	BI03	BI04	BI05	BI06	BI07	BI08	BI09	BI10		
K35 +000	1000	2.56	2.13	1.61	1.5	1.37	1.12	1.08	1.27	1.68	0.81	1.51	93.50
K36 +000	1000	0.91	1.02	0.87	1.12	0.83	1.09	0.93	0.87	1.05	1.09	0.98	95.32
…	…	…	…	…	…	…	…	…	…	…	…	…	…
K96 +000	1000	1.07	1.04	1.05	1.68	1.87	2.2	1	2.3	1.13	1.05	1.44	93.79
K97 +000	522	1	1.17	1.14	1.12	0.99						1.08	95.00

高速公路道路平整度表(下行) 表 2-4-28

路线名称:安阳至南乐高速公路 方向:下行

起点桩号	路段长度(m)	每百米国际平整度指数 IRI(m/km)										平均 IRI	RQI
		BI01	BI02	BI03	BI04	BI05	BI06	BI07	BI08	BI09	BI10		
K35 +500	1000						1.58	1.07	1.1	1.04	1.03	1.164	94.75
K36 +000	1000	0.95	0.96	0.99	0.94	0.94	1.03	0.96	0.8	0.97	0.77	0.931	95.45

续上表

起点桩号	路段长度(m)	每百米国际平整度指数 IRI(m/km)										平均IRI	RQI
		BI01	BI02	BI03	BI04	BI05	BI06	BI07	BI08	BI09	BI10		
…	…	…	…	…	…	…	…	…	…	…	…	…	…
K96 +000	1000	1.12	1.09	1.22	1.04	1.04	1.09	1.23	0.92	1.05	2.11	1.191	94.66
K97 +000	522	1.39	1.14	1.42	1.63	1.22						1.36	94.08

4.5 路面车辙状况表(表2-4-29、表2-4-30)

路面车辙状况表(上行) 表2-4-29

路线名称:安阳至南乐高速公路 方向:上行

起 止 桩 号	平均速度(km/h)	外道车辙(mm)	内道车辙(mm)	平均车辙(mm)	路面车辙(RDI)
K35 +000 ~ K36 +000	69.51	3.72	4.39	4.06	91.89
K36 +000 ~ K37 +000	69.17	2.00	4.53	3.26	93.47
…	…	…	…	…	…
K95 +000 ~ K96 +000	69.07	4.69	3.46	4.07	91.85
K96 +000 ~ K97 +000	62.21	3.91	3.99	3.95	92.10
K97 +000 ~ K97 +522	62.57	3.47	4.27	3.87	92.26

路面车辙状况表(下行) 表2-4-30

路线名称:安阳至南乐高速公路 方向:上行

起 止 桩 号	平均速度(km/h)	外道车辙(mm)	内道车辙(mm)	平均车辙(mm)	路面车辙(RDI)
K36 +000 ~ K35 +500	65.78	4.16	2.48	3.32	93.36
K37 +000 ~ K36 +000	77.83	3.66	4.06	3.86	92.28
…	…	…	…	…	…
K96 +000 ~ K95 +000	66.37	2.47	4.11	3.29	93.42
K97 +000 ~ K96 +000	72.4	4.02	3.53	3.78	92.45
K97 +522 ~ K97 +000	74.29	4.06	4.67	4.36	91.28

4.6 高速公路横向力系数表(表2-4-31、表2-4-32)

高速公路横向力系数表(上行) 表2-4-31

路线名称:安阳至南乐高速公路 方向:上行

起点桩号	路段长度(m)	SFC101	SFC102	SFC103	SFC104	SFC105	SFC106	SFC107	SFC108	SFC109	SFC110	平均值	SRI
K35 +000	1000	52.3	54.6	63.2	65.4	70.5	60.8	57.9	64.7	58.0	55.2	60.3	96.53
K36 +000	1000	55.2	50.9	74.7	74.6	62.9	66.5	72.7	66.7	47.7	71.0	64.3	97.90
K37 +000	1000	68.9	64.6	71.4	70.6	52.9	55.9	52.9	74.7	48.8	76.3	63.7	97.77
…	…	…	…	…	…	…	…	…	…	…	…	…	…

续上表

起点桩号	路段长度(m)	SFC101	SFC102	SFC103	SFC104	SFC105	SFC106	SFC107	SFC108	SFC109	SFC110	平均值	SRI
K95 +000	1000	66.8	67.7	68.7	67.7	65.8	68.7	67.7	68.7	71.6	71.6	68.5	98.63
K96 +000	1000	72.5	70.6	69.7	70.6	67.7	74.5	66.8	65.8	65.8	74.5	69.9	98.81
K97 +000	522	69.7	73.5	70.6	64.9	66.8	65.8					68.5	98.64

高速公路横向力系数表(下行) 表 2-4-32

路线名称:安阳至南乐高速公路 方向:下行

起点桩号	路段长度(m)	SFC101	SFC102	SFC103	SFC104	SFC105	SFC106	SFC107	SFC108	SFC109	SFC110	平均值	SRI
K35 +500	500						60.8	57.9	64.7	58.0	55.2	59.3	96.53
K36 +000	1000	55.2	50.9	74.7	74.6	62.9	66.5	72.7	66.7	47.7	71.0	64.3	97.90
K37 +000	1000	68.9	64.6	71.4	70.6	52.9	55.9	52.9	74.7	48.8	76.3	63.7	97.77
…	…	…	…	…	…	…	…	…	…	…	…	…	…
K95 +000	1000	66.8	67.7	68.7	67.7	65.8	68.7	67.7	68.7	71.6	71.6	68.5	98.63
K96 +000	1000	72.5	70.6	69.7	70.6	67.7	74.5	66.8	65.8	65.8	74.5	69.9	98.81
K97 +000	522	69.7	73.5	70.6	64.9	66.8	65.8					68.5	98.64

案例 4 桥梁技术状况检评案例(K48 +614 大桥)

郑州开源公路工程技术有限公司受安南高速公路运营管理中心委托,于 2010 年 10 ~ 11 月对南林高速公路安阳至南乐段(K35 +000 ~ K97 +522)的桥梁技术状况进行检查评定。

南林高速公路安阳至南乐段于 2008 年 11 月建成通车,按平原微丘区高速公路标准设计,设计行车速度 120km/h,双向简易六车道。桥梁结构采用:预应力混凝土空心板梁、箱梁、T 梁等,橡胶支座,钢筋混凝土柱式墩台、钻孔灌注桩基础。此次检测主线桥梁 38 座、匝道桥 3 座、跨线天桥 2 座,共计 43 座。其中大桥 12 座,中桥 31 座。

桥梁定期检查采用人工和桥梁检测车配合的方式进行,桥梁的技术状况按照《公路桥涵养护规范》(JTG H11—2004)并结合《中国公路桥梁管理系统 CBMS3000 版》进行评定。

1 概述

该桥中心里程桩号为 K48 +614。该桥左右分幅,跨径布置为 5 ×20m,总长 105.08m,桥面净宽为 2 ×12.88m,桥梁与河道交角 100°。上部结构采用预应力混凝土空心板梁,下部结构采用双柱式桥墩和双柱框架式桥台,基础采用桩基础结构,支座为板式橡胶支座。桥梁全景见图 2-4-23。本次检测以南乐至安阳方向为正方向,主梁和支座均由右侧向左侧编号,具体构件编号见图 2-4-24。

图 2-4-23　K48 +614 大桥全景

<table>
<tr><td colspan="3">←安阳</td><td colspan="2"></td><td colspan="2">南乐→</td></tr>
<tr><td rowspan="3">右幅</td><td rowspan="3">5号台</td><td>1号板</td><td rowspan="3">4号墩</td><td rowspan="3">…</td><td rowspan="3">1号墩</td><td>1号板</td><td rowspan="3">0号台</td></tr>
<tr><td>…</td><td>…</td></tr>
<tr><td>10号板</td><td>10号板</td></tr>
<tr><td rowspan="3">左幅</td><td rowspan="3">5号台</td><td>1号板</td><td rowspan="3">4号墩</td><td rowspan="3">…</td><td rowspan="3">1号墩</td><td>1号板</td><td rowspan="3">0号台</td></tr>
<tr><td>…</td><td>…</td></tr>
<tr><td>10号板</td><td>10号板</td></tr>
</table>

图 2-4-24　K48 +614 大桥结构编号图

2　右幅检测结果

2.1　上部承重构件检测结果(表 2-4-33)

上部承重构件检测结果　　表 2-4-33

序号	位置	病害种类	病 害 描 述
1	铰缝	白色流膏	板 1－4、4－1、4－4 均有白色流膏，长度分别为 0.5、1.7m 和 3m
2		脱落	板 1－6 铰缝混凝土脱落 0.5m，板 3－3 铰缝混凝土脱落 0.5m
3	梁板	蜂窝	2－3 板跨的 2/3 处及 2－4 板的 2/3 处均有蜂窝现象，面积分别为 $0.02m^2$ 和 $0.01m^2$
4		纵桥向裂缝	4－8 板跨中有一纵桥向裂缝，长 1.5m，宽 0.15mm，见图 2-4-25
5		白色流膏	5－1 板(4 号墩上部)有白色流膏，长约 2m
6		露筋	5－1 板外侧多出现轻微露筋，保护层厚度偏薄

2.2　支座检测结果(表 2-4-34)

支 座 检 测 结 果　　表 2-4-34

序号	位置	病害种类	病 害 描 述
1	支座	凸鼓	1－0－3 支座有轻微凸鼓
2		倾斜	支座 1－0－5、2－1－8、9、11、4－4－1、2、3、5－5－3、5、17 有轻微剪切变形，角度约为 15°，见图 2-4-26
3		偏移	5－5－1 橡胶支座偏移钢板 3cm，见图 2-4-27
4		垫板缺失	支座 4－4－2 钢垫板缺失
5		填塞	桥台 1－0－3、1－0－4 支座被土覆盖

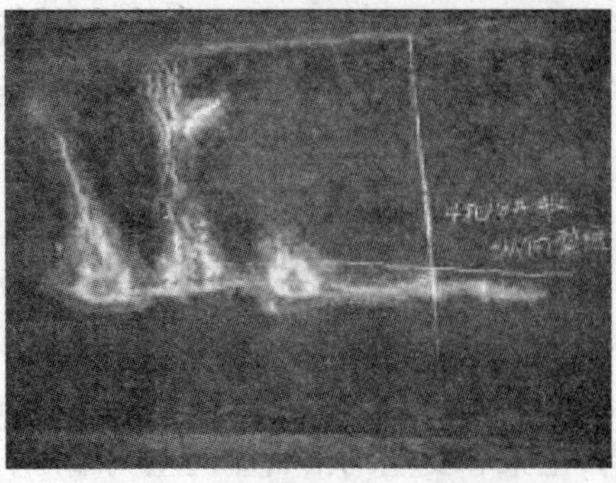

图 2-4-25　4－8 板跨中有一纵桥向裂缝

图 2-4-26　5－5－3 有轻微剪切变形

2.3　下部结构检测结果

1－2 墩柱挡块掉角，尺寸约为 0.03m×0.03m×0.5m；4－1 墩柱外侧挡块掉角，尺寸约为 0.03m×0.03m×0.05m。

2.4　桥面铺装层检测结果

桥面铺装层基本完好。

2.5　伸缩装置检测结果

1 号伸缩缝锚固区混凝土有纵桥向裂缝 23 条；2 号伸缩缝锚固区混凝土有纵桥向裂缝 25 条，见图 2-4-25；此外还有横缝 1 条，长约 0.4m。见图 2-4-28、图 2-4-29。

图 2-4-27　5－5－1 橡胶支座偏移钢板

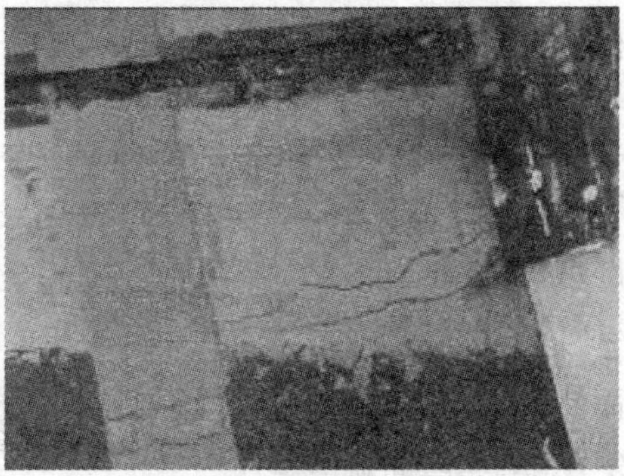

图 2-4-28　2 号伸缩缝锚固区混凝土有横缝

2.6　栏杆、护栏及人行道检测结果

栏杆、护栏及人行道基本完好。

2.7　排水系统检测结果

排水系统基本完好。

2.8　桥头与路堤连接处检测结果

桥头与路堤连接处基本完好。

2.9　翼墙、耳墙和锥、护坡检测结果

5 号台右侧护坡掏空，面积约 $3m^2$，深约 0.2m，见图 2-4-30。

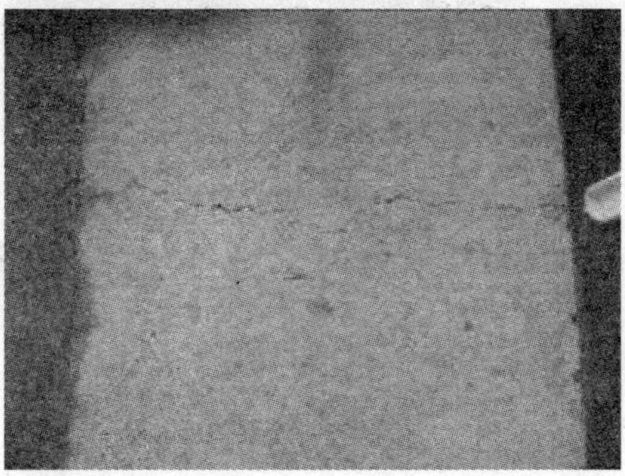

图 2-4-29　2 号伸缩缝锚固区混凝土有纵桥向裂缝

图 2-4-30　5 号台右侧护坡掏空

2.10　其他附属结构检测结果

其他附属结构基本完好。

3 左幅检测结果

3.1 上部承重构件检测结果

铰缝 1－3、2－9 均有白色流膏现象，长度分别为 8m 和 3m；铰缝 1－5 跨中处有混凝土脱落和白色流膏现象，长度分别为 0.5m 和 1m。

3.2 支座检测结果（表 2-4-35）

支座检测结果 表 2-4-35

序号	位置	病害种类	病害描述
1	支座	凸鼓	1－0－2 支座轻微凸鼓变形现象
2		倾斜	1－0－3 支座剪切变形，角度为 10°
3		偏移	2－2－8、2－2－5 支座均有偏移现象，偏移约 2cm

3.3 下部结构检测结果

下部结构基本完好。

3.4 桥面铺装层检测结果

桥面铺装层基本完好。

3.5 伸缩装置检测结果

1 号伸缩缝锚固区混凝土有纵桥向裂缝 40 条；2 号伸缩缝锚固区混凝土有纵桥向裂缝 40 条，长约 30cm，最宽处有 0.5mm，见图 2-4-31。

3.6 栏杆、护栏及人行道检测结果

护栏有裂缝，见图 2-4-32。

图 2-4-31 2 号伸缩缝锚固区混凝土纵桥向裂缝

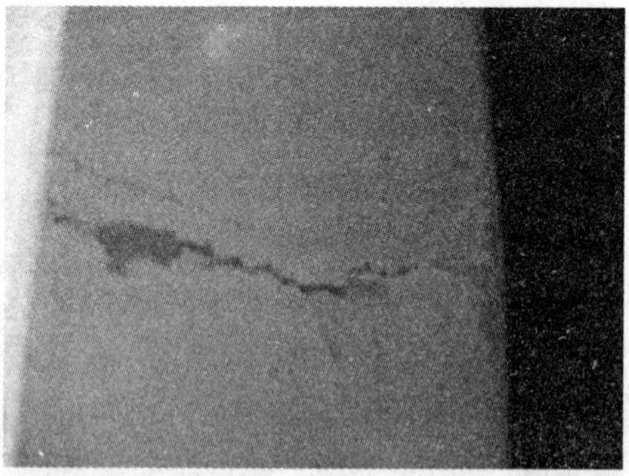

图 2-4-32 护栏裂缝

3.7 排水系统检测结果

排水系统基本完好。

3.8 桥头与路堤连接处检测结果

桥头与路堤连接处基本完好。

3.9 翼墙、耳墙和锥、护坡检测结果

0 号台护坡外部砌石脱落 6m^2，掏空深 0.5m，见图 2-4-33；5 号台护坡掏空 5m^2，见图 2-4-34。

图 2-4-33　0 号台护坡外部砌石脱落

图 2-4-34　5 号台护坡掏空

3.10　其他附属结构检测结果

其他附属结构基本完好。

4　无损检测结果

混凝土强度及碳化深度检测：

根据规范要求，本次检测选取以下构件各布置 10 个混凝土回弹测区。混凝土回弹测区均为 15cm × 15cm 正方形，每个测区测试 16 个测点，并在每个构件的 10 个回弹测区中选取 3 个测区测试混凝土碳化深度。检测结果详见表 2-4-36。

混凝土强度及碳化深度检测结果　　表 2-4-36

构件名称	强度平均值（MPa）	标准差	强度最小值（MPa）	平均碳化深度（mm）	强度推定值（MPa）
1-1-1 立柱（右幅）	56.0	3.4	48.0	2.9	50.3
1-1 梁板（右幅）	60.5	2.4	54.0	0.5	56.5
5-8 梁板（左幅）	58.9	1.8	56.0	0.7	56.0

5　桥梁技术状况评定

根据《公路桥涵养护规范》（JTG H11—2004）中桥梁技术状况评定方法和标准，K48 + 614 大桥技术评定结果详见表 2-4-37。

K48 + 614 大桥技术状况评定表　　表 2-4-37

里程桩号	K48 + 614		桥梁名称	K48 + 614 大桥	
项　目	权重	缺损程度标度	对使用功能影响程度	缺损发展变化状况修正	最终评定标度
翼墙、耳墙	1	0	0	0	0
锥坡、护坡	1	1	1	1	3
桥台及基础	23	0	0	0	0
桥墩及基础	24	1	0	0	1
地基冲刷	8	0	0	0	0
支座	3	1	1	1	3
上部主要承重构件	20	1	1	0	2

续上表

项　目	权重	缺损程度标度	对使用功能影响程度	缺损发展变化状况修正	最终评定标度
上部一般承重构件	5	1	0	0	1
桥面铺装	1	0	0	0	0
桥头与路堤连接部位	3	0	0	0	0
伸缩缝	3	1	1	0	2
人行道	1	0	0	0	0
栏杆、护栏	1	1	1	0	2
照明、标志	1	0	0	0	0
排水设施	1	0	0	0	0
调治构造物	3	0	0	0	0
其他	1	0	0	0	0
综合评定分数 $D_r=82.2$	等级	二类			

从评定结果看，K48 +614 大桥属于二类桥，处于良好状态，需要进行小修。

6　检测结果汇总

(1)右幅梁板1 -4、4 -1、4 -4 铰缝均有白色流膏，长度分别为0.5m、1.7m 和3m；板1 -6 铰缝混凝土脱落0.5m，板3 -3 铰缝混凝土脱落0.5m；2 -3 板跨的2/3 处及2 -4 板的2/3 处均有蜂窝现象，面积分别为0.02m^2 和0.01m^2，4 -8 板跨中有一纵桥向裂缝长1.5m，宽0.15mm；5 -1 板(4 号墩上部)有白色流膏，长约2m；5 -1 板外侧多出现轻微露筋，保护层厚度偏薄。左幅铰缝1 -3、2 -9 均有白色流膏现象，长度分别为8m 和3m。1 -5 铰缝跨中处有混凝土脱落和白色流膏现象，长度分别为0.5m 和1m。

(2)右幅1 -0 -3 支座有轻微凸鼓；支座1 -0 -5,2 -1 -8、9、11,4 -4 -1、2、3, 5 -5 -3、5、17 有轻微剪切变形，角度约为15°；5 -5 -1 橡胶支座偏移钢板3cm；支座4 -4 -2 垫板缺失；桥台1 -0 -3、1 -0 -4 支座被土覆盖。左幅1 -0 -2 支座存在轻微凸鼓变形现象；1 -0 -3 支座剪切变形，角度为10°；2 -2 -8,2 -2 -5 支座均有偏移现象，偏移约2cm。

(3)右幅1 -2 墩柱挡块掉角，尺寸约为0.03m ×0.03m ×0.5m，4 -1 墩柱外侧挡块掉角，尺寸约为0.03m ×0.03m ×0.05m。

(4)右幅1 号伸缩缝锚固区混凝土有纵桥向裂缝23 条。2 号伸缩缝锚固区混凝土有纵桥向裂缝25 条；此外还有横缝1 条，长约0.4m。左幅1 号伸缩缝锚固区混凝土有纵桥向裂缝40 条。2 号伸缩缝锚固区混凝土有纵桥向裂缝40 条，长约30cm，最宽处有0.5mm。

(5)右幅5 号台右侧护坡掏空，面积约3m^2，深约0.2m。左幅0 号台护坡外部砌石脱落6m^2，掏空深0.5m。

(6)左幅护栏有裂缝。

7　结论与建议

通过对K48 +614 大桥的外观检测，依据《公路桥涵养护规范》(JTGH11—2004)，全桥结构技术状况评分 D_r 为82.2，技术状况评定等级为二类。针对K48 +614 大桥出现的各种病

害,提出以下建议:

(1)对裂缝破损处,建议采用环氧树脂修补。

(2)对混凝土破损处,建议采用环氧树脂砂浆修补。

(3)对渗水处,建议进行防渗处理。

(4)对锥坡护坡掏空砌石缺失处,建议重新修砌。

(5)对支座堵塞处,建议清除杂物。

附录A　桥梁基本状况卡片

A. 行政识别数据								
1	路线编号	S022	2	路线名称	安南高速	3	路线等级	高速公路
4	桥梁编号		5	桥梁名称	K48 +614 大桥	6	桥位桩号	K48 +614
7	功能类型	跨路	8	下穿通道名		9	下穿通道桩号	
10	设计荷载	公路—Ⅰ级	11	通行载重		12	弯斜坡度	
13	桥面铺装	沥青混凝土	14	管养单位	安南中心	15	建成年代	2008 年

B. 结构技术数据								
16	桥长(m)	105.08	17	桥面总宽(m)	28	18	行车道宽(m)	3.75
19	桥面高程(m)		20	桥下净高(m)		21	桥上净高(m)	
22	引道总宽(m)		23	引道路面宽(m)		24	引道线形	

上部结构	25	孔位	5				下部结构	29	墩台	桥台	桥墩
	26	形式	混凝土空心板					30	形式	多柱式	多柱式
	27	跨径(m)	20					31	材料	混凝土	混凝土
	28	材料	钢筋混凝土					32	基础形式	钻孔灌注桩	钻孔灌注桩

33	伸缩缝类型	模数式	34	支座类型	板式橡胶支座	35	地震动峰值加速度系数	
36	桥台护坡		37	护墩体		38	调治构造物	
39	常水位		40	设计水位		41	历史洪水位	

C. 档案资料(全、不全或无)								
42	设计图纸		43	设计文件		44	施工文件	
45	竣工图纸		46	验收文件		47	行政文件	
48	定期检查报告		49	特殊检查报告		50	历次维修资料	
51	档案号		52	存档案		53	建档年/月	

D. 最近技术状况评定										
54	55	56	57	58	59	60	61	62	63	64
检查年月	定期或特殊检查	全桥评定等级	桥台与基础	桥墩与基础	地基冲刷	上部结构	支座	经常养护小修	处治对策	下次检查年份
2010 年	定期	二类	二类	一类	一类	二类	三类			

续上表

E. 修建工程记录																					
65	施工日期	66	修建类别	67	修建原因	68	工程范围	69	工程费用（万元）	70	经费来源	71	质量评定	72	建设单位	73	设计单位	74	施工单位	75	监理单位
开工	竣工																				
76	备注：																				

F	桥梁照片	77	立面照	

78	主要负责人	潘威	79	填卡人	都敬丽	80	填卡日期	2010 年 11 月

附录 B 桥梁定期检查数据表

（县级公路管理机构名称）安南中心

1. 路线编码	S22	2. 路线名称	安南高速	3. 桥位桩号	K48 +614
4. 桥梁编码		5. 桥梁名称	K48 +614 大桥	6. 下穿通道名	
7. 桥长(m)	105.08	8. 主跨结构	钢筋混凝土空心板	9. 最大跨径(m)	20.0
10. 管养单位	安南中心	11. 建成年代	2008 年	12. 上次大、小修日期	
13. 上次检查日期		14. 本次检查日期	2010 年 11 月	15. 气候	

16. 部件号	17. 部件名称	18. 评分 (0~5)	19. 特别检查	20. 维修范围	21. 维修方式	22. 维修时间	23. 费用（元）
1	翼墙、耳墙	0					
2	锥坡、护坡	2					
3	桥台及基础	0					
4	桥墩及基础	1	强度及碳化深度				
5	地基冲刷	0					
6	支座	0					
7	上部主要承重结构	0	强度及碳化深度				
8	上部一般承重结构	3					
9	桥面铺装	0					
10	桥头跳车	0					
11	伸缩缝	0					
12	人行道	0					
13	栏杆、护栏	2					
14	照明、标志	0					
15	排水设施	2					
16	调治构造物	0					
17	其他	0					

24. 总体状况评定等级	二类	25. 全桥清洁状况评分		26. 养护、小修状况评分	
27. 记录人	都敬丽	28. 负责人	潘威	29. 下次检查时间	

续上表

30. 缺损说明				
部件号	部件名称	缺损位置	缺损状况 （类型、性质、范围、程度）	照片或简图 （编号/年）
1	翼墙、耳墙			
2	锥坡、护坡	右幅 5 号台右侧护坡，左幅 0 号台护坡	右幅 5 号台右侧护坡掏空，面积约 $3m^2$，深约 0.2m。左幅 0 号台护坡外部砌石脱落 $6m^2$，掏空深 0.5m	
3	桥台及基础			
4	桥墩及基础	右幅 1－2 墩柱挡块，4－1 墩柱外侧挡块	右幅 1－2 墩柱挡块掉角，尺寸约为 0.03m × 0.03m × 0.5m，4－1 墩柱外侧挡块掉角，尺寸约为 0.03m × 0.03m × 0.05m	
5	地基冲刷			
6	支座	右幅支座 1－0－3，1－0－5，2－1－8、9、11，4－4－1、2、3，5－5－3、5、17，5－5－1，4－4－2，1－0－3，1－0－4； 左幅 1－0－2，1－0－3，2－2－8，2－2－5	右幅 1－0－3 支座有轻微凸鼓；支座 1－0－5，2－1－8、9、11，4－4－1、2、3，5－5－3、5、17 有轻微剪切变形，角度约为 150；5－5－1 橡胶支座偏移钢板 3cm；支座 4－4－2 垫板缺失；桥台 1－0－3，1－0－4 支座被土覆盖。 左幅 1－0－2 支座有轻微凸鼓变形现象；1－0－3 支座剪切变形，角度为 100；2－2－8、2－2－5 支座均有偏移现象，偏移位移约 2cm	
7	上部主要承重结构			
8	上部一般承重结构	右幅梁板铰缝 1－4、4－1、4－4，1－6，2－3，2－4，4－8，5－1； 左幅铰缝 1－3、2－9，1－5 跨中处	右幅梁板 1－4、4－1、4－4 铰缝均有白色流膏，长度分别为 0.5m、1.7m 和 3m；板 1－6 铰缝混凝土脱落 0.5m；2－3 板跨的 2/3 处及 2－4 板的 2/3 处均有蜂窝现象，面积分别为 $0.02m^2$ 和 $0.01m^2$，4－8 板跨中有一纵桥向裂缝长 1.5m，宽 0.15mm；5－1 板（4 号墩上部）有白色流膏，长约 2m；5－1 板外侧多出轻微露筋，保护层厚度偏薄。左幅铰缝 1－3、2－9 均有白色流膏现象，长度分别为 8m 和 3m。铰缝 1－5 跨中处有混凝土脱落和白色流膏现象，长度分别为 0.5m 和 1m	
9	桥面铺装			
10	桥头跳车			
11	伸缩缝	左右幅	右幅 1 号伸缩缝锚固区混凝土有纵桥向裂缝 23 条。2 号伸缩缝锚固区混凝土有纵桥向裂缝 25 条；此外还有横缝 1 条，长约 0.4m。左幅 1 号伸缩缝锚固区混凝土有纵桥向裂缝 40 条。2 号伸缩缝锚固区混凝土有纵桥向裂缝 40 条，长约 30cm，最宽处有 0.5mm	
12	人行道			
13	栏杆、护栏	左幅护栏	左幅护栏有裂缝	
14	照明、标志			
15	排水设施			
16	调治构造物			
17	其他			

项目 5　路面管理系统及应用

1　前言

路况评定系统（MQI）是《公路技术状况评定标准》（JTG H20—2007）的配套软件，其作用是为各级公路管理部门实施公路技术状况检测、评定、统计和报表提供快速、准确的计算工具。

2　主要功能

2.1　主要功能

路况评定系统（MQI）（图 2-5-1、图 2-5-2）有 6 项基本功能，分别是文件、基本信息、路况数据、等级评定、工具和帮助。

图 2-5-1　路况评定系统（MQI）

（1）文件：作用是备份、恢复、导出、导入《公路技术状况评定标准》（JTG H20—2007）检测数据。

（2）基本信息：用于生成、管理《公路技术状况评定标准》（JTG H20—2007）要求的检测与评定单元。

（3）路况数据：按照《公路技术状况评定标准》（JTG H20—2007）规定格式，录入和保存路面、路基、桥隧构造物、沿线设施的技术状况数据。

（4）等级评定：按照《公路技术状况评定标准》（JTG H20—2007）要求，计算各项评价指标，评定各路段、路线、养管单位和行政区域的公路技术状况等级。

（5）工具：提供两项主要功能：一项是政区、养管单位等的编码管理；一项是检测数据的导入接口。

（6）帮助：《公路工程技术标准》（JTG B01—2003）文档和技术支持。

2.2　评定流程

路况评定系统(MQI)采用如图2-5-2所示的工作流程。

(1)系统编码:建立包含公路技术等级、车道类型、路面类型、政区区域和养管单位的编码体系。

(2)基本信息:录入路线信息和检测单元相关信息,建立公路技术状况评定参照系统。

(3)路况数据:录入检测数据。多功能路况快速检测系统(CiCS)、抗滑性能检测车(RiCS)、路况数据采集仪(RCR)等设备或仪器的检测数据,可通过系统接口自动导入。

(4)等级评定:评定并通过图表浏览评定结果、输出报表。

(5)数据备份:保存检测数据。

3　系统编码

路况评定系统(MQI)要求为公路技术等级、车道类型、路面类型、政区区域和养管单位建立编码体系(图2-5-3)。其中技术等级、车道类型、路面类型有统一编码;政区区域和养管单位需要使用单位依据管理范围自己建立,政区编码采用国家标准(6位:省、地、县),养管单位编码(8位)在政区编码基础上增加两位编码(图2-5-4)。

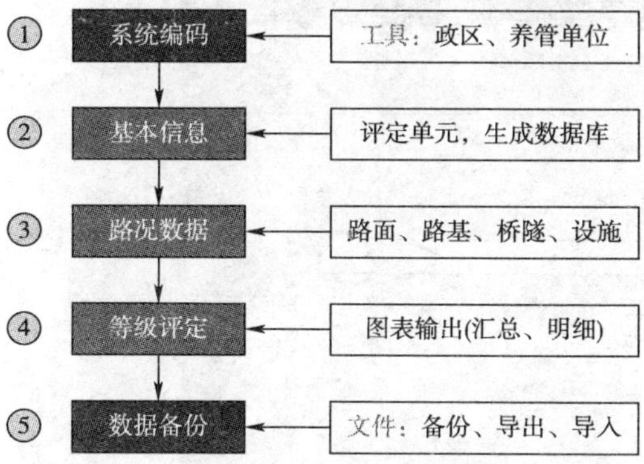

图2-5-2　路况评定系统(MQI)工作流程

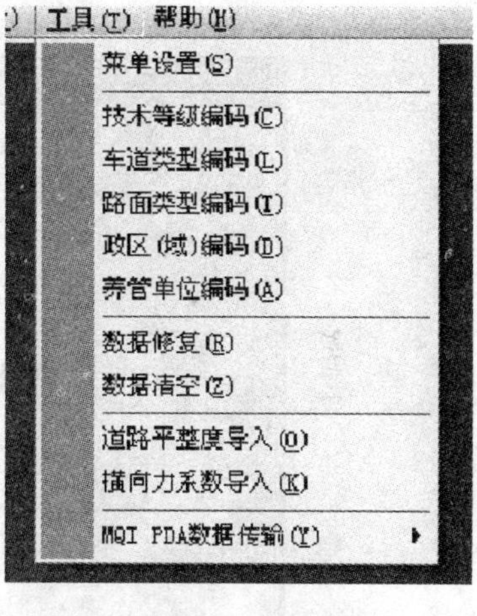

图2-5-3　系统编码

按照《公路技术状况评定标准》(JTG H20—2007)要求,道路平整度、路面抗滑性能、路面弯沉、路面损坏等检测设备需要定期标定;标定结果(参数)与设备应用政区(编码)建立联系(图2-5-5)。

4　基本信息

为了完成单条路线、局部路网、整个路网的技术状况评定工作,需要将公路网所有组成路线,按《公路技术状况评定标准》(JTG H20—2007)要求,划分成可用于独立检测与评定的评定单元。

评定单元的基本长度为1000m,划分时主要考虑政区、养管单位、技术等级、路面类型、路面宽度、交通量大小等因素。在上述因素变化处,评定单元不受1000m长度限制,但评定路段长度也不应超过2000m。公路技术状况的评定单元,应与路面管理系统(CPMS)的路段划分结合起来。

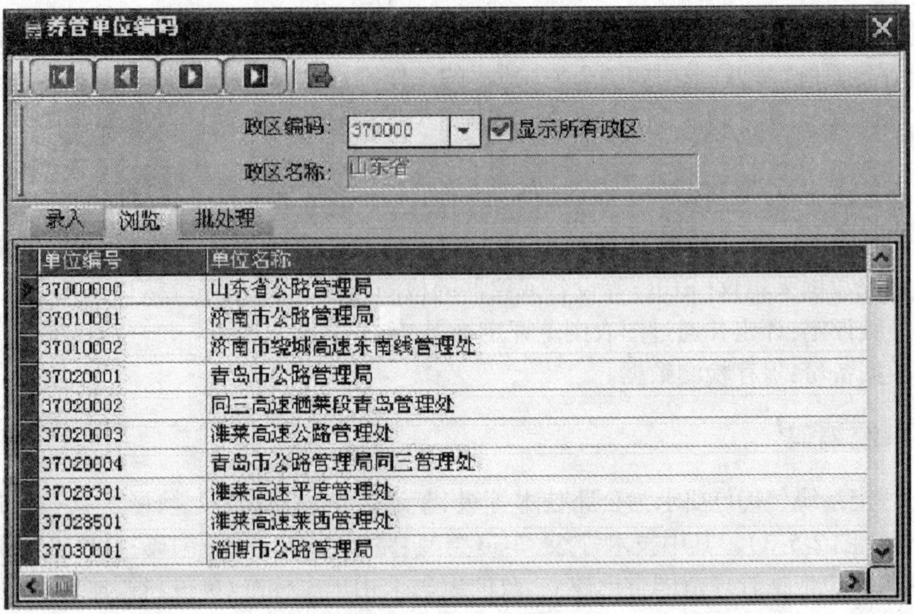

图 2-5-4　养管单位编码

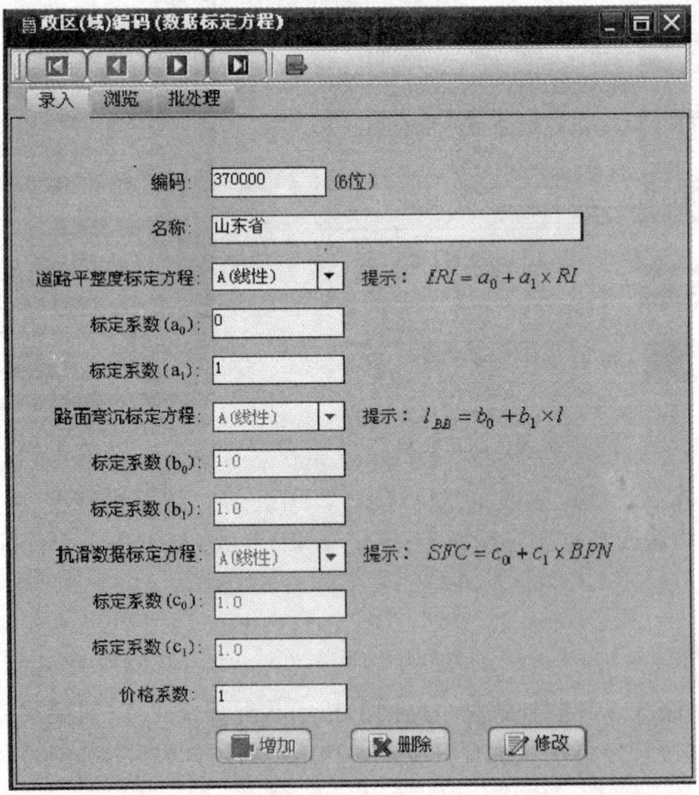

图 2-5-5　检测设备标定参数

路况评定系统(MQI)为公路技术状况检测与评定提供了评定单元自动划分的工具,在完成"路线信息"(图 2-5-6)和"评定单元"(图 2-5-7)信息录入后,系统会自动将路线划分成《公路技术状况评定标准》(JTG H20—2007)需要的评价单元并自动生成公路数据库。

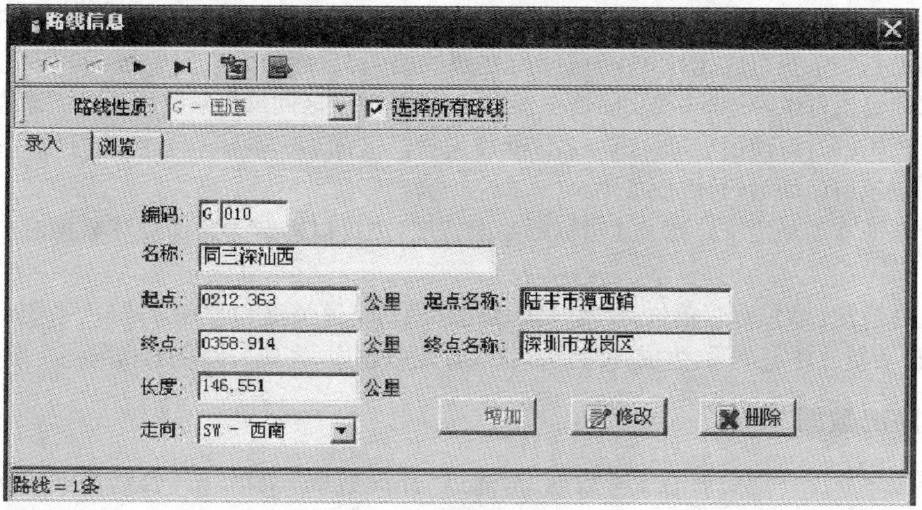

图 2-5-6　路线属性信息

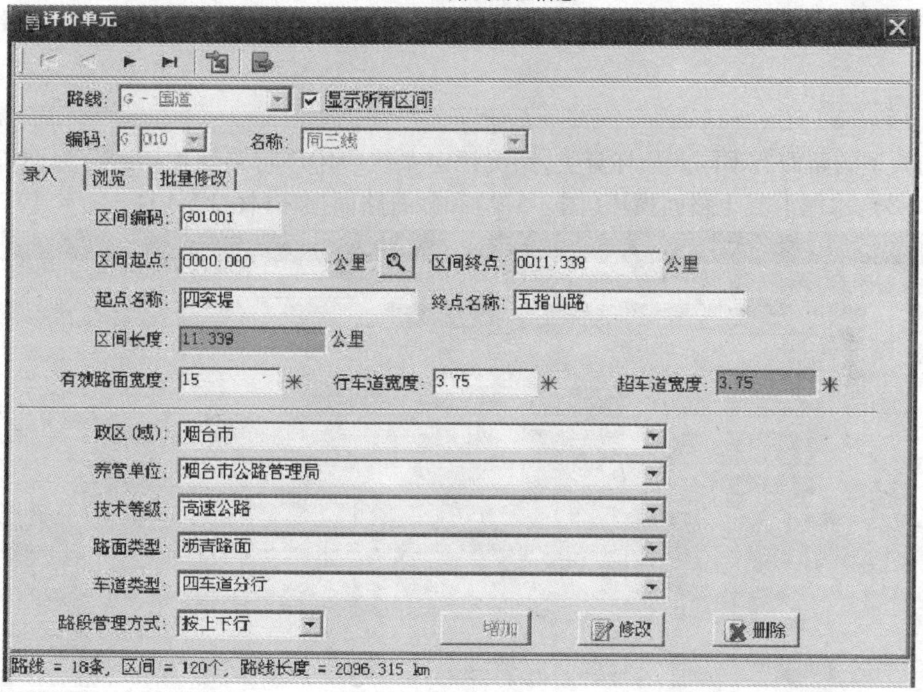

图 2-5-7　自动划分评定单元

4.1　路线信息

路线信息(图 2-5-6)的作用是,录入路线编码、路线名称、路线起点、起点名称、路线终点、终点名称、管养路线长度等评定路线的属性信息。

路线编码采用国家标准,编码由一位公路管理等级代码和三位数字编码组成,详细内容见《公路路线命名编号和编码规则》(GB 917.1—2000)。其中,路线的管理等级代码分六类:G 代表国道,S 代表省道,X 代表县道,Y 代表乡道,Z 代表专用公路,C 代表村道。

4.2　评定单元

路况评定系统(MQI)根据图 2-5-7 的录入数据,自动划分评价单元,形成公路技术状况评定数据库。

其中,区间被定义为政区(城)、养管单位、技术等级、路面类型、车道类型、路段管理方式。区间编码由六位字符组成,前四位是区间所在路线编码,后两位为区间编号(00～99)。区间编码可以连续也可以不连续,视实际情况而定,一般情况下区间编码顺路线桩号逐渐增大。区间编码数位不够时可使用字母(AA～ZZ)继续编排。区间编码要求全省统一且唯一,原则上地区之间应预留区间编码,以便备用。

有效路面宽度是用于计算PCI指标的路面宽度,也可以理解为路面损坏数据对应的检测宽度。

在选择政区(域)、养管单位、技术等级、路面类型、车道类型和管理方式后,系统将根据上述信息,自动划分评定单元,生成公路技术状况评定数据库,完成公路技术状况评定准备工作。

5　路况数据

公路技术状况评定要求的所有数据,都通过"路况数据"菜单,按《公路技术状况评定标准》(JTG H20—2007)规定的格式(10m、20m、100m)逐项录入和保存。路况数据包括路面、路基、桥隧构造物和沿线设施;其中路面数据又包括路面损坏、道路平整度、路面车辙和路面抗滑性能等。

5.1　路面损坏

不同类型的路面有不同的损坏分类,路况评定系统(MQI)将路面损坏细分为沥青路面损坏(图2-5-8)、水泥混凝土路面损坏(图2-5-9)和砂石路面损坏(图2-5-10)。

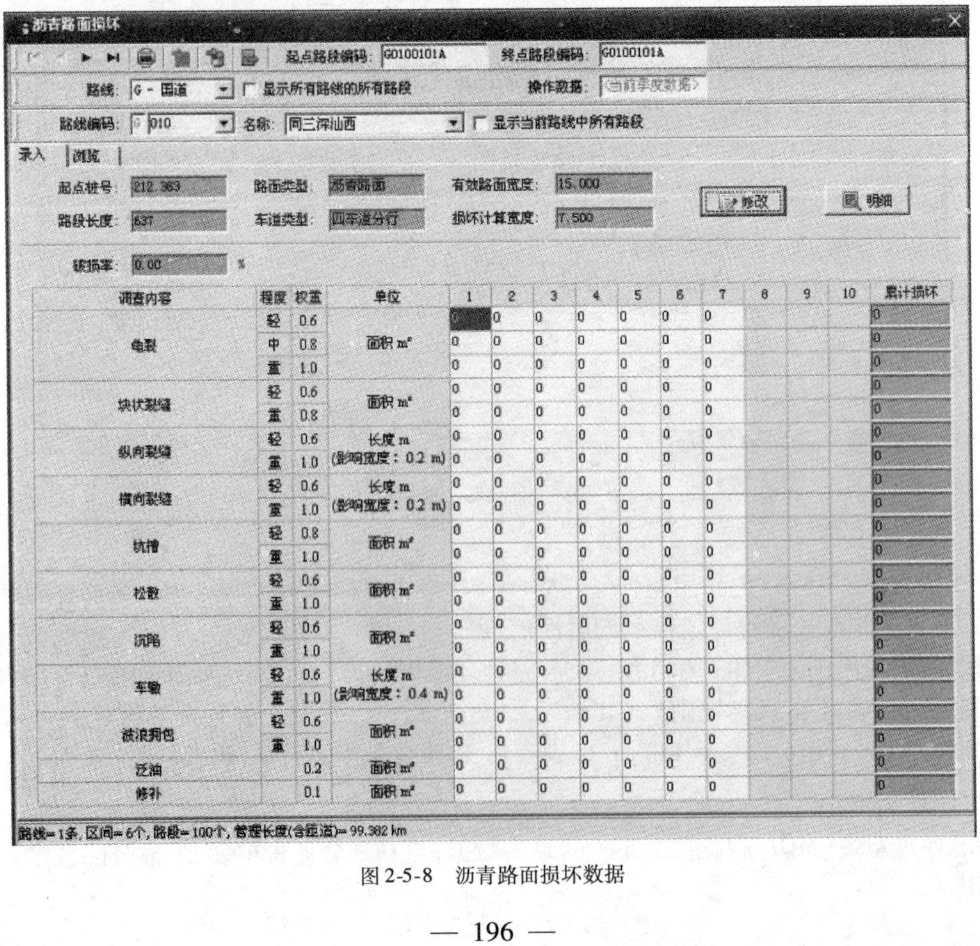

图2-5-8　沥青路面损坏数据

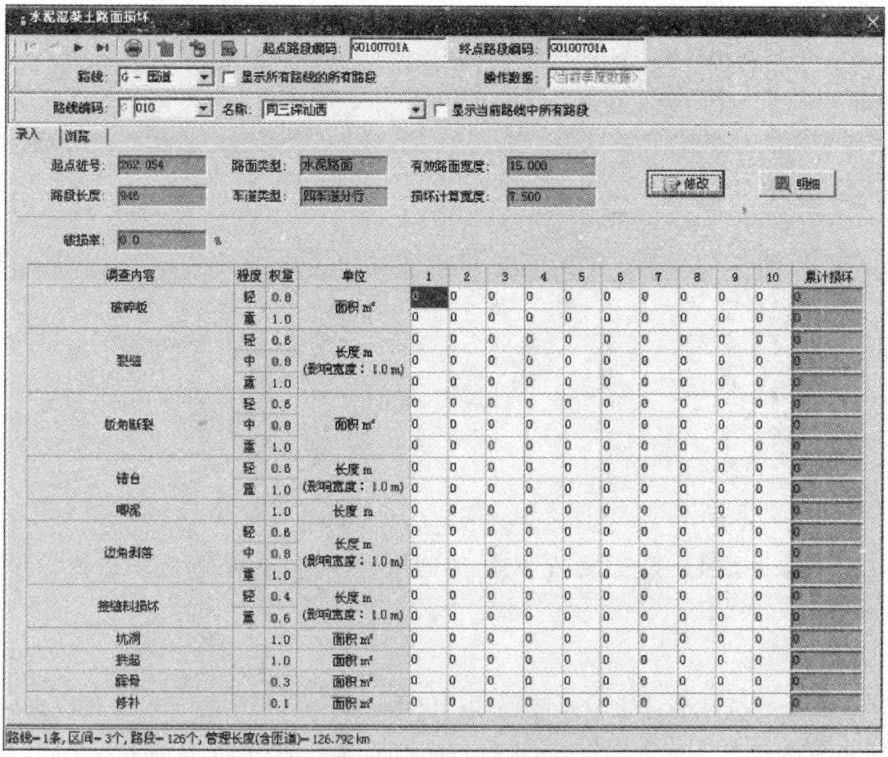

图 2-5-9　水泥混凝土路面损坏数据

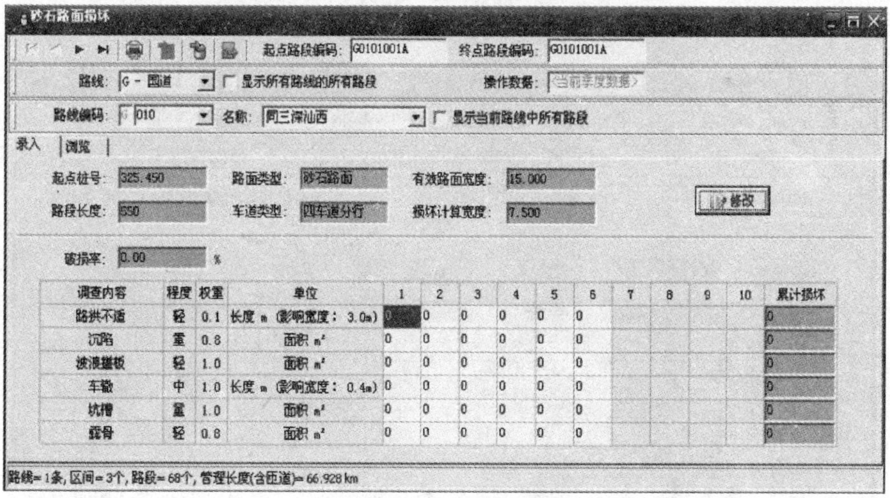

图 2-5-10　砂石路面损坏数据

路面损坏数据的录入相当于一个填表过程。在录入或修改一个评定单元(或路段)的路面损坏数据时,需要首先定位录入数据的所在路段。路段位置可通过三种方式定位:一是输入路段编码;二是输入路线编码,然后点击窗口左上方的前后箭头;三是在浏览窗口直接选择。

为了实现路面损坏数据快速录入,路况评定系统(MQI)提供了类似 Excel 电子表格的录入功能:通过上下、左右键快捷操作,录入完成后退出即保存。

依据录入的路面损坏数据,路况评定系统(MQI)将根据路面损坏类型,自动计算 100m 损坏的累计数据及对应的沥青路面、水泥混凝土路面或砂石路面的破损率(%)。

在路面损坏数据录入工作完成后,通过系统提供的功能(图 2-5-11),可将数据库中的路况数据以 Excel 电子表的形式导出。这项功能使得数据录入可以脱离路况评定系统(MQI),用 Excel 直接编辑路况数据,完成数据编辑后,利用系统提供的功能再将 Excel 表数据返回(导入)到路况评定系统(MQI)数据库。

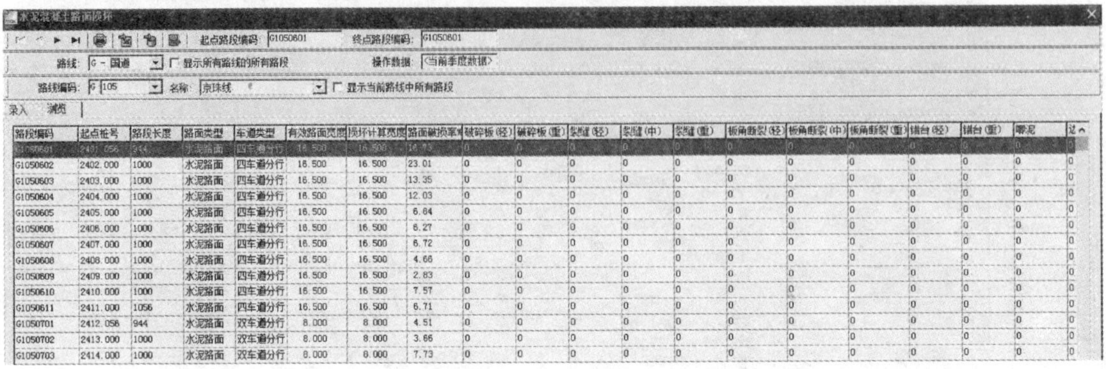

图 2-5-11　路面损坏浏览及 Excel 导出、导入

该项功能也适合道路平整度、路面车辙、路面抗滑性能、路基、桥隧构造物、沿线设施的数据录入与编辑。

5.2　道路平整度

道路平整度一般按标准评定单元或路段(1000m)的 100m 均值方式保存(图 2-5-12)。对于超出 1000m 或不足 1000m 的路段,系统将自动增加或减少 100m 数据录入空间(该项功能也适合其他数据的录入)。系统默认的检测数据为 RI(Road Roughness)值,利用 RI 数据,根据标定方程,系统将自动计算路段平均 RI 和国际平整度指数 IRI。

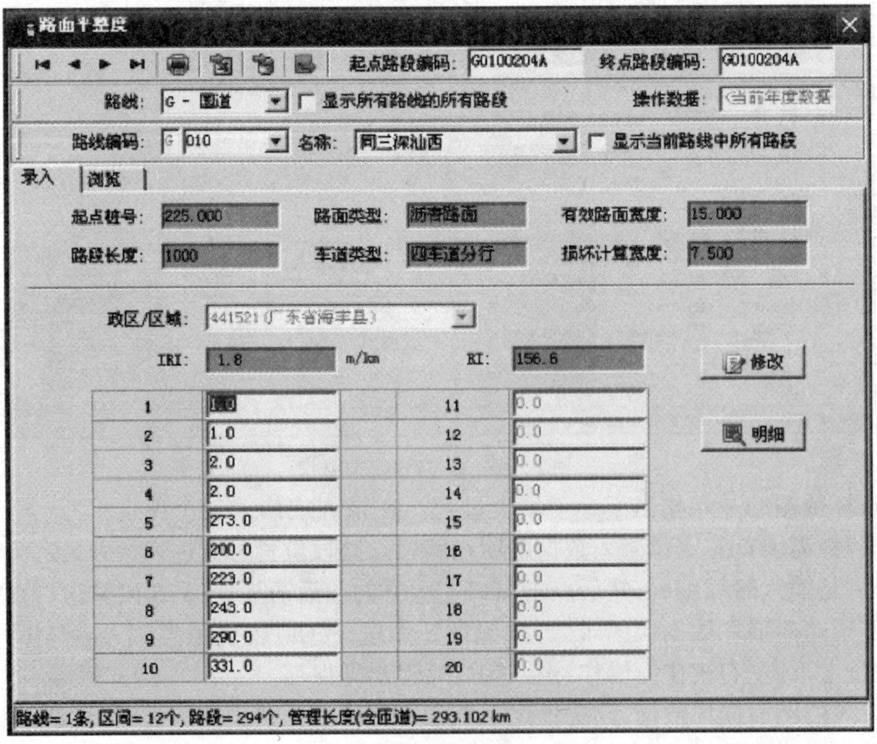

图 2-5-12　道路平整度

5.3 路面车辙

路面车辙分左车辙和右车辙(图 2-5-13),数据以 100m 均值的方式保存。根据 100m 左、右车辙,计算路段平均车辙、最大车辙和大于 10mm 车辙比例。

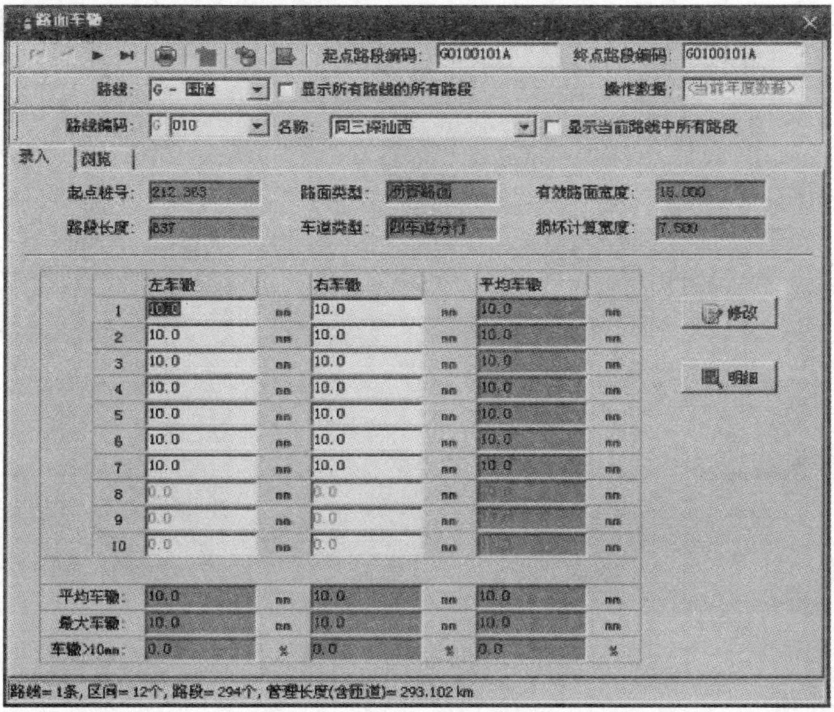

图 2-5-13　路面车辙

5.4 路面抗滑性能

路面抗滑性能数据以 100m 均值方式保存(图 2-5-14)。根据 100m 均值,计算路段抗滑性能(SFC)。

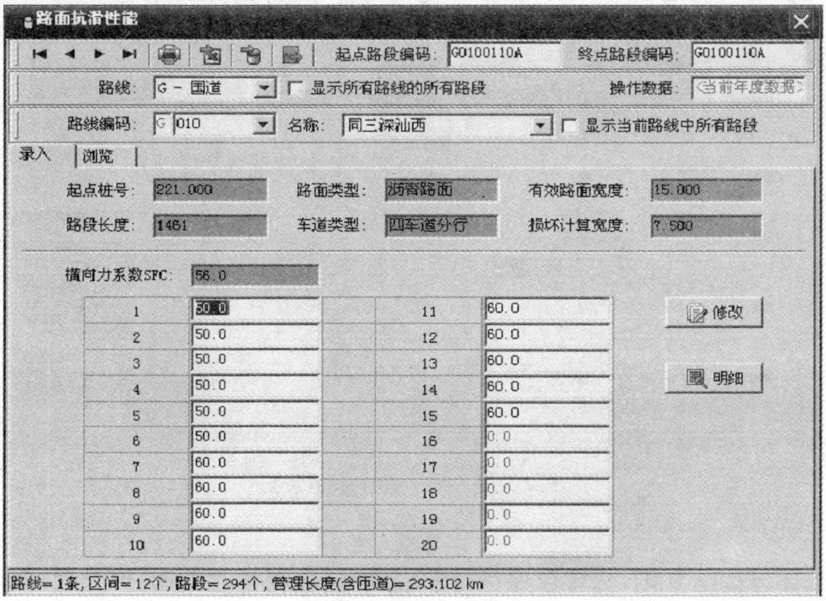

图 2-5-14　路面抗滑性能

5.5 路基

路基技术状况数据，按损坏类型以 100m 为单位保存（图 2-5-15）。路况评定系统（MQI）按照路基损坏类型，自动计算 100m 损坏的累计数据及折合损坏所对应的路基状况指数 SCI。

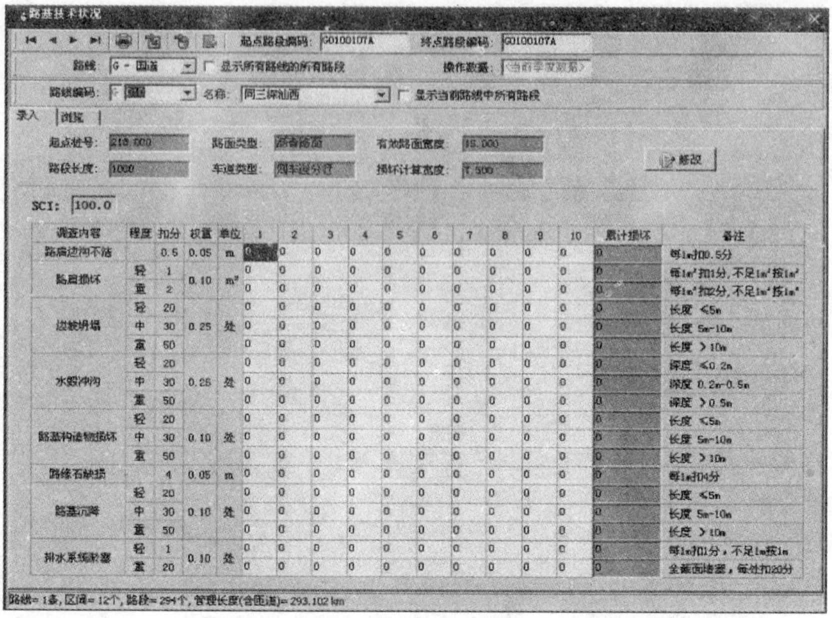

图 2-5-15　路基技术状况

5.6 桥隧构造物

如图 2-5-16 所示，依据桥梁、隧道和涵洞构造物的技术状况评定结果，路况评定系统（MQI）将自动计算桥隧构造物技术状况指数 BCI。

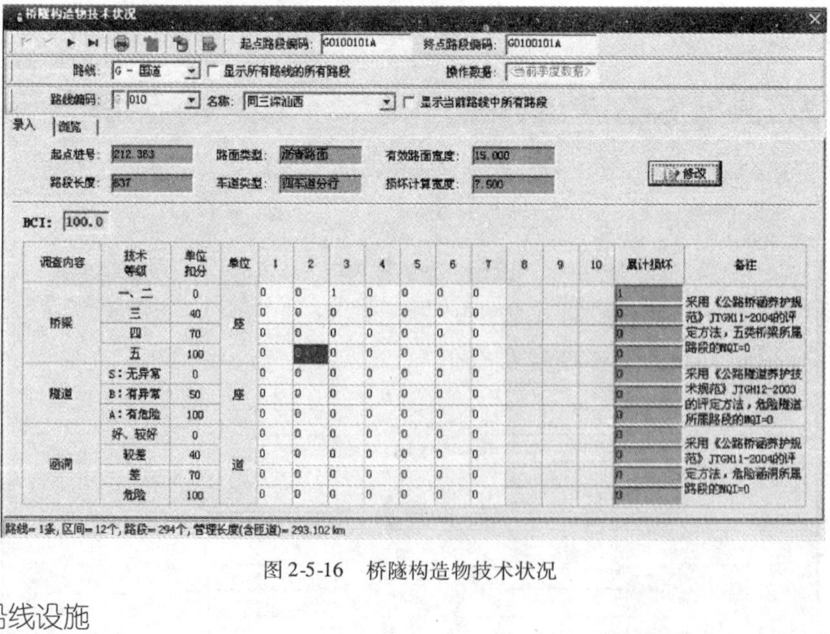

图 2-5-16　桥隧构造物技术状况

5.7 沿线设施

系统按损坏类型以 100m 为单位保存（图 2-5-17），根据检测数据自动计算 100m 损坏的累计数据及折合损坏所对应的沿线设施的技术状况指数 TCI。

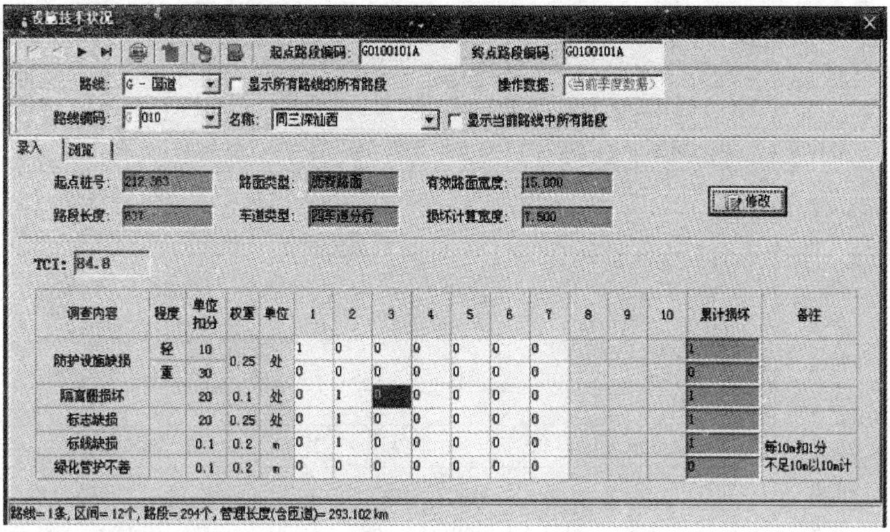

图 2-5-17　沿线设施技术状况

6　等级评定

根据公路技术状况评定结果和公路技术状况标准，确定公路技术状况等级，按详细程度将等级的评定结果分“评定汇总”和“评定明细”。

6.1　评定汇总

评定汇总是以路线、政区、养管单位为单位的评定。

系统通过不同的选择(图 2-5-18)，给出不同选择的汇总结果(图 2-5-19、图 2-5-20)。主要选择包括：

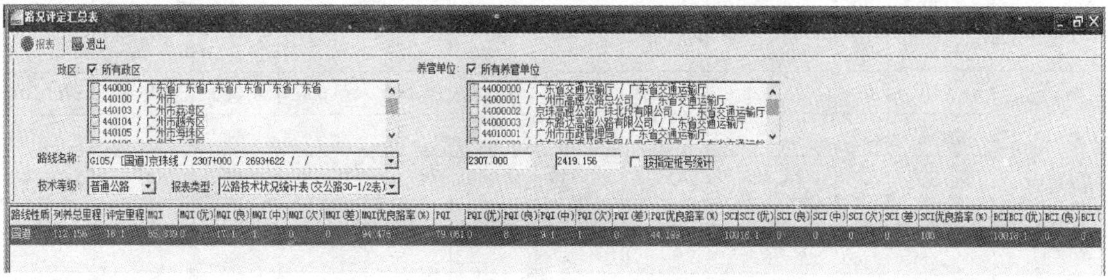

图 2-5-18　公路技术状况评定汇总

项目				编号	评定里程（公里）	评定结果					评级里程（公里）					优良路率（%）
						MQI	PQI	SCI	BCI	TCI	优等路	良等路	中等路	次等路	差等路	
甲				乙	1	2	3	4	5	6	2	3	4	5	6	7
总计				1	284.018	79.3	93.9	99.7	81.2	84.9	205.9	32.4	1.4	0	44.2	83.9
路线编号	路线名称	桩号区间	前进方向													
G010	同三深汕西	0212+363-0358+914	上下行	2	284.018	79.3	93.9	99.7	81.2	84.9	205.94	32.431	1.446	0	44.199	83.9
			上行	3	142.009	72.3	94.7	99.4	72.4	85.3	93.797	13.485	1.446	0	33.281	75.5
			下行	4	142.009	86.3	93	100	90	84.5	112.15	18.946	0	0	10.918	92.3
填报单位:						填报人:					填报日期:					

图 2-5-19　高速公路技术状况统计表

项目		编号	列养里程（km）	实际评定里程（km）						优良路率（%）	评定结果
				合计	优等路	良等路	中等路	次等路	差等路		
甲		乙	1	2	3	4	5	6	7	8	9
MQI	总计	1	24.328	24.328	11.200	13.100	0.000	0.000	0.000	1.0	90.0
	国道	2									
	省道	3	24.328	24.328	11.189	13.139	0.000	0.000	0.000	1.0	9.0
	县道	4									
	乡道	5									
	村道	6									
	专用公路	7									
路面（PQI）	总计	8	24.328	24.328	4.500	17.700	2.100	0.000	0.000	91.2	86.6
	国道	9									
	省道	10	24.328	24.328	4.501	17.697	2.130	0.000	0.000	91.2	86.6
	县道	11									
	乡道	12									
	村道	13									
	专用公路	14									
路基（SCI）	总计	15	24.328	24.328	19.700	4.600	0.000	0.000	0.000	100.0	94.0
	国道	16									
	省道	17	24.328	24.328	19.689	4.639	0.000	0.000	0.000	100.0	94.0
	县道	18									
	乡道	19									
	村道	20									
	专用公路	21									
桥隧构造物（BCI）	总计	22	24.328	24.328	24.3000	0.000	0.000	0.000	0.000	100.0	100.0
	国道	23									
	省道	24	24.328	24.328	24.328	0.000	0.000	0.000	0.000	100.0	100.0
	县道	25									
	乡道	26									
	村道	27									
	专用公路	28									
沿线设施（TCI）	总计	29	24.328	24.328	23.800	0.000	0.500	0.000	0.000	97.8	98.6
	国道	30									
	省道	31	24.328	24.328	23.798	0.000	0.530	0.000	0.000	97.8	98.6
	县道	32									
	乡道	33									
	村道	34									
	专用公路	35									

图 2-5-20　普通公路技术状况统计表

养管单位:一个、多个或所有养管单位;

政区:一个、多个或所有政区;

路线:一条路线或所有路线;

技术等级:高速公路或普通公路;

报表类型:交通运输部要求的“公路技术状况统计表”或 MQI 标准要求的“公路技术状况评定汇总表”;

报表方式:路线、全省、政区。

6.2 评定明细

评定明细是以路段为单位的评定。

系统通过不同的选择(图 2-5-21),给出不同选择的图文明细结果(图 2-5-22、图 2-5-23)。

与评定汇总类似,评定明细需要依次选择养管单位或政区、技术等级、路线、路面类型(沥青、水泥或砂石)、上下行。

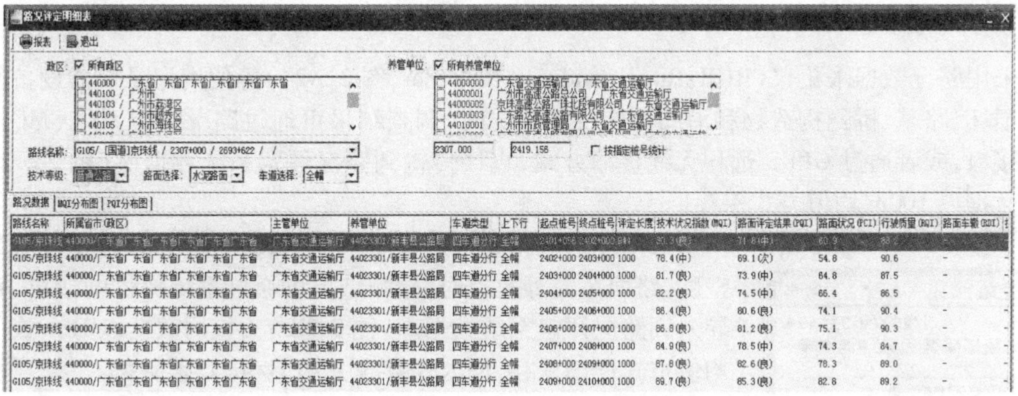

图 2-5-21 公路技术状况评定明细

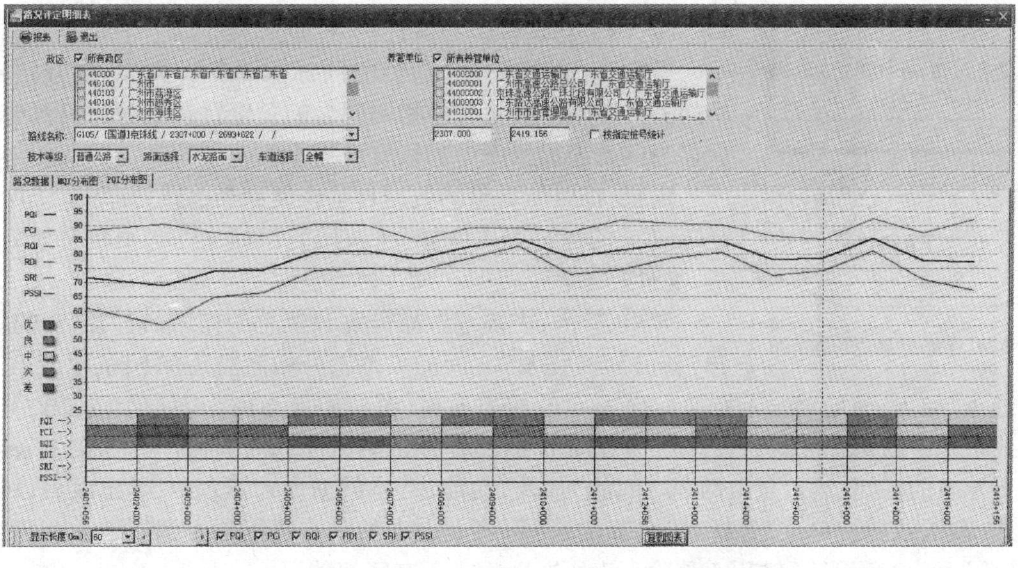

图 2-5-22 公路技术状况评定结果分布

公路技术状况评定明细表

路线名称：G010/同三深汕西　　检测方向：上行　　2008年02月23日

起点桩号	路段长度（m）	评定结果 MQI	路面 PQI	路面 PCI	RQI	RDI	SRI	PSSI	路基 SCI	桥隧构造物 BCI	沿线设施 TCI
214+000	1000	98.4 优	97.7	100.0	97.1	-	94.2	98.7	100.0	100.0	100.0
215+000	1000	98.4 优	97.7	100.0	97.1	-	94.2	98.7	100.0	100.0	100.0
216+000	1000	96.7 优	95.3	100.0	97.1	80.2	94.2	98.7	100.0	100.0	100.0
217+000	1000	95.1 优	98.1	100.0	97.1	99.0	94.2	98.7	100.0	100.0	64.6
218+000	1000	95.6 优	97.7	100.0	97.1	-	94.2	84.3	100.0	100.0	72.6
219+000	1000	98.0 优	97.7	100.0	97.1	-	94.2	80.0	100.0	100.0	95.8
220+000	1000	96.5 优	97.7	100.0	97.1	-	94.2	74.7	95.0	100.0	84.8
221+000	1461	0.0 差	96.0	100.0	91.8	98.2	95.2	71.4	100.0	0.0	93.4
222+461	539	85.2 良	96.7	100.0	95.9	-	91.5	77.3	100.0	0.0	95.0
223+000	1000	0.0 差	95.1	100.0	90.8	-	94.2	81.1	100.0	0.0	99.8
224+000	1000	0.0 差	95.3	100.0	91.2	-	94.2	78.0	100.0	0.0	97.8
225+000	1000	0.0 差	95.8	100.0	92.4	-	94.2	51.2	100.0	0.0	77.3
226+000	1000	0.0 差	95.6	100.0	91.9	-	94.2	88.8	100.0	0.0	92.3
227+000	1000	0.0 差	95.5	100.0	91.7	-	94.2	85.4	100.0	0.0	99.8
汇总	14km	54.6 差	96.6	100.0	94.7	92.5	94.1	83.4	99.6	50.0	90.9

深汕高速公路西段管理处

图 2-5-23　公路技术状况评定明细表

7　设备检测数据接口

采用路况数据采集仪（RCR：Road Condition Recorder，图 2-5-24）等便携记录仪器设备调查路面损坏、路基、桥隧构造物和沿线设施技术状况时，调查结果可通过路况评定系统（MQI）提供的接口，或者通过 GPRS 远程无线传输方式，直接传输到路况评定系统数据库（图 2-5-25），调查数据以 100m 均值方式保存。

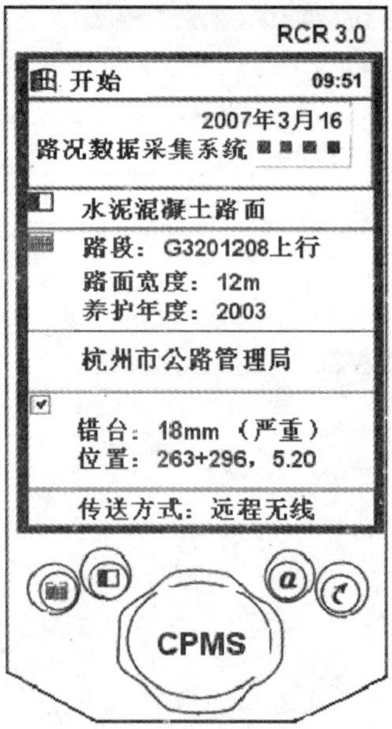

图 2-5-24　路况数据采集仪（RCR）

采用多功能路况快速检测系统（CiCS）检测路面损坏、道路平整度、路面车辙等数据时，检测结果可通过系统提供的接口，直接导入到路况评定系统数据库（图 2-5-26）；检测数据以 10m 或 20m 均值格式详细保存，同时保存合并的 100m 均值数据。

8　数据维护

路况评定系统（MQI）的“文件”菜单，提供了备份、恢复、导出、导入四个数据维护功能：

备份：自动生成一个包含时间标识的备份文件，根据年度自动相关的原则自动将文件指向隐含的备份目录（也可自行选择），保存当前系统数据库中的所有数据。

恢复：将以前备份的数据自动恢复到当前数据库中。“恢复”是“备份”的逆过程，“恢复”所使用的目标文件必须是有效的“备份”文件。

导出、导入：主要起数据分发和汇总的作用，它们之间的关系和“备份”与“恢复”之间的关系十分相似但又有不同。

选择“导出”系统将显示图 2-5-27 所示的导出窗口，窗口由上下两张表格组成：第一张表是目前系统中的所有区间列表；第二张表显示的是要导出的区间列表。操作时先在上表中选择需要导出的区间，然后点击两表之间的“加入”功能键，将数据加入下表中，导出时可以按两种方式（政区或养护单位）选择。“全部加入”可将上表中的所有数据加入到下表。两表之间的“删除”和“全部删除”键用于移除下表所选区间或所有区间数据。

“导入”的操作与数据的“恢复”类似，区别只在于恢复数据选择的目标文件必须是“备

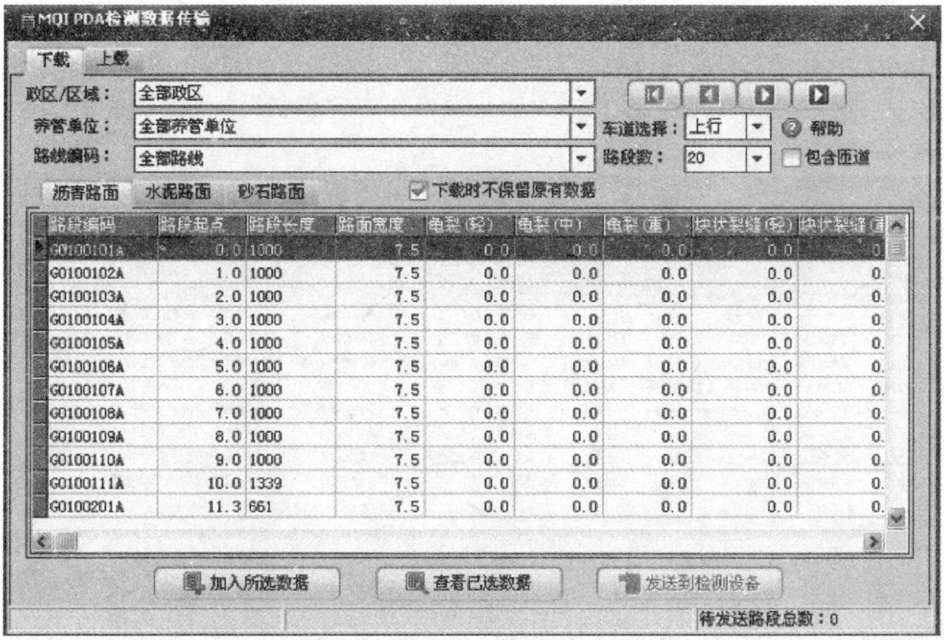

图 2-5-25　路况数据采集仪（RCR）传输接口

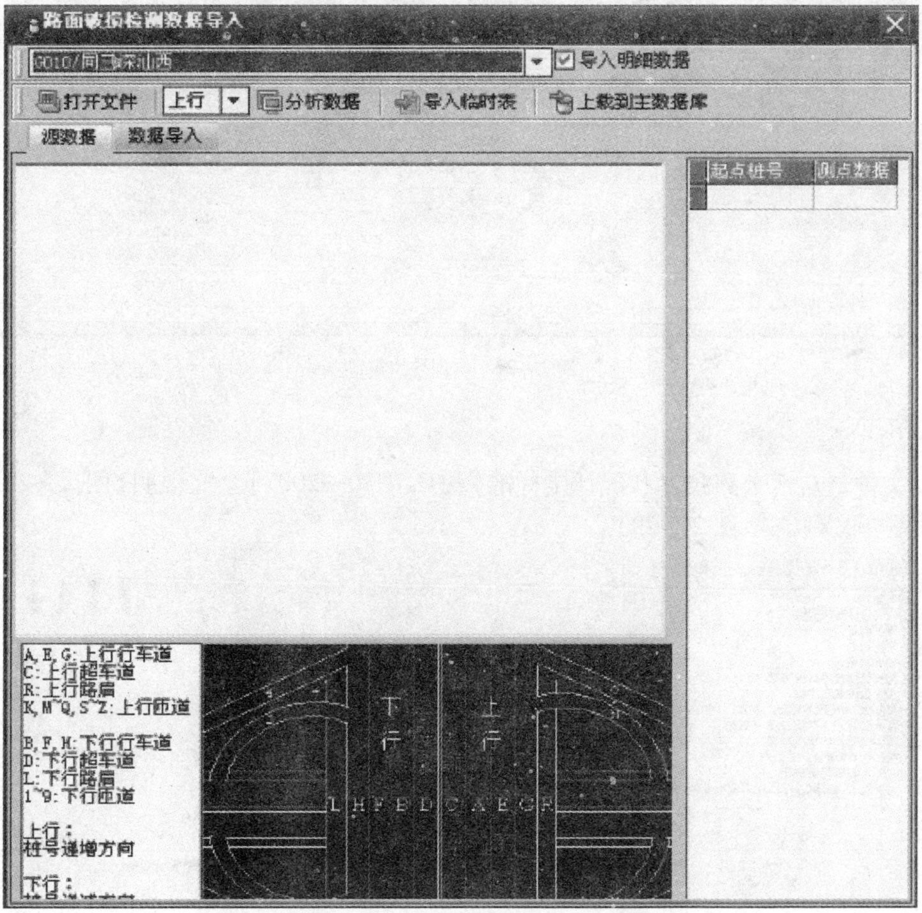

图 2-5-26　多功能路况快速检测系统（CiCS）数据导入接口

份”文件，而导入数据选择的目标文件必须是“导出”文件。“导入”与“恢复”的另一个区别在于，每一次导入的数据都只覆盖原数据库中对应部分的数据，其他数据保持不变，而恢复数据将覆盖或取代原数据库中的所有数据。为防止误操作，在“备份”、“恢复”或“导出”、“导入”时，都需要输入“cpms”确认口令。

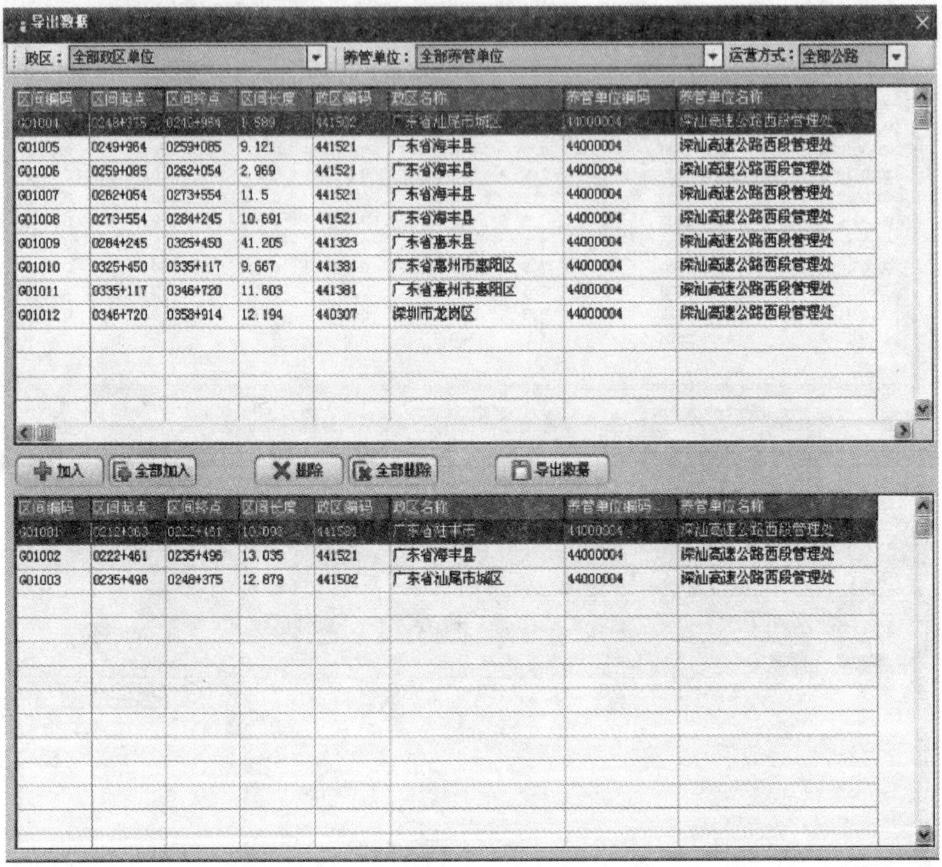

图 2-5-27　数据导出窗口

9　帮助

帮助文件，包含《公路技术状况评定标准》（JTG H20—2007）全文说明（图 2-5-28）和技术支持（说明与联系方式，图 2-5-29）。

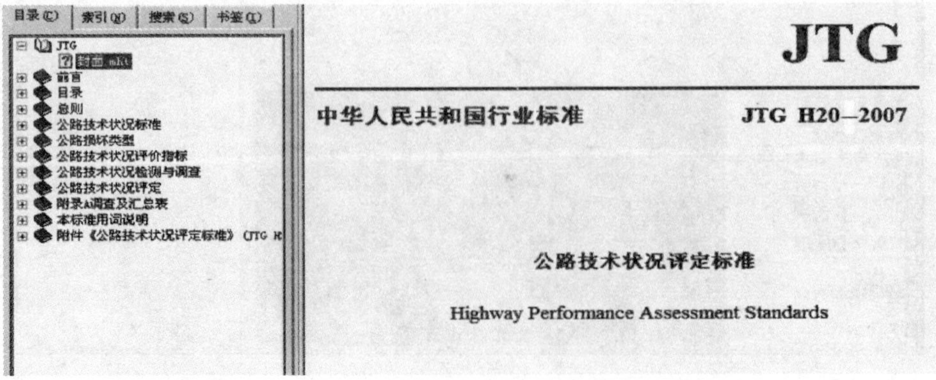

图 2-5-28　《路况评定系统》帮助文件

图 2-5-29 《路况评定系统》技术支持

项目 6　桥梁管理系统及应用

1　系统功能说明

1.1　系统开发环境

中国公路桥梁管理系统基于 B/S 架构设计,使各地用户通过浏览器实现远程浏览访问,公路桥梁所有信息都存储在网站服务器,更新情况可以通过网络实时发布,从而实现公路桥梁系统的实时动态管理。

系统服务器的硬件配置根据用户量和数据量,尽可能配置高性能服务器(运算速度快、存储量大、安全稳定性好)及相关的附属设施。服务器软件要求如下:

(1)操作系统 Windows 2003 Server;

(2)Microsoft SQL Server2008 网络数据库;

(3)Net Framework 框架(4.0 版本);

(4)IIS 6.0 以上(含 WWW 服务和 FTP 服务);

(5)客户端需通过 IE 浏览器(6.0 以上版本)访问系统。

1.2　系统功能介绍

本系统为默认三级管理模式、五大管理模块,用户角色权限、模块设置动态可调,操作更方便、快捷、高效,最终实现桥梁管理的系统。

(1)系统数据来源:内业采集、外业采集(日常检查、经常性检查、定期检查、特殊检查)。

(2)系统数据录入方式:系统录入、数据导入、智能终端录入。

(3)系统数据库主要分为两大类:一类是基础数据库(桥梁识别数据库、结构数据库、经济数据库、档案数据库及涵洞识别数据库);另一类是动态数据库(部件数据库、病害数据库、技术状况评价库、责任人数据库)。

1.3　三级管理模式

系统采用默认的三级管理模式:高级管理员、管理员、数据维护员。不同级别角色设置不同权限,数据管理员负责数据的采集及基础数据库、动态数据库的录入,并根据桥梁和涵洞的技术状况评价结果进行上报,并对已通过审批的养护计划、养护任务单、专项维修计划进行执行;领导权限包括:设置管养单位及用户角色,审批养护计划、养护任务单、专项维修计划,查看年度养护报告等。

1.4　五大模块

桥梁管理系统(图 2-6-1)主要分为五大模块:数据管理模块、养护管理模块、报表管理模块、历史桥况分析模块、系统管理模块。可根据用户喜好对常用的子模块进行设置,放入"个人业务处理"菜单下,便于操作。

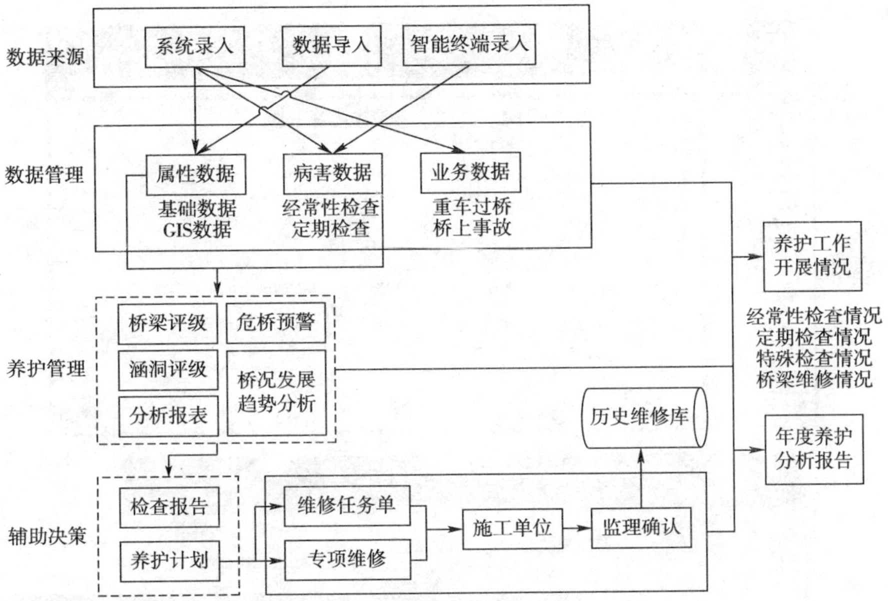

图 2-6-1　桥梁管理系统

2　操作界面说明

2.1　登录页面

当贵单位购买新版中国公路桥梁管理系统后，技术服务人员将为各级单位建立账户，您可使用账户登录系统（图 2-6-2）。

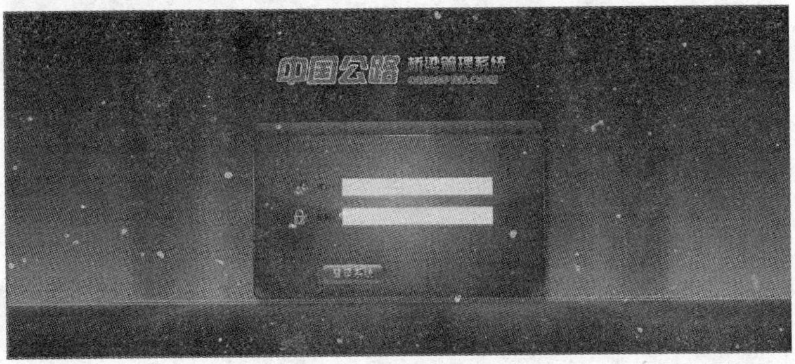

图 2-6-2　登录系统

2.2　界面构成

登录成功后，即进入中国公路桥梁管理系统 V12。系统界面构成由上至下主要分为四个部分：系统 Logo、用户登录信息、功能菜单及系统功能区（图 2-6-3）。

在当前标签页上，显示了已打开功能模块的标题，首页默认始终打开；每个标签页默认都有一个关闭按钮，可以关闭当前标签页，通过右键对已打开的标签进行操作：关闭当前页、关闭其他、关闭所有及刷新选项；当前打开标签数过多，在标签栏无法完全显示时，可通过标签栏左右两侧的箭头查看隐藏的已打开的标签。

2.3　首页页面

系统首页功能包括：设置查看的下级单位、常用搜索功能、桥梁地理位置定位及桥梁三维动态显示（图 2-6-4）。

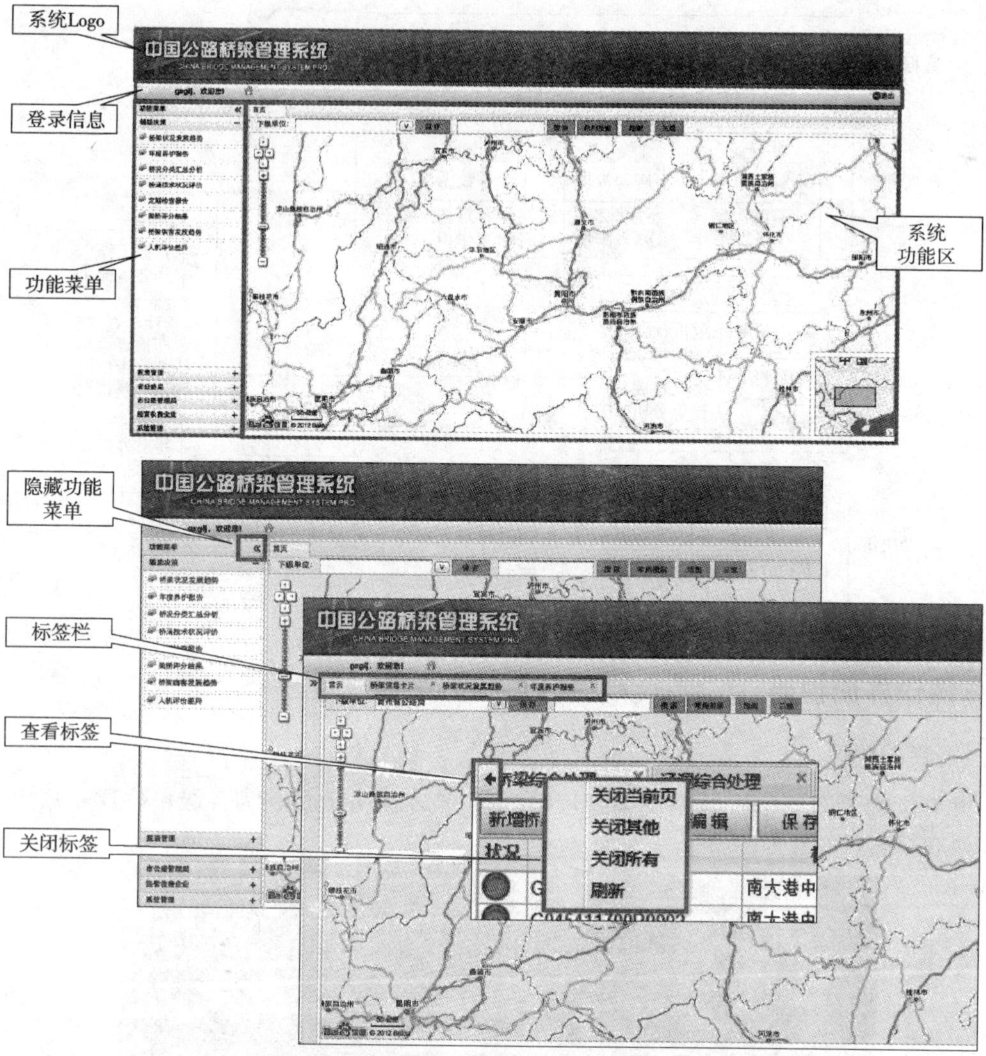

图 2-6-3 桥梁管理系统的界面构成

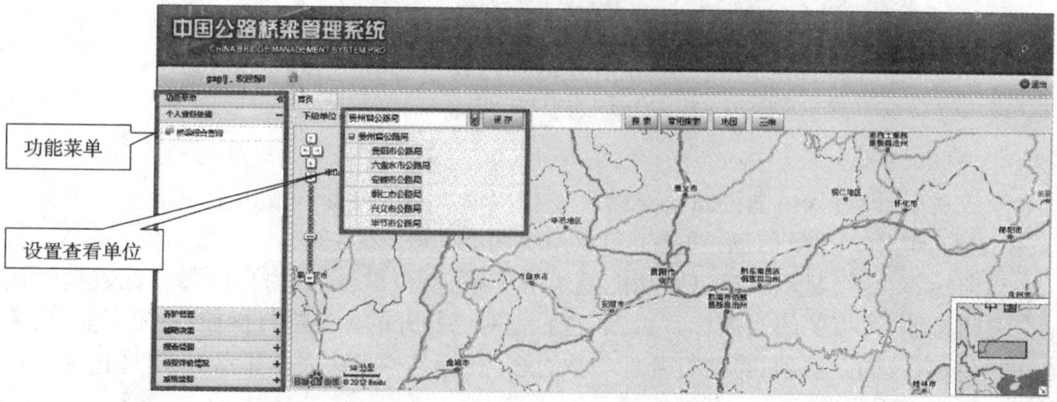

图 2-6-4 桥梁管理系统的首页功能

2.3.1 设置查看的下级单位

可以通过下拉菜单的选择当前要查看的下级单位并点击保存，即可完成设置。

2.3.2 常用搜索功能

常用搜索功能是针对客户需求进行设计的便捷操作，无须在功能模块内寻找，在首页即可快速搜索：桥梁的养护情况及桥梁统计信息，在页面右侧即可显示所需数据，如图 2-6-5 所示。点击常用搜索结果展示区域中的任意一座桥梁信息，即可打开该桥的桥梁卡片，便捷地展示该桥完整的基础信息。

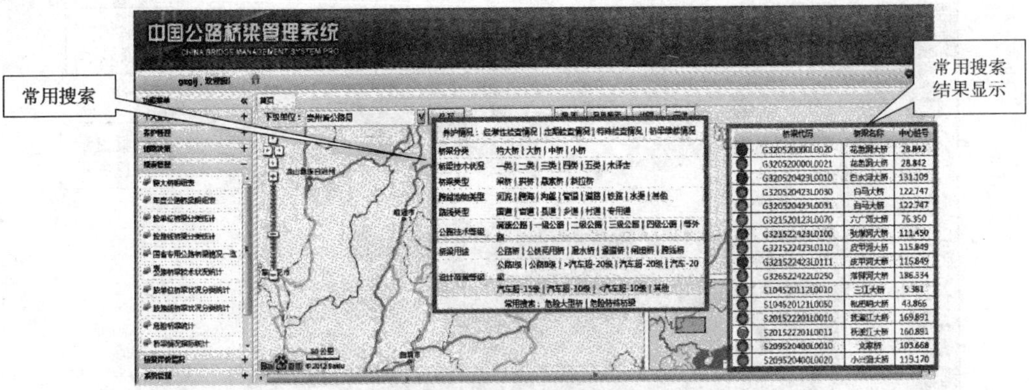

图 2-6-5 桥梁管理系统的搜索功能

2.3.3 桥梁地理位置定位

首页默认显示当前单位所在地的桥梁地理位置图，点击“搜索”即可显示已采集地理信息的桥梁位置，显示颜色对应桥梁目前的技术状况(图 2-6-6)。

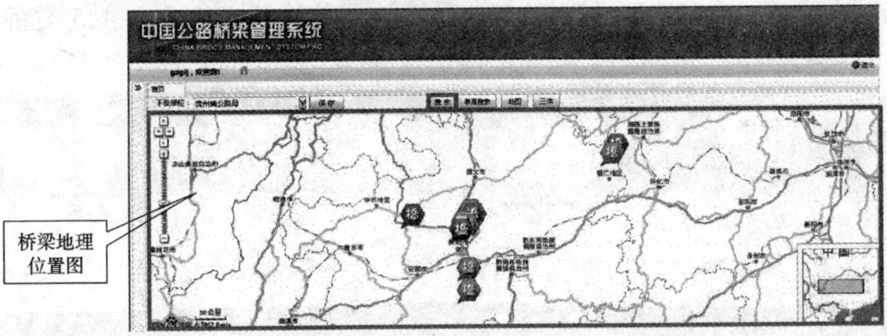

图 2-6-6 首页默认显示桥梁地理位置

点击地图上要查看的“桥”图标，在地图右侧即出现该桥基础信息(图 2-6-7)，包括识别信息、结构信息、经济信息、档案信息、评价信息、部件信息及病害信息，并在地图上显示该桥采集的正面照及立面照。

图 2-6-7 点击地图查看桥的基础信息

2.3.4 桥梁三维动态显示

使用桥梁三维动态显示功能需要安装系统插件“Unity Web Player”。在地图上选择需要查看的桥梁，点击“三维”按键即可进入桥梁三维信息模块(图2-6-8)，根据系统中的桥梁结构及部件信息进行桥梁三维动态显示，操作键“W”——前进、“S”——后退、“A”——左平移、“D”——右平移。

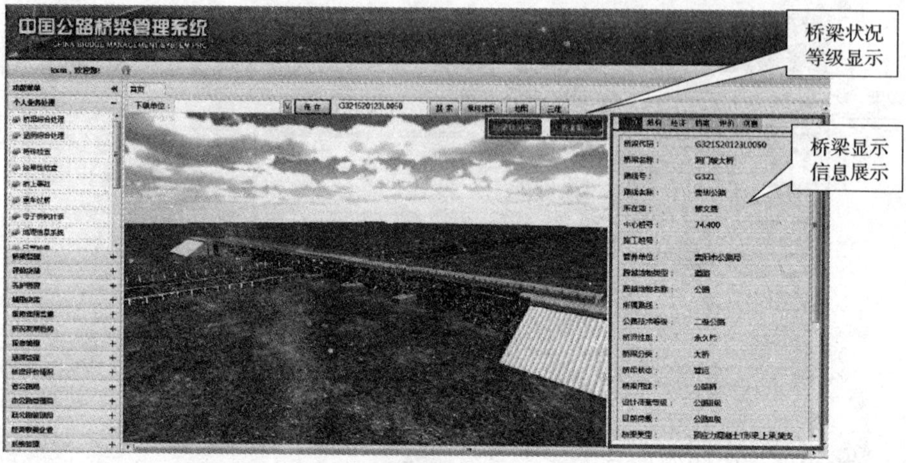

图2-6-8 点击“三维”按键，即进入三维信息模块

可通过点击三维动态显示区域中的桥梁状况等级，即可根据桥梁当前的技术状况等级显示相应的颜色，点击恢复默认即可取消显示，其中依次代表1、2、3、4、5类桥梁技术状况(图2-6-9、图2-6-10)。

图2-6-9 点击“桥梁状况等级”，显示相应颜色

3 数据管理模块操作说明

数据管理模块主要包括10个子模块：桥梁综合处理、涵洞综合处理、桥梁综合查询、涵洞综合查询、经常性检测、特殊检测、桥上事故、重车过桥、地理信息采集、批量导入。

图 2-6-10　点击“恢复默认”，取消显示

3.1　桥梁综合处理

桥梁数据库根据功能可分为基础信息数据库和动态信息数据库两大类。基础信息数据库包括：识别数据库、结构数据库、经济数据库和档案数据库；动态信息数据库包括：部件数据库、病害数据库、状况数据库和责任人数据库。

桥梁综合处理子模块是桥梁信息管理的基础，在此模块中可以实现对桥梁信息的管理，包括新建桥梁、删除桥梁、编辑、保存、复制并新建、查找、选择列（图 2-6-11）。

图 2-6-11　综合处理子模块，对桥梁信息进行管理

数据浏览（图 2-6-12）：点击进入桥梁综合处理默认页面，可对管理的桥梁数据列表进行浏览、查看，在显示区域底部显示数据条目情况，通过底部按钮设置，可选择每页显示数据条目数量（图 2-6-13）；双击桥梁数据显示区域列信息，即可按此列进行排序。

（1）新建桥梁：点击“新建桥梁”，在桥梁数据显示区域自动添加一张空白表，在各数据项中填入相应的桥梁真实数据，保存后即可在系统内新建一条桥梁信息。

其中：

红色字体：表示该条信息为必填项；

：该按键表示该条信息需通过此下拉菜单进行选择；

：该按键表示该条信息需通过此下拉菜单进行选择，可复选；

图 2-6-12　数据浏览

图 2-6-13　数据条目数量

帮助信息：双击任意一条数据项名称，即可出现该条数据项的帮助信息，有助于桥梁养护工程师在建立桥梁信息时快速了解该条信息的意义（图 2-6-14）。

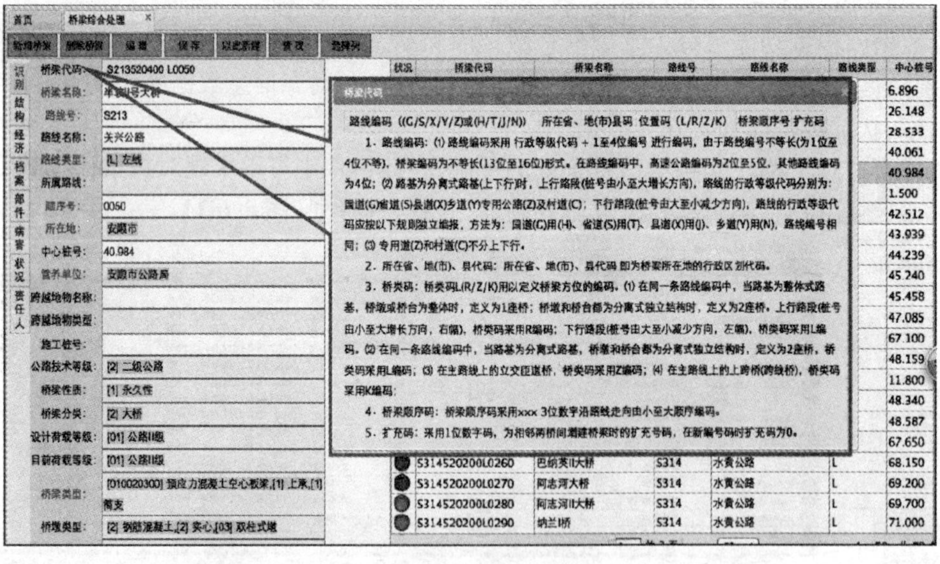

图 2-6-14　帮助信息

（2）删除桥梁：选择桥梁数据显示区域中需要删除的桥梁，点击删除桥梁功能操作按钮，即可对该桥梁的信息进行删除操作（系统会进行确认提示，一旦删除，数据是不可再恢复的，除非进行重新录入）。如图 2-6-15 所示。

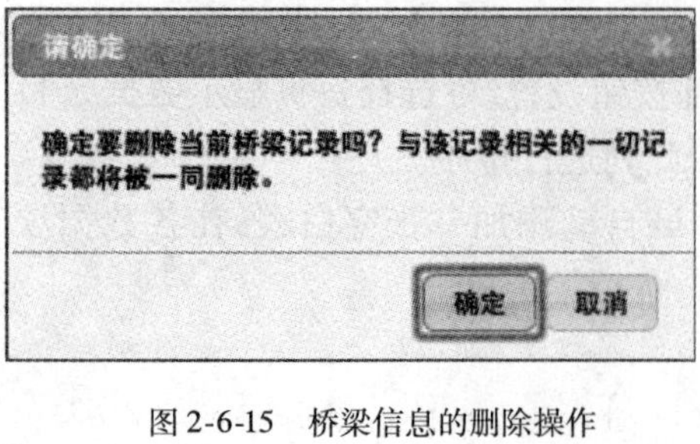

图 2-6-15　桥梁信息的删除操作

（3）编辑与保存：点击桥梁数据显示区域中的任意一座桥梁，即可查看该桥的全部信息，点击“编辑”即可对桥梁信息进行修改，点击“保存”后修改数据上传至服务器，并弹出“保存成功”提示框，1 秒钟后自动关闭,如图 2-6-16 所示。

系统检测到用户进行编辑操作后未保存,鼠标指向另一条数据时,系统将提示是否保存,如图 2-6-16 所示。

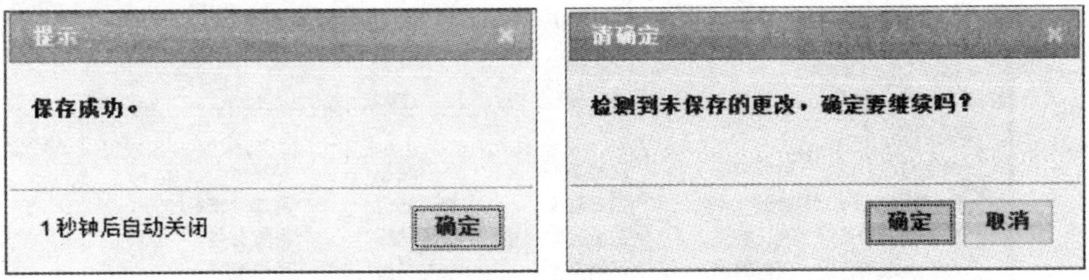

图 2-6-16 “编辑与保存”桥梁信息的操作

(4)复制并新建:实现对单座桥梁基础识别库、结构识别库、经济指标库、桥梁档案、六级责任人、部件详细信息的选择性复制,便于同类桥型的信息复制;然后通过“编辑”按钮进行完善,有利于某一条线公路上(如高速公路)相同结构、相同信息的桥梁条目复制(图 2-6-17)。

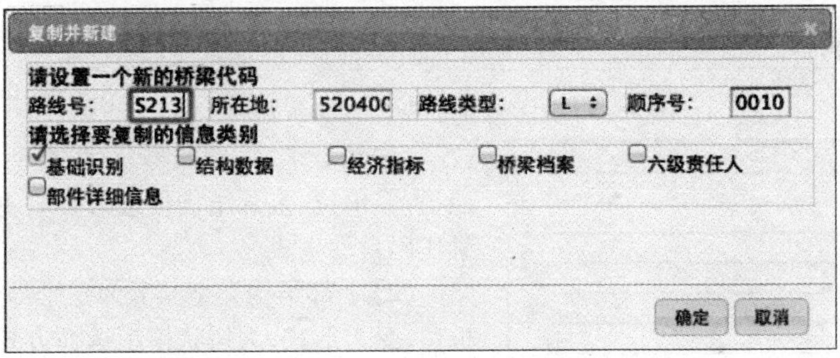

图 2-6-17 桥梁信息的“复制并新建”的操作

(5)查找:可通过查找功能筛选桥梁信息,点击“查找”→选择“字段信息”→输入“关键字”→确定,即可查找到符合条件的桥梁信息(图 2-6-18)。

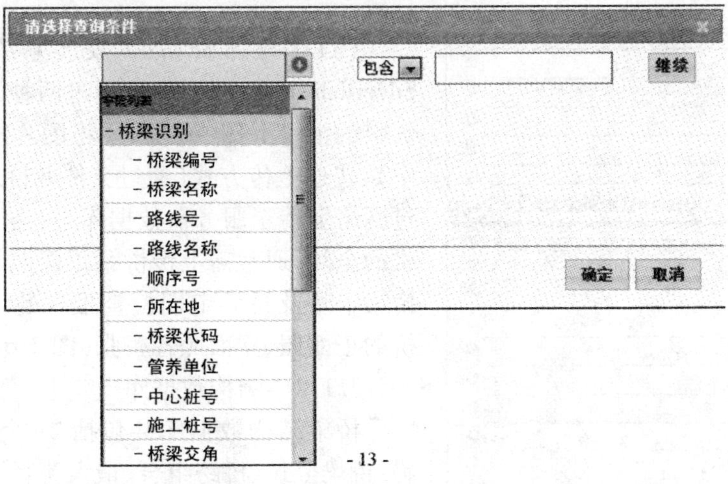

图 2-6-18 运用“查找”功能筛选桥梁信息

(6)选择列:通过“选择列”可对需要显示的桥梁信息列进行设置,如图 2-6-19 所示。

3.1.1 识别数据库

桥梁识别数据库共包括 33 个数据项:桥梁代码、桥梁名称、路线号、路线名称、路线类型、所属路线、顺序号、所在地、中心桩号、管养单位、跨越地物名称、跨越地物类型、施工桩号、公路技术等级、桥梁性质、桥梁分类、设计荷载等级、目前荷载等级、上部结构类型、桥墩类型、桥台类型、支座类型、桥墩基础类型、桥台基础类型、桥面铺装类型、伸缩缝类型、桥梁用途、桥梁状态、多媒体资料、行政等级、所属乡镇、母桥代码、管理形式码(图 2-6-20)。其中:

图 2-6-19　通过"选择列"设置所需显示的桥梁信息

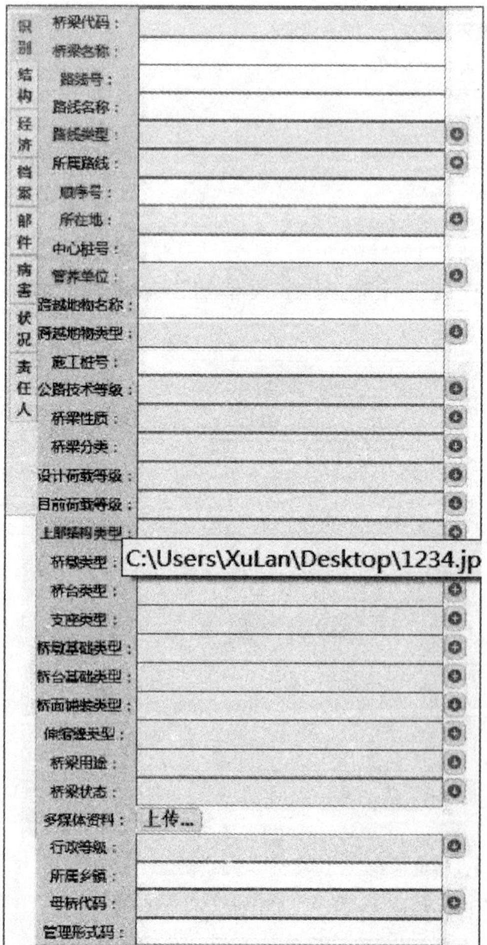

图 2-6-20　桥梁识别数据库中的数据项

(1)桥梁名称、路线号、路线类型、顺序号、所在地、管养单位、上部结构类型为必填项,"保存"后桥梁代码自动生成。

(2)上部结构类型共分为 3 个部分:桥型、桥面板位、受力形式,为树状模型选择方式。按照《公路桥梁技术状况评定标准》(JTG/T H21—2011)将桥型划分为 4 大类、36 小类;桥面板位分为:上承、中承、下承;受力形式分为:简支、连续、悬臂、无铰、二铰。

(3)多媒体资料:需安装系统插件"Microsoft Silverlight",点击按钮,可通过两种方式进行多媒体资料的批量上传:拖拽式(将图片拖拽至上传窗口中)、普通上传方式(通过文件夹目录选择上传),通过网络上传至服务器数据库中;为了更好地展示桥梁的全貌,通常需上传桥梁正面照、立面照,在生成桥梁卡片及桥梁定期检查报告的时候默认获取该桥的正面照、立面照各一张(图 2-6-21)。

3.1.2　结构数据库

桥梁结构数据库共包括 21 个数据项:桥梁代码、桥梁全长、桥跨组合、最大跨径、桥宽组合、桥面净宽、桥高、建桥年月、改建年月、通航等级、桥梁限高、桥下垂直净高、跨中截面高、桥面全宽、桥梁平曲线半径、桥头路面净宽、矢跨比、桥面纵坡、弯坡斜特征、立交特征、交叉形式(图 2-6-22)。

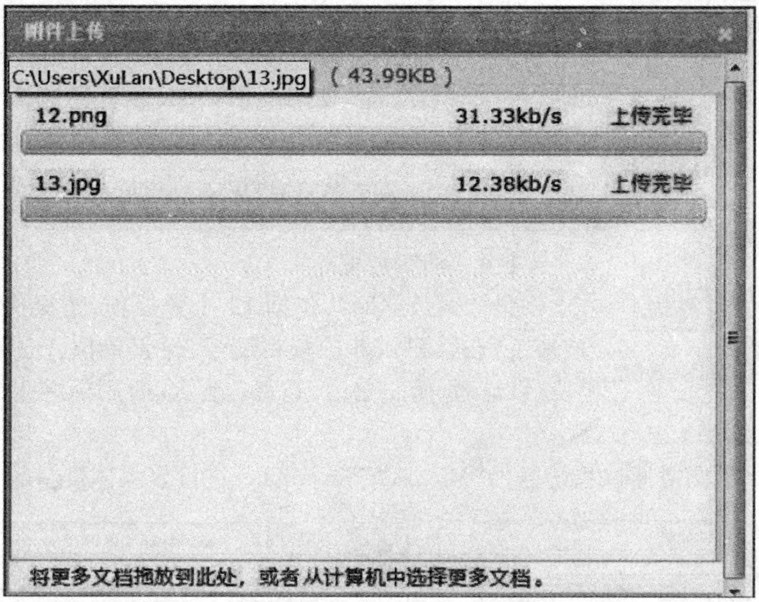

图 2-6-21　获取多媒体资料的方式

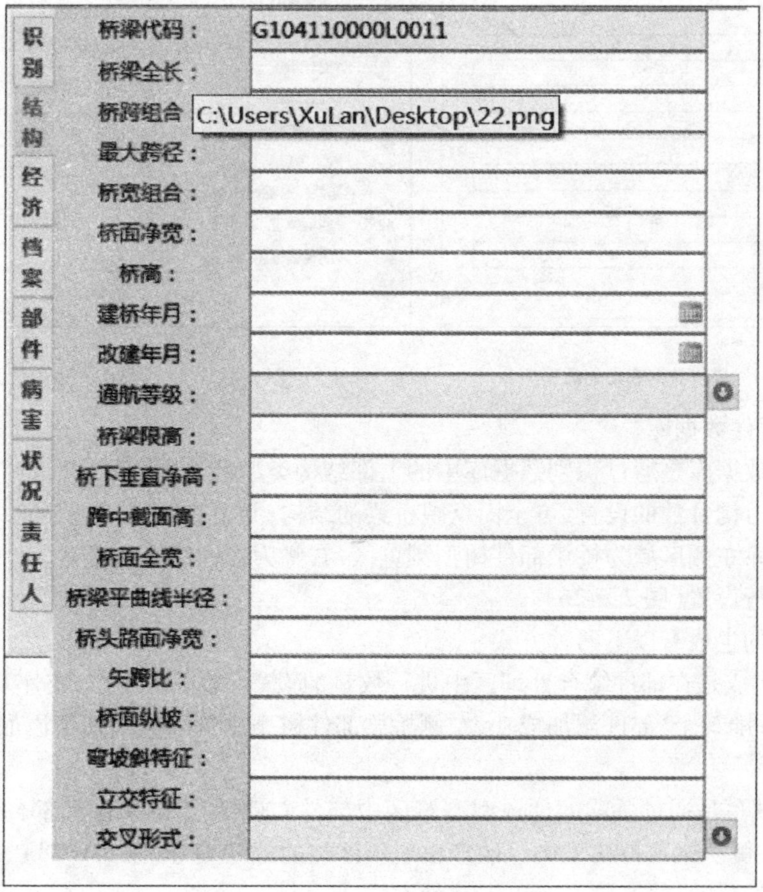

图 2-6-22　结构数据库中的数据项

其中“建桥年月、改建年月”需通过按钮进行日期选择(图 2-6-23)。

图 2-6-23 通过按钮进行日期选择

3.1.3 经济数据库

桥梁经济数据库共包括 18 个数据项:桥梁代码、总造价、施工工期、桥面中心高程、设计洪水频率、设计冲刷高程、主桥基底高程、历史最大洪水、年日均交通量、防护工程类型、地基地质、抗震设防、桥上附设、分隔带、收费情况、设计时速、桥梁与环境协调度、环境条件(图 2-6-24)。

3.1.4 档案数据库

桥梁档案数据库共包括 13 个数据项:桥梁代码、设计资料编号、竣工资料编号、养护资料编号、保管单位、产权单位名称、设计单位、设计者、施工单位、施工负责人、所用标准图、监理单位、竣工验收意见(图 2-6-25)。

其中所用标准图需通过系统插件“Microsoft Silverlight”进行多媒体资料的上传。

图 2-6-24 经济数据库中的数据项

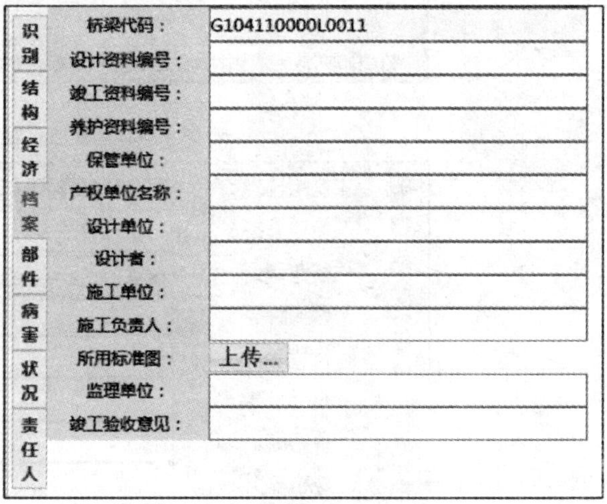

图 2-6-25 档案数据库中的数据项

3.1.5 部件数据库

桥梁部件数据库是通过识别数据库中的上部结构类型的选择,系统自动生成相应部件;通过部件数据库对构件数的设置,可全面反映桥梁的结构,并可在三维动态显示中完整展示。

部件数据库左侧区域为桥梁部件树型浏览区;右侧为部件综合处理区,此处理区可显示并对桥梁部件进行设置(图 2-6-26)。

部件数量的生成有以下两种方式:

(1)批量生成是在部件综合处理区中进行数量的设置:如桥墩 4 个;支座从 0 ~ 5 号墩,每墩(台)2 排,每排 5 个,部件添加成功,左侧桥梁部件树型浏览区应出现新添加的部件编号,如图 2-6-27 所示。

(2)手动填写是通过桥梁部件树型浏览区中部件右侧的[增]来添加部件编号,保存后部件添加成功,左侧桥梁部件树型浏览区应出现新添加的部件编号(图 2-6-28)。

部件数量的删除、修改同样有以下三种方式:

(1)在批量生成中进行数量的设置,如桥墩数由 4 个变为 3 个,部件删除成功,左侧桥梁部件树型浏览区删除相应的部件编号。

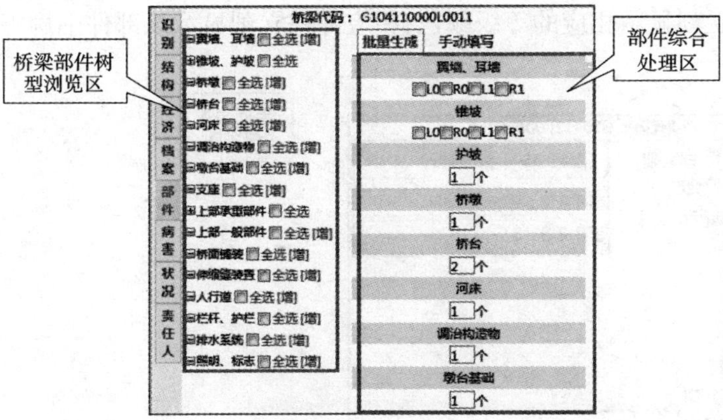

图 2-6-26　部件数据库中的浏览区和处理区

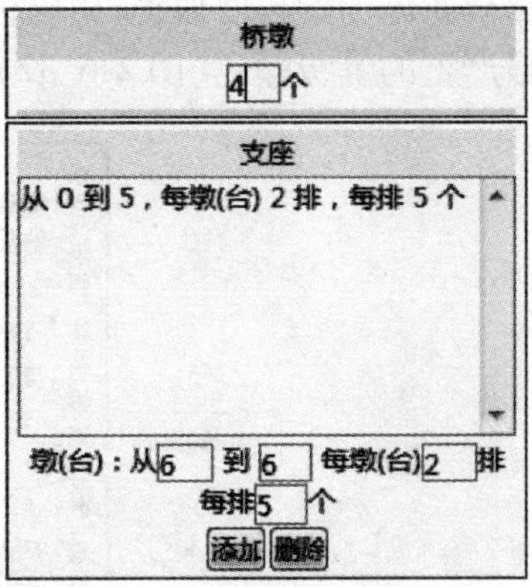

图 2-6-27　部件数量的批量生成方式

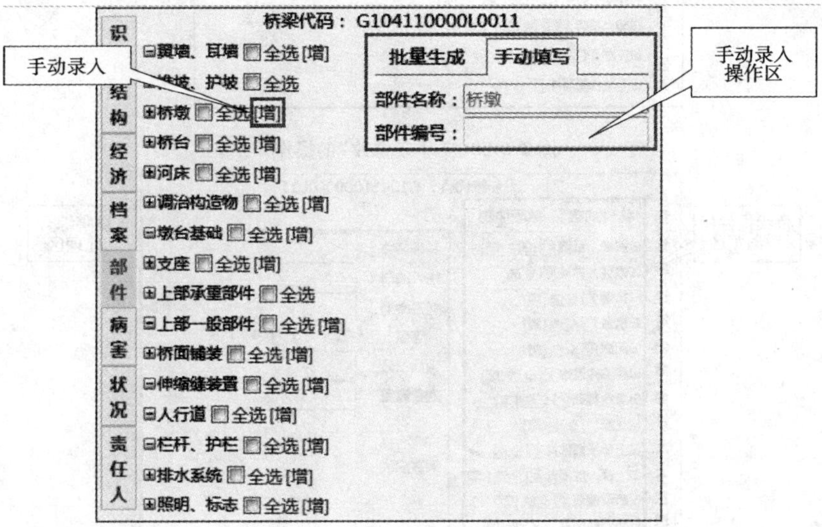

图 2-6-28　部件数量的手动填写方式

(2)手动删除是通过桥梁部件树型浏览区中部件右侧的“删除”构件；批量手动删除是通过桥梁部件树型浏览区中部件右侧的“全选”来批量删除构件，保存后部件删除成功，左侧桥梁部件树型浏览区删除相应的部件编号(图 2-6-29)。

(3)手动修改是通过桥梁部件树型浏览区中部件右侧的[改]来修改部件编号，保存后部件编号修改成功，左侧桥梁部件树型浏览区应显示修改后的部件编号(图 2-6-30)。

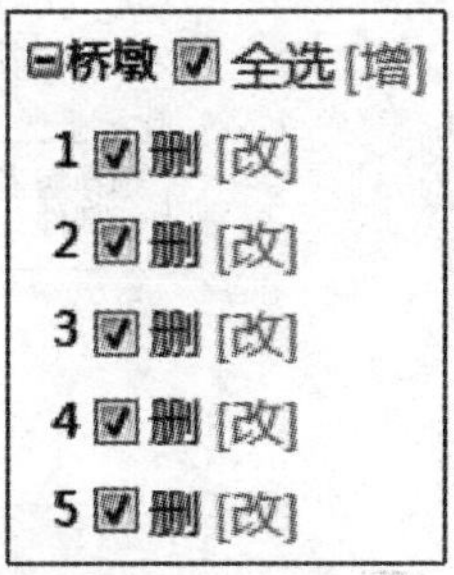

图 2-6-29　“手动删除”的操作

3.1.6　病害数据库

桥梁构件病害数据库是通过识别数据库中的上部结构类型的选择，系统自动生成相应部件；通过部件数据库对构件数的设置，系统自动生成构件数量。

病害数据库左侧区域为桥梁构件树型浏览区，右侧为病害综合处理区(图 2-6-31)。通过点击左侧树型菜单的病害部件，此处理区可显示各部件病害的详细信息，并可进行对桥梁构件病害的“删改”操作。

(1)构件病害的添加：在构件综合处理区中点击相应部件右侧的[增]，即可在病害综合处理区中录入病害：选择病害所在的构件编号、病害类型、病害等级、病害数量、病害描述、处治方法、工程量、检测时间、多媒体资料；保存后根据录入病害的等级，左侧桥梁构件树型浏览区应出现新添加的构件病害，相应构件立刻显示相应的等级颜色，相应部件立刻显示该部件中病害最严重的等级颜色(图 2-6-32)。

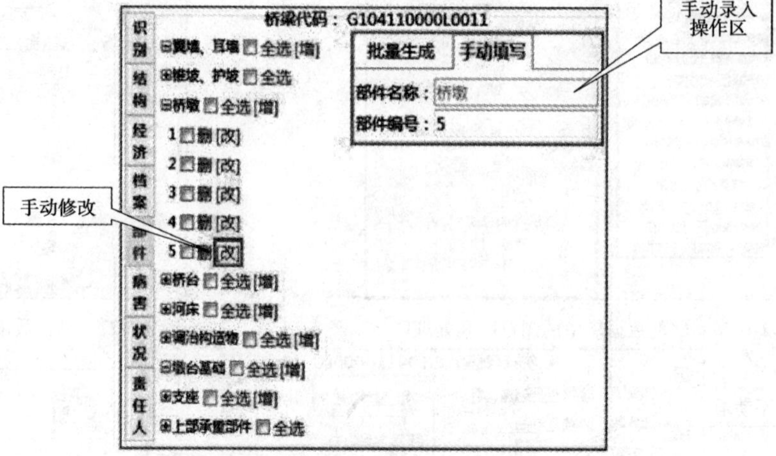

图 2-6-30 “手动修改”的操作

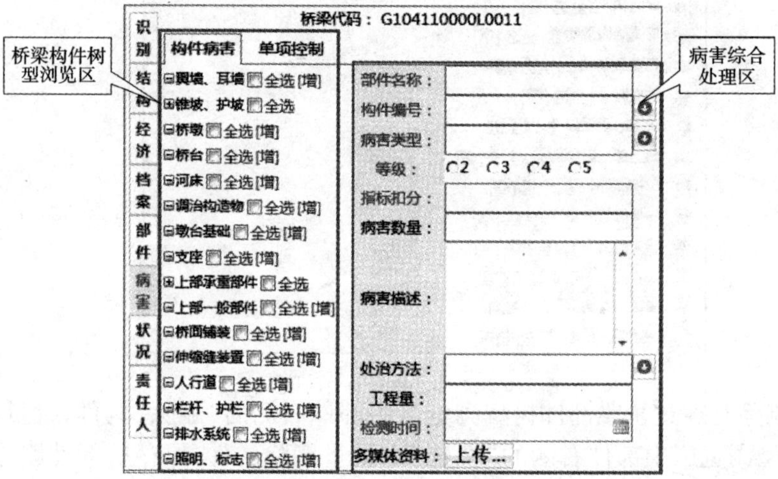

图 2-6-31 病害数据库的浏览区和处理区

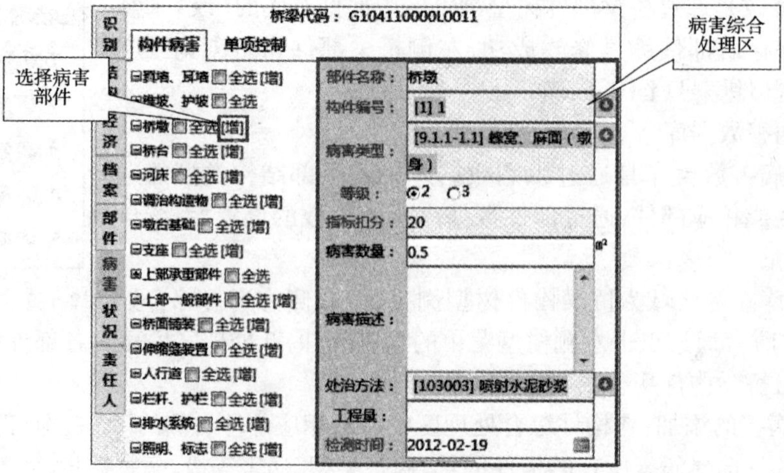

图 2-6-32 “添加构件病害”的操作

(2)构件病害的修改:在构件综合处理区中点击需要修改病害的构件右侧的[改],即可在病害综合处理区中修改该构件的病害信息(图2-6-33)。

(3)构件病害的删除:单个病害的删除通过桥梁构件树型浏览区中相应构件病害右侧的“删”来删除病害信息;批量删除病害是通过桥梁构件树型浏览区中部件右侧的“全选”来批量删除部件,“保存”后该部件下的所有病害删除成功(图2-6-33)。

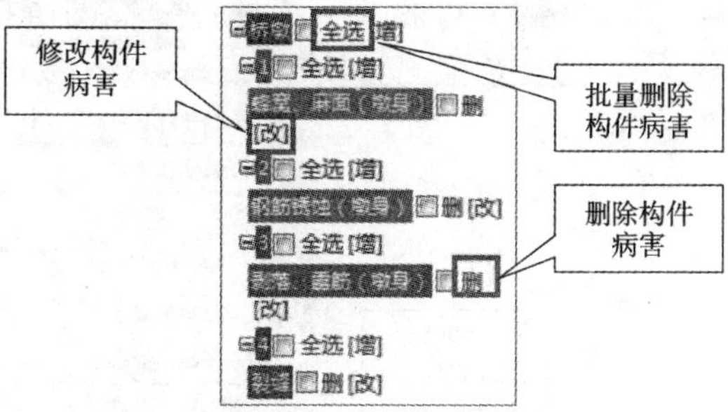

图2-6-33　构件病害的“改”与“删”

(4)病害单项控制:根据《公路桥梁技术状况评定标准》(JTG/T H21—2011)中关于5类桥梁技术状况单项控制指标的描述,在桥梁技术状况评定中,一旦有病害符合单项控制指标条件时,整座桥应评为5类桥,在单项控制处理区中进行“桥型单元、单项控制指标”的选择,即可实现5类桥梁技术状况单项控制(图2-6-34)。

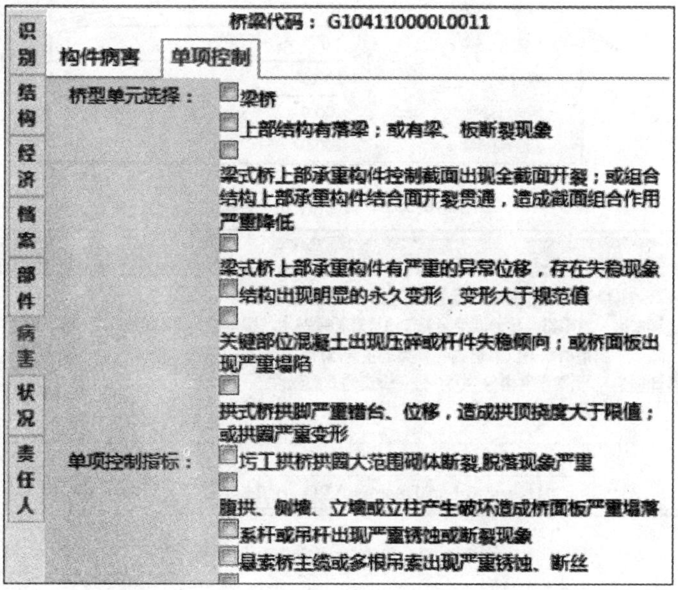

图2-6-34　桥梁技术状况的单项控制

3.1.7　状况数据库

桥梁技术状况数据库是根据识别数据库、部件数据库及录入的病害数据库中的数据,依据《公路桥梁技术状况评定标准》(JTG/T H21—2011)的桥梁技术状况评价模型,通过系统计算得到桥梁技术状况评价结果及各部件技术状况评价结果,当前显示的是上一次进行评价的结果。

状况数据库共有四项主要功能:

(1)单桥评定

点击[单桥评定],对当前桥梁进行技术状况评定,将评定结果显示在状况数据库显示区域内,评定结果包括全桥技术状况、桥面系、上部结构、下部结构及各部件技术状况的评定,并可通过[编辑]操作保存人工评定结果(图2-6-35)。

《公路桥梁技术状况评定标准》(JTG/T H21—2011)中规定应采用分层综合评定与五类桥

梁单项控制指标相结合的方法对桥梁技术状况进行评定。当系统进行评定计算后发现被评定桥梁同时适用多种评定方法时，系统将弹出对话框，提示用户选择要采用的评价方法，如图 2-6-36所示。

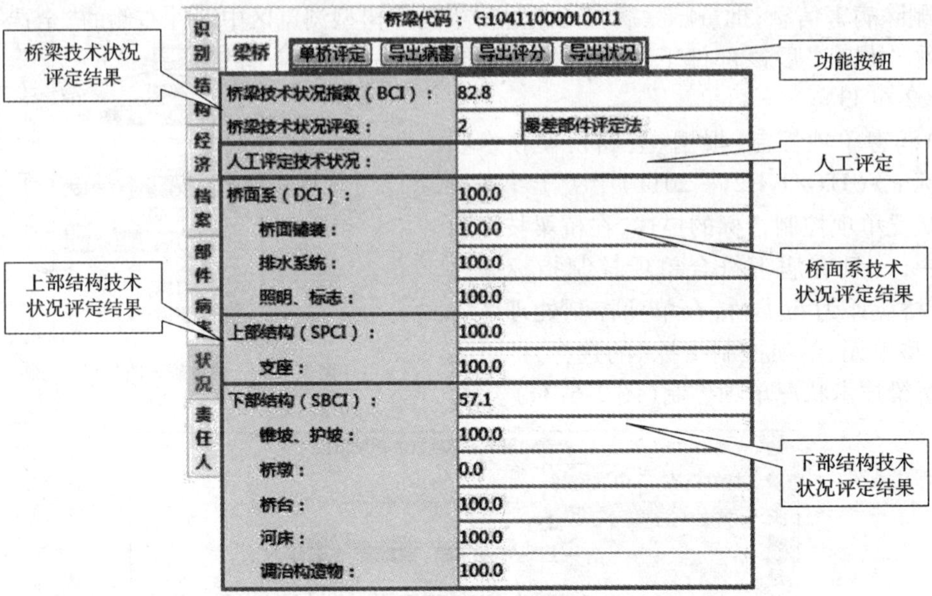

图 2-6-35 “单桥评定”的操作

图 2-6-36 “选择评定方法”的操作

（2）导出病害

点击导出病害，即可以 Excel 形式导出当前桥梁的《桥梁评定指标检查评定表》（图 2-6-37）。

（3）导出评分

点击导出评分，即可以 Excel 形式导出当前桥梁的《桥梁技术状况评定记录表》（图 2-6-38）。

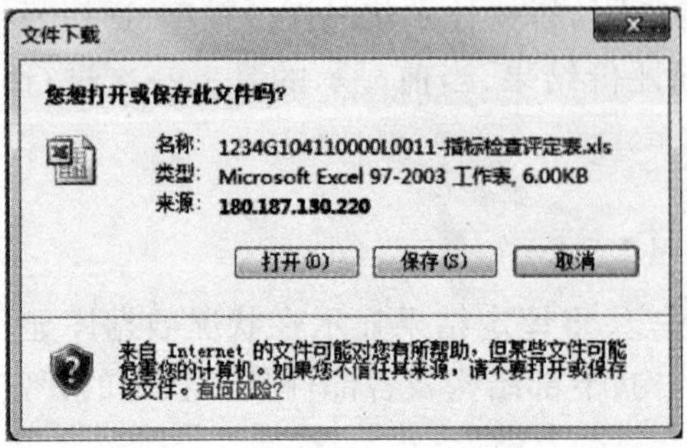

图 2-6-37 “导出病害”的操作

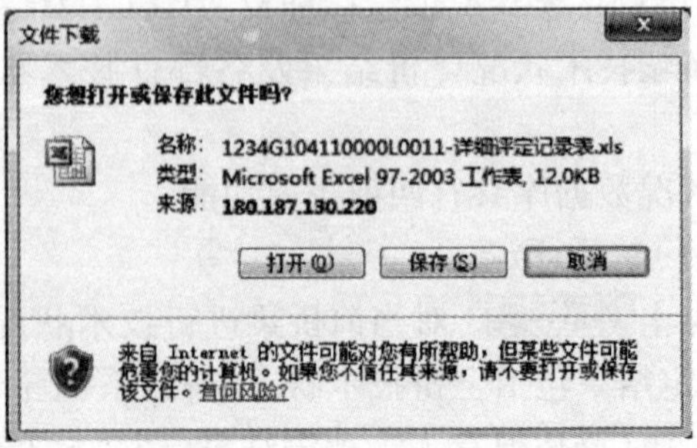

图 2-6-38 “导出评分”的操作

(4)导出状况

点击[导出状况],即可以 Excel 形式导出当前桥梁的《桥梁单元状况评定表》(图 2-6-39)。

3.1.8 责任人数据库

责任人数据库包括 13 个数据项:桥梁代码、养护责任人姓名、养护责任人电话、桥梁工程师姓名、桥梁工程师电话、养护单位责任人姓名、养护单位责任人电话、路政监管责任人姓名、路政监管责任人电话、市公路局包片领导姓名、市公路局包片领导电话、市公路局分管领导姓名、市公路局分管领导电话(图 2-6-40)。

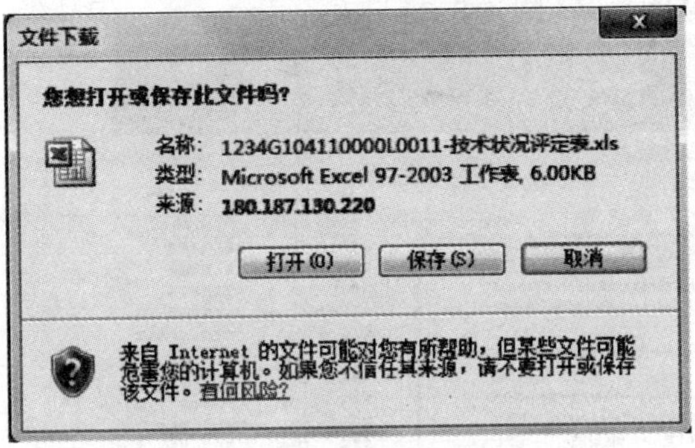

图 2-6-39 "导出状况"的操作

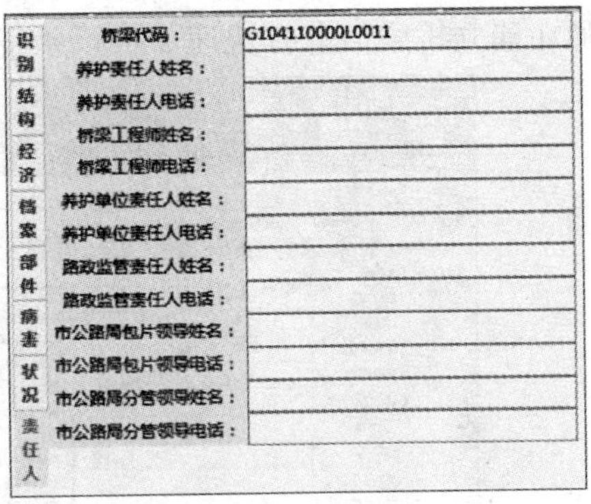

图 2-6-40 责任人数据库中的数据项

3.2 涵洞综合处理

涵洞综合处理子模块(图 2-6-41)是涵洞信息管理的基础,在此模块中可以实现对涵洞信息的管理,包括新建涵洞、删除涵洞、编辑、保存、复制并新建、查找、选择列。

评级	涵洞编号	涵洞名称	路线号	所在地	中心桩号	管养单位
	S15440605H0040	K3+717箱涵	S15	南海区	36.253	广佛高速公路有限公司
	S15440605H0050	K4+976箱涵	S15	南海区	37.512	广佛高速公路有限公司
	S15440605H0060	K5+450箱涵	S15	南海区	37.986	广佛高速公路有限公司
	S15440605H0070	K6+300箱涵	S15	南海区	38.836	广佛高速公路有限公司
	S15440605H0080	K6+400箱涵	S15	南海区	38.936	广佛高速公路有限公司
	S15440605H0090	K6+940箱涵	S15	南海区	39.476	广佛高速公路有限公司
	S15440605H0100	K7+580箱涵	S15	南海区	40.116	广佛高速公路有限公司
	5440605H0110	K8+205箱涵	S15	南海区	40.741	广佛高速公路有限公司
	S15440605H0120	K10+047箱涵	S15	南海区	42.583	广佛高速公路有限公司
	S15440605H0130	K10+194箱涵	S15	南海区	42.730	广佛高速公路有限公司
	S15440605H0140	K10+470箱涵	S15	南海区	43.006	广佛高速公路有限公司
	S15440605H0150	K10+718箱涵	S15	南海区	43.254	广佛高速公路有限公司
	S15440605H0160	K11+282箱涵	S15	南海区	43.818	广佛高速公路有限公司
	S15440605H0170	K11+723箱涵	S15	南海区	44.259	广佛高速公路有限公司
	S15440605H0180	K12+100箱涵	S15	南海区	44.636	广佛高速公路有限公司
	S15440605H0190	K12+710箱涵	S15	南海区	45.246	广佛高速公路有限公司

图 2-6-41 涵洞综合处理子模块

数据浏览:点击进入涵洞综合处理默认页面,可对管理的涵洞数据列表进行浏览、查看,在显示区域底部显示数据条目情况,通过底部按钮设置,可选择每页显示数据条目数量(图 2-6-42);双击桥梁数据显示区域列信息,即可按此列进行排序。

(1)新建涵洞:点击"新建涵洞",在涵洞数据显示区域自动添加一张空白表,在各数据项中填入相应的涵洞真实数据,保存后即可在系统内新建一条涵洞信息。其中:

红色字体:表示该条信息为必填项;

图 2-6-42 数据条目数量

:该按键表示该条信息需通过此下拉菜单进行选择;

:该按键表示该条信息需通过此下拉菜单进行选择,可复选;

帮助信息:双击任意一条数据项名称,即可出现该条数据项的帮助信息,有助于桥梁养护工程师在建立桥梁信息时快速了解该条信息的意义(图 2-6-43)。

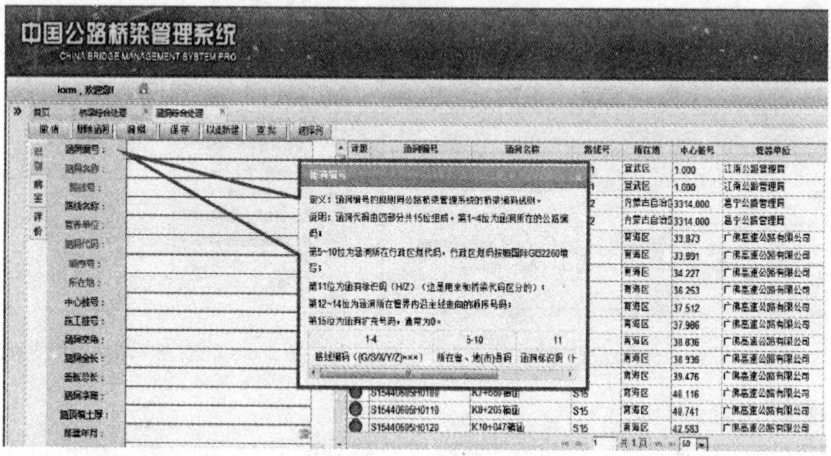

图 2-6-43 帮助信息

(2)删除涵洞:选择涵洞数据显示区域中需要删除的涵洞,点击删除涵洞功能操作按钮,即可对该涵洞的信息进行删除操作(系统会进行确认提示,一旦删除,数据是不可再恢复的,除非重新进行录入)。如图 2-6-44 所示。

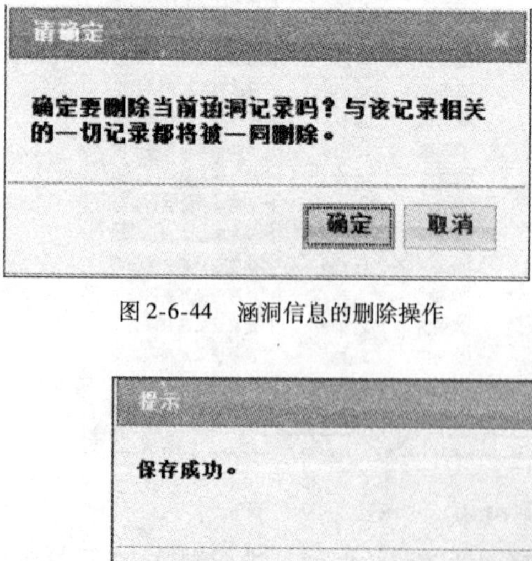

图 2-6-44 涵洞信息的删除操作

(3)编辑与保存:点击涵洞数据显示区域中的任意一座涵洞,即可查看该涵洞的全部信息,点击"编辑"即可对涵洞信息进行修改,点击"保存"后修改数据上传至服务器,并弹出"保存成功"提示框,1 秒钟后自动关闭,如图 2-6-45 所示。

系统检测到用户进行编辑操作后未保存,鼠标指向另一条数据时,系统将提示"检测到未保存的修改,确定要继续吗?",如图 2-6-45 所示。

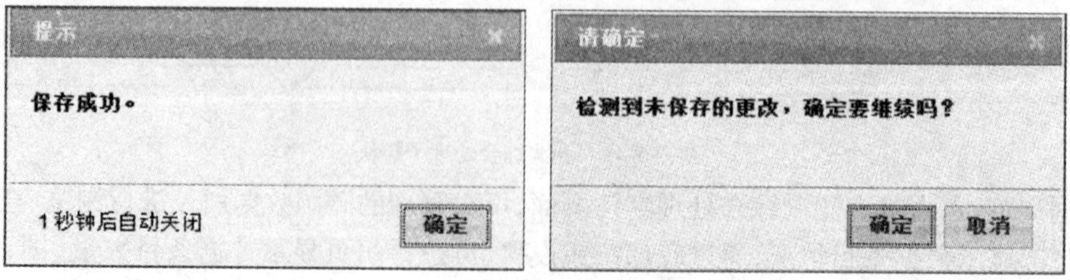

图 2-6-45 "编辑与保存"涵洞信息的操作

(4)复制并新建:实现对单座涵洞的涵洞识别库、涵洞病害库、涵洞评价库、涵洞建议信息的选择性复制,便于同类桥型的信息复制;然后通过编辑按钮进行完善,有利于某一条线公路上(如高速公路)相同结构、相同信息的涵洞条目复制(图 2-6-46)。

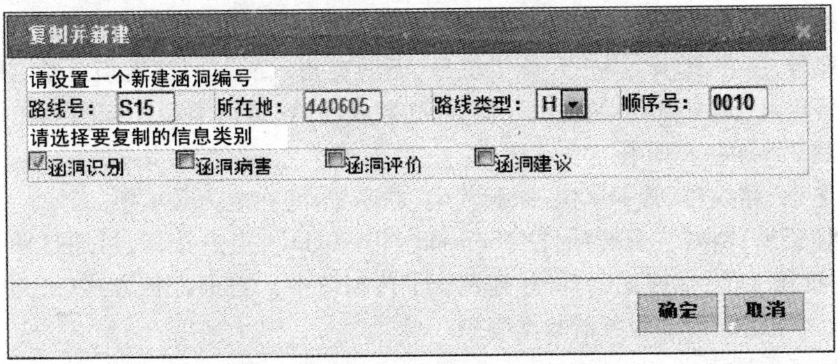

图 2-6-46　涵洞信息的“复制并新建”的操作

(5)查找:可通过查找功能筛选涵洞信息,点击“查找”→选择“字段信息”→输入“关键字”→确定,即可查找到符合条件的涵洞信息(图 2-6-47)。

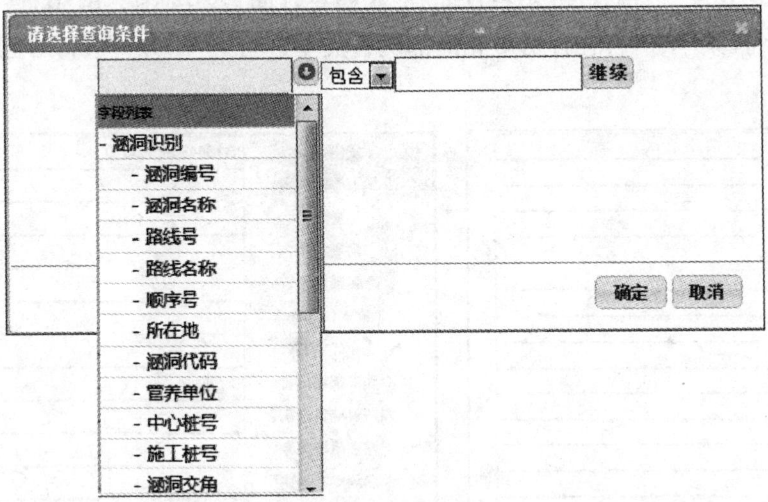

图 2-6-47　运用“查找”功能筛选涵洞信息

(6)选择列:通过“选择列”可对需要显示的涵洞信息列进行设置,如图 2-6-48 所示。

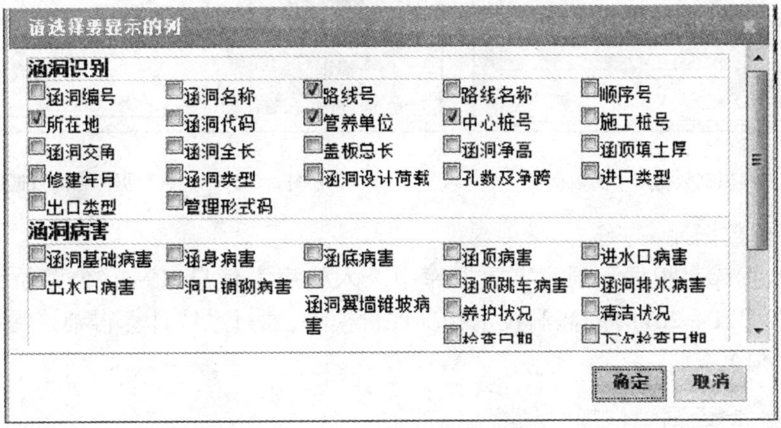

图 2-6-48　通过“选择列”设置所需显示的涵洞信息

桥梁数据库根据功能可分为识别数据库、病害数据库及评价数据库三个数据库。

3.2.1　识别数据库

涵洞识别数据库共包括23个数据项：涵洞编号、涵洞名称、路线号、路线名称、管养单位、涵洞代码、顺序号、所在地、中心桩号、施工桩号、涵洞交角、涵洞全长、盖板总长、涵洞净高、涵顶填土厚、修建年月、涵洞类型、涵洞设计荷载、孔数及净跨、进口类型、出口类型、多媒体资料、管理形式码（图2-6-49）。其中：

（1）涵洞名称、路线号、管养单位、涵洞代码、顺序号、所在地为必填项。

（2）多媒体资料：需安装系统插件"Microsoft Silverlight"，点击按钮，可通过两种方式进行多媒体资料的批量上传：拖拽式（将图片拖拽至上传窗口中）、普通上传方式（通过文件夹目录选择上传），通过网络上传至服务器数据库中。

3.2.2　病害数据库

涵洞各构件病害数据库共包括16个数据项：涵洞编号、涵洞基础病害、涵身病害、涵底病害、涵顶病害、进水口病害、出水口病害、洞口铺砌病害、涵洞翼墙锥坡病害、涵顶跳车病害、涵洞排水病害、养护状况、清洁状况、检查日期、下次检查日期、备注（图2-6-50）。

通过右侧下拉菜单，对各构件对应相应的病害类型进行选择，并可进行对涵洞构件病害删改操作。

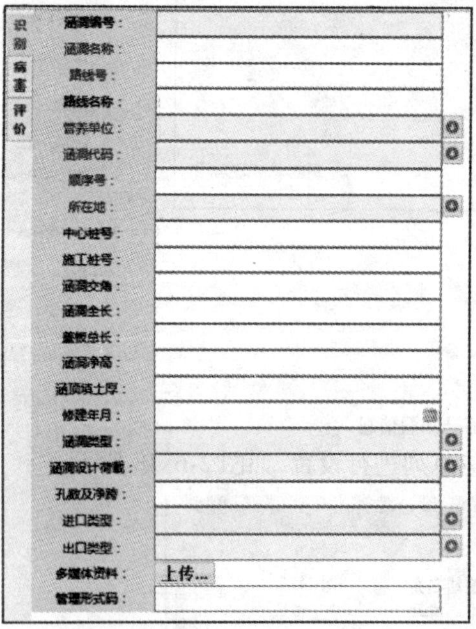

图2-6-49　涵洞识别数据库中的数据项

图2-6-50　病害数据库中的数据项

3.2.3　评价数据库

涵洞评价数据库是根据涵洞病害数据库中录入的病害信息，依据《公路桥梁技术状况评定标准》（JTG/T H21—2011）的涵洞技术状况评价模型，通过系统计算得到该涵洞技术状况评价结果（图2-6-51）。

3.3　桥梁综合查询

桥梁综合查询模块是针对管理领导层用于桥梁数据查询的模块，主要功能为：导出报表、查找、选择列、排序（图2-6-52）。

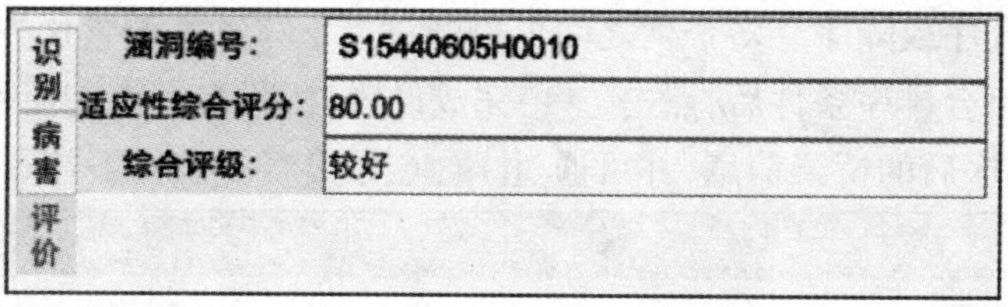

图 2-6-51　涵洞技术状况评价结果

图 2-6-52　桥梁综合查询模块的主要功能

3.3.1　导出报表

点击导出报表,即可以 Excel 形式导出按当前查询条件查询到的桥梁信息报表。

3.3.2　查找

点击查找,通过下拉框依据查询条件,点击继续可进行多条件查询,可对多条件查询的关系进行设置(并且、或者);若要删除某查询条件,点击☒即可,查询条件和关系设置完毕后,点击确定完成查询,并可通过导出报表导出当前条件下的查询结果(图 2-6-53)。

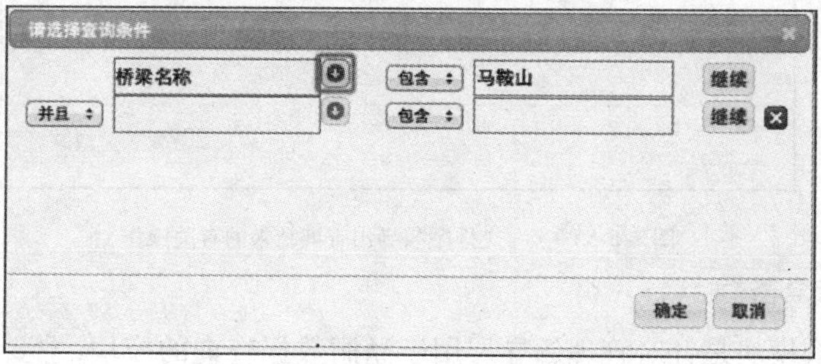

图 2-6-53　点击"查找"导出查询结果的操作

3.3.3　选择列

点击选择列,可设置需要显示的桥梁信息,从而实现对桥梁信息的筛选功能。筛选中默认始终显示桥梁代码列信息,点击确定完成设置,桥梁综合查询显示区域应显示用户需要显示的桥梁列信息,并可通过导出报表导出当前条件下的查询结果(图 2-6-54)。

3.3.4　排序

点击排序,通过设置可对所有的桥梁进行组合排序,可将要对其排序的列拖放到右侧进行排序设置，选择升序或降序。多个列之间可以通过上下移动来调整优先级，位置越靠上优先级越高，设置完毕组合排序条件后，点击 确定 完成设置，桥梁综合查询显示区域应显示按用户设置的条件进行排序后的桥梁信息，并可通过 导出报表 导出当前条件下的查询结果（图 2-6-55）。

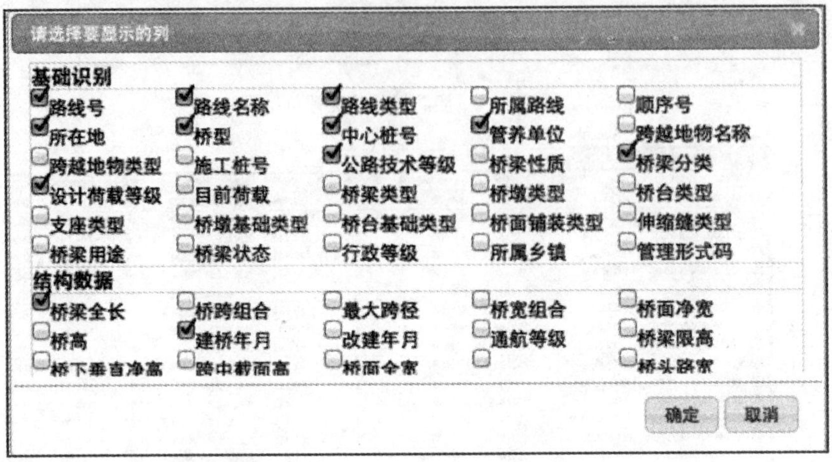

图 2-6-54　点击“选择列”，筛选桥梁信息的操作

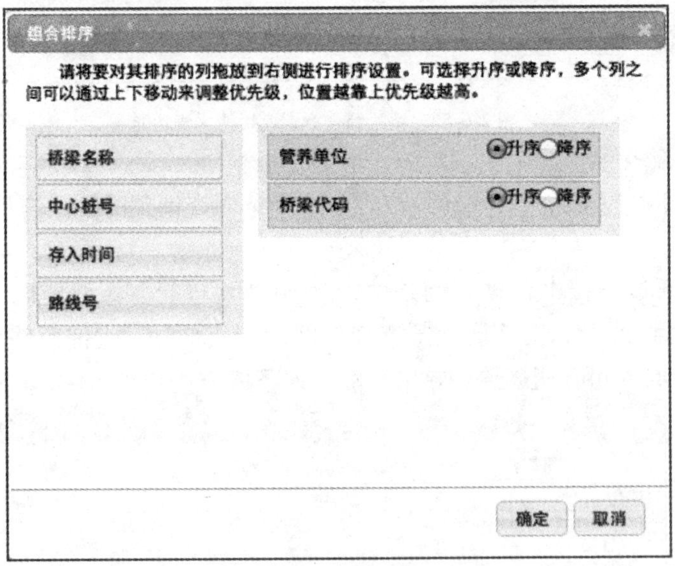

图 2-6-55　点击“排序”，导出查询结果的有关操作

3.4　涵洞综合查询

涵洞综合查询模块是针对管理领导层用于涵洞数据查询的模块，主要功能为：导出报表、查找、选择列、排序。具体功能如同 3.3 桥梁综合查询。

3.5　经常性检查

经常性检查模块共包括 58 个数据项，与《公路桥涵养护规范》（JTG H11—2004）中的《桥梁经常性检查记录表》内容保持一致。其中桥梁代码为必填项，主要操作包括：新增、编辑、删除、保存、查找、选择列（图 2-6-56）。

3.6　特殊检查

特殊检查模块共包括 9 个数据项：桥梁代码、特检类别、特检年月、特检单位、特检费用、特检新技术、特检资料来源、特检评定结果、特检资料号。其中桥梁代码、特检类型、特检年月、特检单位为必填项。其主要操作包括:新增、编辑、删除、保存、查找、选择列(图 2-6-57)。

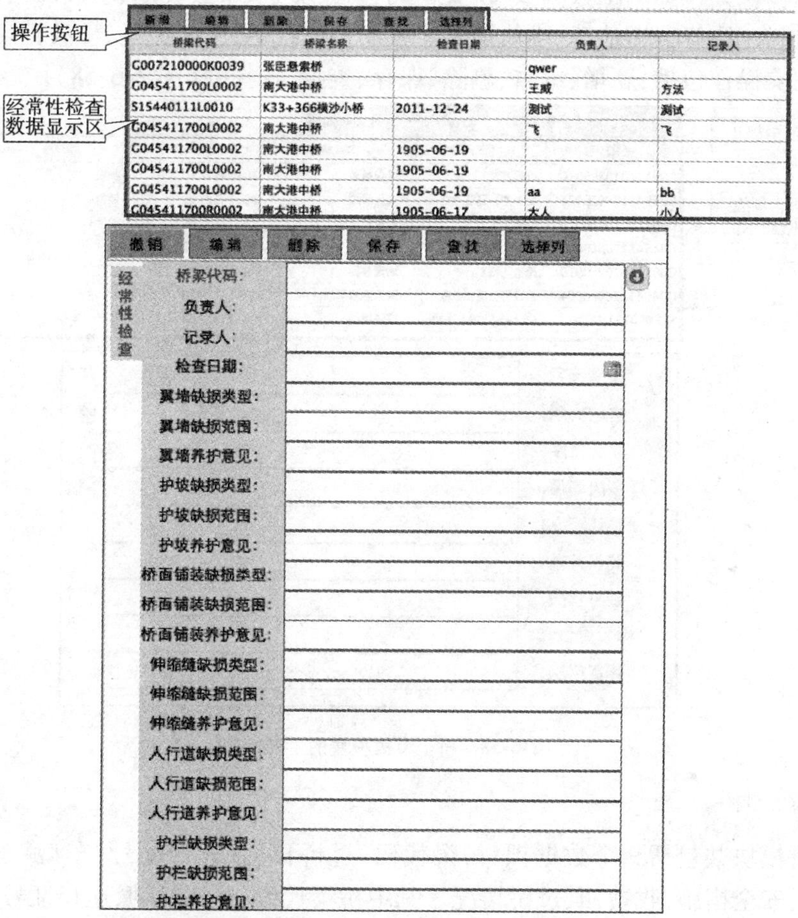

图 2-6-56　经常性检查模块的主要操作

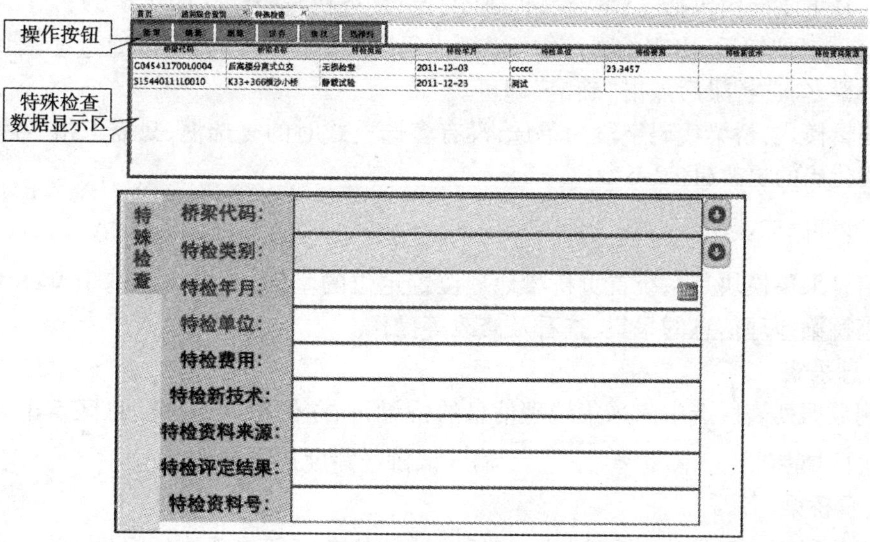

图 2-6-57　特殊检查模块的主要操作

3.7 桥上事故

桥上事故模块共包括9个数据项：桥梁代码、事故类别、事故日期、事故部位、损坏程度、死伤人数、经济损失、维修费用估算、维修措施。其中桥梁代码、事故类别、事故日期、事故部位为必填项。其主要操作包括：新增、编辑、删除、保存、查找、选择列（图2-6-58）。

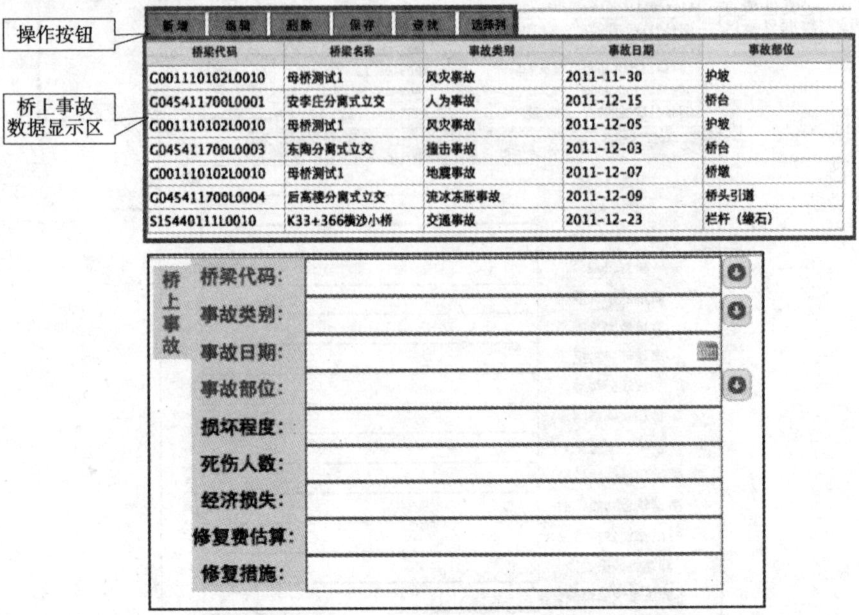

图2-6-58　桥上事故模块的主要操作

3.8 重车过桥

重车过桥模块共包括9个数据项：桥梁代码、过桥日期、通行证号、车型、车总重、最大轴重、超重车次、安全措施、收费额、过桥情况。其中桥梁代码、过桥日期、通行证号、车型、车总重为必填项。桥梁代码可选择起点桥梁代码及终点桥梁代码，表示该重车通过起点和终点间的所有桥梁。其主要操作包括：新增、编辑、删除、保存、查找、选择列（图2-6-59）。

点击“新增”按钮后，出现的界面中“桥梁代码”字段是多选的，可以通过搜索功能找到需要记录的桥梁，勾选桥梁后点击“确定”即可。

对于编辑模式，桥梁代码字段为单选，没有多选模式时的复选框，只需点击“桥梁代码”即可完成桥梁代码的更改（图2-6-60）。

3.9 地理信息采集

地理信息采集模块是系统首页桥梁地理位置定位的基础，该模块是基于WebGis平台，完成针对单座桥梁地理信息的采集、查看及修改等操作。

（1）信息采集

在右侧数据列表区选中未采集地理信息的桥梁，在左侧桥梁地理信息区点击要采集的点或者在采集区域 经度：　纬度：　输入该桥经纬度进行定位。

（2）查看桥梁

在右侧数据列表区选中“桥梁”，左侧桥梁地理信息区即出现该桥梁地理信息，图中 桥 所指位置即为桥梁所在位置，如图2-6-61所示。

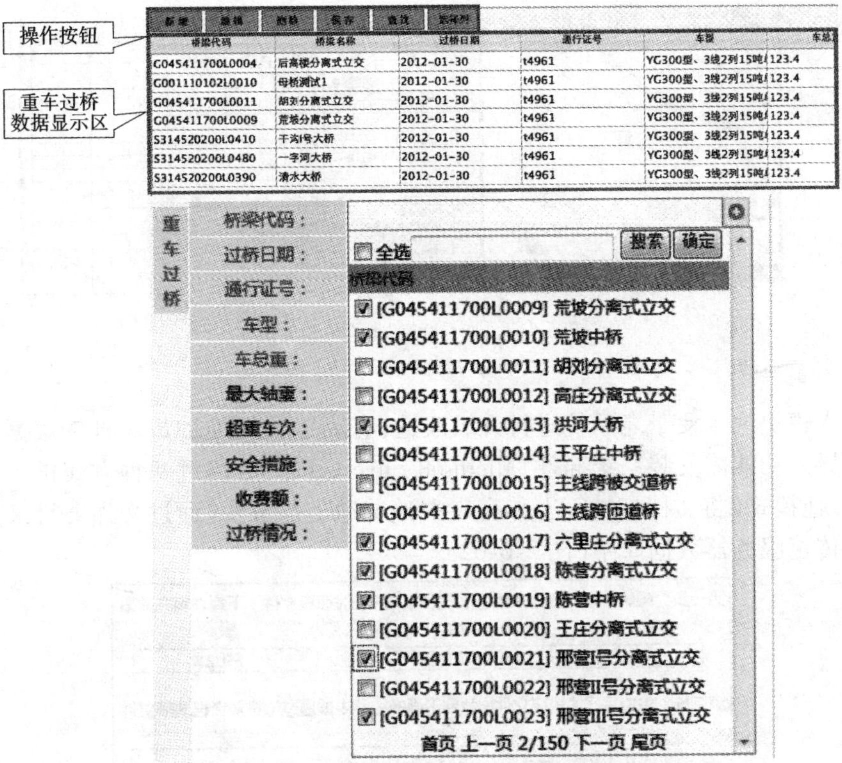

图 2-6-59　重车过桥模块的主要操作

图 2-6-60　更改“桥梁代码”的操作

(3)修改地理信息

在右侧数据列表区选中“桥梁”，左侧桥梁地理信息区即出现该桥梁地理信息，拖动图中至指定位置，或通过采集区域输入该桥经纬度进行地理信息的修改。

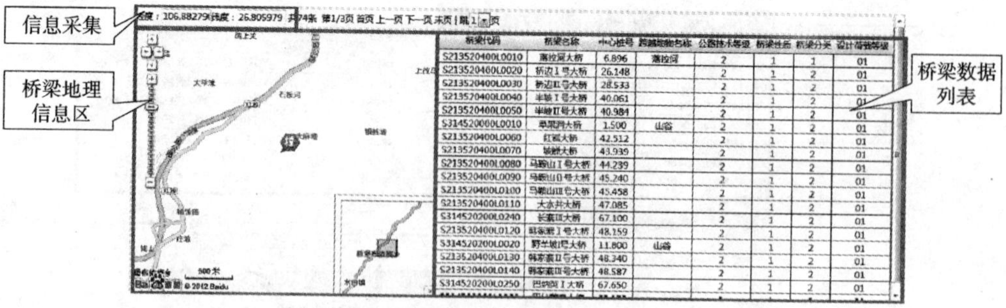

图 2-6-61 “查看桥梁”地理信息的操作

3.10 批量导入

批量导入模块为了便于老系统进行升级改造，有利于数据维护员对批量数据进行快速的导入。批量导入功能需安装系统插件“Microsoft Silverlight”，可通过两种方式进行多媒体资料的批量上传：拖拽式（将文档拖拽至上传窗口中）、普通上传方式（通过文件夹目录选择上传），通过网络上传至服务器数据库中（图 2-6-62）。

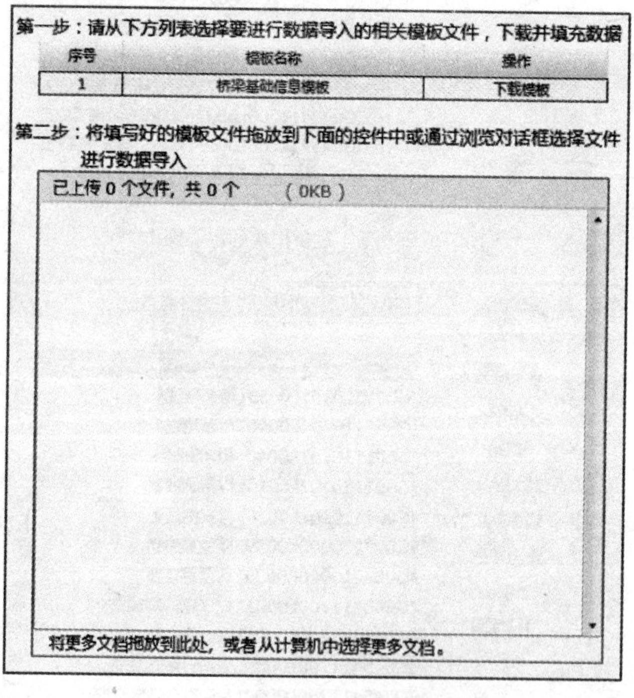

图 2-6-62 “批量导入”模块的导入方式

具体操作共分为两步：

（1）请从下方列表选择要进行数据导入的模板文件，模板文件以 Excel 形式下载，用户可根据桥梁基础信息模板在 Excel 中填入桥梁信息，或进行批量处理（图 2-6-63）。

（2）将填写好的模板文件拖放到下面的控件中或通过浏览对话框选择文件进行数据导入。当导入了不规范的文档时，系统将进行提示，如图 2-6-64 所示。

4 养护管理模块操作说明

养护管理模块主要包括 7 个子模块：养护计划、待批计划、历史审批记录、养护任务单、维修确认、定期检查报告、年度养护报告。

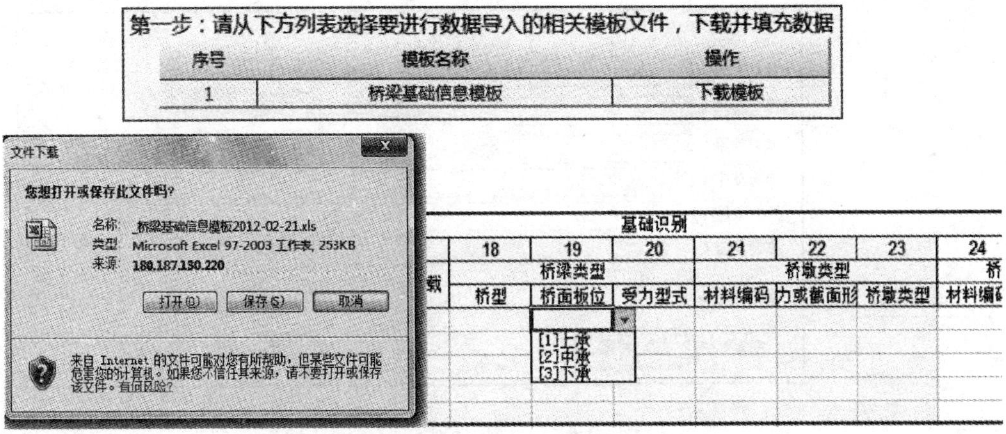

图 2-6-63 “批量导入”具体操作的第一步

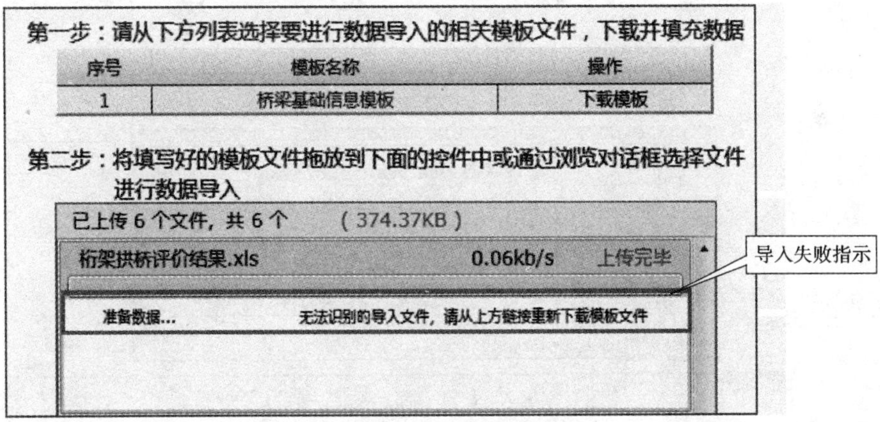

图 2-6-64 “批量导入”具体操作的第二步

数据维护员通过编制养护计划，上报进行审批流程，审批通过后下达养护任务单，施工完成后由数据维护员进行维修确认。

4.1 养护计划

4.1.1 养护计划列表

点击进入“养护计划”页面，可浏览已制定的养护计划及审批状态，通过上部的“查询”菜单可对已制定养护计划的桥梁或病害进行查询(图 2-6-65)。

图 2-6-65 点击“养护计划”并查询有关事项的操作

4.1.2 编制养护计划

(1)数据维护员可点击 添 加 ,进行养护计划的编制(图 2-6-66)。

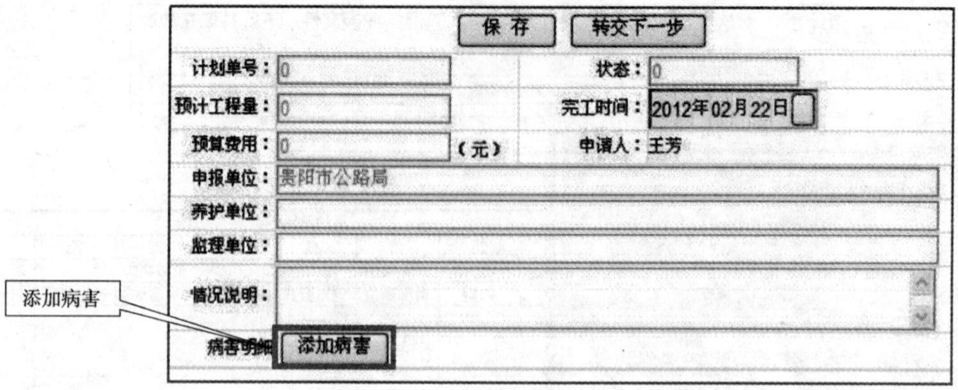

图 2-6-66　养护计划的编制

（2）点击 添加病害 选择需要进行养护的桥梁病害，点击 确定返回 后，系统自动生成病害明细（图 2-6-67）。

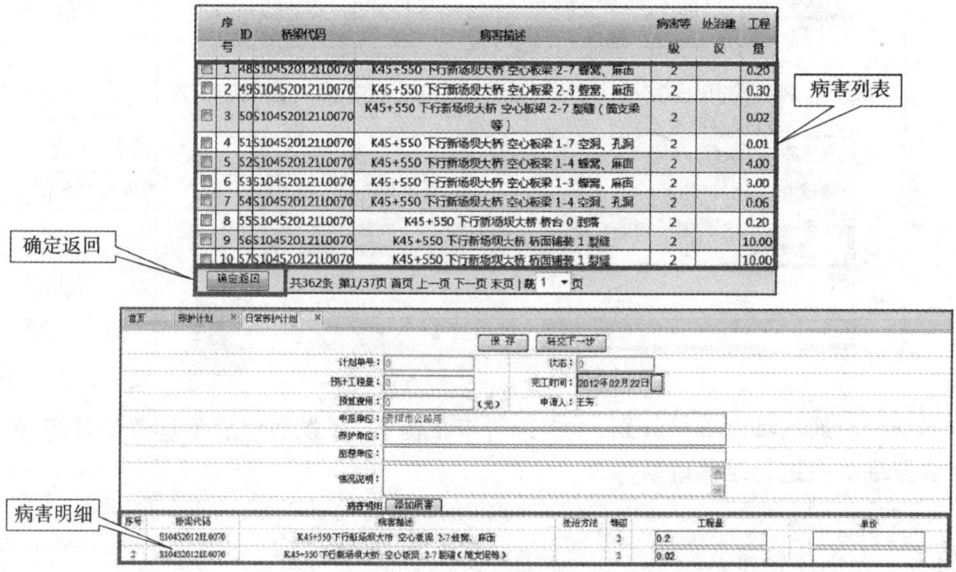

图 2-6-67　系统自动生成病害明细的有关操作

（3）在数据项中填入相应信息，点击 暂 存 可暂存该养护计划，点击直接 转交下一步 发送至上一级进行养护计划的审批，点击 养护计划列表 返回至养护计划列表（图 2-6-68）。

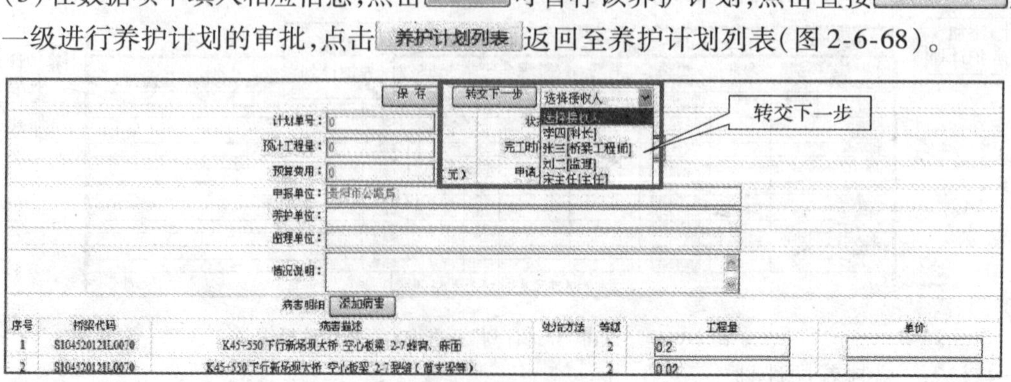

图 2-6-68　养护计划"暂存"、"转交"至审批的操作

4.2　待批计划

数据维护员将养护计划上报后，上级单位管理员即可在待批计划中查询到需要审批的养护计划，并对上报的养护计划进行审批（图 2-6-69）。

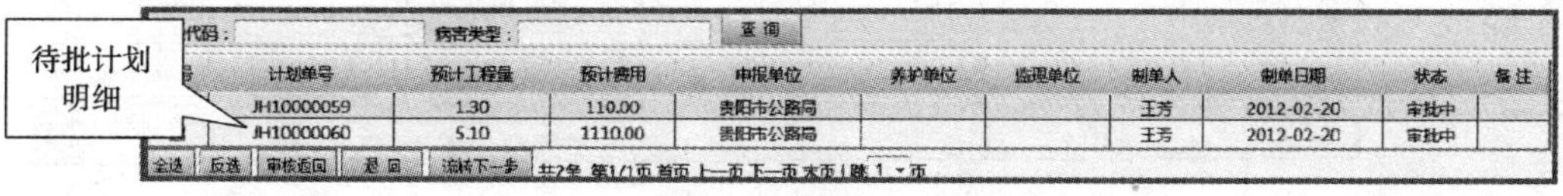

图 2-6-69　养护计划待批，上级管理员可查询

4.3　历史审批记录

当管理员对养护计划进行审批后，可在历史审批记录中找到已处理的养护计划（图 2-6-70）。

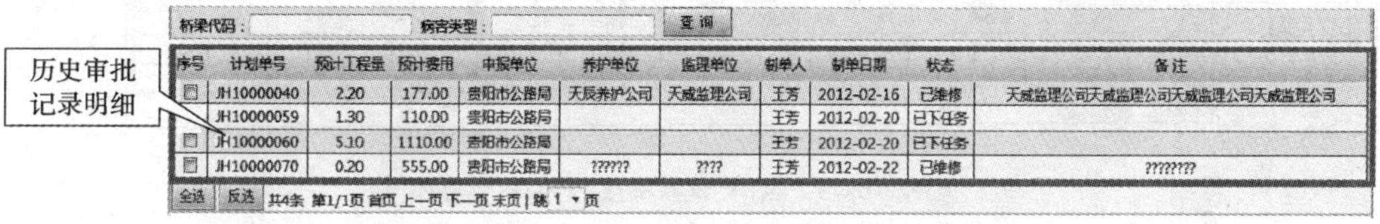

图 2-6-70　“历史审批记录”中可查已处理的养护计划

4.4　养护任务单

当上级领导批准养护计划后，数据维护员即可下达养护任务单，点击选择监理人员或工程管理人员，并可打印任务单（图 2-6-71）。

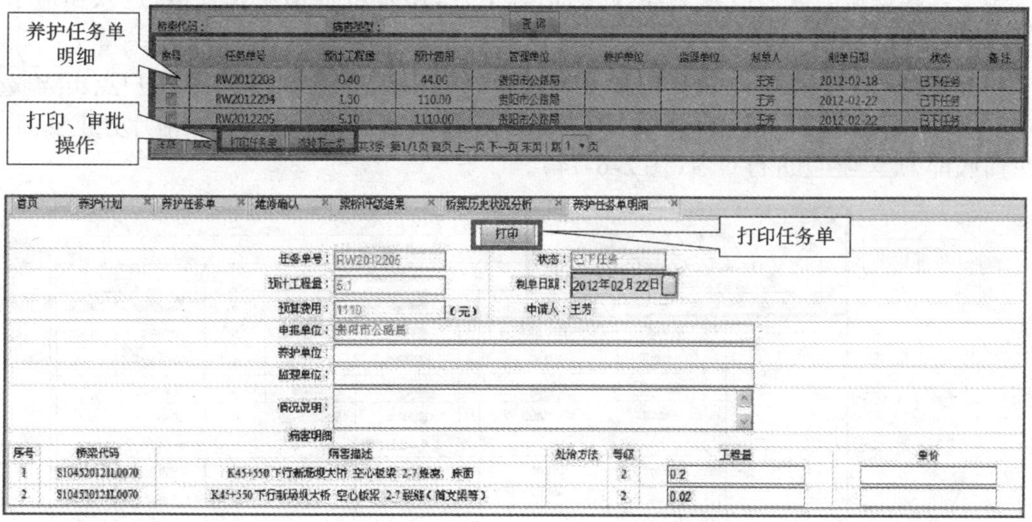

图 2-6-71　打印“养护任务单”

4.5　维修确认

当维修完毕，监理或工程管理人员将维修记录反馈至数据管理员进行确认后，数据管理员可在维修确认模块对病害进行维修确认。点击任务单号前的“+”，可查看该任务下的病害明细；点击“—”收起查看，在复选框中选择要确认的任务单（图 2-6-72）。

点击 维修确认 进入养护工程任务单，对已选任务单的实际维修方案、实际工程数量、实际费用等维修信息明细进行选择，点击 保 存 完成维修确认（图 2-6-73）。

图 2-6-72　对病害进行维修确认

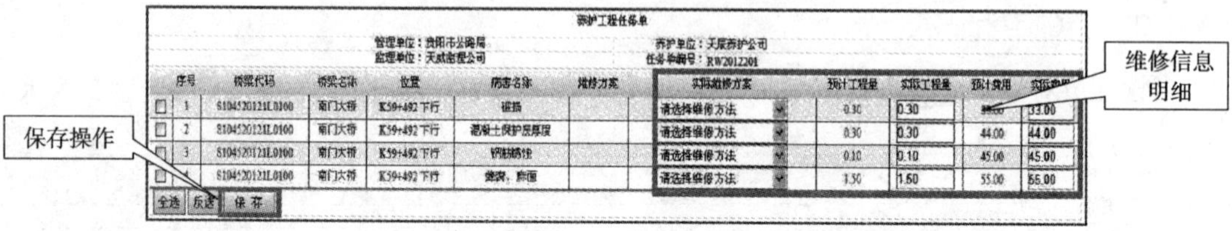

图 2-6-73　点击“维修确认”后的有关操作

5　报表管理模块操作说明

报表管理模块包括基本视图、统计报表、社会服务子模块三部分。

5.1　基本视图

基本视图包括了桥梁信息卡片、涵洞信息卡片，用户可根据需要点击，进入相应卡片处理项。

(1)桥梁信息卡片：点击桥梁信息卡片，进入桥梁信息卡片选择界面，用户点击 选择桥梁 ，选择需要浏览的桥梁代码，确定后系统会生成相应桥梁基本状况卡片。桥梁卡片分正反面，可通过页面底部的 正面|反面 进行查看(图 2-6-74)。

图 2-6-74　查看桥梁信息卡片

(2)涵洞信息卡片：点击涵洞信息卡片，进入涵洞信息卡片选择界面，用户点击 选择涵洞 ，选择需要浏览的涵洞代码，确定后系统会生成相应涵洞基本状况卡片(图 2-6-75)。

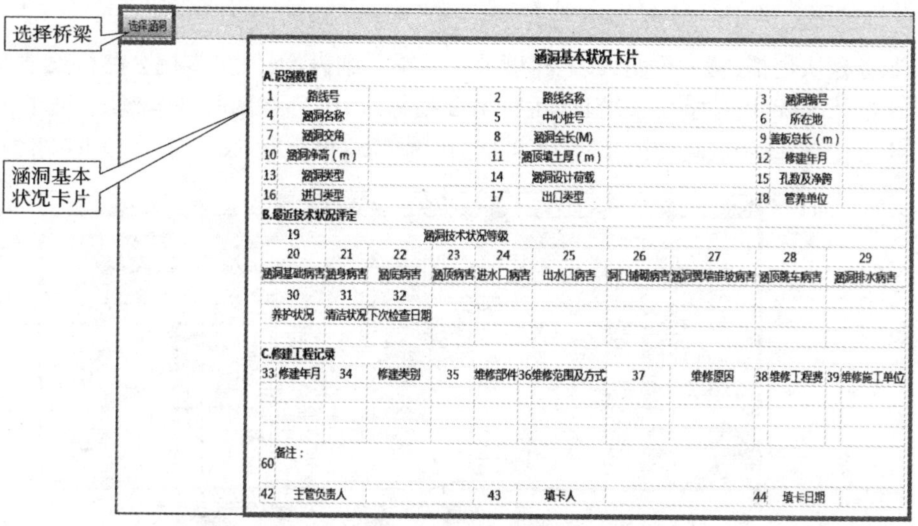

图 2-6-75 “选择涵洞”的有关操作

5.2 统计报表

统计报表包括:按单位桥梁分类统计、按路线桥梁分类统计、按单位桥梁状况分类统计、按路线桥梁状况分类统计。可根据需要进行选择,生成相应的报表,并可通过 导出报表 将报表以 Excel 形式导出(图 2-6-76)。

管养单位	特大桥 座	特大桥 延米	大桥 座	大桥 延米	中桥 座	中桥 延米	小桥 座	小桥 延米	汇总 座	汇总 延米
贵州省公路局			1733	598439.56					1733	598439.56
贵阳市公路局	1	0.00	20	3758.64					21	3758.64
毕节市公路局	7	3121.40	18	5207.57					25	8328.97
安顺市公路局	4	1170.00	69	14031.29					73	15201.29
六盘水市公路局			1	0.00					1	0.00
兴义市公路局			22	4372.00					22	4372.00
铜仁市公路局			4	837.26					4	837.26

制表日期：2012-2-20　制表单位：贵州省公路局

图 2-6-76 选择“统计报表”的有关操作

5.3　社会服务

社会服务模块包括：特大桥明细表、年度公路桥梁明细表、国（省）专用公路桥梁情况一览表、公路桥梁技术状况统计、危险桥梁统计、桥梁情况指标统计、公路涵洞基本概况、母子桥统计表。可根据需要进行选择，生成相应的报表，并可通过 导出报表 将报表以 Excel 形式导出（图 2-6-77）。

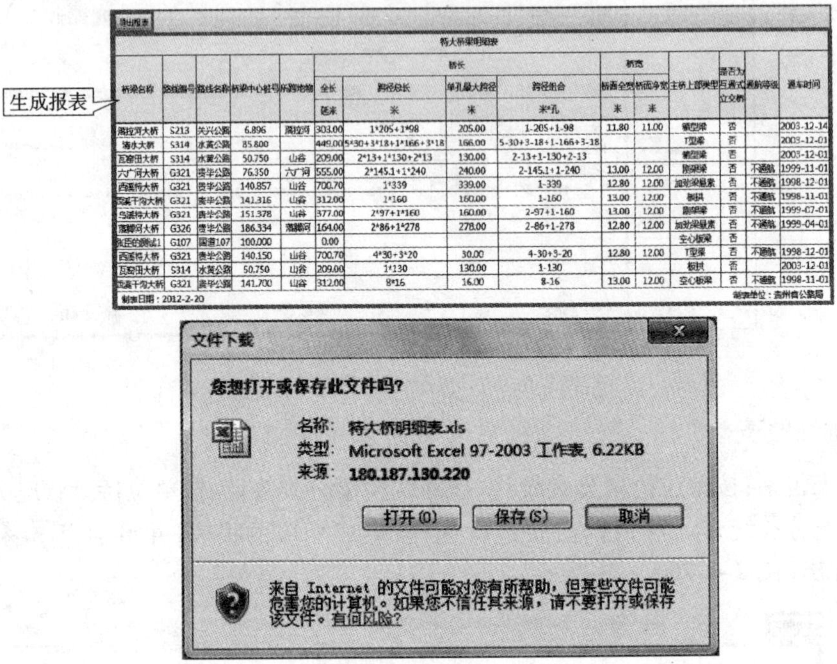

图 2-6-77　“社会服务模块”的有关操作

6　辅助决策模块操作说明

辅助决策模块包括：桥梁状况发展趋势、桥况分类汇总分析、桥涵技术状况评价、桥梁病害趋势分析、人机评价差异。

6.1　桥梁状况发展趋势

桥梁状况发展趋势子模块为桥梁养护部门提供桥梁近 5 年来的桥梁技术状况。通过桥梁技术状况显示区域或通过模糊查询选择要查看的桥梁，点击进入“桥梁历史状况分析”子模块，显示桥梁近 5 年来的技术状况发展趋势（图 2-6-78）。

6.2　桥况分类汇总分析

桥况分类汇总分析子模块，如图 2-6-79 所示。

6.3　桥涵技术状况评价

桥涵技术状况评价子模块，如图 2-6-80 所示。

6.4　桥梁病害趋势分析

桥梁病害趋势分析子模块方便直观地显示出桥梁病害的历年的发展趋势，为养护决策提供参考，以预测病害未来发展趋势，及时进行修复以防止病害进一步发展从而威胁桥梁结构安全（图 2-6-81）。

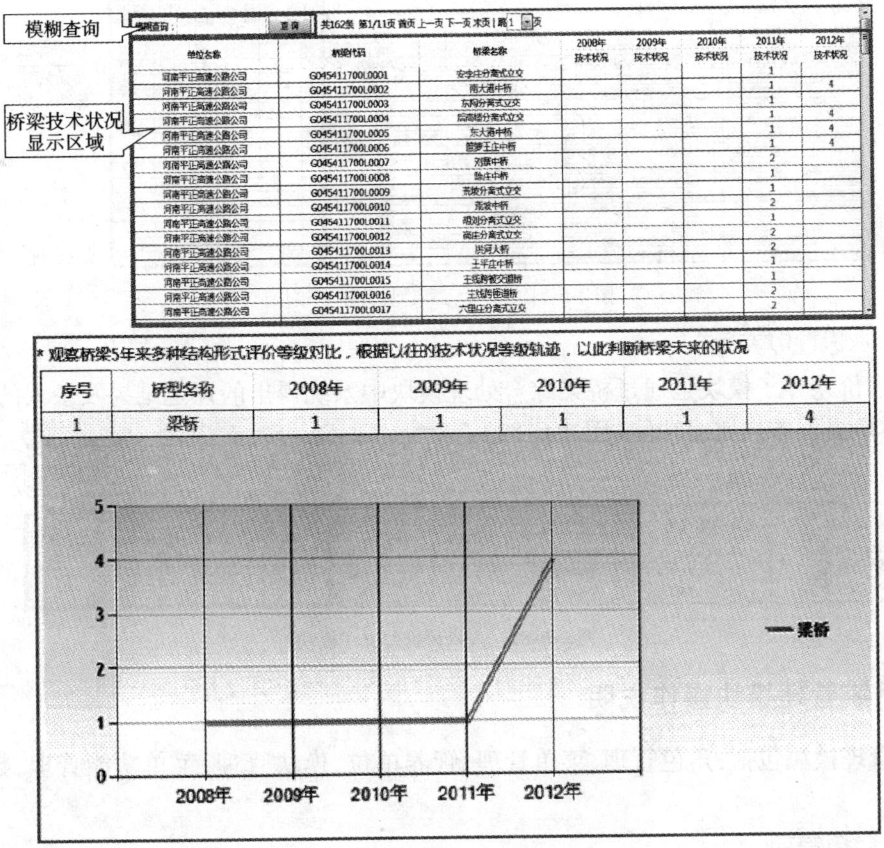

图 2-6-78　桥梁状况发展趋势子模块的操作

管养单位	2010年					2011年					2012年				
	一类	二类	三类	四类	五类	一类	二类	三类	四类	五类	一类	二类	三类	四类	五类
广西公路管理局	0	0	0	0	0	0	0	0	0	0	0	0	0	0	0
桂西公路管理局	0	0	0	0	0	0	0	0	0	0	0	0	0	0	0
桂中公路管理局	0	0	0	0	0	0	0	0	0	0	0	0	0	0	0
桂林公路管理局	0	0	0	0	0	0	0	0	0	0	0	0	0	0	0
桂东公路管理局	0	0	0	0	0	0	0	0	0	0	0	0	0	0	0
沿海公路管理局	0	0	0	0	0	0	0	0	0	0	0	0	0	0	0
贵港公路管理局	0	0	0	0	0	0	0	0	0	0	0	0	0	0	0
玉林公路管理局	0	0	0	0	0	0	0	0	0	0	0	0	0	0	0
百色公路管理局	0	0	0	0	0	0	0	0	0	0	0	0	0	0	0
河池公路管理局	0	0	0	0	0	0	0	0	0	0	0	0	0	0	0

图 2-6-79　桥况分类汇总分析子模块的操作

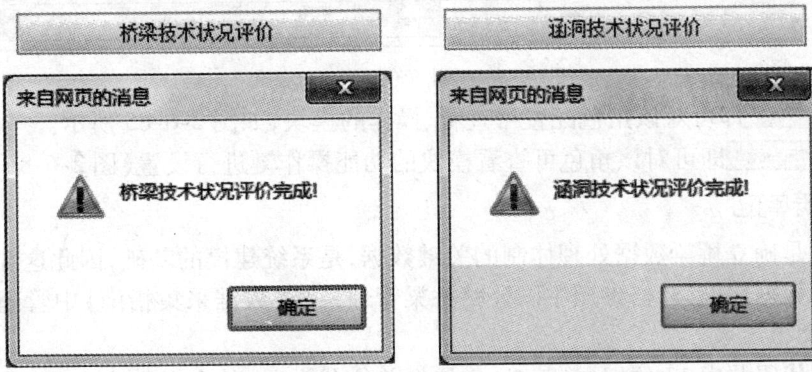

图 2-6-80　桥涵技术状况评价子模块的操作

单位名称	桥梁代码	桥梁名称	部件名称	构件编号	构件病害	2008年		2009年		2010年		2011年		2012年	
						等级	扣分	等级	扣分	等级	扣分	等级	扣分	等级	扣分
系统管理中心	X203320829L0031	(测试用桁架拱桥)万新桥	栏杆、护栏	R	破损					2	25				
系统管理中心	X203320829L0031	(测试用桁架拱桥)万新桥	桥面铺装	1	破损					2	25				
系统管理中心	X203320829L0031	(测试用桁架拱桥)万新桥	桥台	0	圬工砌体缺陷					2	25				
系统管理中心	X302320826L0021	(测试用板拱桥)无名拱桥	主拱圈	1-1	主拱圈裂缝					5	100				
系统管理中心	X304320826L0041	(测试用组合拱桥)赵码大桥(主桥)	吊杆	1-1-4	锈蚀					2	35				
系统管理中心	X304320826L0041	(测试用组合拱桥)赵码大桥(主桥)	吊杆	1-1-7	锈蚀					2	35				
系统管理中心	X304320826L0041	(测试用组合拱桥)赵码大桥(主桥)	吊杆	1-2-2	锈蚀					2	35				
系统管理中心	X304320826L0041	(测试用组合拱桥)赵码大桥(主桥)	桥墩	1	剥落、露筋(盖梁或系梁)							2	25		
系统管理中心	X304320826L0041	(测试用组合拱桥)赵码大桥(主桥)	伸缩缝装置	2	失效					2	25				
系统管理中心	X304320826L0041	(测试用组合拱桥)赵码大桥(主桥)	伸缩缝装置	3	失效					2	25				
系统管理中心	X304320826L0042	(测试用组合拱桥)赵码大桥(引桥)	护坡	1	缺陷							2	25		
系统管理中心	X304320826L0042	(测试用组合拱桥)赵码大桥(引桥)	空心板梁	5-3	裂缝(简支梁等)							2	35		
系统管理中心	X304320826L0042	(测试用组合拱桥)赵码大桥(引桥)	伸缩缝装置	5	失效							2	25		
系统管理中心	X304320829L0061	(测试用斜拉索桥)洪金公路立交桥	伸缩缝装置	3	失效					2	25				
系统管理中心	X304320829L0061	(测试用斜拉索桥)洪金公路立交桥	伸缩缝装置	6	失效					2	25				
系统管理中心	X304320829L0061	(测试用斜拉索桥)洪金公路立交桥	斜拉索	4-1-1	拉索锈蚀、断丝					2	35				

桥梁病害发展趋势

图 2-6-81　桥梁病害趋势分析子模块

6.5　人机评价差异

人机评价差异子模块是通过桥梁综合处理模块中系统得出的评定结果及录入的人工评定结果,为用户提供差异比对功能(图 2-6-82)。

人机评价差异

序号	单位名称	桥梁代码	桥梁名称	2010年			2011年			2012年		
				评分	技术状况	人工评定	评分	技术状况	人工评定	评分	技术状况	人工评定
1	[illegible]	[illegible]	[illegible]				95.9	1	1	45.4	4	3
2	[illegible]	[illegible]	[illegible]				94.7	2	3			
3	[illegible]	[illegible]	[illegible]				93.6	1	1	43.8	4	3

图 2-6-82　人机评价差异子模块

7　系统管理模块操作说明

系统管理模块包括:角色管理、菜单管理、管养单位、模块管理、菜单功能管理、数据备份、用户管理。

7.1　角色管理

角色管理默认三级管理模式:高级管理员、管理员、数据维护(图 2-6-83)。

权限分配及设置

浏览　添加　删除　保存　权限分配　权限功能设置

角色浏览

编号	角色名称	备注
1	高级管理员	高级管理员权限
2	管理员	管理员权限
3	数据维护	数据维护权限

图 2-6-83　角色管理的三级管理模式

(1)点击角色即可进行编辑,如图 2-6-84 所示。

浏览　添加　删除　保存　权限分配　权限功能设置

角色设置

角色名称:系统管理员

备注:系统管理员

编号	角色名称	备注
1	高级管理员	高级管理员权限
2	管理员	管理员权限
3	数据维护	数据维护权限

图 2-6-84　点击角色即可进行编辑

(2)通过 权限分配 即可对该角色配置可查看、操作的模块,如图 2-6-85 所示。

(3)通过 权限功能设置 即可对该角色可查看模块的功能操作键进行设置(图 2-6-86)。

7.2　管养单位

管养单位是确立桥梁数据处理体制的关键数据,是系统建模的基础,因此这部分的内容必须在录入桥涵数据之前,严格参照中国公路桥梁管理系统《数据采集指南》中管理形式码要求进行填写。

管养单位代码共由 13 位组成,其 1 ~ 2 位为单位分类码,其含义如表 2-6-1 所示;3 ~ 8 位为行政区划码,9 ~ 13 位为单位顺序码。

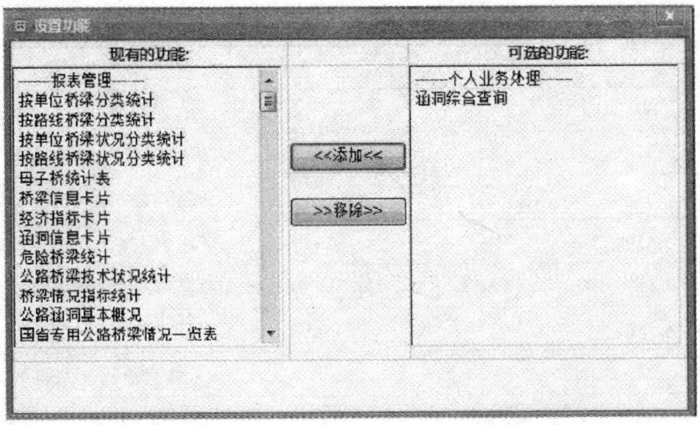

图 2-6-85　点击“权限分配”查看角色权限

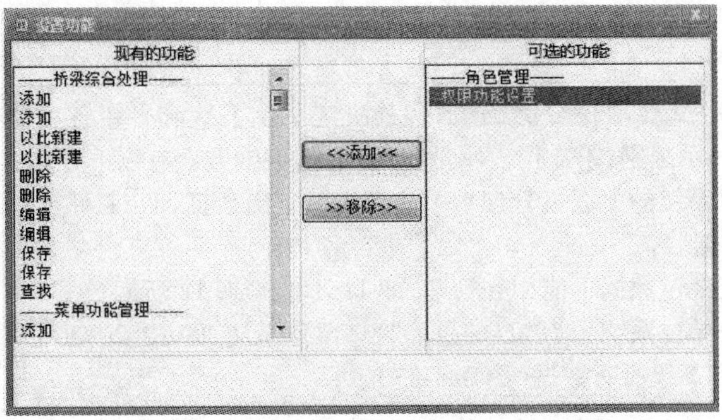

图 2-6-86　点击“权限功能设置”，对角色查看模块功能操作键进行设置

管养单位分类码的含义　　表 2-6-1

代　码		单 位 分 类
省级	10	省级公路管理单位
	11	省公路管理局
	12	直辖市公路管理局(处)
	13	省级高速公路管理局(公司)
	14	省级高等级公路管理局
	15	计划单列市公路管理(处)总段
	17	计划单列市交通局公路科
地级	20	地(市)级公路管理养护单位
	21	地(市、州、盟)级公路管理总段(处)总段
	22	地(市、州、盟)辖公路管理处
	23	地(市、州、盟)高速公路管理所(处)
	24	地(市、州、盟)高等级公路管理所(处)
	25	地(市、州、盟)辖边防公路养护队
	26	地(市、州、盟)辖养路工区
	27	地(市、州、盟)辖交通局公路科

代码		单位分类
县级	30	县(市)级公路管理养护单位
	31	县(市、旗)级公路总段
	32	县(市)辖公路管理总站
	33	县(市)级高速公路管理站
	34	县(市)高等级公路管理站(公司)
	35	县公路养护工程队
	37	县交通局公路科
90		其他
91		专用公路管养单位
93		城市道路管理单位
94		生产建设兵团公路管理单位

请特别注意1～2位单位分类码填写，其决定了上下级和平级各单位数据划分和查看权限。其中第1位表示级别，第2位表示单位系统，其数据查看有以下原则：

(1)同一单位系统的上级可管理本单位系统的下级数据，即11可查看21、31所属数据，23可管理33所属数据。

(2)不同系统单位数据不能相互管理，即11不能管理12所属数据。

(3)每级别设单位系统号为“0”的总体管理单位系统，即10、20、30的单位，可查看同级所有单位系统数据和下级所有数据(图2-6-87)。

图2-6-87　10、20、30的单位，可查看同级和下级单位的所有数据

7.3　用户管理

用户管理模块主要对系统所有登录用户进行管理，主要对登录用户的名称、登录密码、姓名、职务、角色和单位进行处理。

7.3.1　用户浏览

点击进入用户管理子模块，即可显示当前管养单位下的用户信息(图2-6-88)。

7.3.2　编辑用户基本信息

点击需要修改的用户，进入编辑界面，即可对该用户的名称、登录密码、姓名、职务、角色和单位进行编辑；通过 添加 即可添加用户(图2-6-89)。

图 2-6-88 “用户浏览”的操作

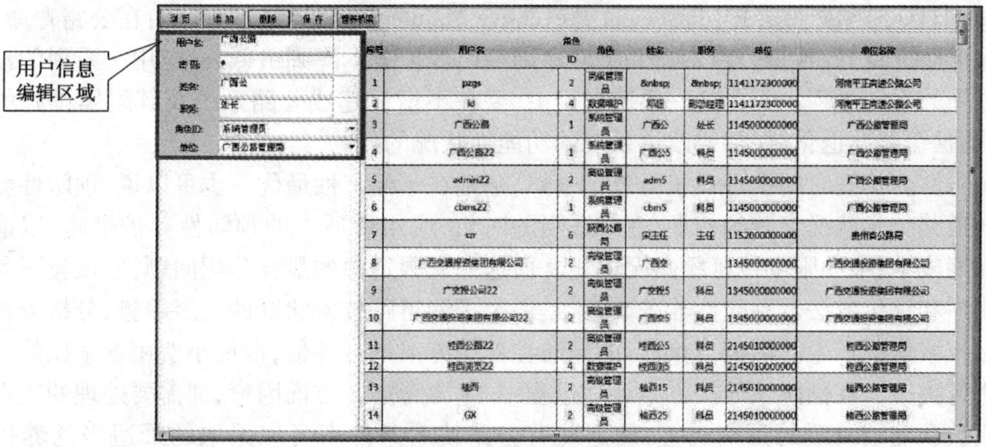

图 2-6-89 “编辑用户基本信息”的操作

7.3.3 管养桥梁设置

点击[管养桥梁]即可对指定用户管养的桥梁范围进行设置，通过复选框或者“全选”、“反选”操作进行选择，便于管理员对数据维护员管养桥梁的范围进行控制（图 2-6-90）。

图 2-6-90 点击“管养桥梁”，对用户管养范围进行有关设置

项目7　公路预防性养护技术概述

1　预防性养护综述

在绝大多数发达国家，公路网已经完善，养护管理已成为公路工作的重点，很早就着手于公路养护管理的相关调查、研究工作。例如，美国公路管理部门从20世纪80年代以来，通过对几十万公里不同等级道路进行跟踪调查，发现道路的使用性能和寿命有一个共同的变化特征：一条质量合格的道路，在使用寿命75%的时间内性能下降40%，这一阶段称之为预防性养护阶段。此阶段如不及时进行养护，在随后12%的使用寿命时间内，性能再次下降40%，而养护成本却要增加3~10倍，这一阶段称为矫正性养护阶段。因此，预防性养护在许多国家得到广泛运用，并已取得成功经验和十分显著的成效。

AASHTO对预防性养护（Pavement Preventive Maintenance，PPM）定义为：在公路寿命期内，为了保证路况良好、延长公路寿命并将寿命周期内养护成本降到最低，而应用一系列的预防性养护措施的系统过程。而在这一系统过程中，要在不增设建成公路系统及其附属设施的条件下，达到延缓路况退化、保持或改进系统的功能性状况的目的。

预防性养护理念的核心在于防患于未然，基础在于经济性最优。也可以说，预防性养护就是指在道路技术状况衰减的初期，在最适当的时机，应用最适当的预防性养护措施，以最小的寿命周期成本、最大限度地延缓路况退化。而这一有限资源的最佳分配问题，要依赖于科学的决策程序和评价方法。预防性养护决策，是通过预测道路技术状况的发展趋势，分析养护措施对道路技术状况产生的影响，对可行的预防性养护方案进行评估，以最小费用效率比的方案为基础进行决策。在预防性养护方案评估过程中，主要考虑3方面因素，即需要处理的现有病害和应当被预防或减缓的预期病害，确定现有公路技术条件下可以采取的最适当的养护措施（技术评估），以最小费用效率比确定获得最佳结果的养护处理时间（效益评估）。

此外，由于影响道路服务水平的主要因素是路面技术状况，因此路面养护工作占到道路整体养护工作的70%以上。而道路路面技术状况随时间（自然因素和行车荷载作用）的变化具有一定的规律性，亦符合预防性养护的基本概念。就目前的应用而言，预防性养护主要是指对道路路面的预防性养护。

2　识别路面技术状况

识别现有路面技术状况，预测路面技术状况的发展趋势，确定需要处理的现有病害和应当被预防或减缓的预期病害，是预防性养护决策和方案评估的基础。

在我国，高速公路路面技术状况评价体系在交通运输部《公路技术状况评定标准》（JTG H20—2007）、《桥梁技术状况评定标准》中有较为系统的规定。路面技术状况以路面质量指数（Pavement Quality Index，PQI）表达，即由路面状况、路面强度、行驶质量和抗滑性能4个指标加权计算得到。其中路面状况指数PCI由沥青混凝土路面破损率或水泥混凝土路面坏板率计算，路面行驶质量指数RQI由国际平整度指数IRI计算，路面结构强度指数PSSI由路面允许弯沉和实测代表弯沉计算,抗滑性能指数 SRI 由横向力系数和抗滑性能限值计算。由于沥青混凝土路面结构强度的变化主要受到行车荷载和路基工后沉降的影响,而与路面预防性养护措施的相关性较小。因此在路面预防性养护决策中,可以仅考虑其余 3 个指标。以检评方法规定的权值为基础,根据养护的最主要目的和单个指标间的相对重要关系,对权重系数做出相应调整。同时,要确定路面技术状况所处的状态,亦即等次。对预防性养护而言,关键是确定各项路面技术指标的效益截线值 BCV,即在何种状态下,路面达到破坏状态而需要进行重新修复,这是路面技术指标可被接受的低限值。各个项目的 BCV 可根据历史路面状况数据确定,但当没有足够数据时,也可依据相关标准规范进行确定。根据《高速公路养护质量检评方法(试行)》,要求高速公路 PQI 应保持 75 以上。根据评价模型的模拟结果,PQI 为 75 时,路面状况指数(PCI)对应的路面破损率(坏板率)为 3.5%,道路行驶质量指数(RQI)对应的国际平整度指数为 6.6m/km,路面抗滑性能指数(SRI)对应的横向力系数为 45.0。上述数据都表明路面处于养护关键期,需要及时进行养护,否则,将导致更多的养护投入和更高的用户费用。

对每一条高速公路来说,由于交工验收质量状况和外界因素的不同,其路面技术状况变化都有其独特的规律。因此,有必要从高速公路营运通车起,就对路面技术状况进行定期的检测和调查,建立起信息系统(如高速公路路面管理系统 CPMS),对所检测的数据进行分析处理,以确定其路面技术状况,并对其发展趋势进行拟合和预测。

3 路面预防性养护技术评估

预防性养护技术评估的目的,是要选择最适当的养护措施。应当综合考虑技术措施的可靠性、合理性、适用性和经济性。根据养护工程的实际情况,首先应确定现有病害和应当被预防或减缓预期病害所需的技术处理措施,即评价技术措施对病害的有效性和不适应性;其次,评价路面状况、气候、交通和环境对施工的影响,养护后的预期寿命以及养护费用。根据国内外的养护施工经验,符合预防性养护定义的典型技术措施主要包括以下几类:

(1)灌缝:这类处理措施主要是防止水通过裂缝渗透,并反复侵蚀沥青和集料的界面直至面层和破坏路基。裂缝灌缝是指用密封剂修补随温度变化的裂缝。主要适用于修补宽度较小的纵横向裂缝、网裂,不适用于结构性裂缝。其预计使用年限为 2 ~6 年。

(2)喷雾封层:是将稀释的慢凝乳剂直接喷洒在清洁的路面,主要是用于密封路面,约束路面松散,改善硬化和氧化沥青。适用于非结构性裂缝,松散,沥青老化、硬化和水的渗入;不适用于结构性裂缝(如明显的疲劳裂缝),且会导致路面摩擦力降低。其预计使用年限为 1 ~2 年。

(3)微表处:采用级配良好的细集料、矿质填料与稀释沥青乳液的混合物,适用于沥青路面过分氧化而变硬的区域。单层的厚度通常为 3 ~6mm。它用来封闭细小的表面裂缝或孔隙,延缓路面的松散,防止表面氧化,使不同路面表层的轮廓更清晰。当加入适当的集料时,还可以加强路面的摩阻性能,可一次性修补轻微的不平整和 40mm 内的车辙。其预计使用年限为 4 ~7 年。

(4)热沥青混合料罩面:采用沥青混凝土或沥青碎石,罩面层的厚度一般为 20 ~40mm,可使用普通沥青或改性沥青。适用于非结构性裂缝、沥青氧化、泛油,可增加路面摩阻力,修复车辙和不平整。其预计使用年限为 7 ~10 年。此外,还有一些新材料、新技术、新工艺应用到预防性养护施工中,如开级配摩阻层、增厚封层、沥青再生密封、就地热补等。

4 预防性养护最优时间的选择

预防性养护决策的核心在于养护时机的选择，这是达到预防性养护经济性目标的关键。而对给定的路面，选择的预防性养护技术措施相关的最优时间，使得养护成本最小而养护效果最好。在这里，可以应用寿命周期成本分析法，即"为了使用户所用的系统具有经济寿命周期成本，在系统的开发阶段将寿命周期成本作为设计的参数，而对系统进行彻底的分析比较后做出决策的方法"。在预防性养护决策分析中，特殊之处是分别将养护技术措施在寿命周期内不同时间实施作为比选方案，进行效益成本评价，得到寿命周期成本最低的方案，也即是与养护技术措施相关的最优时间。如果可行的养护技术措施不止 1 种，则将多种措施的最优时间作为比选方案，再次进行分析决策。以下结合模型对寿命周期成本分析进行说明。

建立该模型的前提是，根据积累的路面技术状况指标检测数据，假定采取和不采取预防性养护技术措施 2 种情况，对路面技术状况指标随时间的变化进行拟合和预测。路面状况指标（随时间递增指标）与预防性养护关系如图 2-7-1 所示。其中，图示假定方案为在通车后第 8 年采取预防性养护措施；EQ_{dn}、EQ_{pt}分别为该路面状况指标在采取和不采取预防性养护技术措施情况下随时间的变化曲线；对随时间递增指标而言，最高界限值 UBC 为路面技术指标可被接受的低限值 BCV（对随时间递减的指标而言，则最低界限值 LBC 为 BCV）。

在方案效益评价中，选用费用效率（CE）指标：

$$CE = \text{工程系统效率 SE/工程寿命周期成本 LCC} \tag{2-7-1}$$

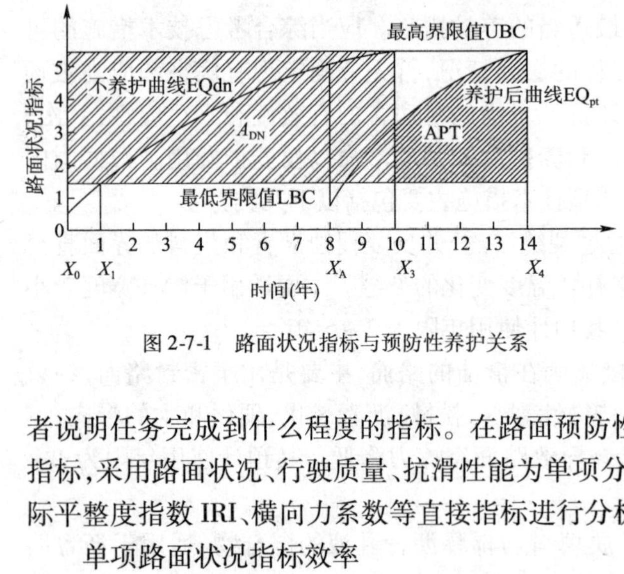

图 2-7-1 路面状况指标与预防性养护关系

（1）确定寿命周期：对一般工程产品而言，寿命周期是指从研究开发、设计、建造、使用直到报废所经历的全部时间；对路面预防性养护而言，全生命周期则是指从高速公路从投入运营（养护周期开始的时间点）直到路面状况超出允许值、路面需要重新翻修（养护周期结束的时间点）的时间段。

（2）工程系统效率：工程系统效率 SE 是投入寿命周期成本后所取得的效果或者说明任务完成到什么程度的指标。在路面预防性养护中，以路面质量指数 PQI 为总体评价指标，采用路面状况、行驶质量、抗滑性能为单项分析指标，也可采用路面破损率（坏板率）、国际平整度指数 IRI、横向力系数等直接指标进行分析。计算公式如下：

单项路面状况指标效率

$$B_{ij} = \frac{A_{PT_i}}{A_{DN}} \times 100\% \tag{2-7-2}$$

工程系统效率

$$S_{E_i} = \sum_{j=1}^{n} f_{wj} B_{ij} \tag{2-7-3}$$

式（2-7-2）和式（2-7-3）中：i 为预防性养护技术措施拟实施的时间；j 为单项路面状况指标序号；B_{ij}为第 i 年第 j 项单项路面状况指标效率；A_{DN}为不实施预防性养护的寿命周期内路面状况指标的效益值（按照图 2-7-1 中对应面积计算）；A_{PT_i}为第 i 年实施预防性养护后在寿命周期

内路面状况指标的效益增值(按照图 2-7-1 中对应面积计算);S_{E_i}为第 i 年实施预防性养护的工程系统效率;f_{wj}为第 j 个路面状况指标权值。

(3)工程寿命周期成本:寿命周期成本 LCC 是系统在寿命周期内的总费用,广义上不仅包括资金意义上的成本,还包括环境成本(如技术措施导致的环境污染)、社会成本(如造成的使用者延误费用)。而在预防性养护寿命周期成本计算中,目前主要是指资金成本。具体计算中,对每一个比选方案,除了要计算预防性养护技术措施费用,还应预测预定分析期内可能采用的日常养护费用、路面达到应当翻修状态下所需的改建工程费用等。在这里,为了便于不同寿命周期方案间的比选,可采用年平均运营成本 EUAC 表示寿命周期成本:

$$\mathrm{EUAC}_i = \sum \mathrm{PW}_i \times \left[\frac{d\,(1+d)^{p_i}}{(1+d)^{p_i}-1}\right] \tag{2-7-4}$$

式中,EUAC_i 为第 i 年实施预防性养护所需的年平均运营成本;$\sum \mathrm{PW}_i$ 为第 i 年实施预防性养护方案的所有成本现值之和;d 为折现率;p_i 为第 i 年实施预防性养护方案的结果存在较明显的差异,宽跨比越大时,相差越大。

(4)确定最优方案(时间)

$$\mathrm{Tpotn} = \max(\mathrm{CE}_i) = \max\left(\frac{\mathrm{SE}_i}{\mathrm{LCC}_i}\right) \tag{2-7-5}$$

对一种技术措施来说,Toptn 就是实施预防性养护的最优时间,也可以说是最优,可以得到最大的效益比成本。如果有多种可行的技术措施,则需将各种技术措施在最优时间实施作为比选方案,再次计算 CE,取 CE 最大值者为最优方案。

参 考 文 献

[1] 中华人民共和国行业标准. JTG/T H21—2011 公路桥梁技术状况评定标准[S]. 北京:人民交通出版社,2011.

[2] 中华人民共和国行业标准. JTG H11—2004 公路桥涵养护规范[S]. 北京:人民交通出版社,2011.

[3] 中华人民共和国行业标准. JTJ 075—94 公路养护质量检查评定标准[S]. 北京: 人民交通出版社,1994.

[4] 姚祖康. 路面管理系统[M]. 北京:人民交通出版社,1994.

[5] 中华人民共和国行业标准. JTJ 073—96 公路养护技术规范[S]. 北京:人民交通出版社,1996.

[6] 中华人民共和国行业标准. JTJ 073.1—2001 公路水泥混凝土路面养护技术规范[S]. 北京:人民交通出版社,2001.

[7] 中华人民共和国行业标准. JTJ 073.2—2001 公路沥青路面养护技术规范[S]. 北京:人民交通出版社,2001.

[8] 中华人民共和国行业标准. JTG H12—2003 公路隧道养护技术规范[S]. 北京:人民交通出版社,2003.

[9] 中华人民共和国行业标准. JTG H20—2007 公路技术状况评定标准[S]. 北京:人民交通出版社,2007.

[10] 中华人民共和国行业标准. JTG E60—2008 公路路基路面现场测试规程[S]. 北京:人民交通出版社,1995.

[11] 潘玉利. 路面管理系统原理[M]. 北京:人民交通出版社,1998.